行政法研究双書36

法治国原理と公法学の課題

仲野武志 著

弘文堂

「行政法研究双書」刊行の辞

日本国憲法のもとで、行政法学が新たな出発をしてから、七〇有余年になるが、その間の理論的研究の展開は極めて多彩なものがある。しかし、ときに指摘されるように、理論と実務の間に一定の乖離があることも認めなければならない。その意味で、現段階においては、蓄積された研究の成果をより一層実務に反映させることが重要であると思われる。そのことはまた、行政の現実を直視した研究がますます必要となることを意味するのである。

「行政法研究双書」は、行政法学をめぐるこのような状況にかんがみ、理論と実務の懸け橋となることを企図し、理論的水準の高い、しかも、実務的見地からみても通用しうる著作の刊行を志すものである。もとより、そのことは、本双書の内容を当面の実用に役立つものに限定する趣旨ではない。むしろ、当座の実務上の要請には直接応えるものでなくとも、わが国の行政法の解釈上または立法上の基本的素材を提供する基礎的研究にも積極的に門戸を開いていくこととしたい。

塩野　宏
園部逸夫
原田尚彦

目　次

本書の概要（各論文の解題）……xiii

序章　行政法における公益と私益……1
一　「行政」概念の前提としての「公益」概念（1）
二　私益・中間的利益により代表される公益（3）
三　私人による公益の実現？（4）
四　私益と公益の組合せに応じた処分の実体法上の分類（5）
五　処分の実体法上の分類と処分手続（7）
六　処分の実体法上の分類と取消訴訟手続（9）
【追記】（10）

第一部　行政作用法

第一章　法律事項論……13
一　はじめに（13）
二　帝国憲法下の法律事項（17）

（一）起草関係者の見解（17）
（二）帝国憲法下の結果的法律事項（総論）（20）
（三）帝国憲法下の本来的法律事項（総論）（21）
（四）帝国憲法下の結果的法律事項（各論）教育制度、官制及び官吏制度（24）
（五）帝国憲法下の本来的法律事項（各論一）通信料金（26）
（六）帝国憲法下の本来的法律事項（各論二）国有財産の管理（27）
（七）帝国憲法下の本来的法律事項（各論三）公共事業計画（28）
（八）帝国憲法下の本来的法律事項（各論四）領土（30）
三 現憲法下の法律事項（40）
（一）起草関係者の見解（40）
（二）現憲法下の本来的法律事項（総論一）対私人関係（43）
（三）現憲法下の本来的法律事項（総論二）対政府関係（46）
（四）現憲法下の本来的法律事項（各論一）教育制度（49）
（五）現憲法下の本来的法律事項（各論二）行政組織（50）
（六）現憲法下の本来的法律事項（各論三）公務員制度（54）
（七）現憲法下の本来的法律事項（各論四）専売価格等（56）
（八）現憲法下の本来的法律事項（各論五）財政投融資計画等（57）
（九）現憲法下の本来的法律事項（各論六）公共事業計画（59）
（一〇）現憲法下の本来的法律事項（各論七）通貨制度（60）

（一一）　現憲法下の結果的法律事項（各論）領海（62）
四　おわりに（83）

第二章　行政過程による〈統合〉の瑕疵……87
一　はじめに（87）
二　〝分析〟と〝総合〟（89）
（一）　遠藤博士の「行政過程論」と藤田判事の批判（89）
（二）　「手続」の存在理由（90）
（三）　司法過程モデル（94）
（四）　政治過程モデル（96）
三　〝対峙〟と〝一致〟（107）
（一）　公用換地行政過程による〈統合〉（107）
（二）　公用換地行政過程による擬似的〈統合〉（109）
（三）　社会保険行政過程による〈統合〉（112）
（四）　社会保険行政過程による擬似的〈統合〉（114）
（五）　私保険監督行政過程による〈統合〉と擬似的〈統合〉（116）
四　おわりに（126）
【追記】（129）

第二章（補論）違法性の承継――狸の森判決を素材として……132
はじめに（132）
一　本判決の概要（132）
二　違法性の承継に関する従来の判例（134）
三　違法性の承継に関する従来の学説（135）
四　違法性の承継に関する立法例（138）
五　本判決の評価（142）
六　本判決の射程（144）
【追記】（146）
第三章　不可分利益の保護に関する行政法・民事法の比較分析……151
一　はじめに（151）
二　凝集利益（行政上の不可分利益）論（152）
（一）構想経緯（152）
（二）長沼ナイキ判決を手掛りとして（153）
（三）実定行政法を根拠として（154）
（四）行政処分の民事訴訟による代替可能性？（155）
三　民事法学における〝中間的利益〟論（159）
（一）私法上の不可分利益――法令・判例を根拠として（159）

（二）凝集利益と不法行為法上の不可分利益（補論）（163）
（三）〝不可分利益保護請求権〟創設の許容範囲（164）
四　おわりに（168）
【追記】（168）

第四章　武力行使・武器使用の法的規制……176
一　はじめに（176）
二　一九世紀末ドイツの法的規制（184）
二-一　自国民を相手方とする実力行使（184）
二-二　外国軍隊の構成員を相手方とする実力行使（185）
三　帝国憲法下の法的規制（188）
三-一　自国民を相手方とする実力行使（188）
三-二　外国軍隊の構成員を相手方とする実力行使（190）
四　現憲法下の法的規制（192）
四-一　自国民を相手方とする実力行使（192）
四-一-一　平常時（192）
四-一-二　非常時（195）
四-二　外国軍隊の構成員を相手方とする実力行使（197）
四-二-一　防衛出動時の「武力行使」（197）

四－二－一－一　総論（197）
四－二－一－二　自国攻撃時（200）
四－二－一－三　他国攻撃時（203）
四－二－二　「武器の使用」（207）
四－二－二－一　領域外（207）
四－二－二－二　領域内（210）
五　おわりに（229）

第二部　行政救済法

第五章　取消訴訟の存在理由……237
一　はじめに（237）
二　取消訴訟の重複訴訟（243）
三　処分及び重複訴訟の諸類型（247）
四　許認可等の取消訴訟とその重複訴訟（250）
五　拒否処分の取消訴訟とその重複訴訟（253）
六　不利益処分の取消訴訟とその重複訴訟（255）
七　分析結果の要約（258）
八　私法上の法律関係を形成・確定する処分（補論）（259）
九　おわりに（261）

第六章　行政事件における訴訟要件の意義……264
一　はじめに（264）
二　垂直的統制の強化（267）
（一）非申請型義務付け訴訟の重損要件（267）
（二）処分性の繰上げ肯定（269）
（三）処分性の繰上げ肯定ができない行為と当事者訴訟・民事訴訟（271）
（四）垂直的統制のまとめ（272）
三　水平的統制の強化（278）
（一）〝利益の二分論〟の思想的起源（278）
（二）判例理論の発展可能性（もんじゅ拡張型思考）（282）
（三）判例理論の発展可能性（長沼ナイキ回帰型思考）（284）
（四）水平的統制のまとめ（287）
四　おわりに（292）
【追記】（292）
第七章　行政法における違法概念の諸相（取消違法の構造）……299
一　はじめに（299）
二　判断結果の違法（300）
（一）創設（300）

（二）現状（300）
三　判断過程の違法（304）
（一）生成（304）
（二）継承（306）
（三）展開Ⅰ（310）
（四）展開Ⅱ（313）
（五）現状（315）
四　おわりに（327）
【追記】（329）
第七章（補論）事実認定手続と判断代置審査
——府中固定資産税判決を素材として……333
一　はじめに（333）
二　本判決の概要（333）
三　本判決の位置付け（335）
四　本判決の評価（339）
五　本判決の射程（342）
第八章　帝国憲法・現憲法下の官吏責任・国家責任……344

一　帝国憲法下の官吏責任・国家責任（344）
（一）総論（344）
（二）官吏責任に関する特別法（346）
（三）国家責任に関する特別法（348）
（四）私人の不法行為責任に関する特別法（補論）（349）
二　現憲法下の国家責任・官吏責任（356）
（一）現憲法と国家責任（356）
（二）国家責任に関する一般法（357）
（三）国家責任に関する特別法（刑事補償法等）（358）
（四）国家責任に関する特別法（消防法等）（359）
第九章　続・行政法における違法概念の諸相（国賠違法の構造）……368
一　国賠法一条一項に関する判例（368）
（一）加害行為の分類（368）
（二）処分その他法的行為がされたものの、その法的行為としての側面は加害行為でない事例（369）
（三）非裁量処分等が直接的な加害行為である事例（370）
（四）非裁量処分等が間接的な加害行為である事例（372）
（五）手続中の最終段階の非裁量処分等だけでなく、それに至る手続全体が加害行為である

（六）事例（373）
裁量処分等が加害行為である事例（374）
二 最高裁の判例理論（377）
（一）「国賠違法＝過失＝注意義務違反」テーゼ（377）
（二）判例理論の基礎にある思想（378）
三 判例・学説の相互認識（380）
（一）多数説からみた判例理論（380）
（二）判例理論からみた多数説（381）
四 学説の課題（385）
（一）多数説（385）
（二）判例理論を前提とする立場の学説（386）
五 おわりに（389）
【判例一覧】（390）

終章 公権力と公益

終章 公権力と公益……393
一 「公益→公権力」思考（393）
（一）元老院における「公益→公権力」思考の生成（393）
（二）抗告訴訟システムの導入と「公益→公権力」思考（394）
（三）帝国議会における「公益→公権力」思考の発展（395）

二 〃権利に至らない利益〃としての〃公益〃(398)
(一) 一木教授の挑戦と蹉跌(398)
(二) 〃権利に至らない利益〃の公認(399)
三 「公権力→公益」思考(402)
(一) 花井・平沼論争(402)
(二) 窪田行政裁判所長官の行政法観(404)
(三) 美濃部教授の挑戦と蹉跌(406)
四 両思考の現在と未来(410)
(一) 〃判断過程の規律〃の実定化(410)
(二) 〃判断過程の規律〃の実定化(続き)(413)
(三) 〃判断過程の規律〃に関する一般理論へ向けて(417)

判例索引……(6)
人名索引……(4)
事項索引……(1)

初出一覧（太字は題名を改めたもの）

序章　「**行政法における公益・第三者の利益**」高木光ほか編『行政法の争点』（有斐閣・平二六）一四頁以下
第一章　「法律事項論」法学論叢一七六巻二・三号（平二七）二四〇頁以下
第二章　「行政過程による〈統合〉の瑕疵」稲葉馨ほか編『藤田宙靖博士東北大学退職記念・行政法の思考様式』（青林書院・平二〇）九九頁以下
第二章（補論）　判例批評　自治研究八七巻一号（平二三）一四八頁以下
第三章　「不可分利益の保護に関する行政法・民事法の比較分析」民商法雑誌一四八巻六号（平二五）六一頁以下
第四章　「武力行使・武器使用の法的規制（一）～（三・完）」自治研究九三巻九号（平二九）七三頁以下・一〇号（同）四九頁以下・一一号（同）二四頁以下
第五章　「取消訴訟の存在理由」自治研究九一巻一二号（平二七）一〇一頁以下
第六章　「行政事件における訴訟要件の意義」行政法研究九号（平二七）八一頁以下
第七章　「**法治国原理の進化と退化？——行政法における違法概念の諸相**」長谷部恭男編『法の生成／創設』岩波講座現代法の動態一巻（岩波書店・平二六）一四五頁以下
第七章（補論）　判例批評　自治研究九〇巻五号（平二六）一三二頁以下
第八章　「帝国憲法・現憲法下の官吏責任・国家責任」自治研究九二巻七号（平二八）七六頁以下
第九章　「**続・法治国原理の進化と退化？——行政法における違法概念の諸相**」宇賀克也ほか編『小早川光郎先生古稀記念・現代行政法の構造と展開』（有斐閣・平二八）八九頁以下
終章　「公権力と公益」磯部力ほか編『行政法の新構想』第一巻（有斐閣・平二三）六五頁以下

本書の概要（各論文の解題）

本書は、筆者が平成二〇年代に公表した論文のうち、広く法治国原理にかかわるものをまとめた論文集である。法治国原理とは、〝一定の類型に属する行政上の行為は、その根拠法令に適合したものでなければならない〟というテーゼと〝根拠法令に適合しない行政上の行為により法的利益を害される者は、取消し、損害賠償等一定の救済を受けることができる〟というテーゼから成り立っている。本書では、前者のテーゼにかかわる論文を**第一部**「**行政作用法**」に、後者のテーゼにかかわる論文を**第二部**「**行政救済法**」に、それぞれ収録した。

第一部「**行政作用法**」は、**第一章**が立法実務からみた〝法律の留保〟学説、**第二章**が行政過程を各行為に分解して捉える方法論と全体的に捉える方法論、**第三章**が個々の主体への排他的帰属を観念しえない法的利益、**第四章**が警察作用と防衛作用というように、従来あまり扱われてこなかった原理的・先端的な主題に取り組んでいる。これに対し、**第二部**「**行政救済法**」は、**第五章**がいわゆる〝取消訴訟手続の排他性〟、**第六章**が行政事件訴訟の訴訟要件、**第七章**が判断代置審査と裁量審査、**第八**・**九章**が国家賠償における違法性というように、基本的・標準的な主題を扱っている。学部時代の筆者もそうであったが、もともと行政作用法よりも行政救済法の方が取っ付きやすい分野であるため、行政法学にそれほどなじみのない読者におかれては、第二部第七・九章あたりから読み始めるのがよいかもしれない。

序章「**行政法における公益と私益**」は、公益、私益及び中間的利益という、本書（とりわけ第三・五・六章）で頻出する基礎概念につき、要説した論文である。公益とは（国家を構成する団体としての）国民の一般の利益を指し、私益とは個々の国民の利益を指すが、行政法の世界では、両者の中間に〝一定のまとまりをもって初めて保護される利益〟としての中間的利益が存在する。公益には、もっぱら行政庁により保護される公益だけでなく、私益の保護を通じて保護される公益もあれば、中間的利益の保護を通じて保護される公益もある。このことに対応して、私益にも、単なる私益だけでなく、公益を代表する私益がある。行政処分は、公益と私益を調整する行為にほかならないため、上記のような公益・私益の種別に応じて、実体法的に分類することができる。この実体法的分類を処分・抗告訴訟手続に投影させることによって、私益の帰属者、中間的利益の享受者及び関係行政庁の手続法上の地位（意見を提出する地位、原告適格、参加適格等）が決せられる。

第一章「法律事項論」は、法治国原理の出発点となる法律事項（法律又は法律に基づく命令で定めなければならない事項）の概念につき、立法実務が暗黙の前提としている考え方を言語化することを通じて、立法実務と学説が乖離している要因を解明した論文である。行政法学界では、法律事項の全体的範囲はさておき、法律事項となる行政の範囲については、これを侵害作用に限定する説（侵害留保説）でなく、侵害作用プラスアルファへと拡張する説が有力である。これに対し、現憲法下の立法実務は、侵害留保説を堅持してきた。本論文は、帝国憲法の起草過程にまでさかのぼって、法律事項の全体的範囲に関する立法実務の変遷をたどった上、法律事項となる行政の範囲につき、帝国憲法下の立法実務が侵害留保説をとりえなかった理由及び現憲法下の立法実務が侵害留保説をとりえた理由・とり続けている理由を探っている。立法実務は、法律事項の全体的範囲につき、ある一定の考え方を前提としている。そうであればこそ、法律事項となる行政の範囲につき、侵害留保説をとり続けているのである。学説が立法実務との生産的な対話を成り立たせるためには、この重層的な理論構造を正確に把握することが欠かせない。

第二章「行政過程による〈統合〉の瑕疵」は、行政上の一連の行為から構成される行政過程それ自体を総合的に考察する方法論の意義を説いた遠藤博也博士の「行政過程論」に対し、各行為を分析的に考察する方法論の意義を説いた藤田宙靖判事（初出論文公表時）の「行政過程論」批判に対して、さらなる批判的検討を加えた論文である。藤田判事が遠藤博士の「行政過程論」を問題視したのは、行政過程の総合的考察が〝行政による法の支配〟（法により支配されるべき行政が法を支配すること）をもたらすおそれがあると受け止めたからであった。近代公法学は、（多元的な諸利益を総合的に調整する）政治過程と（公益・私益を二項対立的に調整する）行政過程とを峻別した上、行政過程の分析的な統制（行政過程を構成する各処分を対象とする取消訴訟等）を用意することにより、〝行政による法の支配〟の現実化を防いできた。藤田判事にとって遠藤博士の「行政過程論」は、行政過程を政治過程と融合させた上、その総合的な統制（行政過程全体を対象とする訴訟として再解釈された取消訴訟等）に甘んじることにより、かえって私人の権利保護の水準を切り下げかねないものに映ったのである。これに対し本論文は、近代公法学でも、行政過程の分析的な統制は政治過程の総合的な統制（選挙の管理執行手続全体を対象とする選挙無効争訟及び議事手続全体を対象とする取消裁定）を不可欠の前提としてきたことを、まず確認している。その上で、遠藤博士が指摘したとおり、多元的な諸利益の総合的な調整が国会・地方議会レヴェルで完結することなく、行政過程に持ち越されているという現実を直視すべきであるが、その中でも総合的統制になじむ局面と分析的統制になじむ局面が区別されるため、二種の統制を組み合わせて対処すべきことを提案している。藤田判事の批判に堪えるかたちで「行政過程論」を発展させてゆくことは可能であるというのが、本論文の結論である。

第二章（補論）「違法性の承継―狸の森判決を素材として」は、いわゆる〝違法性の承継〟につき、行政過程それ自体を行政法学の俎上に載せようとする「行政過程論」の視座から、考察した論文である。〝違法性の承継〟とは、先行処分の出訴期間経過後に提起された後行処分の取消訴訟において、先行処分の取消原因が後行処分の取消原因となることをいう。その前提にあるのは、先行処分と後行処分から構成される行政過程の中には、（行政過程を構成しない独立した処分と比べて）先行処分の出訴期間制限の趣旨を緩やかに解しうる類型があるという発想である。各処分を分析的に考察する方法論によっては、そのような発想に合理的な説明を与えることはできない。本論文は、〝違法性の承継〟の可否を明示した立法例を手掛りとして、行政過程そのものを類型化することにより、この問題に取り組んでいる。

第三章「不可分利益の保護に関する行政法・民事法の比較分析」は、法治国原理の下で行政処分手続により保護される利益と法治国原理の枠外で民事訴訟手続により保護される利益につき、比較分析した論文である。民事訴訟手続により保護される利益は、基本的には、民法上の物権・債権のように〝一定のまとまりをもたなくとも保護される利益〟すなわち主観的権利であるとされてきた（〝主観的〟とは〝個々の主体に排他的に帰属する〟という意味である。）。これに対し、行政処分手続により保護される利益には、〝一定のまとまりをもたなくとも保護される利益〟だけでなく〝一定のまとまりをもって初めて保護される利益〟も、数多く含まれている（例えばパチンコ営業は、一個の学校・病院を保護するためにも不許可とすることができるが、一個の住居でなく多数集合した住居を保護するためでなければ不許可とすることはできない。）。ところが、近時、私人に不特定多数の私人の利益を保護するための一方的権利を付与する民事立法（適格消費者団体に差止請求権を付与する消費者契約法等）が出現するに至っており、そこでは、一見すると行政処分手続が民事訴訟手続によって代替されているかにみえる。しかしながら、行政処分により保護される利益は、内閣が国会に対する政治責任の下、裁判所には代置することのできない判断を通じて創出する利益なのであって、民事訴訟手続により保護される利益がこれと同質のものとなることは、定義上ありえない。そればかりでなく、私人が不特定多数の私人を代表して、対等であるべき他の私人に一方的権利を行使することは、民事法の論理からしても、無制限に認められるものでない。法治国原理の下での行政処分手続は、この限界を克服するためにこそ設けられたものなのである。昨今、〝行政法と民刑事法によるエンフォースメントの協働〟がもてはやされているが、単なるキャッチフレーズにとどまらず、その理論的内容が明確に提示されることを望みたい（例えば、行政処分により私人間の契約上の債務の履行を命じ、その違反を犯罪とすれば、行政法と民刑事法の目的は全面的に競合するが、行政権と司法権及び民事裁判権と刑事裁判権の区別に照らし、そのような立法は到底容認されないであろう。）。

第四章「武力行使・武器使用の法的規制」は、自衛隊の実力行使（行政上の行為としては、公権力の行使に当たる事実上の行為に分類される。）に対する作用法的な統制につき、体系的に考察した論文である。自衛隊の実力行使のうち、自国民でなく外国軍隊の構成員等を相手方とするものは、伝統的な法治国原理の延長線上には位置付けられないため、従来ほとんど取り上げられてこなかった。そのような自衛隊の実力行使は、防衛出動時の「武力行使」（自衛隊法八八条一項）と「武器の使用」（ＰＫＯ法二五条、自衛隊法九五条等）に大別される（読者におかれては、是非これらの条文を座右に用意されたい。）。このうち防衛出動時の「武力行使」は、憲法九条に関する昭和二九年の政府見解及び平成二六年の閣議決定に立脚している。憲法が降伏文書の下位法規だった講和前には、同条二項を一項に優越させる解釈（制憲議会の金森答弁）でよかったが、憲法が最高法規となった講和後には、両項を互いに対等とみる〝刺し違え解釈〟（昭和二九年見解）がとられなければならない。このように考えれば、金森答弁から昭和二九年見解への変化は、実定法解釈論として合理的に説明することができる。この点を抜きにしては、昭和二九年見解と平成二六年決定との整合性も、実定法解釈論として十分に検証することはできないはずである。一方、「武器の使用」については、そもそも憲法九条の対象となるのかすら明瞭でない。これを肯定するのが広義説（憲法にいう「武力の行使」は防衛出動時の「武力行使」だけでなく「武器の使用」も含むという説）であり、否定するのが狭義説（憲法にいう「武力の行使」は防衛出動時の「武力行使」に限られるという説）である。広義説をとる方が狭義説をとるよりも「武器の使用」は厳格に規制されそうであるが、必ずしもそうでないところが逆説的であるといえよう。

第五章「取消訴訟の存在理由」は、いわゆる〝取消訴訟手続の排他性〟がどのようにして正当化されるかにつき、序章で概観した行政処分の実体法的分類に即して、精査した論文である。行政事件訴訟法（行訴法）が特に訴訟要件を設けて取消訴訟を法定したことから、その趣旨を没却しないよう、処分に対する不服は取消訴訟以外の訴訟をもって申し立てることができないと解されている（〝取消訴訟手続の排他性〟）。取消訴訟は、根拠法令違反の処分を直接取り消す点で法治国原理と親和的であるが、〝取消訴訟手続の排他性〟ゆえに私人の救済範囲が狭められているのだとすれば、むしろ法治国原理の目的に反するものといわねばならない。本論文は、取消訴訟と取消訴訟以外の行政処分に対する不服の訴訟を処分の類型ごとに対比した上、前者の救済範囲は後者よりも広く、〝取消訴訟手続の排他性〟が決して私人に不利な制度でないことを論証している。

第六章「行政事件における訴訟要件の意義」は、平成一六年の改正行訴法が訴訟要件理論に及ぼした影響を分析した上、今後の判例が進むべき方向性を示した論文である。改正行訴法は、裁判所による垂直的統制（処分がされる前の段階における行政過程の統制）・水平的統制（処分による名宛人と名宛人以外の者との利害調整の統制）の双方を強化しようとするものであった。垂直的統制としては、非申請型義務付け訴訟の「重大な損害を生ずるおそれ」要件（いわゆる重損要件）の解釈、最終段階の処分より前段階にある行為の処分性を繰り上げて肯定すること（処分性の繰上げ肯定）の可否及び処分性の繰上げ肯定をすることができない行為の違法無効を前提とする当事者訴訟の確認の利益を肯定することの可否が問題となり、水平的統制としては、取消訴訟等の原告適格を従来よりも拡張して肯定することの可否が問題となる。本論文は、改正前後の主要な裁判例を踏まえつつ、各問題に対する筆者なりの解答を示している。

第七章「行政法における違法概念の諸相（取消違法の構造）」は、取消訴訟における違法性の概念につき、最高裁の判例理論を統一的に説明するかたちで、類型的に考察した論文である。取消訴訟では、裁判所が処分を判断代置審査（裁判所が行政庁に成り代わってする審査方法）により違法と判断する場合と裁量審査（判断代置審査以外の審査方法）

により違法と判断する場合がある。本論文は、両違法が次元を異にする概念であることを確認した上、いずれの審査方法がとられるべきか、裁量審査ではどこまで立ち入って審査されるべきかを検討している。これまで、裁量審査には「社会観念審査」と「判断過程審査」があると論じられてきたが、近時、前者を後者の一形態として位置付けようとする流れが強まってきた。本論文も、裁量審査にいう違法が判断代置審査にいう違法とは別次元にある点に照らし、裁量審査はそもそも「判断過程審査」でしかありえないという立場をとっている。

第七章（補論）「事実認定手続と判断代置審査——府中固定資産税判決を素材として**」**は、判断代置審査がされる処分につき、行政庁がその要件に該当する事実を認定するための手続が法定されている場合に生ずる、実体法と手続法の交錯現象を検討した論文である。固定資産の課税標準は客観的な交換価値であるが、市町村長は総務大臣が定めた評価基準によってこれを決定しなければならない。このため納税義務者には、客観的な交換価値を課税標準とされる地位（実体法上の地位）だけでなく、評価基準によって決定される価格を課税標準とされる地位（手続法上の地位）も保障されると、判例はいう。両地位はもとより一致すべきであるが、もし不一致が生じた場合、一体どのように解決されるのであろうか。この問題は、判断代置審査と裁量審査の関係を考究するため示唆に富むばかりでなく、行政法における実体法と手続法の関係という、より大きな問題にもつながっている。

第八章「帝国憲法・現憲法下の官吏責任・国家責任」は、帝国憲法下の国家賠償制度及びそれを前提とする現憲法下の国家賠償制度の生成経緯につき、立法史的な観点から分析した論文である。帝国憲法下の国家賠償制度は、公務員の不法行為を要件とする官吏責任の特別法（旧戸籍法等）と公務員の不法行為を要件としない国家責任の特別法（旧刑事補償法）から成り立っており、こうした特別法を欠く分野では、いわゆる無答責の原則が支配していた。現憲法一七条が公務員の不法行為を要件とする国家責任を一般法化するよう命じたのも、帝国憲法下の国家賠償制度を所与として、これを発展させようとしたものにほかならない。このように、帝国憲法下の国家賠償制度が現憲法下の国家賠償制度のあり方を深く規定している以上、前者にさかのぼらなければ、後者のあり方を正確に理解することは困難である。本論文は、次章の前置きとして、現憲法下の国家賠償制度の拠って立つ基盤を再確認したものである。

第九章「続・行政法における違法概念の諸相（国賠違法の構造）」は、国家賠償請求訴訟における違法性の概念につき、最高裁の判例理論を統一的に説明するかたちで、類型的に考察した論文である。この主題をめぐっては、取消訴訟における違法と国家賠償請求訴訟における違法は一致するという多数説と両者は必ずしも一致しないという判例の間で、相互了解を欠く状況が続いてきた。本論文は、両違法を同一平面上で比較するのが適当でない局面をあらかじめ除外した上、どのような場合にどのような理由で両違法が一致し、又は一致しないのかを検討している。多数説は、〝根拠法令に適合しない行政上の行為により法的利益を害される者は、当然に損害賠償を受けることができる〟というテーゼに立脚しているが、判例にとって、このテーゼは受け容れがたい。判例は、取消訴訟における違法が〝国家行為に課された規範〟違反であるのに対し、国家賠償請求訴訟における違法は〝人（公務員）に課された規範〟違反であると捉えているからである。

終章「公権力と公益」は、明治期から今日に至る実定行政法体系の形成過程において、公権力と公益との関係がどのように認識されてきたかを、立法関係者の発言等を素材として、再構成した論文である。立法関係者の間では、公益こそが公権力を正統化するのであり、公益と公権力はできる限り明確に法定されなければならないという〈公益↓公権力思考〉が説かれる一方、公権力こそが公益を正統化するのであり、両者を法定し尽くすことは行政の自己否定であるという〈公権力↓公益思考〉も唱えられてきた。両者のせめぎ合いを通じて、〈公益↓公権力思考〉に則る〝判断結果の規律〟と〈公権力↓公益思考〉に抗う〝判断過程の規律〟から成る、実定行政法体系が織り成されたのである。このうち〝判断過程の規律〟の立法例は、数の上では少ないものの、今後の行政法学を発展させてゆく上で、大きな手掛りになるものといえよう。

各章の初出論文を本書に収録するに際しては、全体の統一性を確保し、表現を平易化するため、必要な加筆修正を施すこととした（特に、第二章三（二）公用換地行政過程による擬似的〈統合〉及び第六章二（一）非申請型義務付け訴訟の重損要件は、全面的に表現を平易化してある。）。新たに現れた判例・学説についても、可能な限り本文又はその註に取り込んだが、本格的な検討を要するものは【追記】で論及しておいた。

本書は、塩野宏東京大学名誉教授及び高木光京都大学教授の推輓により、行政法研究双書に加えられた。編集に当たっては、弘文堂編集部の高岡俊英氏の手を煩わせた。記して謝意を表したい。

平成三〇年正月

仲野　武志

序章　行政法における公益と私益

一　「行政」概念の前提としての「公益」概念

公益とは、国レヴェルでは、〝国民の一般の利益〟すなわち（国家を構成する団体としての）国民の利益を指し、地方公共団体レヴェルでは、〝住民の一般の利益〟すなわち（地方公共団体を構成する団体としての）住民の利益を指す。(1)「一般の利益」は、会社法五一六条・七三三条四号、民事再生法一七四条二項四号及び会社更生法四一条一項二号でも、団体としての債権者等の利益という意味で用いられており、(2)確立した法令用語である。公益は、個々の国民すなわち私人の利益（以下「私益」という）とは、必ずしも一致しない。

団体としての国民は法人でないため、公益はそれに帰属するのでなく、享受されるにとどまる。団体としての国民が公益の保護増進をつかさどらせるためには、国会を通じて内閣を組織するほかない。ゆえに、内閣に属する「行政権」（憲法六五条）は、〝公益の保護増進を目的とする事務を遂行する権限(3)〟と定義することができる。

行政事務は、主任の大臣によって分担管理される（憲法七四条・内閣法三条一項）。その結果、公益もまた、各府省の所掌事務規定及びそれを受けた各処分等の根拠法令において具体化される。(4)例えば、厚生労働省設置法四条一項三八号及び食品衛生法一条は、「飲食に起因する衛生上の危害の発生の防止」に係る公益の存在を示している。

もっとも、処分等の要件規定には、往々にして「公益」「公共の利益」「公の利益」等の文言をそのまま用いたものがある。それらは、当該法律により保護される公益（電気通信事業法一四条一項一号等）とその他の公益（森林法二六条二項等）に大別されるが、後者も決してあらゆる公益にわたるわけでない。(5)このような文言を用いざるをえない場合には、少なくともその具体的内容を例示しておくこと（ガス事業法五条七号、漁業法三九条一項等）が、立法のあり方として望ましい[6]。

前述した行政権の定義に照らすと、もっぱら私益の保護増進を目的とする事務は、もはや行政事務ということができない。生活保護に関する事務も、行政事務である以上、もっぱら最低限度の生活を保障すること自体が目的ではない。その終局目的は、団体としての国民が自立した個々の国民によって構成される状態を保持することであり、最低限度の生活の保障は、その手段（中間目的）にとどまる。保護は、被保護者が自立の助長のための指導・指示に従う限りで実施される（生活保護法六二条三項）からである。

補助金等（補助金等に係る予算の執行の適正化に関する法律二条一項）を交付する事務及び一般送配電事業（電気事業法二条一項八号）に関する事務についても、同様である。それぞれ（一定の公益の保護増進に資する）補助事業等の遂行及び電気の安定的な供給を確保することが目的であり、補助金等の交付及び（過剰投資の防止（同法五条五号）・区域外供給の制限（同法二四条二項一号）に基づく）独占的地位の間接的な付与は、そのための手段にすぎない[7]。

（1）　公益とは、単にそれだけの概念である。よって、公益概念それ自体から、公益の保護増進を目的とする行為に対する不服の訴えには当然に出訴期間制限が課されるというような論理的帰結を導き出すことはできない。

（2）　参照、奥野健一ほか『株式会社法釈義』（昭一四）三八四～三八五頁及び兼子一監修＝三ヶ月章ほか『条解会社更生法』上巻（昭四八）三四七頁。但し、代表機関を組織する局面では、「全体の利益」の語が用いられる（民事再生法一一七条一項三号）。

（3）　刑事裁判権もこれに含まれるが、歴史的理由により、司法権に属させられている。

（4）　参照、遠藤博也『実定行政法』（平元）七頁。

（5）　森林法二六条二項にいう「公益上の理由により必要が生じたとき」は、収用適格事業（土地収用法三条各号）又はそれに準ずる事業の用に供される場合に限定解釈されている（参照、「保安林及び保安施設地区の指定、解除等の取扱いについて」（昭四五・

六・二林野庁長官通達)）。
（6）　本書終章三九六頁参照。
（7）　なお、電気事業法の前法である公益事業令は、独占的地位を直接的に付与していた（二八条三項。参照、電気新聞編『公益事業令解説』（昭二六）一七九頁）。

二　私益・中間的利益により代表される公益

保護の決定、補助金等の交付の決定及び一般送配電事業の許可に基づく地位は、それ自体としては私益である。よって、これらの決定・許可は、各私益を保護増進すること（被保護者が保護金品を消費して生活を維持、向上させ、補助事業者等が補助金等を使用して補助事業等を遂行し、及び一般送配電事業者が一般送配電事業を営むこと）を通じて、各公益を保護増進するものとなる。違法にこれらの決定・許可を拒否し、又は取り消す処分の取消訴訟も、各私益を保護することを通じて、各公益を保護するものとなる。このような代表関係にある私益及び公益を、それぞれ〝公益を代表する私益〟及び〝私益により代表される公益〟と呼ぶことができよう。

もっとも、このような代表関係があるからといって、当該私益の帰属主体が当該公益の保護を直接求めることまでは認められていない。抗告訴訟が法律上の争訟（裁判所法三条一項）である限り、そのような主張は失当というほかない（行政事件訴訟法（以下「行訴法」という。）一〇条一項）。公益とは、あくまでも国民又は住民の一般の利益なのであって、個々の国民又は住民単位に分割した瞬間、公益ではなくなるのである。

さて、ここで私益を〝個別主体に排他的に帰属する可分利益〟としてやや狭く再定義するならば、公益と私益の中間に〝一定範囲内にある者が非排他的に享受する不可分利益〟としての中間的利益を観念することができる。[8][9]その典型は、廃棄物処理施設の周辺地域の居住者の生活環境の保全に係る利益である。その地理的な範囲は、廃棄物の処理及び清掃に関する法律（以下「廃掃法」という。）八条三項により、施設ごとに明確に線引きされることが予定されている。当該地域に居住する可能性は全ての国民にあるため、この利益は、当該地域における生活環境の保全に係る国民の一般の利益を代表する関係にあるといえる。このような関係にある公益を〝中間的利益により代表される公益〟と呼ぶことができよう。

このように、公益には〝もっぱら行政庁により保護される公益〟だけでなく、〝私益により代表される公益〟及び〝中間的利益により代表される公益〟も存在する。(10)

(8)　〝非排他的〟とは、各享受者が司法的保護を求めた場合には、類似必要的共同訴訟となるべき実体法上の法律状態にあることをいう（本書第三章一五一頁参照）。

(9)　私益を〝個々の国民の利益〟とする当初の定義によると、この中間的利益を各享受者について観察したものも、私益に含まれる。

(10)　本章にいう中間的利益は、本書第三章にいう「行政上の不可分利益（凝集利益）」及び第五・六章にいう「一定範囲の不特定多数者の利益」と同義である。中間的利益は、公益と上記のように再定義された私益との中間にある点を強調した表現であり、凝集利益は、公益が保護される結果として反射的に保護される拡散利益との対比を強調した表現であり、一定範囲の不特定多数者の利益は、判例の用語方に即した表現である。

三　私人による公益の実現？

公益とは似て非なる法令用語として、「不特定かつ多数の者の利益」（公益社団法人及び公益財団法人の認定等に関する法律二条四号。特定非営利活動促進法二条一項及び消費者契約法二条四項参照。）がある。この利益は、あくまでも多数の私益というにすぎず、(11)私人が（一般社団法人若しくは一般財団法人を設立し、受益者の定めのない信託をし、又はそれらの方法によることなく）その増進に寄与する事業を行うことは、純然たる自由に委ねられている。そのような事業は、行政事務と一見類似しているが、全く別物である。行政事務は、団体としての国民が国会を通じて組織した内閣が国会に対して責任を負いつつ遂行するからこそ、国民の一般の利益の保護増進を目的とする事務となりえているのであり、だからこそ、その手段として私益を一方的に剝奪・制限することも許されるからである。

そうすると、適格消費者団体のような私人に差止請求権等の一方的私権を付与する立法には、代表の正統性及び相手方の保護という観点から、おのずと一定の限度があると解さねばならない（本書第三章参照）。

（11）「不特定かつ多数の者の利益」が「公益」と同義でないことは、公益社団法人及び公益財団法人の認定等に関する法律二条四号がわざわざ両者を書き分けた点から明らかである。よって、同条三号にいう「公益法人」は、国・地方公共団体と異なり、「公益」それ自体を保護増進する法人でない。塩野宏「行政法における『公益』について―公益法人制度改革を機縁として」『行政法概念の諸相』（平二三）一二九頁も、同法は「従来の多様な公益概念に特に何か新たなものをつけくわえたことにはなっていない」と評している。なお、「不特定かつ多数の者の利益」を「一定範囲の不特定多数者の利益」（前述）と混同しないよう注意されたい。

四　私益と公益の組合せに応じた処分の実体法上の分類

長沼ナイキ判決[12]は、処分を、私益（名宛人の利益）と公益という「対立する利益の調整」として性格付けた。これによると、私益と公益の組合せに応じて、次のような処分の実体法上の分類を得ることができる。

すなわち、①〝単なる私益〟対〝私益により代表される公益〟型、②〝単なる私益〟対〝中間的利益により代表される公益〟型、③〝単なる私益〟対〝もっぱら行政庁により保護される公益〟型、④〝公益を代表する私益〟対〝私益により代表される公益〟型、⑤〝公益を代表する私益〟対〝中間的利益により代表される公益〟型及び⑥

である。[13]

〝公益を代表する私益〟対〝もっぱら行政庁により保護される公益〟型である。それぞれの典型は、次のとおりである。

①鉄道事業の用に供する土地の収用裁決（土地収用法四七条の二第一項）は、土地所有者の所有権を剥奪してこれを起業者である鉄道事業者に取得させることにより、その鉄道の利用に関する国民の一般の利益を保護する処分に当たる。②産業廃棄物処理施設の設置許可（廃掃法一五条一項）の拒否又は取消し（同法一五条の三第二項（同法一五条の二の七第四号に該当するときに限る。））は、それぞれ同施設を適法に設置することができる地位を付与せず、又は剥奪することにより、その周辺地域の居住者の生活環境の保全に係る利益を保護することを通じて、当該地域における生活環境の保全に関する国民の一般の利益を保護する処分に当たる。③運転免許（道路交通法八四条一項）の拒否（同法九〇条一項・二項）又は取消し（同法一〇三条一項・二項）は、それぞれ自動車等を適法に運転することができる地位を付与せず、又は剥奪することにより、その者の運転に起因する道路における危険の防止に関する国民の一般の利益を保護する処分に当たる。[14]

④乗継円滑化措置の裁定（鉄道事業法二二条の二第四項）は、鉄道事業者にその鉄道施設を建設し、又は改良することによる他の鉄道事業者との間の連絡運輸等の措置を講じさせることにより、これらの鉄道の円滑な乗継に関する国民の一般の利益を保護する処分に当たる。⑤一般廃棄物処理施設の設置許可（廃掃法八条一項）の拒否又は取消し（同法九条の二の二第二項（同法九条の二の二第一項第四号に該当するときに限る。））は、それぞれ同施設を適法に設置することができる地位を付与せず、[15]又は剥奪することにより、その周辺地域の居住者の生活環境の保全に係る利益を保護することを通じて、当該地域における生活環境の保全に関する国民の一般の利益を保護する処分に当たる。以上に対し、⑥の適例は、ただちには見当たらない。[16]

(12)　最判昭五七・九・九民集三六巻九号一六七九頁。
(13)　立法例は見当たらないが、理論上は、①〜③又は④〜⑥の全部又は一部を兼ねる処分もありうる（本書第五章二五九頁参照）。
(14)　滞納処分手続における動産等の売却決定（国税徴収法一一一条）及び不動産等の売却決定（同法一一三条一項）は、買受人となるべき最高価申込者のみを名宛人としており、形式的には③として構成されている。滞納者は、これらに先立つ当該動産又は当該不動産の差押（同法四七条一項）の時点で、所有権者としての処分権能の独占を破られているため、名宛人に加える必要がないと考えられたのであろう。この限りで初出論文の付記を訂正しておく。
(15)　この地位は、一般廃棄物の適正な処理に関する市町村の住民の一般の利益を代表する私益であるため、これらの処分は、地方公共団体レヴェルの公益と国レヴェルの公益とを調整する行為にも当たる。
(16)　事情変更による補助金等の交付の決定の取消し（補助金等に係る予算の執行の適正化に関する法律一〇条一項）は、補助事業等の遂行を通じて保護増進されるべき公益が消滅した場合にされる処分であるため、これには当たらない。

五　処分の実体法上の分類と処分手続

処分の実体法上の分類は、処分手続と次のように連動している。

①④は、いわゆる裁定[17]（収用裁決等）が大半を占めている[18]。そこでは、行政手続法（以下「行手法」という。）の適用を除外した上、民事訴訟に準じた手続が設けられていることが多い。裁定以外の処分には行手法が適用されるが[19]、それらの処分（許認可等）では、同法一〇条の特別な解釈として、公聴会の開催等をしなければならないと解すべきである[20]。

これに対し、③（不利益処分）では、原則として糺問主義的な刑事訴訟に準じた手続（行手法にいう聴聞・弁明手続）をとれば足りる。もっとも、制裁を目的とする処分であって行政不服審査法の上乗せ手続が設けられていないもの等については、弾劾主義的な刑事訴訟に準じた手続が要求されよう。

残る②⑤（許認可等）では、行手法の上乗せ規定として、中間的利益を享受する者に意見書の提出が認められていることが多い（廃掃法一五条六項等）。これらの者は、名宛人と並んで処分による利益調整の客体とされているため、名宛人から申請書を提出させることとの均衡上、この程度の手続は用意されて当然であろう。そうすると、このような上乗せ規定が設けられていない②⑤（許認可等）では、行手法一〇条の特別な解釈として、公聴会の開催等をしなければならないと解すべきである。②⑤（不利益処分）であって、行手法の上乗せ規定が設けられていないものでも、行手法一七条一項の特別な解釈として、中間的利益を享受する者が聴聞の参加人（行手法一七条一項）となることを許可しなければならないと解すべきである。

行手法は処分手続の一般法といわれるが、そもそも①④の大半を適用除外としており、②③⑤のうち②⑤については、特別法による上乗せ又は行手法の特別な解釈が要求される点に注意しなければならない。

(17)「当事者間の法律関係を確認し、又は形成する処分で、法令の規定により当該処分に関する訴えにおいてその法律関係の当事者の一方を被告とすべきものと定められているもの」（行政不服審査法七条一項五号）・「相反する利害を有する者の間の利害の調整を目的として法令の規定に基づいてされる裁定その他の処分（その双方を名宛人とするものに限る。）」（行手法三条一項一二号）。

(18) 本書第五章二四八頁参照。初出論文では、これだけしか取り上げなかった。

(19) ①④の例として、それぞれ起業地の形質変更の許可（土地収用法二八条の三第二項）及び電気事業法五条五号（前述）を充足しないことを理由とする一般送配電事業の許可の拒否処分がある。

(20) なお、群馬中央バス判決（最判昭五〇・五・二九民集二九巻六号六六二頁）は、もともと行手法の上乗せ規定（公聴会の義務的開催）が設けられている④（許認可等）であって、当該許認可等をするか否かがもっぱら既に当該許認可等を受けている者との間の優先順位によって決せられる事例では、その者の主張立証に対する反駁を可能とするかたちで、公聴会の審理をすべきであるとしたものである。これに対し、①④以外の許認可等では、たとい同様の事例であっても、（行手法九条二項の特別な解釈として）申請に必要な情報を提供しなければならないが、公聴会の開催等まではしなくともよいと解される（当該許認可等をするか否かがもっぱら他の申請者との間の優先順位によって決せられる事例でも同じ。）。

六　処分の実体法上の分類と取消訴訟手続

処分の実体法上の分類は、取消訴訟手続と次のように連動している。

すなわち、違法に①④の私益を制限しないことにより公益を保護しない処分（許認可等）に対しては、①④の〝私益により代表される公益〟にいう私益の帰属主体が、その取消訴訟を提起することができる。また、違法に②⑤の私益を制限しないことにより公益を保護しない処分（許認可等）に対しては、②⑤の中間的利益を享受する者が、その取消訴訟を提起することができる。さらに、④〜⑥の〝公益を代表する私益〟にいう公益を保護すべき行政庁（一般廃棄物処理施設の設置許可、その拒否処分及び取消処分では、市町村長）は、各処分の取消訴訟に参加することができる（行訴法二三条一項）。

一方、次の者には、取消判決の第三者効（行訴法三二条一項）が及ぶ。第一に、原告が名宛人の一部であった場合におけるその余の名宛人[21]であり、第二に、原告が名宛人以外の者であった場合における名宛人であり、第三に、原告が②⑤の中間的利益を享受する者の一部であった場合におけるその余の当該中間的利益を享受する者（本書第五・六章の表現を用いれば、原告が一定範囲の不特定多数者の一部であった場合におけるその余の一定範囲の不特定多数者）である[22]。例えば、漁船保険組合の組合員の一部を原告とする、（保険料を値上げする）保険約款の変更の認可（漁船損害等補償法四四条の二第一項。名宛人は漁船保険組合）の取消訴訟が認容された場合、第三者効は原告とならなかった組合員にも及ぶ[23]。よって、それらの者を原告、漁船保険組合を被告とする値上げ分の保険料債務不存在確認訴訟では、同認可が取り消されたことが前提とされなければならない。

以上に対し、原告が①④の〝私益により代表される公益〟にいう私益の帰属主体であった場合におけるそれ以外の者及び原告が②⑤の中間的利益を享受する者であった場合における当該中間的利益を享受する者以外の者（本書第五・六章の表現を用いれば、原告が一定範囲の不特定多数者であった場合における当該一定範囲の不特定多数者以外の者）には、前述した名宛人を除き、第三者効は及ばない(24)。

＊　＊　＊

一から六までに考察したとおり、公益は、行政の内包・外延を規定している。それは、行政法を実体的・手続的に分析する上で、礎石となるべき概念である。

(21)　参照、横浜保育所条例判決（最判平二一・一一・二六民集六三巻九号二一二四頁）。
(22)　必ずしも細部まで賛同するものでないが、一応参照、巽智彦『第三者効の研究』（平二九）三〇二～三〇三頁。但し、筆者（仲野）は、利益が「集団に帰属」する（同三〇三頁）という表現を用いていない。
(23)　◎漁船損害等補償法（昭和二十七年三月三十一日法律第二十八号）
（目的）
第四条　漁船保険組合（…）は、組合員が所有し、又は所有権以外の権原に基づき使用する漁船に関し漁船保険事業等を行うことを目的とする。
（保険約款の変更）
第四十四条の二　保険約款の変更は、農林水産大臣の認可を受けなければ、その効力を生じない。
2～4　…
(24)　おそらく結論同旨、興津征雄「行政訴訟の判決の効力と実現―取消判決の第三者効を中心に」現代行政法講座編集委員会編『行政手続と行政救済』現代行政法講座二巻（日本評論社・平二七）二二五～二二九頁・二三九～二五八頁。

【追記】

(1)　本章の初出論文の公表後、野呂教授は、処分を類型化するための基準として、「第三者に法的不利益を及ぼさないことを目的とする処分要件が存在するか、それとも、公益のために〔第〕三者の利益を犠牲にすることが許容されているか」という視点を提示した。(25) 許認可等による利害調整には〝公益を代表する私益〟又は中間的利益を譲歩させる場合とさせない場合があることを示すものであり、本書にとっても重要である。

曽和教授は、国家の原初主義（primordialism）的な理解に基づく筆者の公益概念は狭きに失するとして、中間的利益を含め、より「広く、問題発見的に」捉えるべきであるという。(26) 本章では、国以外の民主政の回路として憲法上明示されているのが地方公共団体だけであることから、とりあえず国・地方公共団体レヴェルの公益に限って、また、両者を一括して論じたが、両者の相互関係（国家の単一性と地方公共団体の複多性とが相支え合う関係?）を分析するまでには至らなかった。今後、この問題を糸口として、国・地方公共団体以外のレヴェルでも公益又はそれに準ずる利益を観念することができるかにつき、(27) 考察してみたい。

(2)　本章の初出論文では、処分の名宛人以外の者として、高木教授のいう「事実的侵害」を受ける者のみを取り上げ、「規律的侵害」を受ける者すなわち中川教授のいう(28)「準名宛人」（「名宛人でなくても、処分の法効果（直接的効果）が及ぶ……者」(29)）を取り上げなかった。処分は、原則として、名宛人と準名宛人との利害調整を目的としないからである。準名宛人に関する筆者の立場は、本書第六章追記に示しておいた。(30)

(25)　野呂充「行政手続における第三者の地位と行政争訟」現代行政法講座編集委員会編・前註（24）九八頁・一〇四頁。

(26)　曽和俊文「公益と私益」芝池古稀『行政法理論の探究』（平二八）三一頁以下（引用部分は四一頁註8）。

(27)　併せて参照、野田崇「行政法における『民主的な意思』」芝池古稀・前註（26）七九頁以下及び興津征雄「行政過程の正統性と民主主義―参加・責任・利益」小早川古稀『現代行政法の構造と展開』（平二八）三二五頁以下。

(28)　「行政行為の法的効果による権利利益の侵害を『規律的侵害』、〔許可その他の行政行為を受けた者が行う〕事実行為によるそれを『事実的侵害』と呼〔ぶ。〕」「『規律的侵害』を受けるものがその排除のために取消訴訟を提起しうることは自明であり、『事実的侵害』のみをうけるものであるにもかかわらず行政処分をめぐる訴訟によって救済を得られる点に〔取消訴訟の〕特徴がある」（高木光『事実行為と行政訴訟』（昭六三）三四七頁）。

(29) 中川丈久「続・取消訴訟の原告適格について」滝井追悼『行政訴訟の活発化と国民の権利重視の行政へ』（平二九）二八五頁。

(30) 競願事例のように、付与すべき利益の総量に上限がある許認可等を申請者間の優先順位に従ってする場合でも、また、換地処分のように、三以上の不利益処分間に循環的な前提関係が成り立つ場合（本書第五章二六〇頁参照）でも、各処分が①～⑥いずれかの意味で二極的調整である点に変わりはない。これら二つの場合には、加えて、当該処分の全部が総体として名宛人の全部の利益を二極的又は多極的に調整することとなるが、それはあくまでも私益相互間の調整であるにすぎない（参照、拙稿「行政上の計画論」自治研究九四巻（平三〇予定））。

第一部　行政作用法

第一章　法律事項論

一　はじめに

本章は、法律事項の範囲に関する政府見解を、その前提にある考え方も含めて論理内在的に分析することにより、この問題における「学説と実務の乖離[1]」を埋めようとするものである。

法律事項とは、法律専管事項すなわち法律又は法律に基づく命令でしか定められない事項である。これには、本来的に法律又は法律に基づく命令でしか定められない事項（以下「本来的法律事項」という。）と本来的には法律に基づかない命令でも定められる事項が法律又は法律に基づく命令で定められ、結果的に法律又は法律に基づく命令でしか改められなくなったもの（以下「結果的法律事項」という。）がある。理論上の分類としては、法律専管事項のほかにも、命令専管事項すなわち法律に基づかない命令でしか定められない事項、法令競管事項すなわち法律又は法律に基づく命令・法律に基づかない命令のいずれでも定められる事項及びそのいずれでも定められない事項がありえよう。

法律事項の範囲は、日本国憲法（以下「現憲法」という。）の下では、「立法」（四一条）の解釈問題となるが、(2)行政法学界では、〝法律の法規創造力〟、〝法律の優位〟及び〝法律の留保〟からなる〝法律による行政の原理〟という理論体系の一環として論じられることが多い。(3)このうち〝法律の法規創造力〟は法規を、〝法律の留保〟は行政の少なくとも一部（侵害作用等）をそれぞれ法律事項とする主張を含むが、およそ法律事項とは何かという問題を設定するものでない（仮に法規を法律事項と定義するならば、〝法律の法規創造力〟はトートロジーを述べたものとなろう。）。そもそも〝法律による行政の原理〟は、大日本帝国憲法（以下「帝国憲法」という。）の制定後に提唱された理論体系であり、(4)起草者は知る由もなかった。帝国憲法・現憲法下の政府も、それを媒介としてでなく、直截に法律事項の範囲はどこまでかという問題に向き合ってきた。本章もまた、法規とは何か、(5)〝法律の法規創造力〟と〝法律の留保〟はいかなる関係にあるかといった問題に立ち入るものではない。(6)

もっとも、〝法律の留保〟は、法規のような抽象概念を介在させることなく、法律事項たる行政の範囲を問う理論であるため、政府見解と同じ平面に立って相互対話することも可能なはずである。そこで、〝法律の留保〟に関する代表的な体系書の叙述をみるに、①帝国憲法下の同理論では侵害留保説が最終的な通説となったこと、(7)②現在の政府見解は侵害留保説をとるが、(8)それだけでは現憲法の「民主的統治構造」(9)に照らし不十分であること、③かといって全部留保説は実際的でなく、権力留保説等も侵害留保説と大同小異であること、(10)④重要事項留保説は侵害作用プラスアルファを法律事項とする点で正当だが、プラスアルファ部分を「重要事項」と総称するだけでは「あまりにも漠然としており、その基準がもっと明確化されるのでなければ、日本で実定法原理としての有効性を獲得することは困難であ」ること(11)及び⑤プラスアルファ部分として考えられるのは「公共事業関連計画・土地利用計画・総合計画という国土開発計画の全システム」、「すでに制度として確立された」行政実務を「関係人の不利益に（またはその意に反する方向に）変更する」こと等であることが論じられている。(12)しかしながら、帝国憲法下の政府見解が侵害留保説でなかったとすればなぜ同説をとりえなかったのか、現憲法下の政府見解はなぜ同説をとりえたのか、なぜ現在も同説をとり続けているのか（侵害作用が明確なのに対し、新たな〝法律の留保〟理論が提示するプラスアルファ部分が不明確であるというだけなのか）といった問題は、いまだ必ずしも十分には解明されていない。

法律事項の範囲については、学説及び政府見解だけでなく、国会及び裁判所の見解が示されることもある。法律事項の範囲が現憲法の解釈問題である以上、国会の見解が当然に政府見解に優越することはなく、終局的なのは裁判所の見解のみである。とはいえ、プラスアルファ部分は侵害作用でないため、それらが法律事項でないにもかかわらず法律で定められたり、法律事項であるにもかかわらず法律で定められなかったりしたとしても、訴訟を通じてその違憲性が争われることはほとんど想定されない。また、国会が政府見解を立法で否定することも容易でない。政府が法律事項でないと判断して命令で定めた事項を国会が法律事項であると判断して法律で定めた場合、当該命令は無効となるが、(13)国会の見解では、法律事項を命令で定められないからなのに対し、政府見解では、法律事項でない事項も法律で定められるからだとして、同床異夢の状況が起きうるためである。そうだとすれば、両者の優劣は、いずれが論理的に首尾一貫しているかによって決するほかないであろう。

なお、法律事項には、「法律又は法律に基づく命令で定めなければならない事項は何か」という〝外延の問題〟と「法律で直接に定めなければならない法律事項は何か」という〝内包の問題〟がある。両者は、前者を広く解しても後者を狭く解すればその効用が減殺されるという関係にある。本章で扱うのはこのうち〝外延の問題〟であり、〝内包の問題〟には付随的に論及するにとどめておく。また、帝国憲法下で（旧）皇室典範及び皇室令並びに（最終的に）軍令の専管とされた事項については、特別の考察を要するため、本章では取り上げない。

（1）塩野宏『行政法Ⅰ』初版（有斐閣・平三）六二頁。法律事項たる行政の範囲に対する評価であるが、法律事項の全体的な範囲に対しても妥当しよう。
（2）現在における学界の見解につき参照、赤坂正浩「立法の概念」公法研究六七号（平一七）一四八〜一四九頁。
（3）参照、藤田宙靖『行政法Ⅰ（総論）』初版（青林書院・昭五五）四六〜四八頁、塩野・前註(1)五四頁、芝池義一『行政法総論講義』初版（有斐閣・平四）四一頁及び小早川光郎『行政法』上巻（弘文堂・平一一）八一頁。
（4）Vgl., O. Mayer, "Deutsches Verwaltungsrecht" 1. Aufl. Bd. I (Duncker & Humblot, 1895), S.72 -77.
（5）学説史研究は枚挙にいとまないが、例えば参照、宮沢俊義「立法・行政両機関の間の権限分配の原理（三・完）」法学協会雑誌四六巻一二号（昭三）三三二頁以下、森田寛二「法規と法律の支配（一）」法学四〇巻一号（昭五一）四五頁以下、大石眞「立法と権限分配の原理（一〜二）」法学四二巻四号（昭五四）一頁以下・同四三巻一号（昭五四）三五頁以下、堀内健志『ドイツ『法律』概念の研究序説』（多賀出版・昭五九）五八頁以下、平岡久「『法規』に関する若干の考察」（昭五九）『行政立法と行政基準』（有斐閣・平七）一〇九頁以下及び毛利透「戦前憲法学における二重法律概念と法治行政」『統治構造の憲法論』（岩波書店・平二六）二五九頁以下。
（6）学説史研究として参照、松戸浩「法律の法規創造力の概念に就いて」法学六七巻五号（平一六）二三五頁以下及び同「法律の法規創造力の概念に就いて・続」藤田退職『行政法の思考形式』（青林書院・平二〇）一四三頁以下。
（7）参照、塩野・前註(1)五九頁及び小早川・前註(3)九四頁。
（8）参照、塩野・前註(1)五九頁及び小早川・前註(3)一一六頁。
（9）塩野・前註(1)六一頁。なお参照、小早川・前註(3)一一八頁。
（10）参照、塩野・前註(1)六〇〜六一頁及び小早川・前註(3)一一九〜一二八頁。
（11）参照、小早川・前註(3)一二九〜一三〇頁。
（12）それぞれ塩野宏「国土開発」山本草二ほか『未来社会と法』現代法学全集五四巻（筑摩書房・昭五一）二三三頁及び小早川・前註（3）一三〇頁。
（13）国会の見解では、当該命令の全部が当初から無効であり、政府見解では、当該法律に反する限度で当該法律の施行時から無効となる。当該法律が前者の効果を明示した場合、政府見解では、当該法律が遡及適用されたことになる。

二　帝国憲法下の法律事項

(一)　起草関係者の見解

わが国における法律と命令の区別は、公文式（明一九勅一）に遡る。もっとも、そこでは両者が形式的に区別されたにすぎず、実質的な区別は帝国憲法下に持ち越された。(14)

公文式により公布された帝国憲法制定前の法律としては、登記法（明一九法一）、（旧）市制町村制（明二一法一）、陸軍治罪法（明二一法二）等がある。民刑事に関する事項を法律事項とするのは、法典整備を梃子に条約改正交渉の進展を図る政府の既定方針であった。(15) また、地方自治制度を法律事項としたのは、A. Mosse・H. Roesler 両顧問の答議によるものである。(16) これらの事項は、帝国憲法には明示されなかったが、その施行後も当然に法律事項として扱われた。(17)

帝国憲法は、議会に立法協賛権を付与する（三七条）とともに、第二章（臣民権利義務）中の一〇事項のほか、衆議院議員の選挙、(18) 裁判所の構成、会計検査院の組織及び職権等を法律事項として明示した。その反面、法律に基づかない命令(19)により広く臣民の権利を制限する権限を政府に付与していた（「天皇ハ……公共ノ安寧秩序ヲ保持シ及臣民ノ幸福ヲ増進スル為ニ必要ナル命令ヲ発シ又ハ発セシム但シ命令ヲ以テ法律ヲ変更スルコトヲ得ス」（九条））。

起草過程では、井上毅宮内省図書頭（のち法制局長官）が、プロイセン憲法のように法律事項を列挙する主義、バイエルン憲法のように民刑事を含む「人民ノ権理《ママ》義務ニ係ル」事項（行政によるそれらの変更を含む。）を法律事項とする主義等(20)のうちいずれをとるべきか、Roesler・Mosse 両顧問の意見を求めている。(21) 両顧問とも、議会は広く権利に関する事項を定める権能をもつと解されており、法律で定められる事項を限定列挙することはできないが、行政による権利制限の全部を法律専管事項とした場合、議会が行政権の死命を決することとなるため、その一部のみを法律専管事項として列挙した上、その余を法令競管事項とするよう答議した。(22) さらに Mosse 顧問は、ここまで広汎な法令競管事項を認めたとしても、政府は議会と責任を分かち合い、予算に対する協賛を得やすくするため、法令競管事項をあえて法律で定めることが多くなるであろうと予測する。そこで、法律の上位規範性さえ明示しておけば、法令競管事項は次第に法律の先占するところとなるのであり、それは英国がかつて経験した「自然ノ発達」であるという(23)。

帝国憲法九条・三七条は、この答議に沿って起草されたが、関係者の立場は必ずしも一致していなかった。

まず、井上長官が取りまとめて枢密院に提出した九条の「説明」では、バイエルン憲法と同じく身体的・財産的権利に関する事項（行政によるそれらの制限を含む。）を法律事項とする解釈が示されていた(24)。三七条の「説明」でも、バイエルン憲法が「附記」された上、帝国憲法に明示された法律事項と明示されていない事項（「営業法及警察上人民ノ権利ヲ制限スル条則」等）を織り交ぜた二二事項が、法律事項の「標準」として掲げられていた(25)（これは、法律事項たる行政の範囲につき侵害留保説をとるものとして注目に値するが、肝腎の枢密院では、特に論議されていない。）。

しかしながら、これらの「説明」を加除修正して成立した、政府の事実上の公式見解である伊藤博文『帝国憲法皇室典範義解』（国家学会・明二二。以下「義解」という。）では、井上長官のやや突出した解釈が両顧問の線まで押し戻されている。

すなわち義解の稿本は、九条から前記の解釈を全面的に削除し、三七条にはバイエルン憲法を批判する学説を付け加えた。そして前記「標準」に代えて一四の法律事項を列挙するオーストリア憲法を紹介したかと思いきや、これも「稍広博ニ過キ」るとして斥けた上、「法律及勅令ノ区域ハ専〔ラ〕各国政治発達ノ程度ニ従フ〔。〕而シテ唯憲法史以テ之ヲ論断スヘクシテ憲法正条ノ以テ之ヲ限画スヘキ所ニ非サルナリ」としたのである(26)。

最終的に成立した義解は、稿本からオーストリア憲法の紹介を落とした上、結論のうち「法律及命令の区域は専ら各国政治発達の程度に従ふ。而して唯憲法史以て之を論断すべきのみ」の部分を残す一方、その次の部分を「但し、憲法の明文に依り特に法律を要する者《ママ》は之を第一の限界とし、既に法律を以て制定したる者《ママ》は法律に非ざれば之を変更することを得ざるは之を第二の限界とす。此れ乃〔ち〕立憲各国の同〔じ〕き所なり」と修正した[27]。

帝国憲法に明示された法律事項が本来的法律事項であることは自明であり、（九条但書が予定するように）法令競管事項が存在する以上、結果的法律事項が生成する余地のあることもまた当然である。帝国憲法に明示された法律事項を超えて法律事項が増大するとすれば、結果的法律事項の生成によるほか、理論上は本来的法律事項そのものが拡張することもありうる。それらは全て将来に開かれた問題であるというのが、義解の立場であった。

義解がこの問題を棚上げにしたのは、井上長官と伊東巳代治枢密院書記官長の見解が相容れなかったためとみられる。すなわち伊東書記官長は、権利の制限を法律事項とするのは立憲思想の原則だが、民刑事法と異なり行政法では権利の範囲自体が必ずしも明瞭でない（これは、侵害留保説をとりえない理論的な理由とされている。）ため、政府と議会が一致して認めたものから順次立法してゆくことにより、法律事項を拡張するほかないと考えていた[28]。そこでは、〝法律で定めなければならない〟という規範は〝法律で定められている〟という事実と一致する（「立法事項ハ進歩ス」[29]）。これに対し井上長官は、ただちに侵害留保説をとることこそ諦めたものの、帝国憲法に明示された法律事項が類推解釈され、本来的法律事項が行政による権利制限の全部に拡張されることに期待をかけたのであろう。

とはいえ、両者の相違は、行政による権利制限の全部が法律事項となるかという一点に尽きており、権利を定められるのは憲法又は法律のみであるという大前提自体は共有されていた[30]。ここでいう権利は、その存否がもっぱら司法裁判所により確認される私権に限られない。一定の要件を満たせば当然に発生し、処分でその存否を確認するにすぎない権利[31]も、当初から法律事項とされていたからである（恩給受給権につき官吏恩給法（明二三法四三）等）。

要するに、権利それ自体及び国家による権利制限のうち帝国憲法に明示されているもの（司法による権利制限は二三条に明示されている。）を法律事項とするのが、帝国憲法制定時の政府見解であった。

(二)　帝国憲法下の結果的法律事項（総論）

帝国憲法がその生成を予定した結果的法律事項は、Mosse顧問が予言した（前述）とおり、議会開設後、着実に蓄積されていった。帝国憲法が法律事項として明示しなかった事項をあえて盛り込んだ政府提出法案は、次の三つに大別される。

第一は、命令でも定められる義務につき、命令ノ条項違犯ニ関スル罰則ノ件（明二三法八四）により命令では設けられないとされた罰則（二〇〇円以上の罰金又は一年以上の禁錮）を設けるため、義務自体を法律で定めたものである[32]（度量衡法（明二四法三）等）。

第二は、恩恵の付与であって本来命令で定める必要すらないが、議会に予算を廃除・削減されないよう義務費（「法律上政府ノ義務ニ属スル歳出」（帝国憲法六七条））としたものである（国庫補助につき（旧）実業教育費国庫補助法（明二七法二一）等、国庫負担につき蚕種検査法（明三〇法一〇）等）。

第三は、法律専管事項・法令競管事項の双方にまたがる制度につき、前者と併せて後者も法律で定めたものである（取引所法（明二六法五）、（旧）河川法（明二九法七一）等多数）。その動機はおそらく、Mosse顧問も予言したとおり、制度全体を提示して予算に対する協賛を得やすくする点にあったのであろう。すなわち取引所法は、民事に関する事項（取引所の法人格[33]）と並んで、法令競管事項たる仲買人等についても自ら定めている[34]。（旧）河川法もまた、民事に関する事項（河川は物でないとする規定）及び帝国憲法二七条二項に明示された法律事項（公用負担）と並んで、法令競管事項たる「河川ノ使用ニ関スル制限並警察」（第三章）についても自ら定めている。

このようにして、議会開設から半世紀近くたった昭和一〇年頃には、ほとんどの行政分野が結果的法律事項に組み込まれるに至っていた。すなわち美濃部達吉東京帝大教授は、「憲法制定後行政の各種の区域に亘り、成文法規が漸次完備するに至つた」と総括した上、「尚……法律の規定の未だ備はらないもの」として「水利法・港湾法・

宗教法などの区域」を挙げるにとどめている。[35] このうち水利行政については、(旧)河川法の定めが水力発電の勃興により時代遅れとなっていたにすぎず、[36] 宗教行政についても、まもなく宗教団体法(昭一四法七七)の制定をみた(港湾法(昭二五法二一八)の制定は、各省の権限争議により、現憲法下に持ち越された。[37])。

以上に対し、警察行政については、軽い罰則で足り、部分的にすら法律事項と関連しない制度が少なくないため、[38] 結果的法律事項は必ずしも十分に生成しなかった。とりわけ営業警察行政については、法律に基づかない内務省令[39] 又は庁府県令[40](警視庁官制四条、地方官官制六条等参照)で定められるものが大半であった。美濃部教授もまた、「警察法規」を独立命令で定める必要性を認めていた。[41]

(三) 帝国憲法下の本来的法律事項(総論)

帝国憲法下の政府が本来的法律事項の範囲をどのように捉えていたかを知る手掛りは、必ずしも多くない。ここでは、明治期における指標として、明治二五年の(旧)狩猟法案、台湾ニ施行スヘキ法令ニ関スル法律[42](明三九法三一)案及び朝鮮ニ施行スヘキ法令ニ関スル法律[43](明四四法三〇)案の議会審議を、大正・昭和期における指標として、枢密院及び金森徳次郎法制局参事官(のち第一部長・長官)の見解を、それぞれ取り上げておく。

議会開設まもない明治二五年、衆議院では、「狩猟権ト云フ……権利ニ関スルコト」が法律事項であるにもかかわらず、これを命令で定めた狩猟規則(明二五勅八四)は違憲であるとする決議案が高田早苗議員らから提出され、[44] 可決された。これに対し末松謙澄法制局長官は、行政による権利制限の全部が法律事項となるわけでないという政府の立場(前述)を一歩も譲っていない。[45] 同年の狩猟法案(衆議院議員提出)は、同院では、法律事項を定める法律として提案されたが、貴族院では、末松長官の意見を踏まえ、法令競管事項を定める法律として審議されている。[46]

次に、台湾ニ施行スヘキ法令ニ関スル法律案の貴族院審議では、穂積八束議員(東京帝大教授)が、Mosse 顧問の答議(前述)と同じく、法律事項の増大はもっぱら結果的法律事項の生成によるのであり、本来的法律事項そのも

のが拡張することはないという意見を述べている。(47)

さらに、朝鮮ニ施行スヘキ法令ニ関スル法律案の衆議院審議では、鵜澤総明議員が単刀直入、「法律ヲ要スル事項」とは何かと質したのに対し、安広伴一郎法制局長官が「憲法ノ中ニゴザイマストコロノ法律事項ハ勿論ノコトデアリマス、其他ニモヤハリ内地ニ於キマシテ、法律デナケレバナラヌ箇条ガ此頃ハ出来テ居ルト思ヒマス、サウ云フモノハ総テ是ニ包含シテ居ル積リデアリマス」と答弁した。(48)「此頃……出来」た法律事項とは、議会が開設された内地だからこそ生成しうる結果的法律事項をさす趣旨であろう。この少し前、美濃部教授が帝国憲法はバイエルン憲法等と同じく侵害留保説に立っているという学説を発表しているが、(49)安広長官の答弁がこれを採用したとみることはできない。

明治期には、帝国憲法九条に基づく勅令は、教育制度等（後述）を除けば、一部の産業にしか関係しないもの（花莚検査規則（明三八勅一六一）等）がほとんどであった。ところが大正期に入ると、第一次大戦に対処すべく、広く一般臣民の営業の自由を制限する命令が制定された。その筆頭は対敵取引禁止令（大六勅六一）であり、敵国法人等を当事者とする取引を禁止し、敵地産の物品等の輸入を制限するという前例のないものであった。(50)

同令案は「罰則ノ規定アル勅令」（枢密院官制六条三号）として枢密院の諮詢に附されたが、そこで審査委員長を務めたのは、ほかならぬ伊東巳代治顧問官であった。伊東顧問官は、帝国憲法二二条が掲げるのは「居住及移転ノ自由」であって営業の自由でないため、後者の制限は法律専管事項でなく法令競管事項にとどまるとして、同令案に賛同した。(51)金森参事官もまた、これと同じ見解を公にして違憲論を斥けている。(52)

次いで金森部長は、金の輸出を禁止する大蔵省令の合憲性をめぐる論議を取り上げた上、美濃部教授でなく穂積教授の立場こそが政府のとるところであると明言した。(53)その理由は詳らかでないが、(54)帝国憲法が法律事項を列挙的に規定する一方、法律に基づかない命令で定められる事項を概括的に規定している以上、列挙されていない事項は法令競管事項であるという推定を受けるからであろう[55]。

とはいえ、法制局は、対敵取引禁止令を前例として広く一般臣民の営業の自由を制限してゆくことには懐疑的であった[56]。例えば染料ノ輸入許可ニ関スル件（大一三農商務省令八）の立案過程では、染料の輸入の制限は法律によるべきであるとして、強い難色を示したという。もともと省令には法制局審査を要しないため、同令はそのまま制定されたが、吉野信次元商工次官は「法制局にもってゆくのは内心、省令では無理だという良心があるんですね」と回顧しており[57]、各省もそれなりに躊躇を感じていたようである。

昭和期に入ると、金森長官自ら、個人的見解としては侵害留保説を採用するに至った。すなわち、立法権とは「一般服従関係ニ在ル人ニ付テ其ノ自由財産ヲ拘束スル強要的規定」たる「法規」を制定する権をさすというのである[58]。その最大の論拠は、帝国憲法がドイツで発展しつつあった「法規」概念を含む立憲思想全体を継受したという点に求められた[59]。かかる改説の背景には、すでに大半の行政分野で結果的法律事項が生成していた（前述）ため、わずかに残された法令競管事項を本来的法律事項に格上げしたところで、議会が行政権の死命を決することはないという現実感覚が働いていたとみられる。

以上（一）から（三）までにみたとおり、帝国憲法の施行と同時に侵害留保説を採用するのは実際上困難であり（Mosse・Roesler両顧問）、帝国憲法に明示された範囲を超える法律事項の増大は、結果的法律事項の生成に委ねざるをえなかった（Mosse顧問・穂積教授）。しかしながら、ほとんどの行政分野が法律で定められるようになると、逆に残された行政分野が法律で定められていないことが問題視されるようになった。〝法律で定められている〟という事実の積重ねにより、〝法律で定めるのが望ましい〟という規範意識が生じたのである。

もっとも、この規範意識を〝法律で定めなければならない〟という正真正銘の規範（美濃部教授・金森長官の個人的見解）に昇華させることは、帝国憲法下では叶わなかった。政府が侵害留保説を採用するためには、法律に基づかない命令が失効しないよう、移行期間を設けて逐一法律又は法律に基づく命令に改める作業が不可欠となるが、そのような厖大な政治的エネルギーを要する企ては、もとより平時に成し遂げられる性質のものでない。これが、帝国憲法下の政府見解がついに侵害留保説をとりえなかった実際的な理由である。

(四)　帝国憲法下の結果的法律事項（各論）教育制度、官制及び官吏制度

帝国憲法下では、制度の一部しか法律事項に当たらない場合でも、その全部をアンブロックに法律で定めることが一般的であった（前述）。しかしながら、教育制度については、法律専管事項と法令競管事項を切り分け、後者を法律に基づかない勅令で定める主義（以下「勅令主義」という。）がとられていた。

この分野でも、もともと政府に勅令主義をとる意図はなく、帝国憲法制定の翌年には、初等教育制度に関する事項を網羅した小学校法案が立案されていた。(60) ところが、教育制度の継続性・安定性及び政治的中立性を重視する枢密院の反対(61)により頓挫したため、急遽、（旧）市制町村制の特例たる学校基本財産及び学務委員に関する事項が地方学事通則（明二三法八九）で、恩給（前述）と同じく法律事項である退隠料等に関する事項が市町村立小学校教員退隠料及遺族扶助料法（明二三法九〇）で、それぞれ定められたほか、大部分の事項が（旧）小学校令（明二三勅二一五）で定められたのである。

昭和八年には、教育制度は法律で定めるべきであるとする建議案が、衆議院で可決された。(62) しかしながら、（旧）小学校令以来の政府見解(63)が改められることはなかった。

昭和一二年には、義務教育法案(64)が立案されたが、それは就学義務違反に対し命令では設けられない罰則を設けるとともに、就学奨励のための国庫補助を義務費とするため、教育制度のうち就学義務の部分のみを抜き出して法律化したものにすぎない。同法案は、教育制度の勅令主義をいささかも揺るがすものでなかった。(65)

もっとも、昭和一〇年代になると、松浦鎮次郎枢密顧問官（元文部次官・前貴族院議員）のような当局者さえ、個人

的見解ながら、教育制度の勅令主義を「法治国の精神からいふと随分議論のある所であらう」[66]と評するに至っている。これは、金森長官の個人的見解(前述)と相呼応するものであり、注目に値しよう。

教育制度にあっては、結果的法律事項が生成する誘因自体は存していたのに対し、官制・官吏制度にあっては、それすらも存しなかった。各庁の庁費等及び文武官の俸給等は、既定費(「憲法上ノ大権ニ基ツケル既定ノ歳出」(帝国憲法六七条・会計法補則(明二三法五七)一条五号・一号))として議会による廃除・削減が認められず、官吏の義務違反は、(収賄等を除けば)刑罰でなく懲戒罰で担保すれば足りたからである。[67]

そもそも帝国憲法自体、官制・官吏制度を法律で定めることを「特例」(一〇条)として位置付けていた。[68]政府は自己組織権を有する上、[69]両制度には継続性・安定性及び政治的中立性が求められるためである。[70]そのような「特例」が認められたのは、帝国憲法が裁判所の構成及び会計検査院の組織及び職権を法律事項としている点(前述)との均衡上、基本的には、独立して職権を行使する合議制官庁及びその構成員たる官吏に関する定めのみであった[71](〔旧々〕土地収用法(明二二法一九。土地収用審査委員会)、会計検査官退官ニ関スル法律(明二九法九一)、(旧々)森林法(明三〇法四六。地方森林会)、(旧)関税法(明三二法六一。関税訴願審査委員会)等。国有財産に関する事務配分の定めについては後述)。

このように、教育制度及び官制・官吏制度については、当初から勅令主義がとられていたが、政党内閣が出現し、勅令制定権まで掌握するようになると、それだけでは政治的中立性を担保する手段としては十分なものでなくなった。[72]そこで明治三三年には、「教育制度ノ基礎」及び官制・官吏制度に関する勅令を枢密院の必要的諮詢事項とする枢密院官制六条六号の解釈基準(枢密院諮詢事項ニ関スル御沙汰書)[73]が設定された。昭和一三年には、枢密院官制自体が改正され、「教育ニ関スル重要ノ勅令」、内閣官制(「帝国憲法ニ附属スル……勅令」)及び「行政各部ノ官制其ノ他ノ官規ニ関スル重要ノ勅令」が必要的諮詢事項として明示された。

このうち教育制度については、御沙汰書による必要的諮詢事項は各学校令のみと解されており、昭和一三年以降は、これに幼稚園令及び学位に関する勅令が加わったにすぎない(74)。官吏制度についても、御沙汰書による必要的諮詢事項（「高等官官等」「官吏服務規律《ママ》」「文官懲戒」「文官試験」「文官任用」「文官分限」に関する勅令）は、昭和一三年以降もほぼ同じである。これに対し官制については、かなりの変遷があった。このうち内閣官制（現在の内閣法に相当）及び各省官制通則（現在の国家行政組織法に相当）は、一貫して必要的諮詢事項とされている。一方、各省官制（現在の各省設置法に相当）は、大正九年に全部が必要的諮詢事項とされたものの、「余りに繁雑かつ形式的」(75)として、昭和一三年には「各省ノ設置及廃止並ニ権限ノ変更」「各省部内ノ部局ノ設置及廃止」「普通地方行政官庁ノ設置及廃止」に限定されるに至った(76)。

このような歴史的経緯は、現在でも、重要事項留保説の立場から法律事項となる教育制度及び行政組織・公務員制度の範囲を決する上で参考となりそうである。しかしながら、必要的諮詢事項は、政治的中立性を確保するため法律事項から除かれた事項のうち特に重要なものであるため、ただちに重要事項留保説に転用可能とみるのは、短絡的にすぎよう。

（五）帝国憲法下の本来的法律事項（各論一）通信料金

帝国憲法は、「報償ニ属スル行政上ノ手数料」を法律事項から除外している（六二条二項）。電信料金については、もともと電信条例（明一八布告八）が命令で定めるとしており、電信法（明三三法五九）でも同様とされた。一方、郵便料金については、郵便条例（明一五布告五九）が直接定めていたため、明治二一年の郵便法案は、これを省令で定めようとした。しかしながら、元老院では、国民は郵便事業の利用を事実上強制されているとして(77)、否決されてしまった。（旧）郵便法（明三三法五四）もまた、郵便条例の立法主義を改めることができず、通常郵便物の郵便料金を直接定めることとした。

昭和期に入ると、逓信省関係者の中にも、郵便料金が法定されているのは、郵便事業が生活必需的であるにもかかわらず政府によって法律上独占されており、国民は事実上その利用を強制されているからだと説明する者が登場した[78]。ここには、そのような性質をもつ料金は〝法律で定めるのが望ましい〟という規範意識が明確に表れている。しかしながら、帝国憲法六二条二項が厳然と存在した以上、それが〝法律で定めなければならない〟という正真正銘の規範に昇華することはなかった。

(六)　帝国憲法下の本来的法律事項（各論二）　国有財産の管理

帝国憲法下では、本来的法律事項が第二章（臣民権利義務）に明示されていない行政による権利制限へと拡張されることはなかった（前述）。しかしながら、それ以外の事項で、本来的法律事項そのものが拡張したという政府見解が示されたとみてよい例がある。すなわち国有財産の管理に関する事項であり、当初は本来的法律事項でないとされたが、その後、本来的法律事項になったとして[79]、（旧）国有財産法（大一〇法四三）案が提出された。

これに先立ち、帝国憲法の附属法律として立案された明治二二～二三年の官有財産法案は、一定価格・面積以上の官有財産の売払・譲与を議会の協賛に係らしめていた[80]。議会は予算協賛権にとどまらず、広く「国家ノ財政ニ議ヲ容ル、ノ権[81]」を有するからというのが、法制局の挙げた理由である。このような帝国憲法の解釈は、第二章に明示された法律事項を拡張解釈しようとする井上長官の立場（前述）と揆を一にしている[82]。しかしながら、同法案は各省の反対により取下げとなり[83]、かわりに勅令（官有財産管理規則（明二三勅二七五）、官有地取扱規則（明二三勅二七六）等）が制定された。それらは、内務大臣（森林原野については農商務大臣）が官有地の売買・譲与を処理するとした上、その要件を限定するもの[84]（譲与については、府県郡市町村が公共の道路等の用に供するため必要とするとき等）であった。

明治二五～二七年の官有財産管理法案（衆議院議員提出）も、一定の官有財産の所有権の移転を議会の協賛に係らしめていたが、協賛を要する官有財産の価格・面積の下限を一律に定めること自体が非現実的であるという内務省の反対を受け、衆議院ですら可決に至らなかった[85]。

大正六年には、衆議院が国有財産の管理の統一化・透明化を求めて、国有財産調査会設立ニ関スル建議案を全会一致で可決した(86)。これを受けて翌年、官有財産調査会が設置され、(旧)国有財産法の立案作業が進められたが、売払・譲与を議会の協賛に係らしめる案は、もはや検討されなかったという(87)。

そのかわり同法は、雑種財産(現・普通財産)の譲与の要件を勅令から法律に引き上げた。加えて、国有財産増減総計算書等を議会に報告する義務を政府に課すとともに、これを調製するため大蔵大臣に国有財産に関する「総轄事務」を管理させることとした。神野勝之助大蔵次官は、「元来国有財産ノ管理利用処分等ニ就テハ、国家ノ財政上重要ナル事項デアリマシテ、予算ト密接スル関係ヲ有シテ居ルノデアリマスカラ、是ガ大体ハ法律ヲ以テ規定シテ置クノガ適当ト認メ(88)」たと説明している。

ここには、金銭会計につき予算協賛権を有する議会は不動産会計についても財政統制権を有するという、帝国憲法の新たな解釈が示されている。国有財産の個別の異動を協賛に係らしめるのが実際上困難とすれば、譲与の要件を法定するとともに、全体の異動を把握する体制を調えることが、財政統制権から導き出される。この解釈は、決算等の提出義務(帝国憲法七二条一項)に準ずる上記の報告義務を創設するとともに、官制たる総轄事務の配分を法律で定める「特例」(前述)すら正当化するのである。行政による権利制限では実現しえなかった本来的法律事項の拡張がここで実現したのは、侵害作用ほど爆発的な拡張をもたらすおそれがなかったからであろう。

(七)　帝国憲法下の本来的法律事項(各論三)公共事業計画

公共事業(89)の実施の目標を定める全国に及ぶ計画(以下「公共事業計画」という。)を法定した帝国憲法下の稀少な例として、(旧)鉄道敷設法(明二五法四)及び鉄道敷設法(大一一法三七)がある(前者は、政府が提出した鉄道公債法案を衆議院が全面的に修正して成立したものである。)(90)。しかしながら、両者の定める予定線路が本来的法律事項に当たるという見解は、政府のとるところでなかった。

鉄道公債法案及び（旧）鉄道敷設法は、いずれも起債の根拠法すなわち起債に対する法律の形式による議会の協賛（帝国憲法六二条）である（同条は協賛の形式を指定していないが、（旧）鉄道敷設法以降、法律の形式によるのが慣例となった。）[91]。予定線路が法定されたのは、それが起債の目的だったからにほかならない。

一方、鉄道敷設法[92]は、起債の根拠法でない。同法は、（旧）鉄道敷設法以来の沿革に鑑み、予定線路を定めただけであって、敷設に当たり起債の必要を生じた場合には、その都度根拠法を制定する方針であった。鉄道敷設法は法律事項を定めたものかという質疑に対し、馬場鍈一法制局参事官は、同法により政府が予定線路を敷設する権利を付与されるわけでも義務を課されるわけでもない点はもちろん、予定線路を定めること自体も本来的法律事項でなく、その変更を結果的法律事項とするものにすぎないと答弁している[93]。喜安健次郎鉄道省参事官も、「将来政府で敷設すべき線路を法律で定め行政作用で自由に変改することを許さざるものと為すは、鉄道が国民の利害に重大な関係を有する以上……当然のことではあるまいか」と説きつつも、「憲法上の立法事項ではない」と明言している[94]。公共事業計画は、国民経済・国民生活に重大な影響を与えるためその変更を結果的法律事項とすることが望ましいが、あくまでも本来的法律事項でないというのである。

（旧）鉄道敷設法には、もう一つ重要な論点が伏在している。同法が、鉄道公債法案に定めのない予定線路を追加し、かつ、具体的な期限を付して政府にその敷設義務を課した点である。このような衆議院修正に政府も同意したが、谷干城貴族院議員は、「〔議会ガ〕新ニ事業ヲ拵ヘテ……立法デ之ヲ責立テラレル風ナコトガアッテハ政府ノ行政権ト云フモノハ立タヌコトニナラウ[95]」という懸念を表明していた。政府が公共事業を実施したいがため起債の協賛を求めたのに対し、議会は協賛を与える代わりにその実施を命じたのである。もっとも、政府が修正に同意した以上、起債の目的たる公共事業を実施すべきことは当然であるため、同法に定める敷設義務は確認的なものにすぎない（逆に政府が同意しない議会提出の起債の根拠法案は、もはや政府の予算提出権を侵害するものとなろう。）。

むしろ問題なのは、谷議員が懸念したような、政府に起債と関係なく端的に公共事業の実施を義務付けるような議員提出法案である。そのような義務は、国有財産増減総計算書等の報告義務（前述）と異なり、決算等の提出義務に準ずるものでもない。天皇が議会の協賛をもって立法権を行う（五条）としていた帝国憲法が、そのような法律を許容していたかは疑問であり、[96]実際に現れることもなかった。

（八）帝国憲法下の本来的法律事項（各論四）領土

帝国憲法では、いわゆる国家の三要素（主権、領土及び国民）のうち「日本臣民タルノ要件」は、「法律ノ定ムル所ニ依ル」とされている（一八条）。国籍との均衡上、領土もまた法律事項であるといえそうだが、政府はこの見解をとらなかった。

そもそも同条自体、国籍を本章にいう法律事項とする趣旨かは疑問である。（旧）民法人事編（明二三法九八。施行されず）及び（旧）国籍法（明三二法六六）は、いずれも「日本人」を所与としており、[97]台湾等の領有に伴う住民の国籍取得についても、特段の立法措置は講じられなかったからである。

領土についても、事情は異ならない。帝国憲法は告文に「八州」とうたっており、当時の領土を所与としていたようにみえる。[98]台湾等の領有は、国際法上は外交大権（一三条）に基づいて締結された条約の効果とされるが、これらの条約はただちに国内法上の効果を生じると解されていた[99]（なお、領海については、当時の一般国際法（三海里）を前提として国内法が定められていた[100]）。

国民及び領土は、実定法に基づいてでなく国家と同時に成立するのであり、[101]帝国憲法一八条は、すでに成立している国民の範囲を法律で確認させる趣旨にすぎない。これが、遅くとも大正期以降における法制局の見解であった。[102]

(14) 参照、大石眞「憲法附属法としての公文式―その制定過程と改正問題を中心に」梧蔭文庫研究会編『明治国家形成と井上毅』（木鐸社・平四）二一〇～二一一頁・二三六～二三八頁。

(15) （旧）華族世襲財産法（明一九勅三四）はその例外であったが、後に法律で全部改正されている（華族世襲財産法（大五法四五））。

(16) 参照、国学院大学日本文化研究所編『近代日本法制史料集』一巻（同大学・昭五四）一八七頁・一九六頁。

(17) 民事に関する事項は、当時のドイツ諸邦でも、民事法（普通法、プロイセン一般ラント法又はフランス民法）が憲法制定前から存在していたため、必ずしも憲法で法律事項として明示されていない。一方、地方自治制度は、帝国憲法一〇条但書にいう「特例」として位置付けられることとなった（参照、小嶋和司「明治憲法起草における地方自治」『明治典憲体制の成立』（木鐸社・昭六三）三八五～三八六頁。斎藤誠教授の教示による。反対、後註(47)。）。

(18) 衆議院議員の選挙は、帝国憲法に明示されたその他の法律事項と異なり、本来憲法で定めるべき事項が法律に委任されたものと説明されていた（参照、伊藤博文著＝宮沢俊義校註『憲法義解』（岩波文庫・昭一五）六九頁）。現憲法四四条につき法制局が作成した想定問答も、これと同様の立場をとっている（参照、佐藤達夫（佐藤功補訂）『日本国憲法成立史』三巻（有斐閣・平六）四五四頁）。

(19) このうち「臣民ノ幸福ヲ増進スル為」に必要な命令を発する形式は、各省官制通則（明二三勅五〇）四条により、勅令に限定された。

(20) J. Pözl, “Lehrbuch des bayerischen Verfassungsrechts” 3. Aufl. (J.B. Cotta, 1860), S.361 u. S.484 には詳述されていないが、betrifft を素直に「係ル」と訳した井上図書頭に従ってよかろう。括弧書を補ったのは、権利が法律事項である以上、その制限についても法律で定めなければならないからである。もっとも、身体的権利については、あらかじめ権利を定めるのでなく、制限が定められた結果、権利自体が定まることが多かったのでないかと思われる。なお、M. v. Seydel, “Bayerisches Staatsrecht” Bd. II 2. Aufl. (J.C.B. Mohr, 1896), S.316 は、講学上の実質的法律概念を支持する立場から、従来のバイエルン憲法の解釈論を無用視している。

(21) 参照、国学院大学日本文化研究所編・前註(16)一七二～一七四頁。

(22) 参照、国学院大学日本文化研究所編・前註(16)一七六～一八四頁。

(23) 参照、国学院大学日本文化研究所編・前註(16)一八一頁・一八四頁。この部分は、R. v. Gneist, "Das englische Verwaltungsrecht der Gegenwart, in Vergleichung mit den deutschen Verwaltungssystemen" Bd. I. 3. Aufl.（Springer, 1883）, S.127–128 に依拠したものであろう。

(24) 「凡ソ臣民ノ為ニ身体財産ノ権ヲ規定スルハ必〔ス〕法律ニ依ル〔。〕……命令ハ用キテ以テ身体財産ノ権利ヲ制限スルコトナカルヘク……」（稲田正次『明治憲法成立史』下巻（有斐閣・昭三七）六〇九頁）。

(25) 参照、稲田・前註(24)六七二頁。「営業法及警察上人民ノ権利ヲ制限スル条則」は、「教育法ノ大則」とともに、Roesler 顧問の答議（参照、国学院大学日本文化研究所編・前註(16)一九三～一九四頁・一九六～一九七頁）に反して加えられた事項である。

(26) 参照、稲田・前註(24)八七二～八七三頁。

(27) 参照、伊藤（博）著＝宮沢校註・前註(18)七〇頁。

(28) 参照、伊東巳代治遺稿＝三浦裕史編『大日本帝国憲法衍義』（信山社・平六）一九頁・一一五～一一六頁。「『人ノ自由』ト云ヒ『財産』ト云フハ漠然タルヲ免レス」（伊東巳代治『法律命令論（命令篇）』（牧野書房・明二三）七頁）という指摘は、侵害留保説をとりえない理論的な理由として、Roesler・Mosse 両顧問の答議でも繰り返されていた（参照、国学院大学日本文化研究所編・前註(16)一七八頁・一八二頁）。

(29) 伊東遺稿＝三浦編・前註(28)一九頁。

(30) 「行政権ハ……一般ニ臣民ノ身体及財産ニ関スル権利義務ヲ規定スルノ権ナク、唯ダ特ニ行政上及警察上ノ目的ニ依リ公共ノ利益ノ為ニ臣民ノ権利義務ヲ羈束シ及制限スルコトヲ得ベキノミ」（伊東遺稿＝三浦編・前註(28)三七頁）

(31) 太田匡彦「権利・決定・対価―社会保障給付の諸相と行政法ドグマーティク、基礎的考察（一）」法学協会雑誌一一六巻二号（平一一）五五頁にいうBタイプの仕組みにおける権利である。

(32) 命令ノ条項違犯ニ関スル罰則ノ件の立案過程では、命令で設けることができる罰則（行政上の秩序罰を含む。）を極端に制限する方針がとられていた（参照、小嶋和司「明治二十三年法律第八四号の制定をめぐって」前註(17)四一六～四二八頁）。このため、帝国憲法の制定から同令の制定までの間には、非常に軽い罰則を設けるためにも、法律が制定されていた（薬品営業並薬品取扱規則（明二二法一〇）及び蹄鉄工免許規則（明二三法三一））。

(33) 同法が会員組織の取引所に法人格を付与することとしたのは、過怠金の支払を求める民事訴訟の提起を可能にするためであろう（当時の（旧）民事訴訟法は、人格なき社団の当事者適格を認めていなかった。）。重要輸出品同業組合法（明三〇法四七）につき参照、九・衆・重要輸出品同業組合法案委一号（明二九・三・二六）二頁〔安藤太郎政府委員〕。

(34) これに先立つ商業会議所条例（明二三法八一）も同様であるが、商業会議所は強制加入制の職能自治団体であったため、水利組合条例（明二三法四六）と同じく特別の地方自治制度として、法律事項と判断されたのかもしれない。

(35) 美濃部達吉『日本行政法』上巻（有斐閣・昭一一）五九頁。

(36) 参照、建設省河川研究会編『河川法』（港出版合作社・昭三二）三一八〜三一九頁。

(37) 参照、巻幡静彦「港湾法制定の沿革及び従来の各草案の検討」港湾二七巻七号（昭二五）三九頁以下。

(38) 例外的に、罰則との関係から法律とされたものとして（旧）銃砲火薬類取締法（明三二法一〇六）があり、法律事項と併せて制度全体が法定されたものとして集会及政社法（明二六法一四）、古物商取締法（明二八法一三。遺失物に関する定め）、質屋取締法（明二八法一四。同前）、伝染病予防法（明三〇法三六）及び行政執行法（明三三法八四）がある。

(39) 宿泊届其ノ他ノ件（明三二内務省令三二）、案内業者取締規則（明四〇内務省令二一）、自動車取締規則（大八内務省令一）等。

(40) 「興業物の取締、旅館の取締、風俗営業の取締、家屋の構造の制限、斃獣の取締、土木建築請負業の取締、代書人の取締、畜犬の取締、食肉営業、家畜商等の取締、食肉・家畜等の移出制限、農水産物の検査、喀痰の取締」（入江俊郎ほか『逐条地方自治法提義』一巻（良書普及会・昭二四）三一五頁（原註略））、不動産仲介業の取締（参照、明石三郎ほか『詳解宅地建物取引業法』（大成出版社・昭六一）二頁）等。なお、当時の「風俗営業」の範囲は、現在より広かった（参照、新警察社編『風俗営業取締法解説』（同社・昭二三）八〜九頁）。

(41) 「警察法規は、地方的の事情に応じ全国画一なることを得ないものが多く、又時の事情の変化に応じ臨機の処置を要する場合が少くない為めに、法律の如く全国に共通で且つ容易に改正し難いものを以つて規定するには適しないものが有り、随つて或る程度にまで命令を以つてこれを定むるを得せしむることは、欠くべからざる必要である」（美濃部達吉『日本行政法』下巻（有斐閣・昭一五）六五頁）。

(42) 「台湾ニ於テハ法律ヲ要スル事項ハ台湾総督ノ命令ヲ以テ之ヲ規定スルコトヲ得」（同法一条）。

(43) 「朝鮮ニ於テハ法律ヲ要スル事項ハ朝鮮総督ノ命令ヲ以テ之ヲ規定スルコトヲ得」（同法一条）。

(44) 四・衆・一一号（明二五・一二・一三）二二九頁〔髙田早苗〕。

（45）「権利義務ニ関係スルト云フコトヲ云ハレマスガ、是ハ他ノ法律《ママ》ニ於テモ権利義務ニ関係スルモノモアルノデアリマス」（前註（44）二四七頁〔末松謙澄政府委員〕）。「法律」は「法令」の誤りであろう。ここでは、ドイツ法にいう狩猟権（Jagdrecht）のような特別の物権を創設していない狩猟規則は、あくまでも既存の権利を制限する命令として位置付けられている。

（46）参照、四・貴・狩猟法案特別委一回（明二六・二・二五）八三九頁〔末松政府委員〕・八四四〜八四五頁〔鳥尾小弥太〕。もっとも、同法案が否決された翌年に提出された狩猟法案（貴族院議員提出）の提出者は、「人民ノ権利ヲ制限スルト云フコトハ法律デナケレバナリマセヌ」と説明している（五・貴・二号（明二六・一二・一）二四頁〔清棲家教〕）。これは、衆議院の決議と同じ見解かにみえるが、伊東書記官長と同じ立場（「立法事項ハ進歩ス」）にもみえる。

（47）「例ヘバ農工商ニ渉ルトカ、教育ニ渉ルトカ地方制度ニ渉ルトカ、水利土木ニ渉ルコトハ人ノ権利財産ニ甚シク関係イタシマスガ、併ナガラ憲法上特ニ明言シテ此コトハ法律デナクテハナラヌト云ツテナイコトハ憲法ノ上カラ申シマスレバ法律ヲ以テスルモ命令ヲ以テスルモ自由ニ任セテアル区域デアル、其区域ニ付テハ……既ニ一タビ法律ヲ定メタ以上ハ最早命令権ノ範囲カラ奪ハレタモノデ、命令ヲ以テ其事ニ手ヲ附ケルコトハ出来マセヌ」（一二・貴・明治二十九年法律第六十三号ニ代ルヘキ法律案特委二号（明三九・三・二四）一〇頁〔穂積八束〕）。同旨、穂積八束『憲法提要』下巻（有斐閣書房・明四三）八二四〜八二六頁。

（48）二七・衆・明治四十三年勅令第三百二十四号（承諾ヲ求ムル件）外十一件委三回（明四四・二・一）一五頁〔安広伴一郎政府委員〕）。

（49）但し、警察目的による権利・自由の制限を除く（参照、美濃部達吉「憲法上法律ヲ必要トスル事項ノ範囲ニ就テ（一）」法学協会雑誌二五巻五号（明四〇）六三八〜六三九頁）。

（50）立案過程では、大蔵省が強制管理、没収及び差押等に関する規定を追加すべきであるという意見を提出したが、明らかに法律事項であるため、法制局により斥けられている（参照、国立公文書館蔵「対敵取引禁止令ヲ定ム」（請求番号：類01262100））。金森徳次郎『日本憲法民主化の焦点』（協同書房・昭二二）八二頁は、対敵取引禁止令をはじめとする法律に基づかない命令につき、「大正期に稍大胆になつた」と回顧している。

（51）「我典憲ノ文字ハ厳精明確ヲ極ム……素ヨリ営業ノ自由ハ法律保障ノ範囲ニ属セサルコト炳焉タリ又之ヲ実際ニ徴スルニ行政命令中営業ニ対シ制限ヲ設ケタルノ例ハ枚挙ニ暇アラス」（国立公文書館蔵『枢密院会議議事録』一九巻（東大出版会・昭六〇）二五六〜二五七頁）。

(52) 参照、金森徳次郎「憲法違反ノ法令」法学新報二九巻七号（大八）四二〜四三頁。

(53) 参照、金森徳次郎「法則《ママ》命令に関する若干の研究（一）」自治研究九巻一〇号（昭八）一九〜二〇頁。吉野信次元商工次官も、「穂積八束先生の憲法論の影響でわれわれの時代は行政省令で広く立法事項を規定する行政慣例ができておりました」と、大正期を回顧している（吉野信次『おもかじとりかじ』（通商産業研究社・昭和三七）六六頁）。

(54) 金森徳次郎『帝国憲法要綱』（巌松堂書店・大一〇）二四七頁には、「法律カ法ヲ定ムル成文ノ全部ニ非サルコトハ憲法第八条及第九条ニ於テ法律ノ外ニ命令アルコトヲ定メ、憲法第二章ニ於テ或事項ヲ定ムルニハ特ニ法律ニ依ルヘキ旨ヲ定メタルニ依リテ明ナリ」とあるにとどまる。

(55) 「旧憲法では、法律事項は明文により限定され〔ていたが、〕大権事項すなわち政令《ママ》事項〔は〕広い推定を受けていた」（法務庁調査意見第二局「中労委と地労委との上下関係乃至監督関係に関する事項は法律事項であるか政令事項であるか」憲政資料室蔵『佐藤達夫関係文書』〔1372〕。亀甲括弧内原文手書き）。これに近い見解は、すでにMosse顧問の答議に現れている（参照、国学院大学日本文化研究所編・前註(16)一七九頁）。このほか、帝国憲法九条・第二章が原則・例外関係に立つと捉える見解として参照、清水澄「立法ノ範囲ニ就テ」法学協会雑誌二四巻三号（明三九）三四〇頁及び市村光恵『帝国憲法論』（有斐閣書房・大四）七四〇頁。

(56) 馬場鍈一貴族院議員（元法制局長官）も、「国民の権利義務に大小なりとも関係のあるやうな法規類は原則として議会の議を経る……と云ふ良慣習を養ふことが必要であると思ふ」という個人的見解を述べている（参照、馬場鍈一『憲法政治の理論と実際』（清水書店・大一四）九〇〜九一頁）。

(57) 参照、吉野・前註(53)六三頁・六六頁。

(58) 参照、金森徳次郎『帝国憲法要綱』（巌松堂書店・昭九）二七四頁。

(59) 参照、金森・前註(58)二七四〜二七五頁。但し、ここでいう「法規」は、G. Anschütz 及び美濃部教授（参照、毛利・前註(5)二六五〜二七〇頁）によっている。

(60) 参照、国立公文書館蔵「小学校令及地方学事通則市町村立小学校教員退隠料遺族扶助料法府県立師範学校長俸給并公立学校職員退隠料及遺族扶助料法ヲ定ム」（請求番号：本館-2A-011-00・類00501100）。「法律ヲ以テ……小学校ノ教旨教科児童ノ就学小学校ノ設立維持及教員ノ任用等ニ関スル要件ヲ詳ニシ市町村ノ義務負担ヲ明カニスルニアラサレハ帝国臣民ニ欠ク可ラサル普通教育ノ目的ヲ達スルコト能ハス」というのが、その主たる理由であった。「小学校法」という題名は、文部省案の「小学校令」を法制局が修正したものである。

(61)「元来文部〔省〕に於て之を法律の形式に因り制定せんとしたるは、（一）之を法律として定め置く時は、爾後之を改廃するには、帝国議会両院の議を経ざるべからず。此の如く鄭重なる順序に依ること、為し置けば、容易に之を動かして朝令暮改の憂を免る、を得ること、（二）学校令《ママ》中の条項には、他の法律に対し、変例を設くるを要するものあるを以て、法律に依らざるを得ざること、（三）教員等の権義を確保する為にも、法律に依るを適当なりとすること、（四）欧米の法治国に於ても、皆『スクール、ロウ』、『シュール、ゲゼッツ』等の形式に依るの例なれば、此等にも参酌決定するを適当とすること等の点に在ったのである。之に対し枢府の意見は、『教育ノ如キハ、一旦其方針ヲ誤ルトキハ国家ノ基礎ニ動揺ヲ及ホス等ノ恐ナシトセス。故ニ、之ニ関スル制規ハ、勅令ヲ以テ定ムルコト、シ、議会ヲシテ容喙セシムルノ途ヲ開カサルヲ可トスル。』と云ふ点に在ったのである」（江木千之翁経歴談会編『江木千之翁経歴談』上巻（同会・昭八）一二〇〜一二一頁）。江木元文部省参事官が回顧するとおり、明治前期の教育制度は、学制（明五・二・二四）・教育令（明一二布告四〇）・教育令改正（明一三布告五九）・（旧々）小学校令（明一九勅一四）と、めまぐるしい転変を重ねていた。

(62) 参照、六四・衆・二九号（昭八・三・二四）七六三頁・七六七頁。

(63)「教育《ママ》を要する経費の多大にして、国民の負担に大なる影響ある点、就学義務を国民に課する点、校長及教員に懲戒権を認むる点、帝国議会の審議に付するに依り、国民の関心を大ならしむる点等より云へば、之を法律を以て定むるを可なりとすべきが如きも、教育行政が助長的の行政にして、教育が国家百年の計に関するものなるを以て、政争の外に置くを可なりとすべきこと、又之を法律を以て定めざるも、帝国議会の政府の行政に対する監督的作用により干与し得ること、中央地方の議会が予算の協賛権を有するに依り、教育費の負担に干与し得ること等に考ふるときは、教育制度を勅令及行政命令を以て規定し、法律を以て規定せざるを可なりとすると共に、之を以て支障なしとすべきが如し」（船越源一『小学校教育行政法規精義』（東洋図書・昭一〇）六六頁）。

(64) 参照、伊藤敏行『日本教育立法史研究序説—勅令主義を中心として』（福村出版・平五）一〇八〜一〇九頁。

(65) その後も、教育制度の勅令主義を維持する方針が表明されている（参照、七四・衆・青年学校教育費国庫補助法案委七回（昭一四・二・二五）三頁〔平沼騏一郎国務大臣〕）。

(66) 教育史編纂会編『明治以降教育制度発達史』三巻（竜吟社・昭一三）七七頁〔松浦鎮次郎（同一巻序参照）〕。

(67) 恩給制度が法律で定められた（前述）のは、恩給受給権が私人となった退官者の権利だからである。

(68) 「特例トスルダケノ理由ガ論証サレマセヌケレバ官制ハ法律デハ出来ヌ、斯ウ云フ建前ヲ採ツテ居ツタノデアリマス」（九〇・貴・帝国憲法改正案特委一九号（昭二一・九・二二）七頁〔金森徳次郎国務大臣〕）。

(69) Roesler・Mosse 両顧問は、官制を命令専管事項とするよう答議していた（参照、国学院大学日本文化研究所編・前註(16)一七四頁・一七八頁・一八七頁）。

(70) 枢密院に提出された「説明」は、米国のように「政党ノ偏袒ヲ以テ官吏ヲ進退スルノ弊ヲ避ケ」、欧州各国のように官吏の身分を保障すべきであるとしていた（参照、稲田・前註(24)六一一頁）。

(71) 参照、杉村章三郎『官吏法』新法学全集（日本評論社・昭一一）六頁。

(72) 第一次大隈重信内閣等における政党員の猟官運動につき参照、由井正臣「文官任用令改正問題と枢密院」由井編『枢密院の研究』（吉川弘文館・平一五）五五～六〇頁。

(73) 参照、三谷太一郎『大正期の枢密院』（東大出版会・平二）六〇頁。

(74) 参照、諸橋襄『明治憲法と枢密院制』（芦書房・昭三九）二七頁及び枢密院諮詢事項ノ範囲ニ関スル件二項（深井英五『枢密院重要議事覚書』（岩波書店・昭二八）四七六頁）。

(75) 諸橋・前註(74)一四〇頁。

(76) 参照、枢密院諮詢事項ノ範囲ニ関スル件三項（深井・前註(74)四七六頁）。

(77) 「人民ハ必スシモ電信ヲ仮ラサルモ音信ヲ通スルノ道アレトモ信書ヲ送達スルハ郵便ノ専有ナル故ニ之ニ依ラサレハ送達スルヲ得」ス（明治法制経済史研究所編『元老院会議筆記』三〇巻（元老院会議筆記刊行会・昭六〇）一四三頁〔三浦安〕）。

(78) 参照、奥村喜和男『郵便法論』（克明堂書店・昭二）一六九～一七〇頁。

(79) 西野元主計局長は、「勅令デ制定スルト云フ事ハ、穏当デナイ」と答弁している（四四・貴・国有財産法案外一件特別委二号（大一〇・三・一五）一頁〔西野元政府委員〕）。

(80) 参照、小柳春一郎編『会計法』日本立法資料全集四（信山社・平三）五一八頁・五二二頁・五二九頁・五四一頁。

(81) 参照、小柳編・前註(80)六三六頁。

(82) 井上長官が官有財産の処分につき各省よりも議会を信頼した点は、教育制度の確立につき内閣よりも議会を信頼した点と併せて興味深い。「論理的には、官有財産の売却に議会の協賛を要するということは腐敗の防止に直接結び付くものではない。……しかし、重要なことは、この当時において井上毅が議会に腐敗を防止する機能即ち財政上の監視機能を期待したことである」（小柳春一郎「会計法立法経過の概要」小柳編・前註(80)一四一頁）。

(83)　参照、小柳・前註(82)一三八頁。

(84)　売買については、一般競争契約中心主義に関する（旧々）会計法が適用されていた。

(85)　明治二五年・二七年の法案につきそれぞれ参照、小柳編・前註(80)六七三〜六七七頁及び八・衆三五号（明二八・二・二〇）五九〇〜五九一頁〔井上彦左衛門〕。

(86)　参照、三九・衆九号（大六・七・一二）二〇六〜二〇七頁〔沢来太郎〕。この建議は、「維新以来、政府各省によりて割拠的に管理せられたる所の帝国国有財産は、実に彼等が拠て以て跳梁跋扈を逞しうする唯一の叢巣たりし也」（沢来太郎編『帝国国有財産総覧』（沢政務調査所・大六）序文〔板垣退助〕）という認識に基づくものであった。

(87)　参照、四二・衆・国有財産法案委二回（大九・一・二六）七頁〔神野勝之助政府委員〕。もっとも、国有財産の出資については、同法も事案ごとに法律で定めることとせざるをえなかった（参照、西野元『会計制度要論』後巻（朝陽会・大一一）一三八〜一四〇頁）。

(88)　四二・衆・一七号（大九・二・二五）八頁〔神野政府委員〕。政治学的に考察すれば、大蔵省が政党勢力を利用して内務省等の権限を削いだだけなのかもしれないが、この点は法律学的な考察とは無関係である。

(89)　「公共事業」の語が現れたのは、昭和二一年である（参照、大蔵省財政史室編『昭和財政史—終戦から講和まで』五巻（東洋経済新報社・昭五七）七八五頁）が、本章ではそれ以前についても用いておく。その定義は高年齢者等の雇用の安定等に関する法律三〇条一項等にみられるが、近時は定義なしで用いられている（中央省庁等改革基本法四六条一項等）。

(90)　参照、二・衆一六号（明二四・一二・一七）二三三頁（再提出されたものも同じ。）。同法案は、鉄道庁が立案した明治二四年の官設鉄道拡張ニ関スル法律案（鉄道省編『日本鉄道史』上巻（同省・大一〇）九四〇〜九四一頁）に由来する。

(91)　参照、笹原正志『日本国債法論』（奎文社・昭七）三五〜三六頁。

(92)　「政府ハ帝国ニ必要ナル鉄道ヲ完成スル為別表ニ掲クル予定鉄道線路ヲ調査敷設スル経費ノ予算ヲ定メ漸次継続費トシテ帝国議会ノ協賛ヲ求ムヘシ」（鉄道敷設法一条）。

(93)「政府ガ……敷設スル権利ガアルトカ義務ガアルトカ云フ方ノ意味デハナクシテ、政府ガ敷設スルニ付テハ別表ノ線路ニ依ラナケレバナラヌ……点ニ重キガアル、将来鉄道ヲ敷設スルトカシナイトカ云フコトハ……法律デ言フ必要ハナイ」(四五・貴・鉄道敷設法案特別委一七号（大一一・三・一四）八頁〔馬場鍈一政府委員〕)。より正確には、政府が鉄道を敷設する場合及びそのための継続費の協賛を求める場合には、別表によらねばならないという意味である（参照、同一八号（大一一・三・一五）二～三頁〔元田肇国務大臣・馬場政府委員〕）。

(94) 喜安健次郎『鉄道行政』（巌松堂書店・大一二）三八頁。

(95) 三・貴・二五号（明二五・六・一三）三五八頁〔谷干城〕。

(96) 結論同旨、菊井康郎「基本法の法制上の位置づけ」法律時報四五巻七号（昭四八）一七頁。そのような法律が政府の不同意にもかかわらず可決された場合、不裁可が予定されていたように思われる。

(97) 後者の起草過程では、「日本人ハ国籍ヲ有ス」という規定を盛り込むべきとする意見も出されたが、「ドウモ穏当ノ書キ方ヲ見出シマセヌデアリマシタ」として見送られている（参照、法典調査会「国籍法並明治六年第百三号布告改正案議事速記録」法務大臣官房司法法制調査部監修『日本近代立法資料叢書』二六巻（商事法務研究会・昭六一）一一頁〔三浦安・梅謙次郎〕）。中村安菜「日本における国籍立法の黎明―黎明期における国籍概念の漠然性について」法学研究論集（明大院）三三号（平二二）八六頁も、「『一種の慣習法』による日本人の定義を基礎として実定法レベルの国籍関連諸法律が立案され」たという。

(98) 領土に関する帝国憲法の起草過程の概観として参照、石村修「憲法における領土」法政理論（新潟大学）三九巻四号（平一九）一七八～一八〇頁。

(99) 参照、中村哲『植民地統治法の基本問題』（日本評論社・昭一八）三七頁。

(100) 参照、七五・衆・予算委二一号（昭五〇・三・三）三四頁〔吉国一郎政府委員〕。

(101) 属地・属人的な法令が適用されるから領土・国民なのか、領土・国民だから属地・属人的な法令が適用されるのかは、鶏と卵の関係にあるという趣旨であろう。これは、「領土及び国籍も……法秩序たる国家の成立と同時に定められたものであ」るというS. Romanoの見解（拙著『公権力の行使概念の研究』（有斐閣・平一九）二二五頁）とも符合しており、きわめて興味深い。

(102)「何人カ臣民タルヤハ本質上国家ノ成立ト合一ス。然レトモ国家ハ臣民タルヤ否ヤヲ単ニ事実ニ委スルヲ以テ足レリトセス、特ニ法ニ依テ之ヲ認定シ疑義ヲシテ生スルコトナカラシム」（金森・前註(54)一一一頁）。「国家統治権カ完全ニ行ハルヘキ区域ナルコト」という領土の「性質ハ……国家ノ存在ニ伴フ必要ノ状態ニシテ……法ハ之ヲ前提トシ此ノ性質ニ基キテ諸般ノ事項ヲ定ムルノミ」（同一〇一頁）。「日本人ト云フコトハ法律制度以前ノモノデ自ラ或内容ガアル、法制デ新ニ作リ出スト云フヨリモ、認定スルト云フコトニナラウ、無論、進化等ハアルガ」「憲法の上で国民と云ふ文字を使ふときにも何か既定のものを前提としてゐる」（芦部信喜ほか編『日本国憲法制定資料全集（五）』日本立法資料全集七五（平一二）二六〇頁〔入江俊郎法制局長官〕・一七七頁〔佐藤達夫法制次長〕）。

三　現憲法下の法律事項

（一）　起草関係者の見解

帝国憲法下では、権利に関する事項のうち行政による権利制限は、帝国憲法で明示されたものに限り、法律事項とされていた（前述）。これに対し現憲法下では、あらゆる権利に関する事項が法律事項となるに至った。

法制局では、早くもポツダム宣言受諾の翌々月には、井手成三参事官から、「憲法第二章中ニ『憲法中ニ列挙セラレザルモ人民ノ保有スル権利利益ヲ侵害スル場合ハ法律ヲ以テスルヲ要スル旨ノ規定』ヲ設クベキヤ（米増補九号《ママ》、(103)亜憲法三三条）」(104)(105)という問題提起がされている。これを是とする案は、松本烝治国務大臣を委員長とする憲法問題調査委員会でも有力となった(106)。このようにして憲法改正要綱（最終稿。以下「甲案」という。）は、帝国憲法第二章（臣民権利義務）に「日本臣民ハ本章各条ニ掲ケタル場合ノ外凡テ法律ニ依ルニ非スシテ其ノ自由及権利ヲ侵サルルコトナキ旨ノ規定」を設けることとしたのである(107)。

もっとも、この案に対しては、佐藤達夫法制局第一部長から、次のような疑問も投げかけられていた。

「自由ヲ侵ス、ト云フノハ判ルケレドモ権利ヲ侵スト云フコトハイカナル意味カ。自由トカ権利トカノ観念ハ元来不明瞭ナモノデアルガ、……〔甲案〕ノ様ニ書クトソノ権利ハ実定法上ノ権利デハナクテ、何等カ自然的ナ権利ノ意味トナル。自然法的ト言ハナクテモ立憲政体下ニ於ケル日本国民ノ何等カ包括的ナ、実定法上ノ各種ノ権利トハチガフ権利ノコトデアル。サウナルト具体的ニ各個ノ場合ニドノ権利ヲ侵害スルカト云フコトガ問題ニナッテクル」「カウ云フ思想ガ憲法ノ中ニ入ッテモイイノカ。何カ他ニ書キ方ガナイカ」(108)。

続く閣議でも、岩田宙造司法大臣と松本国務大臣の間に、「ここに権利というのは自然権の如きものを言うのか」「これは法律で認められた個々の権利を言う意味ではなくて、それ以前のもので、いわば自然権の如きものになるであろう」という問答があった(109)。

ここには、帝国憲法が権利を帝国憲法の個別規定又は法律で定めるべきものとしているからこそ、権利を制限する法律の妥当性を判断することも容易となり、法秩序の安定性・予測可能性が保障されるという基本思想が表れている。これは、帝国憲法下の政府見解が法律事項たる行政の範囲につき侵害留保説をとらなかったことの理論的な理由ともなっている点に注意しなければならない。

ともあれ、甲案は、侵害留保説を明示的に採用した点で、画期的なものといえた。しかしながら、甲案に代えて交付された McArthur 草案には、これに対応する規定は見当たらなかった。基本的人権は「法律ヲ以テ紛更スルヲ許サザルモノトスルノ要(110)」ありとして、帝国憲法第二章に掲げられていた各権利の法律による制限すら認めない(111)というのが、総司令部の基本姿勢だった(112)からである。

あらゆる権利自由の侵害が法律事項となることは、現憲法には盛り込まれなかったが、帝国憲法九条がなくなったことにより、現憲法が当然に予定しているという解釈が可能となった。すなわち枢密院では、林頼三郎顧問官(元大審院長)と入江俊郎法制局長官・松本国務大臣との間に、次のような質疑応答が交わされている(113)。

林「憲法上の法律事項如何。十数ヶ条で法律の定めるところによりとあるのは、これのみが立法事項と云ふ趣旨ではあるまい」

入江「憲法上の立法事項といふ特別な観念はない。いやしくも新たな法規をきめることは法律による」

林「新たな法規とは何を意味するか」

入江　「定義的に云ふのは困難なるも新〔た〕な権利義務を規律するもの」である。
林　「権利義務に関する事は法律できめると云ふ条文をおいた方がよからう」
松本　「畢竟するに、法律と云ふものの性質自体は観念できまる。そう云つたものは一々定義しない方針を採つてゐる。……自明の理は書かぬ」

この解釈は、現憲法と同日に施行された内閣法（昭二二法五）一一条（「政令には、法律の委任がなければ、義務を課し、又は権利を制限する規定を設けることができない。」）[114]及び日本国憲法施行の際現に効力を有する命令の規定の効力等に関する法律（昭二二法七二）一条（「日本国憲法施行の際現に効力を有する命令の規定で、法律を以て規定すべき事項を規定するものは、昭和二十二年十二月三十一日まで、法律と同一の効力を有するものとする。」）により、確認されることとなった。[115]

内閣法一一条では、甲案にいう自由侵害が義務賦課という文言に修正された。[116]その理由としては、次の三点が推測されよう。第一は、自由が〝法令により制限されていない状態〟であるとすれば、それには法的にレレヴァントでない状態（純然たる反射的利益）も含まれることとなり、行政がこれを事実上制限する場合にも法律の定めを要求するのは妥当でない（よって、自由という制限対象でなく、義務賦課という制限行為をもって法律事項を画した。）ためである。第二は、法律事項の全体的な範囲を権利義務に関する事項とした上、法律事項たる行政の範囲を権利制限・義務賦課として平仄を合わせたためである。第三は、侵害の語が通常違法行為に用いられるためである。

権利・義務でなく義務・権利という順序がとられたのは、内閣法一一条が「罰則を設けること」（現憲法七三条六号但書）という文言を補う位置付けにあるためであろう。[117]加えて、〝法令により制限されていない状態〟を対象とする義務賦課の方が、権利制限よりも、始原的かつ広汎と考えられたからでないかとも思われる。もっとも、義務賦課の対象は法的にレレヴァントな状態に限られる上、権利には現憲法一一条・一三条のような包括的権利もあるため、義務賦課と権利制限は相当程度重複しよう（納税義務の賦課による一般財産の減少等）。

一方、日本国憲法施行の際現に効力を有する命令の規定の効力等に関する法律一条は、日本国憲法施行の際現に効力を有する勅令の規定の効力等に関する政令一項（「日本国憲法施行の際現に効力を有する勅令の規定は、昭和二十二年法律第七十二号第一条に規定するものを除くの外、政令と同一の効力を有するものとする。」）と相まって、既存の命令に内閣法一一条の趣旨を及ぼすものとなっている。[118] その主眼は、法律に基づかない命令を法律又は法律に基づく命令に改める移行期間を設ける点にあった[119]（もっとも、庁府県令については、現憲法と同日に施行された地方自治法により、国の機関たる都道府県知事の規則に改めることが[120]可能となっていたため、移行期間内に法律又は法律に基づく命令に改める方針はとられなかった[121]）。侵害留保説を採用するため不可欠となる、法律に基づかない命令の整理作業は、これにより達成されたのである。[122]

なお、衆議院では、金森徳次郎国務大臣が「法ヲ作ル」のは国会だけであり、「苟クモ人間ノ持ツテ居リマスル自由ヲ動カス規定或ハ人間ニ権利ヲ与フル規定義務ヲ与フル規定、又集団ノ力、詰リ法人トカ或ハ市町村トカ、国家ト云フ集団ガ出来マシテ、其ノ集団ガ人間ト同ジヤウニ意思ヲ持ツテ働クガ如クニ組立テルコト、サウ云フコトノ全部ガ此ノ法ニ入ツテ居ル[123]」と答弁している。これは、行政による義務賦課・権利制限も含め、あらゆる権利義務に関する事項が法律事項となった趣旨を述べたものといえよう。

(二)　現憲法下の本来的法律事項（総論一）対私人関係

現憲法下の政府見解が、権利義務に関する事項をもって法律事項としていることは、閣議決定「内閣提出法案の整理について[124]」（昭三八・九・一三）が「国民の権利義務に直接的な関係がな」い事項を「本来の法律事項でない」とした点に示されている。行政による権利制限・義務賦課も権利義務に関する事項に含まれることは、内閣法一一条のほか、これに倣った確認的規定が新設され続けている点からも、明らかである。[125]

昭和三〇年・平成一四年には、栄典の授与に関する定めが政令で設けられた（褒章条例の一部を改正する政令（昭三〇政七・平一四政二七八））。栄典制度は、栄典を授与される権利を前提とするものでないからである。すなわち佐藤達夫前法制局長官は、「予定されている制度の実体が……ある人に対する恩恵の付与のみを内容とするものである場合には、理論上は法律を要しない」[126]と説明している。[127]査証制度（外務省設置法四条一三号参照）についても、同様に解される。これに対し、恩赦制度は、公訴権の消滅及び刑の言渡の効果の全部又は一部の消滅という効果を伴うため、恩赦法で定められたのであろう。なお、勲章褫奪令が政令で改正されている点（内閣官制の廃止等に関する政令（昭二二政令四）等）に鑑みると、恩恵の撤回も法律事項でないとされているようである。

各種の行政上の行為（行政機関が行う政策の評価に関する法律二条二項参照）のうち、命令[128]（行政機関が定める法令）については、法律により直接変動する「公法上の法律関係」に関する定めを補充するもの及び処分その他公権力の行使に当たる行為の要件又は効果に関する定めを補充するものが、法律事項に当たる。

計画については、近稿[129]に委ねたい。

処分（行政庁が一定の行政目的を実現するため特定の者を名宛人としてその公法上又は私法上の法律関係を形成し、又は確定する行為）については、（特別な訴訟要件のある取消訴訟等によってしか不服を申し立てることができないというかたちで）訴権（Klagerecht）を制限する行政事件訴訟法（以下「行訴法」という。）三条二項・一四条等の前提となることから、その全部が法律事項となる。

もっとも、不利益処分（行政手続法二条四号）及び許認可等を拒否する処分（同号ロ）は、いずれも「義務を課し、又は……権利を制限する」行為（同号柱書）として、行訴法三条二項・一四条等がなくとも、それだけで法律事項に当たる。[130]後者は、一種の期待権を制限する行為と考えられている。

これに対し、許認可等（行政手続法二条三号括弧書）は、「利益を付与する」（同号）すなわち義務を免除し、又は権利を付与する行為であるため、それだけでは法律事項に当たらない。[131]もっとも、許認可等を受けることなくそれにより付与される利益を享受することが法令上禁止され、又は無効とされる場合（自動車の運転免許、農地の権利移転の許可等）には、当該許認可等は、当該利益を享受しようとする者に当該許認可等を受ける義務を課す法令の内容となっているため、法律事項となる。[132]また、許認可等を受けることなくそれにより付与される利益を享受することが法令上禁止され、又は無効とされない場合にも、それを受けた者に法令上一定の義務が課されるときには、当該許認可等は、そのような法令の内容となっているため、法律事項となる。例えば、児童福祉施設と同一の業務を目的とする施設の設置は禁止されていない（児童福祉法五九条の二第一項参照）が、同施設の設置の認可（同法三五条四項）を受けた者には設備及び運営に関する基準の維持義務（同法四五条一項）が課されるため、同認可自体も法律事項となる。[133]

公権力の行使に当たる事実上の行為[134]については、それ自体として法律事項に当たるものと当たらないものがあるが、いずれも（特別な訴訟要件のある取消訴訟等によってしか不服を申し立てることができないというかたちで）訴権を制限する行訴法三条二項・一四条等の前提となることから、その全部が法律事項となる。

公権力の行使に当たる事実上の行為のうち、〝行政機関の職員が一定の行政目的を実現するため人又は物に対して実力を加える行為〟[135]は、それ自体として法律事項に当たる。警察官がする「巡回連絡、犯罪予防上の一般的警告、犯罪の聞込み、内偵、尾行、情報収集、自動車検問、少年の補導、家出人の保護等」が法律事項とされていない[136]のは、そもそも公権力の行使に当たらないからであろう。但し、通信の秘密（現憲法二一条二項）による保護を受ける個人情報の取得[137]は、公権力の行使に当たる事実上の行為として、法律事項に当たる[138]（犯罪関連通信の傍受（犯罪捜査のための通信傍受に関する法律三条一項。同法制定前は検証（刑事訴訟法二一八条一項））。

公権力の行使に当たる事実上の行為のうち、〝国又は公共団体が一定の行政目的を実現するため実施する事業又は自動車、鉄道車両、船舶又は航空機の運用であって、相当範囲にわたる大気の汚染、水質の汚濁、土壌の汚染、騒音、振動、地盤の沈下又は悪臭を生ずるもの〟[139]については、別稿に委ねたい。

なお、警察官がする質問等及び銃砲刀剣類等の提出（の求め）等については、それぞれ警察官等職務執行法（昭二三法一三六。現・警察官職務執行法）及び銃砲刀剣類等所持取締法の一部を改正する法律（昭三七法七二）により法定されたが、いずれも法律事項には当たらないと説明されている。すなわち宮崎清文内閣法制局参事官によると、これらを法定したのは、「たとえ任意手段であっても、純粋の任意手段と異なり、相手方である国民に心理的な圧迫を与え、あるいはある程度の迷惑を及ぼすようなものは、その発動の条件および限界を法律の条文で明確にしておくことがより望ましい(140)」からだという。もっとも、将来このような事項を法律で定めることが常態化すれば、それ自体が義務賦課・権利制限にほかならないとされる可能性はあろう。ここでも事実と規範の境界は流動的である。

以上のほか、官庁の休日及びチャンネルプランは、それぞれ「国民の経済生活に重大な影響を及ぼす(141)」「基本的とも考えられる大きな問題(142)」と説明されている。しかしながら、官庁の休日に関する定めは、「一般の休日」（現・民事訴訟法九三条二項等）、放送用周波数使用計画等の解釈を左右し、間接的に国民の権利義務に関係している。また、放送用周波数使用計画（電波法七条（昭六三法二九）三項。現・基幹放送用周波数使用計画）は、処分（無線局の免許）の要件の一部をなしている(143)。よって、いずれも権利義務と関係なく法律事項とされたわけでない。

(三)　現憲法下の本来的法律事項（総論二）対政府関係

法律事項たる義務に関する事項には、地方公共団体の義務も含まれる。帝国憲法下では、法律に基づかない命令により団体委任事務を創設することができたが、憲法九二条を受けた地方自治法はこれを否定したからである(144)。

これに対し、法律事項たる義務に関する事項に政府の義務が含まれるかは、微妙な問題である。理論上の分類としては、政府の義務は、政府が国民との関係で有する行政権を行使する義務と政府が国会又は裁判所との関係で有する権限を行使する義務に大別される。前者は、①国民との関係で法律事項となる行政権（処分等）と②それ以外の行政権を行使する義務に、後者は、③現憲法に明示された権限（法律案・予算の提出等）と④それ以外の権限を行使する義務に、それぞれ細分される。

①の義務は、一定額の所得がある場合には、必ず一定額の課税処分をしなければならないこと等である。これは、国民に対する義務賦課・権利制限の要件にほかならないため、その観点から当然に法律事項となる。

②③の義務は、議院決議等では定められないため、法律でしか定められない事項に当たる。但し、政府自らその義務を負う意思がある場合には、閣議決定でも定められるため、法律でしか定められない事項には当たらないというのが、政府見解のようである。例えば、政府にそれ自体としては法律事項でない計画の策定を義務付けることのみを内容とするような法律は、政府提出法案には見当たらないからである（もっとも、政府自ら②の義務を負う意思がある場合にも、②の義務が他の法律事項の前提をなすため、政府提出法案で定められることもある（後述）。これにより、その変更が結果的法律事項となることはいうまでもない。）。

とはいえ、現憲法六五条（「行政権は、内閣に属する。」）は、国会が立法権に藉口して行政権を行使すること（国会が政府の上級行政機関となること）を禁じる趣旨と解されるため、政府自ら②③の義務を負う意思がない場合に、議員提出法案により②③の義務を定めることには、自ずと憲法上の限界があると考えられる。もっとも、②の義務及び③のうち法律案提出義務については、この限界に関する具体的な政府見解は示されていない。

一方、③のうち予算提出義務については、選挙区向けの〝お土産立法〟が集中した第一三国会（昭二六～二七）を踏まえ、河野一之主計局長が、「法律で具体的にこれこれの経費を支出せよとか、あるいは支出するなとしても、……それがその法律の通りにならなくてもやむを得ない。そのための責任は法律的な責任でなく、政治的な責任である」と説明していた。予算は法律とは別体系の規範であるため、日本法で外国議会に外国法の制定を義務付けられないのと同様、法律で予算編成を義務付けることはできない（日本法で外国法を制定しえないのと同様、法律で予算を編成することもできない。）という趣旨であろう。

（注番号：145 146 147 148 149 150 151 152 153）

ところが、③の義務の中には、政府自らそれを負う意思があるにもかかわらず、政府提出法案により定められた例がある。[154] 財政構造改革の推進に関する特別措置法（平九法一〇九）及び中央省庁等改革基本法（平一〇法一〇三）がそれぞれ予算編成及び法律案立案の方針を法定したのが、その典型である。後者につき大森政輔元内閣法制局長官は、「各府省庁設置法案の策定等に際して、その任務・所掌事務規定に関する省庁間の紛議の発生を防止し、政党を巻き込んだ関係者の抵抗を抑止できたことは、その成果であった」[155] と回想している。[156] これによると、その主眼は、政府に当該方針をとるよう義務付ける点以上に、その変更を結果的法律事項とする点にあったことが分かる。そこでは、国会が立法権を装って行政権を簒奪するどころか、内閣が行政権を安定的に行使するため立法権を頤使しているのである。

このようなかたちで政府が③の義務を自ら負うことは、実は諸刃の剣でもある。なぜなら、それらと同等の義務を定める議員提出法案が権力分立原理に照らし許されないという政府の主張は、一種の禁反言により、従前ほど説得力をもちえなくなるからである。[157] 財政構造改革の推進に関する特別措置法は、歳出予算のうち議決科目とされる項を複数まとめた経費に計上すべき総額を制限しており、[158] 大括りとはいえ、予算編成義務が法的義務たりうることを認めている。[159] 河野局長の説明は、もはやこの限度で否定されたというほかなかろう。

④の義務は、国会又は裁判所の権限と表裏一体の関係にあるため、政府自らそれを負う意思があるかにかかわらず、常に法律事項に当たるというのが、政府見解のようである。政府が農業の動向等に関する年次報告及び講じようとする施策を明らかにした文書を国会に提出する義務（農業基本法六条一項・七条）は、政府提出法案により定められたからである。同法では、政府自ら負う意思がある②の義務（農産物の価格安定に必要な施策を講じる義務（同法一一条一項）等）及び政治的責務（施策実施に必要な法制上・財政上の措置を講じる義務（同法四条一項））のように、それ自体として法律事項でない事項も、全て年次報告・文書の提出義務と関連付けられているからこそ、政府提出法案に盛り込む

ことができたのである[160]（同法には農政審議会の設置という別の法律事項もあるが、これは一一条一項、四条一項等と関連付けられていない。）。

年次報告・文書は、「施策の財政的裏づけである予算と共に国会の審議を受ける」[161]点で、予算に添附される参考書類（財政法二八条）に準じた位置付けにある。その提出義務は、国有財産増減総計算書等の報告義務（前述）と同じく、もともと国会が有する財政統制権を具体化したものにすぎない。これを超えて、議員提出法案により④の義務を定めることには、②③の義務と同じく憲法上の限界があると考えられるが、いまだ具体的な政府見解は示されていない[162]。

（四）現憲法下の本来的法律事項（各論一）教育制度

教育制度については、現憲法の起草過程では、これをアンブロックに法律事項とすべく[163]、乙案（「日本国民ハ法律ノ定ムル所ニ従ヒ教育ヲ受クルノ権利及義務ヲ有ス」）が取りまとめられた[164]。McArthur 草案は“Free, universal and compulsory education shall be established.”と規定するにとどまっていたが、法制局の対案が容れられて現憲法二六条一項（「すべて国民は、法律の定めるところにより、その能力に応じて、ひとしく教育を受ける権利を有する。」）が成立した。同項は、枢密院でも、教育制度の勅令主義を否定する趣旨と説明されている[165]。

これを受けて学校教育法（昭二二法二六）の文部省案は、昭和一二年の義務教育法案（前述）と異なり、就学義務だけでなく、学校の目的、小中学校の教科等を含めた教育制度全体を法定することとした[166]。もっとも、現在では、これらの事項は就学義務等[167]の内容をなすと考えられており、現憲法二六条一項をまつまでもなく、当然に法律事項に当たる。つまり同項は、現憲法の制定時には、法律事項を教育制度全体に拡張する役割を果たしたが、その後、行政による義務賦課・権利制限の内容を帝国憲法下よりも詳細に法定する方針が確立した[168]結果、もはや独自の意義をもたなくなったのである。ここでは、法律事項の〝外延の問題〟が〝内包の問題〟に転化したということができよう。

帝国憲法下では、教育制度に関する法令の政治的中立性は、枢密院により担保されていた（前述）。現憲法下では、大学に教授会をおき、その他の学校を地方公共団体に管理させるとともに、学校の教育課程に関する事項を条例でなく教育委員会規則の専管事項とすることが、その代替措置となっている。(170) もっとも、この規則制定権は、文部大臣（現・文部科学大臣）が定めた学習指導要領（昭和三三年から文部省告示）を具体化する範囲で認められるにすぎない。(169) このような法令制定権限の配分が現憲法の要請であり、これ以上規則事項を縮小することが許されないかについては、いまだ政府見解は示されていない。

（五）　現憲法下の本来的法律事項（各論二）　行政組織

行政組織については、現憲法の起草過程では、内閣の組織のみを法律事項と明示する乙案が、最終的に維持されたかたちとなった。(171) 政府見解によると、法律事項の範囲に関する一般論が行政組織にも当てはまり、国又は国民の権利義務に関係する限度で法律事項たりうるという。

法制局による初期の検討では、宮内乾参事官から、「官制中主要ナルモノ」を議会の議決事項とすべきかという問題提起がされている。(172) 憲法問題調査委員会でも、宮沢俊義東京帝大教授から「重要ナル官制」を法律事項とする案が出されたが、「漠然」「限界ガアイマイ」として斥けられた。(173) 内閣については、憲法上の組織となる以上その官制を法律事項とするのは当然だが、(174) 各省については、「行政ノ実際上全テ法律トスルコトハ困難デアリ、政府ガ民主的ノモノトナル時ハ官制権ヲ与ヘテモ害ハナイ」(175) と考えられたのである。かくして、官制大権（帝国憲法一〇条）を削って内閣の官制を法律事項とする一方、各省の官制を法律に基づかない命令で定める余地を残す乙案が取りまとめられた。(176)

McArthur 草案では、内閣については、“The Cabinet consists of a Prime Minister, who is its head, and such other

Ministers of State as may be authorized by the Diet”となっていた。次条では国務大臣の任命に国会の同意を要すると規定されており、[177]重複に当たると判断した法制局は、“such as”以下を落とした対案を提示したものの、受け容れられなかったため、“as provided for by law”とする別案で決着させた。[178]これが訳文整理の過程で現憲法六六条一項（「内閣は、法律の定めるところにより、……組織する。」）となり、乙案が蘇った。一方、各省については、“The Diet shall establish the several Ministries of State.”という規定があったが、省の設置でなく国務大臣の任命に国会の同意を要するという趣旨であったらしく、次案以降では姿を消している。

現在の学界では、法律事項たる行政組織の範囲を行政作用と同じく侵害留保説により決しようとする〝作用法アプローチ〟と独自の基準により決しようとする〝組織法アプローチ〟が対立している。[179]宮内参事官の問題提起、宮沢教授の見解及び臨時法制調査会の答申（後述）は、〝組織法アプローチ〟に分類される。一方、入江長官及び金森国務大臣が示した政府の公式見解は、〝作用法アプローチ〟[180]に加え、〝民事法アプローチ〟とでも呼ぶべき第三の立場（後述）を併せ用いるものであった。

すなわち臨時法制調査会[181]は、「一般的に官制は、改正憲法の下では法律事項であると云ふ前提」に立った上、「総ての官制を細大漏らさず法律で規定する……ことは、立法手続、立法技術の上からも適当でない[182]」ため、「各省の名称[183]及びその所管事項の大綱」のみを法律で定め、「大臣官房、局部等……の分掌事務」等を政令に委ねる行政官庁法案要綱を答申していた。[184]

これに対し、入江長官及び金森国務大臣の〝作用法アプローチ〟は、国民の権利義務との関係で、処分庁[185]等を法律事項とする見解[186]であり、〝民事法アプローチ〟[187]とは、国の権利義務との関係で、法人たる国の機関の代表権の範囲として内閣の組織並びに各省の設置及び所掌事務を法律事項とする見解である。後者につき枢密院では、入江長官が「国家組織の如く国家自体の権利義務に関するものも、〔基本的ニハ〕法律が要る」と説明したのに対し、林顧問官が「権利義務といふのは、国民の権義のみでなく、国家組織に関するものも入る趣旨か」と質したところ、松本国務大臣が「機関ノ内部組織ハ法律デナクテモイ、ト思フ」と補足している。[188] 貴族院では、金森国務大臣が「国家ト云フ集団ガ出来マシテ、其ノ集団ガ人間ト同ジヤウニ意思ヲ持ツテ働クガ如クニ組立テルコト」は法律事項であると答弁している（前述）。

この政府見解によると、各省大臣を処分庁とする事務は、〝作用法アプローチ〟〝民事法アプローチ〟いずれによっても法律事項となる。前者のみによって法律事項となるのは、各省大臣の下級処分庁、事実上の行為に携わる執行機関等であり、[189][190] 後者のみによって法律事項となるのは、処分を用いずに処理される各省の事務である（これに関する定めなくして、ある事務に係る契約を締結する各省大臣（会計規則八五条。現・各省各庁の長（会計法二九条））を特定し尽くすことはできない。）。これらに対し、両者いずれによっても法律事項とならないのが、補助機関である。

政府が〝組織法アプローチ〟を斥けたのは、一義的な基準が得られないこと以上に、同アプローチの前提にある、官制大権が国会に移管されたという考え方自体を疑問視したためであろう。ある事項が命令専管事項でなくなったからといって、それが論理必然的に法律専管事項となるわけでもないからである。[191] 一方、政府が〝作用法アプローチ〟及び〝民事法アプローチ〟を採用したのは、いったん権利義務に関係しない事項が法律事項となる前例を認めると、それが他の分野にも波及し、パンドラの匣を開ける結果となるからであろう。このようにして、法律事項の範囲全体を権利義務という単一の基準により決するという基本戦略が堅持されたのである。

政府見解によると、行政組織のうち権利義務に関係しない事項を法律に基づかない政令（「憲法……の規定を実施するため」の政令（現憲法七三条六号））で定めることは、何ら妨げられないはずである。ところが、金森国務大臣は、それらについても法律で大綱を定め、政令では細目しか定めない方針をとると表明した。[192] これは、理論的というより「最高機関」（現憲法四一条）を自認する国会を刺戟しないという政策的な理由によるものとみるほかない。ともあれ、この方針にのっとって立案された法律は、外見上、行政官庁法案要綱（前述）と変わらないものになりそうである。しかしながら、ここでの政令は、委任命令を装った独立命令であるため白紙委任でなければならないのに対し、行政官庁法案要綱の政令は、正真正銘の委任命令であるため白紙委任となってはならないという点で、決定的に異なっている。

この方針にのっとって立案された最初の政府提出法案が、（旧）労働省設置法（昭二二法九七）である[193]。同案は、同省の設置及び管理事務[194]（現・所掌事務）のみならず、内部部局の設置及び所掌事務についても法定していたが、後者は法律事項でないという前提に立って、「必要があるときは、政令の定めるところにより、前項の部局の外に部局を設け、又は省内において部局の所掌事務の一部を変更することができる。」と規定していた。このような国会を真に尊重しているのか疑わしい規定ぶり[195]が裏目に出て、参議院修正により、後者も法律でしか定められないとして鉤括弧部分が削除されたのである[196]。

ところが、政府は、翌年に提出した国家行政組織法（昭二三法一二〇）案でも、内部部局の設置及び所掌事務並びに職員の定員が法律事項でないとする立場を変えなかった。「憲法により……議院内閣制の原則が明らかとされ、国会は行政各部の統轄に当る内閣という最高の行政機関の運命を決し得る……ので、その上、強いて行政部内部の組織までに関与しなくても、行政権に対する国会の統制は確保されておるのではないか[197]」というのがその理由であった。これに対し、参議院もまた自らの立場を譲らず、これらの事項を法律（各省設置法）でしか定められないよう修正したのである。

とはいえ、昭和四〇年代になると、これらの事項を政令で定めるよう改める政府の提案を、国会も受け容れるに至った。最初に風穴が開いたのが、各省の非現業職員の定員であり（行政機関の職員の定員に関する法律（昭四四法三三））、都府県単位の地方支分部局の個別の名称等（附属機関、地方支分部局等に関する規定の整理等に関する法律（昭五五法一二）

がこれに続いた。本丸ともいうべき内部部局の設置及び所掌事務については、国家行政組織法の一部を改正する法律案が昭和四六年から四度提出され、昭和五八年にようやく成立した（昭五八法七七。併せて、ブロック単位の地方支分部局の個別の名称等も政令で定めるよう改められた。）。[198]

もっとも、国会が政府の提案を呑んだのは、これらの事項が法律事項であることを前提として政令に委任する趣旨と受け止めたからであろう。これに対し立案関係者は、金森国務大臣が表明した方針（前述）を貫いたと説明しており、[199]筆者もこれを是としたい。内部部局の設置及び所掌事務等を政令で定める旨の規定は国家行政組織法におかれ（七条四項等）、各省設置法ごとに具体的な限定を付すことは予定されていないため、[200]委任命令の根拠規定でなく、執行命令の法形式を限定した規定（「この法律に定めるもののほか、この法律の施行に関し必要な事項は、〔省令でなく〕政令で定める。」等）と類似のものと解されるからである。[201][202]

帝国憲法下では、官制の政治的中立性は、枢密院により担保されていた（前述）。現憲法下では、「他の行政機関の所掌に属しない事務」を総理府（現・総務省）の所掌事務とする最終包括条項（総理府設置法（昭二四法一二七）四条一三号（制定時。現・総務省設置法四条九九号））が、一部これに代わる機能を果たしうるかもしれない。例えば、党派的利益に基づきある省（総務省を除く。）の設置法が廃止され、又はその所掌事務規定の一部が削除された場合にも、事務自体は総理府（現・総務省）の所掌事務となって存続するとも解しうるからである。もっとも、国の行政事務が所掌事務規定に先立ちアプリオリに存在するという考え方をとってよいかを含め、[203]ここでは指摘にとどめておく。[204]

（六）　現憲法下の本来的法律事項（各論三）　公務員制度

公務員制度[205]については、現憲法の起草過程では、法律に基づかない命令で定める甲案・乙案[206]が McArthur 草案により覆されたかたちとなった。同草案は内閣の事務の一つに “administer the civil service according to standards established by the Diet” を掲げており、法制局は “the Diet” を「法律」と改訳した[207]ほか修正を申し入れることなく、現憲法七三条四号（「法律の定める基準に従ひ、官吏に関する事務を掌理すること」）が成立したからである。

法制局が異を唱えなかったのは、官吏の任用、分限及び懲戒の政治的中立性を確保すべく高等試験委員、懲戒委員会等をおいていた当時の勅令をそのまま法律化することを企図していたためであろう。すなわち枢密院では、従来法律で定められてこなかった官吏制度を法律で定める趣旨と説明されており[208]、これを受けて臨時法制調査会は、任用、分限及び懲戒制度に関する勅令を法律化した官吏法案要綱を答申したのである[209]。

そもそも帝国憲法下で官吏制度が法律事項とされなかったのは、「官吏関係は官吏たる個人の自由な承認に基く」[210]と考えられたためであった。現在では、「名あて人となるべき者の同意の下にすることとされている処分」（行政手続法二条四号ロ）も処分である以上、およそ法律事項でないとは考えられていない。ゆえに分限処分、懲戒処分等の要件及び手続は、現憲法七三条四号がなくとも、当然に法律事項となったはずである。結局、同号の意義は、教育制度における現憲法二六条一項（前述）と同じく、過渡的なものにとどまったといえよう。

帝国憲法下では、官吏制度に関する法令の政治的中立性は、枢密院により担保されていた（前述）。現憲法下では、総司令部から交付されたThe National Public Servant Law[211]にのっとって立案された国家公務員法（昭二二法一二〇）により設置された人事院（制定時は人事委員会）が、その役割を引き継いでいる[212]。人事院は、自ら規則を制定するという能動的権限を付与されている点で、枢密院よりも強力である[213]。

もっとも、人事院の準立法的な権限は、今日まで少なからぬ変遷をみている。同法の制定時には、政治的行為は人事院規則でなく同法で直接に定められていた（規則の制定には、内閣総理大臣の承認が必要とされていた。）。また、国家公務員法等の一部を改正する法律（平二六法二二）により、級別定数の設定権が内閣人事局に移管された（一般職の職員の給与に関する法律八条一項）。これ以上に、国家公務員法が規則で定めるとしている事項を同法で直接に定め、又は人事院自体を廃止すること（規則事項の全部を政令事項とすること）が現憲法上許されるかについては、いまだ政府見解は示されていない[214]。

（七）現憲法下の本来的法律事項（各論四）専売価格等

現憲法八三条（「国の財政を処理する権限は、国会の議決に基いて、これを行使しなければならない。」）は、議会が予算協賛権にとどまらない財政統制権をもつという（旧）国有財産法以来の政府見解（前述）を明示した規定である。しかしながら、同条を手掛りとして拡張された法律事項は、ごくわずかであった。

同条は、McArthur 草案第七章（Finance）の最初におかれた "The power to levy taxes, borrow money, appropriate funds, issue and regulate the value of coins and currency shall be exercised through the Diet." という規定に由来する。その大部分が次条以下と重複していたため、法制局は、同章の最後に「本章ニ於テ定ムルモノノ外、国ノ会計及国有財産ニ関スル事項ハ法律ヲ以テ之ヲ定ム」という規定をおく代案を提示した[215]。これに対し総司令部は、「この条文は、財政一般について国会の議決に基くべきことを定める基本的規定だから、せめてその趣旨を明らかにしたい」と渋ったため、同条が成立したのである[216]。

もっとも、政府がこれに期待したのは、法律事項を拡張する手掛りというより、現憲法に盛り込まれなかった予算制度（暫定予算・継続費）を憲法附属法律（のちの財政法（昭二二法三四））で具体化する手掛りとすることであった[217]。金森国務大臣が現憲法八三条を手掛りとする法律事項の拡張を示唆したのは、わずかに専売価格のみである[218]。これを受けて財政法は、暫定予算制度を設けた[219]ほか、専売価格等は「法律……に基いて[220]」定めなければならないとうたった（三条）。同条は、「新憲法の精神を取入れ[221]」たものと説明されているため、同条が無条件で施行される日から専売価格等が本来的法律事項となる（もちろん無条件で施行することができるようになった場合にはただちに施行しなければならない。）という現憲法の解釈を法定したものと解される[222]。

この財政法三条は、製造たばこの定価等を除く全ての専売価格等を同条の適用除外とすることを定めた財政法第三条の特例に関する法律（昭二三法二七）とともに施行され、今日に至っている（製造たばこの定価等は、昭和五九～六一年・平成一四年の三公社・郵政民営化に伴い順次削除され、財政法第三条の特例に関する法律は、財政法三条の原則の〝例外の例外〟でなく例外だけを定めるものとなった。）。専売価格等がいまだ本来的法律事項となっていない以上、製造たばこの定価等を法律で定めなければならないとするかは「立法政策」の問題であるというのが、政府見解である。(223)

財政法三条が無条件で施行されるのは、物価統制令（昭二一勅一一八。ポツダム宣言の受諾に伴い発する命令に関する件に基く経済安定本部関係諸命令の措置に関する法律四条により、法律としての効力を有している。）の廃止時とされている（財政法第三条の特例に関する法律附則二項）。政府も議員も同令を廃止する法律案を提出していないところからみると、いまだその期でないというのが、政府及び国会の見解なのであろう。(224)

以上のほか、財政法九条一項は、国の財産の交換等は法律事項であるという現憲法八三条の解釈を法定した。(225)とはいえ、（旧）国有財産法にいう国有財産の管理は、すでに法律事項となっていた（前述）ため、新たに拡張した本来的法律事項は、国有物品の売払等だけである。これを受けて物品管理法（昭三一法一一三）が制定された。

（八）現憲法下の本来的法律事項（各論五）財政投融資計画等

現憲法八三条に基づき法律案の議決が要求される場合、そこに定める事項（国有物品の売払等）が法律事項に当たることはいうまでもない。同条は、このように法律事項を直接的に導き出すだけでなく、間接的に導き出すこともありうる。すなわち、同条に基づき法律案・予算以外の〝第三の議決事項〟の議決が要求される場合である。(226)この場合には、議決の根拠を法律で定める必要が生じるため、その限度で法律事項が拡張される。(227)資金の追加支出を内容とする公共企業体と職員組合等との間の協定(228)(229)（公共企業体労働関係法（昭二三法二五七）一六条一項。現・特定独立行政法人の労働関係に関する法律では削除）がその例である。

これに対し、〝第三の議決事項〟とする意見があったにもかかわらず、予算の一部とされたものに、財政投融資計画がある。当初の同計画は、政府が（郵便貯金を主とする）資金運用部資金、簡保資金、産業投資特別会計及び政府保証債・政府保証借入金を原資として行う特殊法人等に対する投資及び融資（五年以上のものに限る。）の一覧表であった。昭和四〇年代には、その規模が一般会計当初予算の半分近くまで達したため、国民経済に重大な影響を及ぼす社会資本整備に関する事項が国会の議決を経ないのは不当であるという論議が沸き起こった。(230)

同計画は、国の投融資活動の全てを網羅したものでない上、産業投資特別会計の出資及び政府保証については、すでに予算の一部として国会の議決を受けている。ゆえに同計画全体を議決事項とすることは、必ずしも適当でないばかりか、二重議決の問題を生じてしまう。そこで、資金運用部資金及び簡保資金を原資とする部分の扱いが焦点となるところ、それは「金融的な資産を財政的に運用する……半人半獣のケンタウルス」(231)であり、預り金の受入れと運用という金融的な側面に着目すれば、議決による数量的規制にはなじまない。

しかしながら、それは今や「財政的資金の配分といった性格」を兼ね備えるに至ったのであり、この側面に着目して、(232)両資金の長期運用予定額についても、予算の一部として国会の議決を経ることとされた(233)（資金運用部資金及び簡易生命保険及び郵便年金の積立金の長期運用に対する特別措置に関する法律（昭四八法七。現・財政融資資金の長期運用に対する特別措置に関する法律）二条）。これを〝第三の議決事項〟としなかったのは、「数量的規制を内容とするものであり、かつ、年度毎に行なうことに適したものである」上、「国民経済の中で果たす資源配分機能の重要性」（同法一条）に照らし「歳入歳出予算等と一体として審議され、議決されることが……最も適当である」ためと説明されている。(234)

政府にとって、〝第三の議決事項〟を極力抑えることは、現憲法の制定時からの基本戦略であった。(235)現憲法八三条はその文言に照らし、むしろ〝第三の議決事項〟を予定しているのでないかという質疑に対し、金森国務大臣は、わざわざ法律案・予算の議決のみを例に挙げて答弁している。(236)石原周夫主計局法規課長も、同条にいう「国会の議決」は法律案・予算の議決に限られると明言していた。(237)

現憲法八三条に基づく新たな議決事項を予算の一部に取り込む受け皿となったのが、帝国憲法下ではみられなかった予算総則（財政法二二条。とりわけ「予算の執行に関し必要な事項」（同法二二条六号））であった。帝国憲法が「国家ノ歳出歳入」をもって予算としていた（六四条一項）のに対し、現憲法には予算の定義がないため、予算概念そのものを拡張することが可能となったのである。

ともあれ、この基本戦略がとられている結果、現憲法八三条から間接的に法律事項が導き出される可能性はきわめて低い。政府見解によると、歳出予算の執行でないが財政機能（資源配分・所得再分配・景気調整）を併せもつ国の施策であって数量的規制が可能なもの[238]は、法律事項どころか、予算の専管事項となるからである。これにより、重要事項留保説が法律事項に組み入れようとする事項の少なからぬ部分が法律事項から除外される点に注意しなければならない。

なお、財政投融資計画は、資金運用部資金法等の一部を改正する法律（平一二法九九）により、法定されるに至っている（現・財政融資資金の長期運用に対する特別措置に関する法律五条二項）。これは、上記の議決事項を審議する参考として同計画の提出義務が課された[239]（同条一項）ためであり、同計画自体が法律事項であったからでない。

（九）　現憲法下の本来的法律事項（各論六）　公共事業計画

公共事業計画については、国民経済・国民生活に重大な影響を及ぼす点によっても、国会の財政統制権によっても、法律事項となるものでないというのが政府見解である。

すなわち山口真弘元内閣法制局参事官は、鉄道敷設法に定める予定線路（前述）は「国民経済及び国民生活に対する重要性」をもつものであるが、「憲法上、法律をもって定めなければならないことがらではない」と明言している[240]。

国会の見解も、これと同様であると考えられる。漁港の整備計画について定めた漁港法（昭二五法一三七）、道路整備五箇年計画[241]について定めた道路整備費の財源等に関する臨時措置法（昭二八法七三。道路整備緊急措置法[242]（昭三三法三四）の前法）等は、いずれも議員提出法案であるが、提案理由でそれらが法律事項に当たるという趣旨を述べたものはない[243]。それどころか国会は、空港整備五箇年計画、海岸事業五箇年計画等が法律に基づかずに定められる点を問題視したこともなかったのである。

国会の財政統制権については、漁港法及び道路整備緊急措置法等をめぐる国会審議が参考となる。これらの法律は、内閣が漁港の整備計画及び道路整備五箇年計画等を決定しなければならず、前者については、国会の承認[244]（現・漁港漁場整備法では廃止）も受けなければならないとしていた。後者についても国会の承認を要するのではないかという質疑に対し、大森政輔内閣法制局長官は、公共事業の実施の目標を承認したところで財政統制権の行使にはならないため、現憲法八三条に基づく議決は要求されないと答弁している[245]。この点は、実は前者についても同様であった。内閣は同計画を実施するため「国の財政の許す範囲内において」必要な経費を予算に計上すればよかったからである。

この政府見解によると、現憲法八三条に基づく議決が要求されるのは、当該議決により公共事業計画の実施に必要な歳出が義務付けられる場合となろう。そのような議決としては、もちろん予算の議決（公共事業計画を実施するための継続費[246]（財政法一四条の二第一項）を付け加える増額修正等）があるが[247]、法律事項を検討する本章にとって重要なのは、公共事業計画の実施に必要な予算編成を義務付ける法律案の議決である。しかしながら、そのような法律は、仮に許容されるとしても、政府の義務を定めるがゆえに法律事項となるのであり、重ねて財政統制権の行使にも当たることから、現憲法八三条による議決事項となるのである。いずれにせよ、公共事業計画がそれ自体として法律事項となるわけではない。

（一〇）　現憲法下の本来的法律事項（各論七）　通貨制度

通貨制度については、McArthur草案第七章（Finance）の最初におかれていた「基本的規定」（前述）に含まれており、法制局の対案もこれを「一応とり入れ」た（「通貨ノ価値ノ決定及通貨ノ発行ニ関スル事項ハ法律ヲ以テ之ヲ定ム」）が、現憲法八三条が成立する過程（前述）で「自然に落ち」たかたちとなった(248)。同局が何らこだわらなかったのは、「通貨ノ価値ノ決定」「通貨ノ発行」いずれも、民事に関する事項として法律事項に当たると考えたためであろう。

すなわち「通貨ノ価値ノ決定」は、いかなる価値の貨幣(249)に強制通用力（民法四〇二条二項）を付与するかの問題であり(250)、金銭債権の価値を決することにほかならない。金本位制度の下では、金と兌換され、金準備の範囲内で発行される兌換銀行券に強制通用力が付与されていたが、現憲法の施行時には、大蔵大臣が発行限度を定め、市場需要との関係で価値が定まる日本銀行券に強制通用力が付与されていた（（旧）日本銀行法（昭一七法六七）三〇条一項・二九条二項）。一方、「通貨ノ発行」は、日本銀行を政府からどの程度の独立性(251)を有する法人とするかという問題である。

もっとも、上記の起草過程に照らせば、現憲法八三条は、通貨制度のうち民事に関する事項以外の事項も法律事項とする趣旨を含むとも解しうる。とはいえ、管理通貨制度それ自体を法律で定めるのは困難である上(252)、発行限度のような同制度を前提とする規定も、現・日本銀行法（平九法八九）により削られてしまった。今日では、強制通用力の付与以外には、「通貨の額面価格の単位」（通貨の単位及び貨幣の発行等に関する法律（昭六二法四二）二条一項）ぐらいしか、通貨制度の根幹的な要素は残されていないのである。そうだとすれば、やはり現憲法八三条を持ち出すまでもないこととなろう(253)。

沖縄の復帰に伴う特別措置に関する法律（昭四六法一二九）は、沖縄県の住民等が保有するドル通貨を本邦通貨に交換することを義務付けるとともに、ドル表示の債権債務を円表示の債権債務に切り換えた（いずれも義務賦課・権利制限として法律事項に当たる。）。これは通貨高権の一内容とされる通貨秩序(254)を維持するための施策であり、「施政権の承継に直接由来する事項(255)」として、各省所管法令（外国為替及び外国貿易管理法及び民法）の特例に先立って規定されている。とはいえ、通貨秩序自体は（旧）日本銀行法等により形成された事実にとどまり、それ自体が法律で定められるべき〝重要事項〟となるわけでもない。

（一二）現憲法下の結果的法律事項（各論）領海

国際条約による領土の変更及びそれに伴う住民の国籍の変更には国内法上の措置を要しないという帝国憲法下の政府見解（前述）は、現憲法下でも踏襲されている(256)（日本国との平和条約（昭二七条約五）等）。これに対し、国際条約によらない領海の変更（一二海里）は、領海法（昭五二法三〇）で定められた。同法は、属地的法律の適用範囲を定める慣習法（前述）を改めるのに必要とされただけであり(257)、結果的法律事項を定めたものにとどまる。

(103) "The enumeration in the Constitution, of certain rights, shall not be construed to deny or disparage others retained by the people."

(104) "Las declaraciones, derechos y garantías que enumera la Constitución, no serán entendidos como negación de otros derechos y garantías no enumerados...." (Constitución de la Nación Argentina)

(105) 芦部信喜ほか編『日本国憲法制定資料全集（一）』日本立法資料全集七一巻（信山社・平九）三九頁（編者訂正略。以下同じ）。

(106) 「独立命令ヲ全然廃止スルトイフ……説ハ稍々行過ノ様デアル〔。……〕第二章ニ付テ包轄《ママ》的ニ『前数条ニ掲グルモノノ外法律ニ依ルニ非ザレバ臣民ハ其ノ自由及権利ヲ犯サルルコト無シ』トイフ様ニ立法事項ヲ強化スレバ良イ」「権利義務ニ関係ノ無イ独立命令トシテハ……補助、奨励等ニ関スルモノハ存置ノ理由アルベク例ヘバ勲労顕功章令ノ如キハ此ノ範疇ニ属スルモノト考ヘラレル」（芦部ほか編・前註(105)三三八頁）。この案は、衆議院でも既定方針として表明された（参照、八九・衆・予算委七回（昭二〇・一二・八）一二五～一二六頁〔松本烝治国務大臣〕）。

(107) 芦部ほか編・前註(105)三〇七頁。

(108) 芦部ほか編・前註(105)三九一頁。佐藤次長が自由・権利の語義が曖昧であるとしたのは、例えば帝国憲法第二章の章名では「権利」の語が用いられているが、同章中では「権」（二四条・二七条一項）と「自由」（二二条・二八条・二九条）の語が混在しているといった点を念頭におくものであろう。

(109)　参照、入江俊郎「日本国憲法成立の経緯」（昭三五）『憲法成立の経緯と憲法上の諸問題』（入江俊郎論集刊行会・昭五一）七六頁。

(110)　参照、佐藤（達）（佐藤（功）補訂）・前註（18）六三頁。例えば、「法律ノ定ムル所ノ依リ」教育を受ける権利を有するという法制局案に対する総司令部の反応は、「これでは憲法で保障する意味がない」というものであった（同一一三頁）。

(111)　しかしながら、同草案では、結社・移転・住居選択の自由には"to the extent they do not conflict with the general welfare"という条件が付されていた。法制局の申入れにより同種の諸自由をまとめ直した結果、この条件は結社の自由から外される一方、職業選択の自由に付されることとなった。ここまで重大な文言をさしたる考慮もなく付け替えることは、佐藤次長らにとっておよそ信じがたいことであったろう。

(112)　これに対し法制局は、基本的人権といえども法律で制限せざるをえない可能性が残る以上、そのための根拠を明示するよう修正を申し入れたが、容れられなかった（参照、佐藤（達）（佐藤（功）補訂）・前註(18)一二一～一二二頁）。この申入れは、憲法問題調査委員会が取りまとめた乙案に沿うものであった（参照、同七八頁）。同案では、「居住及移転ノ自由」等については、法律で「公益ノ為必要ナル制限」を定めることができるが、「言論出版集会及結社ノ自由」等については、「公安ヲ保持スル為必要ナル制限」しか定めることができないとされていた（芦部ほか編・前註(105)二九五頁。美濃部達吉顧問が提出した私案（同二九五頁）に依拠したもの）。その後、前註(111)の条件が付されていない基本的人権についても、法律による制限が認められないわけでないという解釈が確認される（参照、同二八七頁・二九三頁）と、同局はそれ以上の交渉を打ち切った。この解釈は、「無条件の規定を置きながら制限できるといふのはどうしてもわからない」として、枢密院でも強い違和感をもって受け止められた（芦部ほか編・前註(102)一九三頁〔林頼三郎顧問官〕）。かくして、法律をもってしても制限しえない基本的人権を保障するはずの現憲法は、乙案よりもはるかに専制的（despotique）なものとなった。井手成三『困った憲法・困った解釈』（時事通信社・昭四五）五九頁が、「基本権制限の根拠として、積極的な政策的な感じをもつ公共福祉のためでは、広きに過ぎて、本章列挙の人権のうちには、公共の秩序維持というような消極的な切迫した要請による狭い範囲にだけ限定する方がふさわしいと思われるもの」もあると批判したとおりである。

(113)　芦部ほか編・前註(102)一九一～一九二頁（なお参照、同二六八～二六九頁）。

(114) 同条は、総司令部が内閣法案に「すべての政令、規則は正当に制定された法律の明確な委任にのみ基づき公布され、法律の規定なくして罰則は設けられない」と規定するよう求めたのに対し、井手成三法制局第一部長が示した代案であった（参照、岡田彰『現代日本官僚制の成立』（法政大学出版局・平六）一三四〜一三六頁）。井手部長が総司令部案を呑まなかったのは、〝委任は明確でなければならない〟という命題自体が必然的に不明確さを免れないからであろう。憲法問題調査委員会は、「委任命令ノ規定事項」に「一定ノ範囲ヲ画スルコトハ不能デアル」としていた（芦部ほか編・前註(105)三五六頁）。金森国務大臣も、「其ノ辺ノ完全ナル調和ハ、中々憲法ノ文字ヲ以テ書表ハスコトハ出来ナイ」と答弁している（九〇・衆・帝国憲法改正案委一七号（昭二一・七・一九）一二頁〔金森徳次郎国務大臣〕）。

(115) 前者につき法制局作成の想定問答には、「憲法第四十一条……の規定及び憲法第三章の国民の権利義務の規定に鑑み、新に義務を課し、又は権利を制限することは凡て法律に依るか又は《ママ》、法律の委任に基かなければならぬ原則は、改正憲法の企図してゐるところと思ふので、このことを明確にした」とある（大石眞「内閣法制定過程の再検討」法学論叢一四八巻五・六号（平一三）一九一頁）。

(116) 「教育ヲ受クルノ権利及義務」（後述）を権利と義務に分割したことをはじめ、甲案・乙案の表現を法制局が修正した例は少なくない。

(117) 国家行政組織法（昭二三法一二〇）一二条二項等では、全て法律に書き起こして、「罰則を設け、又は義務を課し、若しくは国民の権利を制限する」（傍点引用者）となっている。傍点部に着目すれば、国民以外の者（外国人、地方公共団体、特殊法人等）に対しては、法律の委任があれば義務を課すことができるが、法律の委任があっても権利を制限することができないようにもみえる。もっとも、本文に述べたとおり義務賦課と権利制限の差異は必ずしも明瞭でないため、やや違和感は残るが、例示にすぎないと解すべきであろう。なお、行政調査部「国家行政組織法想定問答」（昭二三・五）憲政資料室蔵・前註(55)〔1735〕には、一二条に関係する部分はない。

(118) これは、本来なら現憲法の附則に規定されるべき事柄であるが、現憲法自体がかかる経過措置を許容しているという解釈に基づき、同法で規定したのであろう。

(119) 法律に基づかない命令を法律化したもの（移行期間後に制定されたものを含む。）として、道路交通取締法（昭二二法一三〇。(旧)道路法上の道路を除く。）、あん摩、はり、きゅう、柔道整復等営業法（昭二二法二一七）、医薬部外品等取締法（昭二二法二

三二)、食品衛生法(昭二二法二三三)、栄養士法(昭二二法二四二)、軽犯罪法(昭二三法三九)、墓地、埋葬等に関する法律(昭二三法四八)、国家公務員共済組合法(昭二三法六九)、港則法(昭二三法一七四)、薬事法(昭二三法一九七)等がある。

(120)　これは、地方官制を法律化することにより、法律に基づかない命令を法律に基づく命令に衣替えしたものといえよう。この方針は、早くも憲法問題調査委員会で検討されていた(参照、芦部ほか編・前注(105)三五七頁)。なお、地方自治法の一部を改正する法律(昭二二法一六九)により、かつて庁府県令で定められていた事項は、規則でなく条例で定めることとされた。参照、金丸三郎『地方自治法精義』上巻(春日出版・昭二三)五五～五七頁・九七～一〇一頁、自治大学校研究部監修＝地方自治研究資料センター編『戦後自治史』三巻(文生書院・昭五二)一六一～一六三頁及び同四巻四九～五〇頁。

(121)　移行期間の満了後に、かつて庁府県令で定められていた事項を定めた法律として、風俗営業取締法(昭二三法一二二)、温泉法(昭二三法一二五)、興行場法(昭二三法一三七)、旅館業法(昭二三法一三八)、公衆浴場法(昭二三法一三九)、宅地建物取引業法(昭二七法一七六)等がある。

(122)　法律に基づかない命令による義務賦課及び権利制限を認めない方針は、総司令部も強く支持するところであった(参照、井手成三「男女混浴禁止の件」時の法令一四三号(昭二九)一四頁)。

(123)　前注(114)一一頁〔金森国務大臣〕。

(124)　参照、内閣法制局百年史編集委員会編『内閣法制局百年史』(同局・昭六〇)二二九頁。なお参照、大石眞「内閣法制局の国政秩序形成機能」公共政策研究六号(平一八)一一～一二頁。

(125)　参照、国家行政組織法一二条三項、地方自治法一四条(平一一法八七)二項(併せて参照、松本英昭『新版逐条地方自治法』初版(学陽書房・平一三)一五〇～一五三頁)、内閣府設置法(平一一法八九)七条四項、復興庁設置法七条(平二三法一二五)四項及び内閣法一一条(平二六法二二)四項。最大判平一八・三・一民集六〇巻二号五八七頁〔旭川国保条例〕は、「国民に対して義務を課し又は権利を制限するには法律の根拠を要するという法原則」が存在すると説示している。

(126)　佐藤達夫「新憲法下の〝独立政令〟」法律のひろば八巻四号(昭三〇)二二頁。同旨、宮沢俊義ほか「栄典制度について」ジュリスト二八八号(昭三八)一六頁〔山内一夫〕。なお、昭和二三年の栄典法案逐条説明は、栄典の授与が法律事項でないのは「憲法に別段の規定がない」(総理府賞勲局編『賞勲局百年史料集』下巻(大蔵省印刷局・昭五四)一六二頁)ためというが、義務賦課・権利制限以外の事項は、憲法に特別の定めがない限り、法律事項とならないという趣旨であろう。

(127)　これに関する学界の見解につき参照、堀内健志「憲法と法律・命令論―栄典法制をめぐって」『立憲理論の主要問題』（多賀書房・昭六二）二四四～二四七頁。

(128)　地域又は期間を限らないものとして、感染症の予防及び感染症の患者に対する医療に関する法律施行令一条の二（これにより届出義務（感染症の予防及び感染症の患者に対する医療に関する法律一二条一項一号）の内容が定まる。）等があり、地域及び期間を限るものとして、危険防止のための交通制限を定める告示（海上交通安全法二六条参照）等がある。

(129)　拙稿「行政上の計画論」自治研究九四巻（平三〇）掲載予定。

(130)　「一般に申請に対する拒否処分の取消しの訴えの利益は、申請に対する許可、特許、認可等の処分によつて生ずべき法律上の地位の取得それ自体にではなく、このような地位取得の可能性の回復という点に存するのである」（最判昭五七・四・八民集三六巻四号五九四頁〔第二次家永訴訟〕）。

(131)　許認可等を拒否する処分が法律事項に当たるからといって、許認可等が当然に法律事項に当たることにはならない。供託物の取戻請求については、拒絶行為のみが処分として（参照、最大判昭四五・七・一五民集二四巻七号七七一頁）法律事項に当たる。

(132)　なお、当該利益の享受を絶対的に禁止し、又は無効とする法令が施行された後、その例外を認めるため新設された許認可等（競馬施行の許可（（旧）競馬法（大一二法四七－昭二三法一五八）一条）等）は、結果的法律事項に当たる。

(133)　なお、義務の免除について、処分基準でなく立法措置で対処した例として、通勤手当の非課税所得化（所得税法九条一項五号〔昭四一法三二〕）がある（参照、五八・衆・大蔵委一二号（昭四三・三・二二）八頁〔吉国二郎政府委員〕及び六一・参・大蔵委三一号（昭四四・七・一七）九頁〔同〕）。

(134)　（旧）行政不服審査法二条一項参照。現在でも、この範疇が否定されたわけでない。

(135)　有形力の行使に至るもの・至らないもの、処分等の執行としてされるもの・されないものといった区別がある。

(136)　参照、宍戸基男＝渋谷亮『警察官権限法注解』一巻（立花書房・昭三八）一二頁。これに対し、GPS捜査は、法律事項であるばかりか、令状を要する強制処分でもあるとされた（参照、最大判平二九・三・一五刑集七一巻三号一三頁）。

(137)　行政機関の保有する個人情報の保護に関する法律（平一五法五八）四条は、本人の同意のない個人情報の取得が法律事項に当たるかについては、沈黙している。

(138)　通信の秘密による保護を受けない情報の収集（防衛等に関する「事務に必要な……情報の収集」（防衛庁設置法五条四号。

現・防衛省設置法四条四号）としてされる無線通信の傍受）は、個人情報を含めて、原則として法律事項に当たらない（参照、二一・衆・内閣委二一号（昭五〇・六・三）三九頁〔丸山昂政府委員〕・同二四号（昭五〇・六・一七）一二〜一三頁〔同政府委員〕）。電波の監視（総務省設置法四条七〇号）についても、同様であろう。なお、通信の秘密による保護を受けない個人情報の取得であっても、憲法一三条に違反する場合がありうる（参照、最大判昭四四・一二・二四刑集二三巻一二号一六二五頁〔京都府学連デモ〕）。

(139)　このうち自衛隊機の運航（参照、最判平二八・一二・八民集七〇巻八号一八三三頁〔厚木基地〕）については、主権の作用である（本書第四章二三四頁註(177)参照）ため、法律レヴェルの根拠を要しないと解する余地があろう。

(140)　宮崎清文「飛出しナイフをさらに規制強化」時の法令四二〇号（昭三七）一三頁。質問等につき同旨、宍戸基男『注解警察官職務執行法』（立花書房・昭三七）九〜一一頁。「精神的には向うが何かの圧力を感ずるかもしれませんが、法律的に申しまして、これは任意の回答を求める建前でございます」（二一・衆・治安及び地方制度委四〇号（昭二三・六・一八）三頁〔三輪真雄説明員〕）。

(141)　「国家諸官庁がその業務を休止するときは、直ちに一般取引界その他もこれにならわざるを得ず、従つて国家官庁の休日を定めることは、その実質においていわゆる一般の休日を定めるに異ならないものであつて、……国民の経済生活に重大な影響を及ぼすものである」（昭二三・三・二七法務調査意見長官回答。前田正道編『法制意見百選』（ぎょうせい・昭六一）二頁）。

(142)　チャンネルプランは周波数の割当て制度において「基本的とも考えられる大きな問題」である（六八・衆・内閣委一九号（昭四七・五・一二）一七頁〔廣瀬正雄国務大臣〕）。

(143)　参照、前田編・前註(141)六頁〔黒川正治〕。

(144)　入江ほか・前註(40)六八〜六九頁は、制定時の地方自治法二条二項にいう「政令」は「法律に基く政令」を意味するという。

(145)　但し、何をすべきか自体が政府に一任されているもの（「政府は、……の施策を実施するため必要な法制上及び財政上の措置を講じなければならない。」（農業基本法（昭三六法一二七）四条一項））は、法的義務でなく、政治的責務の所在に関する国会の見解表明にすぎない（おそらく同旨、川崎政司「基本法再考（二）」自治研究八一巻一〇号（平一七）五七頁）。日本国有鉄道改革法（昭六一法九三）一六条（事業団の債務の償還等の確実かつ円滑な償還）等についても、「国の行政上の責務を明らかにしたものであって、国の法的責任を定めたものであるとは直ちにはいえない」と説明されている（須藤純正「国鉄改革法における民商事に関する事項の解説」商事法務一一〇五号（昭六二）三頁）。もっとも、法的義務を定めたものであっても、代執行、免職、損害賠償、刑罰等の履行確保手段まで設けることは、権力分立原理に照らし許されないであろう。一四一・衆・財政構造改革の推進等に関する特別委四号（平九・一〇・二一）二七頁〔大森政輔政府委員〕（同旨、一四二・衆・行政改革に関する特別委一〇号（平一〇・四・二二）一二頁〔大森政府委員〕）にいう「政治的な責任」は、履行確保手段がないことを表現したものであり、本文にいう「政治的責務」とは異なる。

(146)　議院決議は、政府の政治的責務の所在に関する各議院の見解表明にすぎないが、政府は「国権の最高機関」（現憲法四一条）を構成する各議院の決議を尊重する政治的責務を負うというのが、政府見解である（参照、六三・衆・商工委（閉会中）三一号（昭四五・六・一一）二四頁〔真田秀夫説明員〕及び一〇一・衆・決算委一三号（昭五九・五・一八）二七頁〔前田正道政府委員〕）。なお、真田秀夫内閣法制局第一部長は法律を誠実に執行する義務（現憲法七三条一号）に言及しているが、法律で課すことができる性質の義務である限り、これを課す法律に拘束されるのは、法律が強行性を有する以上当然であるため、同号を援用することは不可欠でない。

(147)　「制定後の情勢の変化により、どうしても〔農業〕基本法の方針と異る内容をもつ施策についての立法措置を講ずることが必要であれば、まず、基本法自体の関係条項を改正し、その後に、あるいはこれと併せて具体的施策についての立法措置を講ずるという手続きをとるべきであろう」（全国農業会議所編『農業基本法―その背景と内容の解説』（同所・昭三六）七二頁）。現に、農産物の価格安定に必要な施策を講ずる義務（農業基本法一一条一項）は、食料・農業・農村基本法（平一一法一〇六）三〇条）により廃止されている。この義務は「国」の義務とされているが、「国」には「政府」も含まれる（参照、小早川光郎「行政政策過程と〝基本法〟」成田退官『国際化時代の行政と法』（良書普及会・平五）六三頁及び食糧・農業・農村基本政策研究会編『食糧・農業・農村基本法解説』（大成出版社・平一二）四三頁）。なお、雇用対策法（昭四一法一三二）の立案関係者は、「政府の政策決定を法律で義務付けることは立派な法律事項であるとのお墨付きを真田〔秀夫内閣法制局第二〕部長から頂いて安心した」と述べている（倉橋義定「雇用対策法案などの思い出」内閣法制局百年史編集委員会編『内閣法制局の回想』（同局・昭六〇）四八六頁）が、結果的法律事項をいう趣旨の発言であったと思われる。

(148)　「国権の最高機関」（現憲法四一条）とは、「国会の意思が国政のあらゆる面で他の国家機関の意思に優越する、こういう法的な意味を持つものでは必ずしもない」（一二五・参・予算委七号（平四・一二・一〇）三頁〔工藤敦夫政府委員〕）。

(149)　議員提出法案により政府の法律案提出義務を定めた例として、けい肺及び外傷性せき髄障害の療養等に関する臨時措置法（昭三三法一四三)、国土開発縦貫自動車道建設法等がある。

(150) 学界には、政府の法律案提出義務を定めることを無制限に認める見解もある(参照、毛利透「基本法による行政統制」毛利・前註(5)一四八頁)。

(151) 後者については、各議院に国政調査権があり、議員に法律案提出権がある以上、まずは両者を行使するのが原則であると考えられる。ゆえに、議員提出法案により政府の法律案提出義務を定めることが許されるのは、その施策に係る国会及び政府の取組みの具体的な経緯に照らし、政府の意に反してでも法律案を提出させることが権力分立原理に反しないといえるような特別の事情が存する場合に限られよう。

(152) 河野一之『予算制度』(学陽書房・昭二七)三四頁。田中二郎「法律と予算」(昭二七)『法律による行政の原理』(酒井書店・昭二九)三八三頁は、「国会の予算議決権は、法律によつて拘束されることはない」ため、「補助金・奨励金等のように、政府の政策的な支出を義務づけている法律……は当然に予算措置の講ぜられることを条件としているものと解すべきで」あるが、「給付に対する反対給付又はこれに準ずる経済的対価として、国の経費支出を義務づける法律……は当然に政府の予算措置を義務づけるものと解すべきで」あるという。

(153) この問題は、法律費(帝国憲法六七条)と直接の関係はない。法律費は政府が現実に計上した経費であるが、河野局長は計上義務の存否を問題としているからである。現憲法の起草過程では、甲案・乙案とも法律費を存置していた(参照、芦部ほか編・前註(105)三〇八頁・二九七頁。なお参照、同三四六頁・三五二〜三五三頁)が、McArthur草案にはなく、そのまま脱落した。

(154) その先駆は、地方自治法(昭二二法六七)附則一条二項、地方財政委員会法(昭二三法一五五)附則二項及び在外公館等借入金の返済の準備に関する法律(昭二六法五四)一条であるが、いずれも特異な事情によるものである。それぞれ参照、角田禮次郎『地方公務員法精義』(学陽書房・昭三〇)五頁、自治大学校研究部監修=地方自治研究資料センター編『戦後自治史』六巻(文生書院・昭五二)二二八〜二三二頁及び大蔵省昭和財政史室編『昭和財政史―終戦から講和まで』一一巻(東洋経済新報社・昭五八)四七八〜四八四頁。

(155) 大森政輔『二〇世紀末期の霞ヶ関・永田町―法制の軌跡を巡って』(日本加除出版・平一七)二〇一頁。同旨、田中一昭=岡田彰『中央省庁改革』(日本評論社・平一二)一六頁〔大森政輔〕。

(156) 大森(前)長官は、両者につき「実質的に法律たるに値するものに満ち満ちておる」「法律事項にあふれている」(それぞれ一四一・衆・財政構造改革の推進等に関する特別委四号（平九・一〇・二一）二七頁〔大森政輔政府委員〕及び田中＝岡田・前註(155)一六頁〔大森〕）というが、あくまでも結果的法律事項をさす趣旨と解される。後者を改正した実例として参照、三辺夏雄＝荻野徹「中央省庁等改革の経緯（一二）」自治研究八三巻三号（平一九）五七頁註32。この点については、法律を改正しなければ閣議決定を変更しえなくなるというかたちで、現在の内閣が将来の内閣を法的に拘束するのは不当であるとの批判もありえよう。しかしながら、内閣は現在も将来も同一の国家機関であるため、そのような拘束は論理的に観念しえないように思われる。

(157)　農業基本法の起草委員会案には、農地法を改正するなどの法律案の立案義務があることを前提とする規定が盛り込まれていた（参照、全国農業会議所編・前註(147)二五一頁・二五三頁・二五四頁）が、結局、施策の一般的方針のみを掲げた農業基本法案と農地法等の改正案が同時に提出されている。おそらく、政府に法律案の提出義務を課す立法例を増やしたくなかったのであろう。なお、日本国有鉄道改革法案、税制改革法（昭六三法一〇七）案、国有林野事業の改革のための特別措置法（平一〇法一三四）案及び郵政民営化法（平一七法九七）案に定める基本方針は、それらと同時に提出された関連法案の目的をまとめたものと位置付けられる。これに対し、地方分権推進法（平七法九六）、司法制度改革推進法（平一三法一一九）及び簡素で効率的な政府を実現するための行政改革の推進に関する法律（平一八法四七）では、地方分権推進委員会等の設置が法律事項であり、基本方針はその所掌事務との関係上法定されたにとどまる（松永邦男『司法制度改革推進法／裁判の迅速化に関する法律』（商事法務・平一六）一八五～一八六頁も、基本方針自体が法律事項であるとは説明していない。）。

(158)　大森長官は、同法は「予算編成の際に内閣がよるべき基準を定めるにとどまっており……、個々の経費について網羅的に具体的な予算計上額を定めているものではない」ため、「地方交付税法とか……生活保護法とかのいわゆる予算関連法律と同様に」内閣の予算提案権（現憲法七三条五号）を侵害するものでないと答弁している（参照、一四一・衆・財政構造改革の推進等に関する特別委七号（平九・一〇・二四）三〇頁〔大森政輔政府委員〕）。地方交付税法六条二項は、地方分与税法（昭一五法六一）六条一項と同じく、毎年度の交付税の総額を国税の一定割合としている。これは、交付税が「実質上地方税たる性格を有する」（藤井巳之助『地方分与税』（自治館・昭一五）一四頁。同旨、荻田保「地方分与税法逐条略解」税一八巻六号（昭一五）一六頁）からである。また、生活保護法七五条一項は、国が保護費等の一定割合を負担すると定めている。この負担金は補助金等に当たり、市町村等の請求権は交付の決定により生じる（補助金等に係る予算の執行の適正化に関する法律二条二号・六条一項）ため、生活保護法が歳出予算のうち生活保護費の項に具体的な額を計上するよう義務付けるものでないことはもちろんである。

(159)　碓井光明「立法による財政改革の推進」ジュリ一一〇九号（平九）五頁及び櫻井敬子『財政の法学的研究』（有斐閣・平一三）二五七頁は、いずれも国会の予算修正権を無制約とみる立場から、同法のような定めを当然に合憲としている。なお、夜久仁「予算と法律との関係―中長期の財政規律を中心として」帝京経済学研究四六巻一号（平二四）二一二頁は、大森長官の答弁（前註(158)参照）につき「法的基準というよりも、運用上・政治上の限界を述べたものとして理解することが適切であると思われる」というが、その真意は筆者にとってなお判然としない。

(160)　年次報告・文書の提出義務は、同「法の実際上の中核をなすもの」と説明されている（中西一郎「農業基本法の解説」自治研究三七巻七号（昭三六）一一四頁）。なお、同法以降の基本法（政府提出法案に限り、災害対策基本法及び中央省庁等改革基本法を除く。）であって上記の文書提出義務に類する規定をもたないものとして、高度情報通信ネットワーク社会形成基本法、知的財産基本法、食品安全基本法及び住生活基本法がある。前三者では高度情報通信ネットワーク社会推進戦略本部等の設置等を定める点、後者では都道府県に計画策定を義務付ける点が、それぞれ（施策を講じる義務等と関連付けることのできる）法律事項だからであろう。

(161)　中西・前註(160)一一三頁。同旨、全国農業会議所編・前註(147)一一三頁。

(162)　国会は「政治責任を追及する上での行政監督権」を有するというのが政府見解である（参照、一三九・衆・予算委一号（平八・一二・六）四二頁〔橋本龍太郎内閣総理大臣〕）が、それは国政調査権（現憲法六二条）に対応する報告・記録提出義務（国会法一〇四条）により、すでに具体化されているようにみえる。

(163)　参照、芦部ほか編・前註(105)三六七頁（但し参照、同三九一～三九二頁）。

(164)　参照、芦部ほか編・前註(105)二九五頁。

(165)　参照、芦部ほか編(102)一八二頁・二六三頁〔入江長官〕。

(166)　参照、安嶋彌『戦後教育立法覚書』（第一法規・昭六一）二二頁。これに対し総司令部は、法律では骨組みだけを定め、肉付けは教育委員会規則に委ねるという立場から、地方教育行政機関たる「監督庁」が教科を定めるよう修正した（同二四頁）。しかしながら、教育委員会法（昭二三法一七〇）の制定施行に手間どったため、「監督庁」は経過的に文部大臣と読み替えられ、その後、文部大臣（現・文部科学大臣）に改められた。これにより、立案関係者自ら「学校教育法はやはり非常に粗いと思います。……大筋しか書いてない……。今作ったら、もう少し細かいことまで書き込むのではないかと思いますがね」と評する結果となったのである（木田宏監修『証言戦後の文教政策』（第一法規・昭六二）八九頁〔安嶋彌〕）。もっとも、教科に関しては、「もし……種類・名称を法律事項にしていたら、教科に関する変更には、そのたびに法律改正が必要になったはずです。そうなれば、全体の状況からみて、教育課程の改訂なんてとても動かなかったでしょうね」とも回想されている（同七六頁〔安嶋〕）。

(167) 義務教育学校以外の学校についても、教科、教育課程等は、設置認可、設備・授業の変更命令及び閉鎖命令の要件の一部をなしている。

(168) 本書終章四一一頁参照。

(169) 教育委員会制度の主眼は、長の教育長に対する指揮監督権を遮断する点にある。教育委員会法では、委員が公選とされ、逆に政治的中立性が脅かされる事態となった（参照、木田監修・前註(166)一一一頁〔犬丸直〕）ため、地方教育行政の組織及び運営に関する法律（昭三一法一六二）では、長が議会の同意を得て委員を任命し、委員会が委員長を除く委員から教育長を任命することとした。地方教育行政の組織及び運営に関する法律の一部を改正する法律（平二六法七六）は、委員長を教育長とし、長が任命することとした。

(170) 学校による政治的活動を許容する法令を制定してはならないこと（(旧)教育基本法八条二項・一一条（現・教育基本法一四条二項・一八条））は、現憲法の解釈を確認したものといえよう（両法の法的性格に関する政府及び学界の見解につき参照、塩野宏「基本法について」『行政法概念の諸相』（有斐閣・平二三）三八〜四〇頁）。加えて、最大判昭五一・五・二一刑集三〇巻五号六一五頁〔旭川学テ〕は、教育課程は（党派的利益に基づくかを問わず）「誤った知識や一方的な観念」の「植えつけ」となってはならないと説示している。

(171) 参照、稲葉馨『行政組織の法理論』（弘文堂・平六）二五一〜二五四頁。

(172) 「行政各部ノ官制中主要ナルモノ（例ヘバ中央行政組織即内閣及各省〔〕）ハ凡ベテ帝国議会ノ議決ヲ経テ天皇之ヲ定ムルコトトスルコト」（芦部他編・前註(105)四三頁）。

(173) 参照、芦部ほか編・前註(105)一六八頁・一七四頁・三六三頁・三七四頁。

(174) 参照、芦部ほか編・前註(105)三六九頁。

(175) 参照、芦部ほか編・前註(105)三七四頁。

(176) 参照、芦部ほか編・前註(105)二九四頁・二九七頁。

(177)　衆議院修正により、国務大臣の過半数を国会議員の中から選ばなければならない（現憲法六八条但書）とするかわりに、削除された。
(178)　参照、佐藤（達）（佐藤（功）補訂）・前註(18)一二八頁。
(179)　参照、稲葉・前註(171)二五九～二六五頁。
(180)　「官制ト云フモノハ、外ニ向ツテ国ヲ表ハス官府、官府ノ中ニ於キマシテノ個々ノ組織、両面ヲ規定シテ居リマス。ソコデ……外ニ向ツテ国ヲ表ハス部分ガ、正シキ意味ニ於ケル立法事項トナル訳デアリマス」（前註(114)一二頁（金森国務大臣））。「国家ノ各官庁ノ組立ト云フモノニ於キマシテ、国民トノ間ニ直接ノ意思作用ヲ起シテ来ル部門、例ヘバ国ヲ代表シテ国民ニ立向フト云フヤウナ部分ハ、コレハ直チニ国民ノ権利義務ヲ動カスモノデアリマスカラシテ、……法律ヲ以テ定ムルノガ正当デナイカ」「併シ……例ヘバ官庁ノ内部ノ組織ニ於キマシテ……課ヲ幾ツ置クカ、其ノ課ノ内部的ナ担任事項ヲドウスルカト云フヤウナコトハ国民ニハ実ハ関係ガアリマセヌ。国民ハ官庁全体ヲ相手ニシテ居リマスルガ故ニ、左様ナ部分ニ付キマシテハコレハ固ヨリ命令ヲ以テ然ル可ク決メ得ルト考ヘテ居リマス」「例ヘバ或事項ノ行政ハ何処デアラウト云フ時ニ、……所管ノ官庁……ガ知ラヌ間ニ脇ニ引越シテシマツタ、命令デ以テ自由自在ニサレタト云フコトデハ……現在ノ思想ニ合ハナイ」「斯様ナ国民生活ニ基本的ナ関係ヲ持ツテ来ル官府ノ組立ト云フモノハ法律ヲ以テ定ムルコトガ正当デアラウ」（前註(68)七頁（金森国務大臣））。
(181)　同調査会第一部会で配布された「官制法について（昭二一・七・九）」内閣法制局図書館蔵『昭和二十一年臨時法制調査会第一部会関係資料5』（松戸浩「事務配分規定成立の経緯（一）」愛知大学法学部法経論集一六〇号（平一四）四七頁註10と同じもの）には、二つの案が示されていた。全文は次のとおり。

一　官制（官庁の組織権限に関する規程）は一般的に法律事項であらうか。法律事項であるとした場合すべての官制を法律によることは不可能又は不適当と思はれぬか。

二　官制は一般的に立法事項でないとしても改正憲法によつて、特に立法事項とせられてゐるもの（例へば全体的に会計検査院法（86）部分的に内閣法（68））はもとより基本的な官制は法律を以て規定せられることを適当とするか。

三　両者何れの見解によるとしても

(1)　内閣法、中央（最高）行政官庁法（大体現行の各省官制通則に当るもの）及び地方（普通）行政官庁法は、これを法律とすべきものであらうか。此等の外法律を以て定むるを適当とせられるものがあらうか（例へば、各省の官制、外局の官制など)。

(2) (1)に掲ぐる官制以外の官制については一般的に政令に委任する根拠法律をつくるべきであらうか(例へば官制通則法)。或は(1)の各法律に於てそれぞれ委任すべきものであらうか。

(3) 政令にのみ委任せらるべきであらうか、他の形式例へば、内閣告示、閣令、省令の如きものに委任できるか。

(4) (2)によつて委任をするとして、一定の制限をおくべきものであらうか。

(5) 官制通則法を定むるとしたらどんな事項を規定すべきであらうか。

(182) 臨時法制審議会『臨時法制審議会第二回総会議事速記録』(昭二一・八)一八～一九頁〔関屋貞三郎委員〕。

(183) 「設置」でなく「名称」となっているのは、明治一八年太政官達六九号が「……内閣総理大臣及……ノ諸大臣ヲ置ク」(一項)とした後、明治憲法下で新設された省の官制には、設置に関する規定がなかった(官制の制定をもって設置されたと考えられていたのか、既存の各大臣の権限を再整理しただけであり設置の観念自体がなかったのか、定かでない。)ためであろう。

(184) 臨時法制調査会『臨時法制調査会における諮問第一号(「憲法の改正に伴ひ、制定又は改正を必要とする主要な法律について、その法案の要綱を示されたい。」)に対する答申書』(昭二一・九。括弧内原文割註)九頁。

(185) 帝国憲法下では、処分庁を法律で定める際、官制大権を尊重して「行政官庁」(市町村長も含む場合には「行政庁」)という文言を用いるのが慣行となっていた。政府見解の主眼は、この慣行を否定する点にあったとみられる。

(186) これは、「人民との間に法律上の交渉ある職務を担任する国家機関に付いては、人民をして其の機関の行為を国家行為として認識し其の権威に服すべき義務を負はしむるものであるから、其の機関に付いての定めは、法規たる性質を有」するという見解(美濃部・前註(35)三六七頁)に依拠したのかもしれない。

(187) 金森国務大臣は、各省は「内閣ト密接不可分ノモノ」であるため内閣と「然ル可ク調和ヲ取ツテ」法律で定められるべきであるとも答弁しており(前註(68)七頁〔金森国務大臣〕)、各省の設置及び所掌事務が法律事項となる点を現憲法六六条一項からも導いている。同旨、「内閣の組織に入ってくる……大臣がどういう職掌を持つかというようなこと、その数はどういうことであるか、端的に言えば、省をどういうように配置するかというようなことは、これは憲法が内閣の組織について法律を要求しておりますもののうらはらとして、当然にそういう行政組織の基本まで定めなければいけないのではないか」(六一・参・内閣一二号(昭四四・四・一七)一〇頁〔田中康民政府委員〕)。しかしながら、内閣の組織が法律事項とされること自体、〝民事法アプローチ〟によってはじめて説明される問題である。

(188) 芦部ほか編・前註(102)一九一～一九二頁（平仮名部分）・二六八～二六九頁（片仮名部分）。松本国務大臣は、「事重要なものは権義に関しなくとも法律できめるべきである」ともいう（同一九二頁）が、憲法問題調査委員会で斥けられた宮沢教授の案（前述）でなく、内閣のような憲法上の組織を念頭におくものと思われる。なお、同大臣は、国と人格を有する国の機関（営団、地方公共団体、官吏いずれをさす趣旨か定かでない。）との間にも権利義務関係が成立するという（同一九一～一九二頁・二六七頁）が、文脈を異にするため、ここでは取り上げない。

(189) 労働基準法（昭二二法四九）は、労働基準監督官を労働基準監督署等に置き、その資格及び任免については命令で定めるとした。同じ頃、法制局でも、「滞納処分を執行し得る職員の資格、範囲等を明らかにすること」が検討課題とされている（「国税徴収法の改正について」憲政資料室蔵・前註(55)〔1369〕）。もっとも、国税徴収法（昭三四法一四七）は、税務署所属の徴収職員が滞納処分を執行するとしか規定しなかった。おそらく、司法警察員でもなく、その立入りに際して身分を示す証明書が提示される点にかんがみ、これ以上に詳細な配置に関する定めは要しないというのが、政府見解なのであろう。

(190) 昭和二三年の法務調査意見長官回答により、官庁の休日も、「国民の権義に重大な影響あるもの」として、これに含まれることが明らかにされた（前田編・前註(141)二頁）。

(191) 参照、松戸浩「行政組織と法律との関係―我国に於ける学説の検討（上）」自治研究七八巻一号（平一四）九二頁註6。一般論としても参照、村西良太「憲法と行政立法―日本国憲法下における『行政に固有の立法権』の可能性について」阪本古稀『自由の法理』（成文堂・平二七）二九九頁。

(192) 「理屈ヲ稍々離レマシテ、国ノ重大ナル組織ヲ決メマス時ニ、政府一存デ、例ヘバ政令ヲ以テ決メルガ宜イカ……ト云フ妥当論ニナリマスト、自ラ又問題ガ変ツテ来ル訳デアリマス」「行政ニ関シマス色々ナ事項トシテ重立ツタコトハ、ソレガ命令デ書ケルヤウナ種類ノコトデアツテモ法律ニ書カウ……併シ細カイ所或ハ臨時ニ浮動スルヤウナ可能性ノ多イ所……ハ然ルベキ自由ノ途ヲ講ジタイ……法律ガ広イ範囲ニ於テ政令ニ其ノ権能ヲ委任サレルト……無事ニ……解決シテ行クデアラウ」（前註(68)八頁〔金森国務大臣〕）。

(193) 「行政機構は本来は一般論的には政令で規定し得ると思いますが、この主任大臣の権限の分配であるとか、或いは又国民の権利義務を直接拘束するというような事項に至りますれば、その面から又立法事項であつて、法律を要すると考えております」（一・

参・決算・労働連合委二号（昭二二・八・一三）一九頁〔井手成三政府委員〕）。

(194) 各省官制一条にあった「〔各省〕大臣ハ……ニ関スル事務ヲ管理シ……」という規定を受け継いだものである。

(195) 佐藤功『行政組織法』（有斐閣・昭三三）九二頁も、「一方において局の設置と所掌事務を法律で定めながら、他方において……〔臨機の措置をとりうる用意をした〕ことは首尾一貫していないという批判は免れ得ない」と評している。

(196) 「政令をもつて、部局の設置を自由になし得るように規定されているのは、行政官庁の機構の大綱は、これを法律で規定すべきものとする民主主義的新憲法の精神に照し、不当と認め」た（労働省設置法案審査報告書（一・参二七号（昭二二・八・二七）三二六頁）。

(197) 二・参・決算委（昭二三・五・一九）七頁〔船田享二国務大臣〕。

(198) 審議会等及び施設等機関についても参照、増島俊之「国家行政組織法改正の意義（下）」自治研究六〇巻三号（昭五九）二二～二三頁。

(199) 「国家行政組織法の当初政府案は、今回の改正の考え方とほぼ同じである」（増島俊之「国家行政組織法改正の意義（上）」自治研究六〇巻二号（昭五九）四八頁）。

(200) 例えば経済産業省の内部部局をかつての通商産業省重工業局、軽工業局、繊維局等のような産業別の編成とすること、消費者庁の内部部局を移管前省庁別でなく、取引、安全及び表示といった横断的な編成とすること等。

(201) 行政組織を編成する命令であって法律の委任によらないものを独立命令・執行命令いずれに分類するかは、両概念の定義によろう。

(202) 学界では、いずれの見解も一応成り立つ（参照、上田健介『首相権限と憲法』（成文堂・平二五）二九六頁）が、国家行政組織法七条四項等を委任の根拠規定と解した上、国会に軍配を挙げる論者もいる（塩野宏「行革七法案瞥見」塩野宏＝原田尚彦『行政法散歩』（有斐閣・昭六〇）一〇三頁）。なお、いずれの見解によっても、政令の制定文は変わらない。

(203) この考え方が成り立つとすれば、総務省設置法が廃止され、又は最終包括条項が削除された場合には、内閣総理大臣が最終包括官庁となると解されよう。

(204) 所掌事務規定には、幹となる事務（「〇〇に関すること」）をそのまま書く場合と限定して書く場合（「〇〇の企画及び立案に関すること」「〇〇の実施に関すること」、「〇〇の振興に関すること」「〇〇の監督に関すること」等）があり、アプリオリな行政事務の観念がこの点と整合するかについても、検討を要しよう。

(205)　下井康史「公務員法における法律・条例事項と協約事項」『公務員制度の法理論』(弘文堂・平二九)一一三頁以下は、団体協約等でなく法律でしか定められない勤務条件の範囲について考察している。重要な問題であるが、本章では取り上げることができなかった。

(206)　参照、芦部ほか編・前註(105)二九四頁・三〇六〜三〇七頁(「行政ノ目的ヲ達成スル為ニ必要ナル命令」)及び同三七四頁。

(207)　参照、佐藤(達)(佐藤(功)補訂)・前註(18)三二九頁(なお、civil service の訳語につき参照、同八四頁・一八六頁)。

(208)　「官吏に関する事務は、法規的性質を有しないものもあらうが、それをも法律で決めると云ふ趣旨である」(芦部ほか編・前註(102)二〇七頁〔入江俊郎法制局長官〕)。

(209)　参照、官吏法案要綱(臨時法制調査会・前註(184)一〇〜一一頁)。

(210)　「暑中半休停止」憲政資料室蔵・前註(55)〔1371〕。「元来、官吏は特殊の公法上の勤務義務を負う者であるとされ、したがつて、私法上の雇用契約的関係に立つ者とは異なり、官吏の職務や俸給や身分上の取扱は国家の一方的に決するところであ」るとされていた(磯田好裕ほか『国家公務員法の解説』(時事通信社・昭二二)一二四頁)。

(211)　参照、人事院編『国家公務員法沿革史』資料編一巻(同院・昭四四)七八頁以下。

(212)　参照、諸橋・前註(74)一五七頁及び佐藤達夫「私と公務員制度」『公務員制度いまと昔』(第一法規・昭五〇)二六六〜二六七頁。もっとも、特別職の範囲の決定に何ら関与することができない点では、その権限は枢密院に及ばない。特別職の立案過程につき参照、出雲明子『公務員制度改革と政治主導』(東海大学出版部・平二六)一一二〜一一五頁。

(213)　浅井清人事院総裁は、現憲法七三条四号により、国家公務員法は「基準」(第三章章名及び一条(昭二三法二二二)二項)しか設けられず、それ以外の事項は全て人事院規則で定めることが予定されているという(浅井清『改正国家公務員法』(労働文化社・昭二三)一九頁)。同項の立案過程につき参照、佐藤達夫「憲法にいう〝官吏〟」佐藤(達)・前註(212)四八六〜四八七頁。佐藤達夫前法制局長官も、人事院規則につき「独立機関を尊重、信頼した立場に基づいてのものと思います。あるいは国会よりも人事院の方を信用しているという見方もできるかも知れません」と評している(憲法調査会『憲法調査会第二委員会第二十三回会議議事録』(昭三五)一八頁)。

(214)　昭和二八年の法制局による検討では、政治的行為を法律で直接に定めるほか、人事院の所掌事務を試験、不利益処分の審査等に限定し、それに合わせて規則制定権も縮小する案が示されていた（「現行人事院規則の配分案」等憲政資料室蔵『佐藤達夫関係文書補遺』〔2441～2449〕）。また、平成二三年の国家公務員法の一部を改正する法律案（一七七閣法七四）は、人事院を廃止して人事公正委員会を設置することとしていたが、政治的行為を規則事項とする点では現行法と変わらない。

(215) 参照、佐藤（達）（佐藤（功）補訂）・前註(18)八七～八八頁。現憲法の予算に関する規定の起草過程につき参照、櫻井・前註(159)一五七～一六二頁及び夜久仁「予算と法律との関係―日本国憲法の予算理論を中心として」レファレンス六二巻一号（平二四）八頁以下。

(216) 参照、佐藤（達）（佐藤（功）補訂）・前註(18)一四三頁・一四六頁。

(217) 枢密院では、入江長官が「国の財政の処理について、国会が国権の最高機関として権限をもつことを大原則とする」と述べた上、継続費制度もこの「大原則の中に入ると思ふ」「会計法で……定めたい」と説明し、松本国務大臣も、仮予算制度を会計法等で定める根拠として現憲法八三条を援用した（参照、芦部ほか編・前註(102)二一五～二一六頁〔入江長官〕・二一九頁〔松本国務大臣〕）。これに対し林顧問官は、「それによるといふなら他の条文は一切いらぬ」と反撥し（同二一九頁〔林顧問官〕）、貴族院でも、佐々木惣一議員が現憲法自体で定めるべき事項であるという意見を述べている（参照、九〇・貴・帝国憲法改正案特委二一号（昭二一・九・二五）八頁）。

(218) 参照、九〇・衆・帝国憲法改正案委一九号（昭二一・七・二二）八頁〔金森国務大臣〕及び九〇・貴・帝国憲法改正案特別委二一号（昭二一・九・二五）三頁〔同〕。

(219) 継続費制度は、総司令部の反対により制定時の財政法には盛り込むことができず（参照、石原周夫「財政法、会計法改正の経緯」『戦後財政史口述資料』二巻二八～三〇頁。海軍力の復活を恐れたのであろう。）、財政法、会計法等の財政関係法律の一部を改正する等の法律（昭二七法四）により、ようやく追加することができた。

(220) 「法律により」ではないため、金額そのものでなく、決定方法を定めればよい場合もあり（参照、九二・衆・財政法案外一件委三回（昭二二・三・二二）一二頁〔野田卯一政府委員〕、それは「独占の程度あるいは公共性の度合い」による（参照、八〇・衆・予算委一七号（昭五二・三・二）二二頁〔別府正夫政府委員〕。）。製造たばこの定価の決定又は改定に関する法律（昭二三法八四）、国有鉄道運賃法（昭二三法一一二）及び電信電話料金法（昭二三法一〇五）は、郵便法（昭二二法一六五）と同じく金額そのものを定めていたが、昭和五〇年代には、相次いで決定方法を定めるものに改められた（それぞれ参照、辻通明「国鉄運賃、認可制になる」時の法令九九四号（昭五三）七頁、浜田弘二「郵便料金の改定及び郵便料金の決定方法の特例等について」時の法令一〇九九号（昭五六）二七頁及び松浦正治「製造たばこの定価改定及び専売納付金制度の改正等について」時の法令一〇七六号（昭五五）一五〜一六頁）。なお、国有鉄道運賃法を学際的に分析したものとして参照、寺前秀一「もう一つの憲法論議—旧国有鉄道運賃法が投げかけたもの」地域政策研究一〇巻二号（平一九）一七頁以下。

(221)　参照、九二・衆・財政法案外一件委二回（昭二二・三・二〇）四頁〔野田卯一政府委員〕。同法に第一章（財政総則）が設けられたのは、同法を財政の「基礎法規」と位置付けようとする野田卯一主計局長の発案であったという（参照、石原・前註(219)一一〜一二頁）。

(222)　この趣旨を明示したものは見当たらないが、平井平治「財政法」大蔵省主計局監修『官庁会計実務講座』二巻（大蔵財務協会ほか・昭二五）三七頁は、同条を帝国憲法六二条二項（前述）の「反対規定」と説明している。

(223)　参照、八〇・衆・予算委一七号二三頁〔別府政府委員〕。結論同旨、山口真弘『鉄道法制概論』（鉄道研究社・昭四九）二六三頁。小村武『予算と財政法』（新日本法規・昭六二）三〇頁は、財政法第三条の特例に関する法律のような「白紙委任」が認められる以上、財政法三条が本稿にいう本来的法律事項を確認した規定であるはずがないと論じているが、本文のように理解すれば足りよう。なお、学界の見解につき参照、根岸哲「財政法三条の『国の独占に属する事業』と料金法定制」公法研究四一号（昭五四）一五六〜一五七頁。

(224)　なお、〝競争が実質的に制限された生活必需的な商品又は役務の購入を余儀なくされることにより一般財産を減少されない権利〟を観念することができれば、専売価格等は、財政法三条をまつまでもなく当然に法律事項となるはずである（伊東遺稿＝三浦編・前註(28)一九頁も、「立法事項ハ進歩ス」（前述）の例として、「郵便税鉄道税」を挙げていた。）。政府及び国会が、このような権利を観念することができるのは物価統制令の廃止時であると考えているかは、定かでない。

(225)　このほか、財政法八条は、国の債権の免除等を法律事項としているが、次のような帝国憲法下の政府見解を確認したものにすぎない。「債務免除即ち歳入となるべき権利抛棄の意思表示は歳出財源の不足となり歳出義務の負担をなすと同一の結果を生ずる〔。〕故に議会の協賛を経ず又は法律の規定に依ることなくして漫に債権の抛棄を為し得るものにあらず」（武藤栄治郎『会計法規通論』新訂増補版（宝文館・昭一一）六七四頁）。

(226)　法律事項を間接的に導き出すという観点からでないが、ドイツにおける財政統制権に基づく〝第三の議決事項〟を分析したものとして参照、村西良太「多国間の政策決定と議会留保」法政研究八〇巻一号（平二五）一頁以下。

(227) この点は予算についても同様であるが、予算の議決の根拠は帝国憲法下でも法律で定められていたため、現憲法下で拡張した本来的法律事項でない。

(228) 専売価格等については、財政法三条及び財政法第三条の特例に関する法律が議決の根拠法である。前註(220)に挙げた法律には議決の範囲を定めたものもあるが、法律事項でない。範囲を法定したのは、さもなければ「毎回……審議対象の範囲が問題とされ、相手が国会のことであるから段々と拡張される予想の方が実現性が強い」ためであった（石井昭正「瓢箪から駒の出た話―国有鉄道運賃法制定のいきさつ」公労委季報二三号（昭五〇）一一頁）。

(229) 参照、吾孫子豊『公共企業体労働関係法解説』（交通資料社・昭二四）九三～九四頁。

(230) 参照、大蔵省財政史室編『昭和財政史―昭和二七～四八年度』八巻（東洋経済新報社・平一二）四六〇～四六三頁。

(231) 福島量一ほか編『財政投融資』（大蔵財務協会・昭四八）七頁。

(232)「産投特別会計からの投資とかあるいは資金運用部資金の特別会計貸し付け等のように、すでに国会の議決を受けたものが含まれておって、予算と同様に財投計画の全体について国会の議決案件とするということは二重議決の問題を生ずることになって、法律制度上採用することはできない。しかし、財投資金の運用が、受動的な資金の安全・確実・有利な運用という性格から、財政的資金の配分といった性格を兼ね備えるに至っておること、及び運用対象法人の活動分野が多岐にわたってきている現状から見まして、これらの内容を国民の前により明らかにしていく仕組みについて今後検討することが必要である」（六八・衆・予算委（昭四七・二・四）九頁〔水田三喜男国務大臣〕）。

(233) 学界には、同計画全体を議決事項とすべきであるという見解もある（参照、碓井光明「財政投融資制度の課題」ジュリ一一八〇号（平一二）四三頁及び引用文献）が、予算総則の一部を削除する修正がされた場合には、二重議決の問題を生じるであろう。もっとも、その主眼は対象機関別の金額等を議決事項に加える点にあり（碓井光明「財政の民主的統制」ジュリ一〇八九号（平八）一四九頁）、必ずしも同計画全体の議決を不可欠とするものではなさそうである。いずれの論者も、予算をもって議決することには賛成であり、〝第三の議決事項〟とすべきであるという主張は見当たらない。

(234) 沖津武晴「財政投融資計画の国会審議について」時の法令八二四号（昭四八）一一頁。資金運用部資金法等の一部を改正する法律（平一二法九九）により、資金運用部資金が財政融資資金に改められるとともに、簡易保険積立金・郵便貯金の融資が地方公共団体向けに限定され（参照、岡本直之「財政投融資の改革について」ファイナンス三六巻三号（平一二）二頁以下）、郵政民営化法等の施行に伴う関係法律の整備等に関する法律（平一七法一〇二）により、後二者の融資も廃止されたが、本文に述べた枠組み自体に変化はない。

(235) 政府がこの立場をとったのは、理論的というより政策的な理由によるところが大きいと思われる。〝第三の議決事項〟は、当初は衆議院の優越が定められたとしても、参議院議員提出法律案により両院対等に改められるのが必然的な成行きであって、平成二〇年の日本銀行総裁等の同意人事にみられたとおり、きわめて効果的な政権揺さぶりの手段となるからである。

(236) 参照、九〇・貴・帝国憲法改正案特委二一号（昭二一・九・二五）三頁〔沢田牛麿・金森国務大臣〕。

(237) 参照、石原周夫「財政法、会計法」内務省大臣官房会計課編『財政会計等諸法規の解説と資料』（一洋社・昭二三）一五六頁。

(238) 公共事業予算の執行の繰上げ・繰延べ（ミクロ的には、支出負担行為の実施計画の承認（財政法三四条の二（昭二七法四）第一項）によってされる。）は、景気調整機能を併せもつ国の施策であるが、歳出予算の執行そのものである。

(239) 同計画は、昭和二八年度予算から参考書類（財政法二八条）として予算に添附されてきたが、これは政府が任意に提出していたにすぎない。

(240) 山口・前註(223)六四頁。同法は国鉄民営化とともに廃止された（参照、本田勝「国鉄改革に関する諸法律について（三）」時の法令一三〇三号一八頁）。なお、現憲法下で現れた類似の立法例（議員提出法案）として、国土開発縦貫自動車道建設法（昭三二法六八）三条一項（現・国土開発幹線自動車道建設法別表）等に定める予定路線がある。

(241) 同計画は、他の公共事業計画とともに、社会資本整備重点計画（社会資本整備重点計画法（平一五法二〇）二条一項）に一本化された。同計画が法律事項であるのは、行政機関が行う政策の評価に関する法律の特例が設けられた（同法七条）ためである。

(242) 類例、治山治水緊急措置法（昭三五法二一）等及び全国新幹線鉄道整備法（昭四五法七一）。

(243) それぞれ参照、七・衆・水産委三五号（昭二五・四・八）七六八～七六九頁〔石原円吉〕及び一六・衆・建設委四号（昭二八・六・二三）一～二頁〔田中角栄〕。

(244) 漁港法は、「予算編成の点からみて妥当でない」「立法府と行政府との建前の混同である」という大蔵省の反対にもかかわらず、総司令部の後ろ盾を得て成立した（参照、加瀬和俊『漁港法の誕生―漁港法制定過程の実証的研究』（全国漁港協会・平一二）二五～二六頁）。国会承認制度は、昭和二三年の第一次草案（漁港協会）の段階から盛り込まれていた（参照、同六五頁）。

(245)「公共事業の各種五カ年計画につきましては、計画自体によってその歳出が義務づけられるわけではなく、事業実施のための目安ともいうべき性質を有しているということにとどまる……。したがって、長期計画自体を国会の議決に係らしめること、これは憲法上義務づけられているわけではない」（一三九・衆・予算委二号（平八・一二・九）二九頁〔大森政府委員〕）。なお参照、漁港漁場整備法規研究会編『漁港漁場整備法逐条解説』（全国漁港協会・平一五）二〇頁。

(246)「継続費制度は……当初は公共事業にも活用されていたが、現在では防衛庁の大型警備艦、潜水艦等の建造に使用されるにとどまっている」（兵藤広治『財政会計法』（ぎょうせい・昭五九）六六～六七頁）。

(247) 歳出予算は支出を授権するにとどまるため、義務付けという表現は必ずしも正確でない。「歳出予算の効力は……その金額まで必ず支出せよということではない。……但し……不用のものまで要求してはならないから、理由なくして不使用の場合には政治的責任の問題にはなる」（河野・前註(152)二九頁）。

(248) 参照、佐藤（達）（佐藤（功）補訂）・前註(18)八七頁・一〇二頁・一四三頁。

(249) 本稿では、銀行券のみを取り上げ、狭義の貨幣（鋳造貨幣）については立ち入らない。両者を含めた近代法制の概観として参照、荒井勇「わが国の通貨制度の現状と貨幣法の歴史」時の法令二六三号（昭三二）二四頁以下。

(250)「法貨又ハ通貨（Legal tender, Staatsgeld）ハ金銭債務ノ強制弁済力（gesetzliche Zahlungsmittel）アル貨幣（又ハ金銭）ヲ云フ、即チ債務者カ金銭債務ノ弁済トシテ、之ヲ提供シタル場合ニ債権者其ノ受領ヲ拒絶スルトキハ債権者カ受領ノ遅滞ニ陥ルモノナリ」（中島玉吉『民法釈義』三巻（金刺芳流堂・大一〇）一九一頁）。

(251) 現憲法の施行時につき参照、片桐直人「戦後日本銀行法の展開と憲法」大石還暦『憲法改革の理念と展開』（信山社・平二四）二二七頁以下。

(252)「何しろ管理通貨の規定と申しますものは、世界にもあまり例がありません。事実上こういうことでやっておる国が多い」（五五・衆・大蔵委（昭四二・五・一八）三九頁〔中尾博之政府委員〕）。ちなみに、金本位制度は兌換請求権、金貨鋳造請求権（貨幣法一四条）等の権利から組み立てられているため、民事に関する事項に還元し尽くすことが可能であった。

(253) 近時の学界では、通貨発行権は憲法又は法律で定めなければならない事項かという問題提起がされている（参照、中里実「憲法上の借用概念と通貨発行権」高橋古稀『現代立憲主義の諸相』上巻（有斐閣・平二五）六六一～六六二頁）。通貨発行権は「行政権」（現憲法六五条）に含まれるため現憲法で定めるまでもなく、その内容（通貨の単位を定め、強制通用力を付与すること）

は民事に関する事項として法律事項に当たるというのが、政府見解なのであろう。
(254) 参照、塩野宏監修『日本銀行の法的性格』(弘文堂・平一三) 四二頁。
(255) 国立公文書館蔵「『沖縄の復帰に伴う特別措置に関する法律(仮称)に規定すべき実体的事項(案)』について」(請求番号:本館 -4E-006-00・平一四内閣03431100)。
(256) これは、領土に関する現在の憲法学界における標準的な見解(参照、工藤達朗「『統治』と『所有』―領土権の法的性格をめぐって」阪本古稀・前註(191)一六頁)とも矛盾しない。
(257) 参照、佐藤栄一「領海・一二海里」時の法令九七四号(昭五二)四～五頁。同法の立案過程につき参照、山本草二『海洋法と国内法制』(日本海洋協会・昭六三)五三～五五頁。

四　おわりに

法律事項の全体的な範囲については、これを権利に関する事項(権利制限及び義務賦課を含む。)とするのが、帝国憲法制定時からの一貫した政府見解である。帝国憲法下では、帝国憲法に明示されていない行政による権利制限が除かれていたが、現憲法下では、この例外も消滅した。

法律事項たる行政の範囲については、帝国憲法下の政府見解は最後まで侵害留保説をとらなかった。これには実際的な理由のほか、行政による権利制限そのものが必ずしも明瞭でないという理論的な理由も伏在していた。実際的な理由のうち、議会が行政権の死命を決する点は、結果的法律事項が蓄積したことにより、昭和一〇年頃までには解消された。また、法律に基づかない命令の整理も、現憲法の制定を機に達成された。これを受けて政府も侵害留保説の採用に踏み切ったが、理論的な理由が問題でなくなったわけではない。それは、法令により制限されていない状態のうち、どこまでが法的にレレヴァントといえるかといった問題にかたちを変えて、今日なお残っている。

現在の政府見解は、法律事項たる行政の範囲にプラスアルファ部分を付け加えることには慎重である。その理由は、プラスアルファ部分が不明確だからというだけでない（侵害作用自体も決して明確とはいいがたい。）。政府は、行政を含む法律事項の範囲全体を権利に関する事項という単一の基準で決することにより、これと異質の要素が法律事項に持ち込まれる可能性をあらかじめ封じているようにみえる。官制大権を廃止した現憲法の制定時には、一瞬パンドラの匣が抜きかかったが、政府は国自体の権利に着目する〝民事法アプローチ〟を駆使して窮地を脱したのである。この基本戦略は、国会が立法協賛権でなく立法権自体を手中に収め、あらゆる事項を政府の意に反してでも法律化しうるようになった事態に対処すべく、意識的に選択されたものであろう。

現憲法下だからこそ侵害留保説でよいという立場を正当化する根拠の一つとして、しばしば議院内閣制の下では政府自体に一定の民主的正統性が備わっていることが持ち出される[258]（憲法問題調査委員会及び国家行政組織法案の参議院審議）。とはいえ、これだけでは大づかみにすぎ、国会の見解に対する理論的な優越性を獲得するに足りない。

政府見解の堅牢さは、より本源的なもう一つの根拠に立脚している点にある。それは、法（Recht, droit）が権利（Recht, droit）を定めるものであり、権利が法に定められるものである以上、権利のみが本来的法律事項となるという論理である。この重層的な論理構造を突き崩すためには、法は権利を定めるものであるという大前提自体から覆さなければならない。そのためにはM. Hauriou及びS.Romanoが唱えたような、法には〝権利関係としての法〟だけでなく〝秩序構造としての法〟もあるといった基礎理論[259]が重要な手掛りとなろう。このようにして大前提を争うことなく、国民生活・国民経済に重大な影響を及ぼす非侵害作用も法律事項とすべきであると主張したところで、すれ違いに終わるのは当然である。法とは何かという根本問題にふれないまま、重要事項は国会が決めるといったところで、なぜ法律の形式によらねばならないのか定かでないからである。

こうして権利に関する事項以外への法律事項の拡張を阻まれた国会は、次なる一手として、法律で政府を義務付けることに打って出る。これにより、現憲法下における法律事項論の主戦場は、政府の義務へと移ったのである。

義務が法律事項であることは争いようがないため、政府としては、そのような義務が成立しうるのは権力分立原理に照らして一定限度内にとどまると反駁するほかない。もっとも、施策の一般的方針を定める程度のものであれば、政府も取り立てて痛痒を感じることはないため、焦点となるのは、国民経済・国民生活に重大な影響を及ぼす非侵害作用に必要な予算の編成・不編成義務を定めるものである。とりわけ特定の項に特定の額を計上する義務は、政府の手足を完全に縛るものといえる。しかしながら、そこでは現憲法が予算を法律とは別体系の規範としていることにより、行政権が論理的に保護されるのである。

もっとも、国会と政府の関係は、国会が政府を統制するだけでなく、内閣が国会を利用して各省を統制する場合もあり、現在ではより複雑なものとなっている。政府がこのような〝火遊び〟に深入りした結果、権力分立原理を盾に政府の義務が成立しえないといいうる範囲が縮小する自縄自縛現象についても、注視してゆく必要があろう。

以上のような政府見解の分析を前提として、学説が実務との生産的な対話を試みるには、何よりも政府見解に対する自らの立場を鮮明にすることが先決である。従来の政府見解を前提とする立場からは、政府がいまだ具体的な見解を明らかにしていない論点につき、政府見解をどのように発展させてゆくことが可能かを個別法に即して示すことが考えられよう。これに対し、政府見解を前提としない立場からは、上記のような重層構造をなす政府見解と拮抗しうるだけの理論体系を組み立てた上、それが政府見解以上に首尾一貫していることを論証するとともに、政府がそれを採用するために必要となる経過措置を網羅的に示すことが要求される。

いずれの立場をとるにせよ、法律事項をめぐっては事実と規範が動態的に連関しているため、この絡まりを丹念に解きほぐし、結びなおしてゆくことが課題となる。帝国憲法制定の翌年、法律で恩給受給権を定めた理由につき法制局は、これを法律でしか制限しえない権利とするためであるとも説明していた(260)。権利として法律で定めるべき利益は法律によってしか変更しえないこととする必要がある利益であり、換言すれば、結果的法律事項となるべきものが本来的法律事項だというのである。

「主権概念は書斎で発見されたものでない」と喝破したのはG. Jellinekであったが[261]、法律事項の概念についても同じことが当てはまる。「立法事項ハ進歩ス」という伊東書記官長の言葉は、これからも現在進行形で妥当し続けるであろう。

(258) 小谷宏三元内閣法制局参事官補も、「現代の侵害留保説は、『固有の行政権』などという概念を持ち出して根拠づけられる必要はなく、国民主権が確立し、国会が行政組織法（国家公務員法を含む）の制定権を有すること、行政活動は法律に違反し得ないこと、議院内閣制を採用していること、各行政機関の職員は各省大臣の指揮監督下にあることなどを考えると、立憲君主主義から完全な議会制民主主義に変身をした国家であるからこそ、侵害留保説を採用しても弊害がないのである」と述べている（小谷宏三「栄典制度の諸問題（一）」平成法政研究七巻二号（平一五）一一～一二頁）。

(259) 参照、拙著・前註(101)第二・三章。

(260) 「恩給ヲ官吏ノ権利トナシ法律ニ定ムル場合ノ外政府モ之ヲ奪フコト能ハサルモノト定メ以テ官吏ヲシテ身後ノ患ナク益其志操ヲ固ウシ其清廉ヲ養ハント欲ス」（総理府恩給局『恩給制度史』（大蔵省印刷局・昭三九）六七頁）。

(261) G. Jellinek, "Allgemeine Staatslehre" 1. Aufl. (Häring, 1900), S.394.

第二章　行政過程による〈統合〉の瑕疵

一　はじめに

(1)　明治一一年二月、行政争訟の管轄を行政府自身に付与すべく、行政処分願訴《ママ》規則案が元老院の議定に付された。これに対し同院では、「行政官ハ法ヲ支配シテ法ニ支配セラレズト云フハ怪訝ニ勝《た》ヘズ」という河野敏鎌議官の発言(1)を皮切りに反対論が相次ぎ、同案はあえなく撤回に追い込まれた。この顛末は、一九世紀ドイツの公法学者オットー・ベールが行政裁判権の独立を提唱して一五年足らずの間に、わが国の先進的知識人が（独立した行政裁判権を司法裁判所に付与する）司法国家論を志向していたことを示す挿話といえよう（もっとも、その後、司法国家論は失速し、帝国憲法は、独立した行政裁判権を行政裁判所に付与することとした。）。

とはいえ、行政裁判所・司法裁判所による行政訴訟をそれぞれ半世紀ずつ経験した現在の我々には、後者における私人の権利保護の水準が前者におけるそれよりも当然に高くなるわけでないことが知られるに至っている(2)。この限りで、裁判管轄の次元における河野議官の懸念は、杞憂に終わったと評することができよう。

しかしながら、河野議官の発言は、その当初の文脈を離れて、現在の我々にも無視しえない問題を突きつけている。というのも、〝行政官による法の支配〟という事態は、（独立した行政裁判権を司法裁判所に付与した）現憲法下でも、決して現実化しえないわけでないからである。

(2)　オットー・ベール研究(3)を引っ提げて彗星の如く公法学界に登場した藤田宙靖判事は、当時一世を風靡していた遠藤博也博士の「行政過程論」に対し、敢然と異議を申し立てた。それは、わが国の「行政過程論」と二〇世紀ドイツの公法学者ルドルフ・スメントの〈統合〉理論——「行政と私人の二元的対立」を否定し、国家を、私人が参加して一体化する恒常的な〈統合〉の過程として把握する公法理論——との間に「奇妙な類似点」を嗅ぎ取ったからにほかならない。(4)

藤田判事が、公用換地行政過程による〈統合〉（具体的には、土地区画整理事業に組み込まれた者がその所有地の一部を供出させられる〝無償減歩〟）の限界を画そうとしたのも、「行政過程論」批判の一環として位置付けることができよう。(5)行政過程による〈統合〉からどのようにして私人の権利領域を確保するかという問題意識は、藤田判事の行政法学を貫く一つの底流といえる。そのような藤田判事の「行政過程論」批判に対して、さらなる批判を試みることにより、その今日的意義を明らかにすることが、本章の目的である。

（1）明治法制経済史研究所編『元老院会議筆記』五巻（元老院会議筆記刊行会・昭四四）一〇頁〔河野敏鎌〕（濁点・振仮名引用者。）。当時は、行政上の不服申立てと行政訴訟がいまだ明確に区別されていなかった。

（2）行政裁判所は、踏み込んだ裁量審査を行い（例えば本書終章四〇四～四〇五頁参照）、申請型義務付け判決も当然のように言い渡していた。

（3）藤田宙靖『公権力の行使と私的権利主張—オットー・ベール「法治国」の立場とドイツ行政法学』（有斐閣・昭五三）。

（4）参照、藤田宙靖「法現象の動態的考察の要請と現代公法学」（昭五二）『行政法学の思考形式』増補版（木鐸社）四一〇頁。

（5）藤田宙靖「土地区画整理制度と財産権保障—いわゆる『無償減歩』をめぐって」（昭六二）『西ドイツの土地法と日本の土地法』（創文社）二三一頁以下。

二　“分析”と“総合”

(一)　遠藤博士の「行政過程論」と藤田判事の批判

(1)　「行政過程論」は、「全体の行政過程の方が先にあって、行政行為もその中に置かれて始めて、相応の機能を果たしうるものとなっている」[6]との着眼に基づき、従来の行政行為論の静態性・局所性を克服しようとするために提唱された。それは、行政過程を法律の機械的執行としてでなく、利害関係人の参加を通じた「政策創造の過程」[7]として位置付けるに及んで、古典的な法治国原理を「離脱」[8]する契機を内包するに至った。

とりわけ、群馬中央バス判決[9]のいう「全体として適正な過程」に触発された遠藤博士は、計画化した現代行政では「個々の要素それ自体としてみると適法とみうるが、措置の全体としてみると違法な結果を生じているということが起こりうる。……行政過程を全体として考察してこれを法的拘束の下におくことを考えなくてはならない」[10]と主張した。

遠藤博士のいう行政過程は、「行政上の一連の行為」(行政機関が行う政策の評価に関する法律二条二項)に当たるが[11]、それらには、統一的な根拠法令を有するものと有しないものが混在している。前者の例としては、群馬中央バス判決における一般乗合旅客自動車運送事業免許手続のほか、余目《あまるめ》出店妨害判決[12]における児童遊園設置認可手続及び個室付浴場業許可手続がある(遠藤博士は両手続を連結させた「全体の過程」に着目している[13])。一方、後者の例としては、高知古ビニール判決[14](苦情受付→任意調査→情報提供→補助事業の実施→事業者団体の組織→協定の締結)があり[15]、広島環境衛生センター判決[16]にいう「予定地を選定するに至るまでの経緯」がある[17]。

このうち前者の行政過程は、古典的な学説が「手続」[18]と呼んできた法概念に相当する。例えば宮澤博士は、争訟、選挙、法律の制定及び土地収用を「手続」の典型としていた[19](土地収用法(昭二六法二一九)の立案関係者も、「人的権利剥奪の手続の適例は、刑事訴訟手続であるが、収用は、物的権利剥奪の典型的事例である」[20]と述べていた。)。

これに対し、後者の行政過程は、結局のところ「事実概念」[21]の域を出るものでないように思われる。高知古ビニール・広島環境衛生センター両判決における各行為の継起は、法令上何ら予定されたものでないからである。そこでは、各行為の違法性というより、政策の企画立案・実施それ自体の当否が判断されているようにもみえる。[22]よって、本章では藤田判事の「行政過程論」批判のうち、主として統一的な根拠法令を有する行政過程に向けられたもの[23]に焦点を当ててみたい。

(2)　藤田判事の「行政過程論」批判の骨子は、次の二点からなっている。

第一の批判は、個々の行為が行政過程全体に埋没してしまうことの危険性に向けられる。行政過程の総合的な考察は、「〃全体としての過程〃の名において、個々の行為の適法性コントロールを否定する論理としても亦用いられ得る」からである。このような危険性に対して藤田判事は、行政過程の分析的考察によって得られる「抑制的機能」を再評価すべきことを力説した。一方、第二の批判は、個人の自由が団体の意思決定に埋没してしまうことの危険性に向けられる。このような危険性に対して藤田判事は、「民主的決定手続・集団的決定権力に対してすら対抗する自由」を確保することの必要性を強調した。[24]

このうち第一点は、あらゆる行政過程に向けられた批判であるが、[25]第二点は、主として多数の者が参加する行政過程に向けられた批判といえる。もっとも、両者は、行政過程全体における個々の行為の独立性が団体における個人の独立性の支柱となるというかたちで、連動して解決されるべき問題のようにもみえる。「統合のされ方についての形式的なルール、すなわちチェックの方式が明確にされていること」の前提には、「チェックの手掛かり」として、各行為の独立性を明確にしておくことが欠かせないからである。[26]

(二)　「手続」の存在理由

(1)　藤田判事の「行政過程論」批判の第一点——行政過程全体における個々の行為の独立性——の意義を正確に

把握するためには、そもそも国家作用を段階的に分節して「手続」（前述）を設けることの意義それ自体を問いなおすことから始めねばならない。明治三二年の宗教法案が貴族院で否決される寸前、同僚議員の翻意を求めて穂積八束博士が行った演説は、この点につき重要な示唆を与えてくれる。

「言論ノ自由デアレ、出版ノ自由デアレ、所有権ハ侵スベカラザルコトデアレ、総テ臣民ノ自由権利ヲ担保シマスルコトニ附キマシテハソレゾレ法律ガ出来テ憲法ノ宣言ヲ執行スル手続ニナッテ居リマス、然ルニ最モ此精神界ニ於テ大切デアル所ノ信教ノ自由ニ附イテハ憲法ニ其宣言アルノミニシテ未ダ我々ガ依ッテ以テ我々ノ自由ヲ保障シテ貰ハウト思フ所ノ憲法施行ノ法律ガマダ出来テ居ラヌ……、唯憲法ニ書イテアルカラト云フダケデハ議論ニナッテシマッテ、手続ガ足リナイノデアリマス、此自由ヲ担保スル所ノ法律ガアリマスレバ其法律ニ依ッテ……之ヲ訴ヘテ実行スル手続モアリマセウ、……信教ノ自由ヲ担保スル一ツノ……堤防トシテ宗教法ヲ一ツ設ケテ貰ハナケレバ不安心デゴザイマス(27)」。

ここでは、「手続」の存在理由が、憲法の謳う価値を享受しようとする私人の自由な行態を社会において可能な限り保障すべく、国家をしてきめ細かな調整活動に当たらせるための規矩準縄を明示する点に求められている。この規矩準縄は（私人だけでなく国家自身も拘束するという意味で）二面拘束（zweiseitige Bindung）的であり、これがあることによって国家と私人は、茫漠とした理念でなく、限界の画された措置をめぐって、互いの見解の喰違いに決着を付けることができるのである。

穂積博士が想定していた国家による調整活動は、決して個人に対する侵害作用にとどまるものでない。現に宗教法案では、規制・給付を始めとする多彩な手法が複合的に組み合わされており、それは個人だけでなく、団体・個人間及び団体相互間の関係をも対象としていた。この意味で同法案は、既存の「憲法施行ノ法律」——集会及政社法（明二六法一四）、出版法（明二六法一五）及び（旧々）土地収用法（明二二法一九）——と比べ、格段に複雑な「手続」を提供しようとするものであった。

(2)　これに対し、藤田判事の「三段階構造モデル」（法律↓行政行為↓強制行為）は、穂積博士の多種多様な「手続」を、個人に対する侵害作用を中心とする「手続」に純化したものということができよう。「三段階構造モデル」の骨子は、第一段階の法律により、第二段階の行政行為を第三段階の強制行為に先行させるかたちで分離しておく点にある。(28)ここでの「手続」の存在理由は、何よりも早期の権利主張を可能とする点に求められる。

このような早期の権利主張可能性という論理を一歩進めれば、行政行為の要件が複数あり、その一部が他の前提となっている場合に、当該行政行為を先行・後行両行為に分割するという発想に至ることは、決して不自然でない。つまり、第二段階と第三段階の分節に続く、第二段階のうちでの再分節・再々分節である。

杉本良吉判事によると、そのような再分節・再々分節は、わが法制上も漸増傾向にあるという。

「たとえば農地買収処分〔自作農創設特別措置法（昭二一法四三）九条一項〕なんかでも本来ならば県知事が買収処分という行為をいきなりやってもいいのですが、それを手続段階において、〔農地買収計画についての〕異議〔申立〕の制度〔同法七条一項〕を認めるといったように次第に国民の権利救済思想の発展とともに分化してきたわけですね。税法でも元来は、賦課徴収という納税通知から始まるような、そういう課税の方式であったのですが……酒税について賦課徴収を基本的としながら、その課税標準〔数量〕の決定を通知するという制度〔酒税法（昭二八法六）二五条〕にまで発達し、さらにその段階を経て現行の所得税法や法人税法のように、その課税標準の決定そのものについても争うことができるというような方式に、だんだんと進化し、分化したにすぎないのではないか」(29)

早期の権利主張可能性という論理をさらに徹底すれば、第二段階の再分節・再々分節によって増架される先行行為が狭義の行政行為といえない場合であっても、その抗告訴訟対象性を肯定すべきであるという立場に行き着く。(30)

例えば田中真次判事（元行政裁判所評定官）曰く、

「法律効果は発生しないけれども、国の意思決定というものがそこに現れている、そういうものについては、やはり争わしめてもいいような気もする。例えば〔農地〕売渡計画〔自作農創設特別措置法一八条一項〕のようなものについて。」「全体の手続として最終的にしか法律効果を生じないけれども、全体として法律効果を生ずるような、そういう行為の一番の着手であって、外部的にはっきりと表示されている場合、これを捉えてきてもいいように考えられる。」「それ〔＝訴えの利益〕は、全体としての売渡手続のために将来、権利を侵害され、不利益を受けるということです」[31]

(3)　病床削減勧告判決[32]の藤田補足意見（「今日、行政主体と国民との相互関係は……一方で、行政指導その他、行政行為としての性質を持たない数多くの行為が、普遍的かつ恒常的に重要な機能を果たしていると共に……これらの行為が相互に組み合わせられることによって、一つのメカニズム（仕組み）が作り上げられ、このメカニズムの中において、各行為が、その一つ一つを見たのでは把握し切れない、新たな意味と機能を持つようになっている」）は、一見すると、「行政過程論」そのものであるかのようにみえる。

しかしながら、同補足意見は、「行政過程論」どころか、ほかならぬ「三段階構造モデル」の延長線上に位置付けられるべきものである。ここでいう「メカニズム」は、行政過程全体の総合的統制でなく、あくまでも分析的統制を支える論拠とされているからである。そうすると、病床削減勧告が行政行為でないこと[33]を理由に、病院開設許可・保険医療機関指定という一連の「手続」を度外視して、アモルフな公法上の当事者訴訟を推奨することは、およそ同補足意見と親和的でないといえよう。

他方、小田急判決[34]の藤田補足意見（「行政上のあるプロジェクトないしスキームが複数の異なった法行為によって構築されている場合、これらの個々の行為が全体としてのプロジェクトとの関係において果たしている機能と切り離して個別的にのみこれを考察し、行政救済法上においても専らそのような取扱いしかしない、という法解釈が、常に妥当であるかどうかについては、確かに問題が無いわけではない。しかし、一般的に言えば、法的にそのような分節がなされているのは、まさに、立法者がそれを選択した結果に他ならないのである」）は、一見すると、病床削減勧告判決の補足意見に反するように映らなくもない。

しかしながら、病床削減勧告判決と小田急判決とでは、問題状況を全く異にしている点に注意しなければならない。後者では、遠藤博士が余目出店妨害判決について提唱したような、複数の「手続」を連結することの是非が問われているからである（但し、余目判決が通時的な連結であったのに対し、小田急判決では共時的な連結が問題となっている。）。そして、藤田判事は、あくまでも「行政過程論」に対する謙抑的な姿勢を崩しておらず、分析的統制を志向する点では一貫しているのである。(35)

(三)　司法過程モデル

(1)　「手続」の存在から早期の権利主張可能性という論理を導くことは、実は諸刃の剣でもある。というのも、病床削減勧告判決の藤田補足意見が指摘したとおり、「手続」の存在からは、同時に、早期の権利喪失可能性という対抗論理もまた導かれるからである。仮に、全段階の行為が相まって単一の行政過程をなすことを理由に、先段階の行為の違法を後段階になっても累積的に争いうると解するならば、「手続」は分節されればされるほど、等比級数的に不安定化してしまう。そのような代償を払ってまで、二重三重の権利主張の機会を与えるべく「手続」が設けられたとは、いかにも考えがたいのである。

早期の権利喪失可能性という対抗論理の原型は、民事訴訟手続に見出される。そこでは、異議権（責問権）の喪失を理由とする訴訟行為の瑕疵の治癒が、広汎に認められる（（旧）民事訴訟法一四一条（大一五法六一）・民事訴訟法九〇条）。(36)それは「〝全体としての過程〟の名において、個々の行為の適法性コントロールを否定」（前述）まではしないものの、制限する論理であることは疑いない。しかしながら、公開された当事者対立構造の下、いったんは分析的統制の機会が確保されていたわけであるから、異とするには足りないであろう。

(2)　むしろ藤田判事の批判は、早期の権利主張可能性という論理を貫徹していないにもかかわらず、早期の権利喪失可能性という対抗論理のみを持ち出す「手続」に向けられる。その典型は、土地収用法の下での土地収用手続である。そこでは、「国土交通大臣又は都道府県知事は、事業の認定又は収用委員会の裁決についての審査請求があつた場合において、事業の認定又は裁決に至るまでの手続その他の行為に関して違法があつても、それが軽微なものであつて事業の認定又は裁決に影響を及ぼすおそれがないと認めるときは、裁決をもつて当該審査請求を棄却することができる」（一三一条二項（もと一三〇条六項））とされている。立案関係者によると、このような瑕疵の治癒は、選挙の結果に異動を及ぼすおそれのない規定違反を選挙の無効原因としない公職選挙法二〇五条（後述）及び判決に影響を及ぼすことが明らかでない法令違反を相対的上告理由としない刑事訴訟法三七九条(37)に倣ったものという(38)。

しかしながら、土地収用手続をこれらの手続になぞらえうるだけの同質性が三者間に存するかは、疑問といわざるをえない。そもそも選挙の管理執行手続は、極めて特異な「手続」である（後述）。また、刑事訴訟手続は、いうまでもなく公開された当事者対立構造をとっており、そこで判決に影響しない瑕疵と評価されるのは、概して異議権の喪失と同視しうる場合のように見受けられる(39)。これに対し土地収用手続では、当事者対立構造がとられているのは収用裁決手続だけであり、そこですら、土地所有者が異議権を行使することができるかは、必ずしも定かでないのである。

そうすると、現に収用適格事業の用に供されている土地（土地収用法四条）を収用する場合に必要とされるその管理者の意見（同法一八条二項三号（現四号））を求めないでされた事業認定につき、瑕疵が治癒されるとした裁判例(40)などは、とりわけ藤田判事の批判を免れないように思われる。「手続」の安定に関する一般論（「手続の全体過程の中ではその手続違背が結果的にみて実質上軽微なもので全体としての手続をくつがえす必要のない場合もある」）を謳うのみで、早期の権利喪失を正統化するだけの立法上の手当（事業認定の申請があった段階で簡易な不服申立てを認めること等）が施されていない点を、何ら顧慮していないからである。

この点に鑑みると、収用裁決手続以前における瑕疵の治癒は、原則として、土地・物件調書に対する異議（同法三六条三項）のような、適時の権利主張の機会が保障されている場合に限って認めるべきである(41)。また、収用裁決手続における瑕疵の治癒は、土地所有者が異議権を行使することができるという解釈をとるのでなければ、認めるべきでない。

(3)　土地収用法とは逆に、早期の権利主張可能性を拡張しつつ、「手続」の安定化を図った立法例として、国税徴収法（昭三四法一四七）の下での滞納処分手続を挙げることができる。（旧）国税徴収法（明三〇法二一）の下では、督促漏れや超過差押といった「手続」の初期段階の瑕疵を即時に是正させる手段を欠いていたため、これらの瑕疵が最終段階に位置する公売処分の取消原因にもなると解されていた(42)。

そこで国税徴収法は、督促・差押自体に対する再調査の請求の途を開く(43)一方、それぞれ差押通知から一月後まで・公売期日までという短期の期限を区切ったのである（一七一条一項）。これにより、差押の時点で督促漏れを争わなかった者のために公売処分が覆されたり(44)、超過差押（超過公売とは自ずから程度差がある。）を理由に公売処分が覆されるといった不合理を回避することが可能となった。また、不服申立て制度の拡充のみならず、第二次納税義務者に対する督促制度（同法三二条二項）の整備といった「手続」の副次的な分節も進められた(45)。

本章では、同法の下での滞納処分手続のように、民刑事訴訟手続をモデルとして、（当事者対立構造まではとらなくとも）行政過程の各段階における分析的統制の機会が保障されている限度で「手続」を安定化させるという思考形式を、司法過程モデルと名付けておきたい。

(四)　政治過程モデル

(1)　もっとも、多種多様な行政過程の一切を司法過程モデルに則って立法的に整備してゆくことには、自ずと限界がある。司法過程モデルは、「三段階構造モデル」という、個人に対する侵害作用を中心として理念型化された「手続」を、その発生基盤としているからである。租税賦課手続、滞納処分手続及び土地収用手続のうちの収用裁決手続は、その典型であった。

司法過程モデルは、その本来の当事者以外の者を参加させざるをえない場合、それらの者を「手続」の根幹から切り離すことによって、特定の者を当事者とする「手続」としての純度を保つ戦略をとってきた。例えば滞納処分手続では、誤って財産を差し押さえられた第三者に差押換請求（国税徴収法五〇条一項）を認めたり、抵当権者が差押通知（同五五条）漏れを理由として提起した公売処分取消訴訟につき、「手続」の全部でなく換価代金の充当・配当のみの取消しを求める訴えと解したり、といった具合である。[46]

しかしながら、特定の者を当事者とする「手続」にそれ以外の者が参加すればするほど、これを副次的に分節することは困難となり、その構造自体が変質せざるをえない。藤田判事の「行政過程論」批判の第二点が浮上するのも、多数の者が参加する「手続」においてであった。そのような「手続」では、同判事の「行政過程論」批判の第一点の意義は、第二点の意義と併せて考察されねばならない。この作業を行うためには、当然ながら司法過程モデルとは異なる思考形式を探究する必要があろう。

そこで、極めて多数の者が参加するため、もはや特定の当事者を観念することすらできない「手続」を取り上げて、そこにどのような思考形式が凝縮されているかを検討してみることとしたい。すなわち、選挙の管理執行手続である。

(2)　選挙の管理執行手続では、期日の告示、立候補の届出の不受理といった「手続」中の各行為に対する取消訴訟は認められず[47]、行政過程全体に対する総合的統制である選挙無効訴訟のみが認められている。[48] そこでは、「選挙の結果に異動を及ぼす虞」のある規定違反でない限り、選挙の無効原因とはされない（公職選挙法二〇五条）。[49] つまり、早期の権利主張可能性という論理が否定されているにもかかわらず、早期の権利喪失可能性という対抗論理のみが肯定されている。このように選挙の管理執行手続では、司法過程モデルと対極に位置する思考形式が支配しているのである。

最高裁は、ここで行政過程の各段階における分析的統制が排除される論拠を、もっぱら同条という制定法に求めている。しかしながら、本章ではむしろ、その前提にある思考形式そのものを問題としてみたい[50]。

宮澤博士によると、選挙とは「選挙人団という一の合議機関が他の国家機関たる議員を選定する行為[51]」である。それは、内閣総理大臣の指名、国務大臣の任命等と、性質において変わるところはない。選挙の方法としては、投票に限らず、喝采等もありうる。

公職選挙法の下では、選挙は「投票により行う」（三五条）が、無投票当選（一〇〇条）には、喝采の名残りが見出される。法定得票数に達しない可能性が残るにもかかわらず、「手続」自体が打ち切られるからである。その根柢には「手続」経済というよりむしろ、喝采は「手続」に従属しないという発想があるように思われる。この点でも、選挙の管理執行手続は、当事者の一方が欠席しても続行される訴訟手続――そこでは判決が「手続」の産物としか観念されない――とは極めて対照的であるといえよう。

選挙を投票により行う場合、「各選挙人が一定の方法においてその意思を表示し、それら多数の意思にもとづいて一の新なる意思が構成されて、それが法律上その選挙人団の意思とせられねばならぬ[52]」（宮澤博士）。このため、「法は……手続について厳格な定めを設け、所定の手続により、選挙人が表明した意思が確定されることとして……いる[53]」。

ところが、この場合でも、選挙自体の性質は、喝采により行う場合と異ならない。すなわち、「選挙の結果」（「開票会、選挙会の投票の効力決定、当選決定以前に投票によって客観的に定まっている当落[54]」）については、いかなる実体法も存在しない。選挙法は個々の選挙人の投票に対するいかなる命法も含まず、ただ管理執行機関が行う行為（これは選挙自体とは別物である。）を定めているにすぎないからである。

このように、選挙法の趣旨は représentation の尊重にあるため[55]、選挙法を実現する選挙無効争訟もまた、選挙過程全体を再構成する意図をもちえない。(56) 選挙無効争訟は、もとより主観的権利（〃選挙権〃）を保護する訴訟でないが、「客観法の保護」(57)を目的とするわけでもない。客観法が保護されるのは、あくまでも représentation の保護に反しない限りにおいてである。手続規定の遵守が自己目的化され、représentation が阻害されてしまうようでは、本末顚倒というほかないからである。(58)

要するに、選挙の管理執行手続において、行政過程の各段階における分析的統制――フランスの公法学者がいう分離可能性（détachabilité）――が排除されるのは、他の行政分野における「手続」と異なり、(59) 法内在的な理由によるものでない。(60) ここでそのような分析的統制を認めると、représentation が四分五裂となり、政治過程が歪められてしまうからである。(61)

(3)　選挙に続く政治過程である議会の議事手続(62)でも、我々は全く同じ思考形式を見出すことができる。すなわち、開議の宣告、日程の順序変更・追加の発議・動議、議題の宣告、発言の許可、表決、散会の宣告といった各行為に対する分析的統制が排除される代わりに、議決取消裁定（市制（明四四法六八）九〇条二項等・地方自治法一七六条六項）(63)という行政過程全体の総合的統制が設けられており、(64) そこでは広汎な瑕疵の治癒が認められている。

すなわち美濃部博士によると、「議決が違法である場合でも、若し其の違法なることが、単に手続の末節に止まり……仮令正式の手続を以て議決したとしても異なった結果を生ずべきことが推測せられ得ないような場合には、之を取消すべき何等の公益上の必要」もない。例えば議員でない者に招集状を発した場合も、実際の出席がなければ議決の効力に何らの影響も及ぼさないため取り消す理由はないし、「仮令予告期間を隔てなくとも、大多数の議員が出席して満場一致を以つて議決したような場合で、成規の期間を隔て丶再び議決し直したとしても、異つた結果を得ることの想像せられ得ない場合であれば、之を取消すべき理由」はない。(65) その論拠は、選挙の管理執行手続と同じく、会議規則が représentation を尊重している点に求められよう。

本章では、選挙の管理執行手続等のように、政治過程を本体とする行政過程において、各段階における分析的統制を認めない代わりに、représentation の尊重に反しない限度で行政過程全体の総合的統制を認めることにより、「手続」の安定を図るという思考形式を、政治過程モデルと名付けておきたい。

(4)　政治過程モデルは、それが国会・地方議会レヴェルの選挙の管理執行手続及び議事手続――「三段階構造モデル」の第一段階――に定位している限り、司法過程モデルと両立しえないものでない。それどころか、むしろ司法過程モデルの土台を提供するものですらある。というのも、第二段階における国家と私人の〝対峙〟を基調とする侵害行政は、第一段階における治者と被治者の〝一致〟を基調とする représentation に裏付けられて初めて、正統化されるからである。換言すれば、政治過程モデルに則る第一段階なくして、司法過程モデルに則る第二段階もまたありえない。

このように、「三段階構造モデル」の第一段階は、スメントのいう〈統合〉にほかならないが、それは、何人も国民・住民として参加する点で始原的かつ普遍的であり、他のいかなる〈統合〉現象からも際立っている[66]。従って、藤田判事の「行政過程論」批判は、〈統合〉にまつわるあらゆる法現象を排斥するものではなく、主として、国による国民の〈統合〉・地方公共団体による住民の〈統合〉以外の〈統合〉現象を問題視しているとみるべきであろう。

そのような〈統合〉現象としてまず念頭に浮かぶのは、国・地方公共団体でないにもかかわらず、行政作用を行う〝中間団体〟である。それは、古典的な学説が「公共組合」と呼んできた法概念に相当する。公共組合では、「三段階構造モデル」の第二段階が第一段階から分離されていないため、〝行政官による法の支配〟という事態（前述）が現実化する危険性が高いといわねばならない。

わが国の法制上、公共組合の双璧をなすのは、公用換地行政過程における土地区画整理組合と社会保険行政過程における健康保険組合である。とはいえ、〈統合〉にまつわる法現象は、両組合が直接登場しない公用換地・社会保険行政過程にもみられるほか、私保険監督行政過程等にも散見される。そこで以下、これらの行政過程による〈統合〉又は〈統合〉類似の法現象を、司法過程モデルから政治過程モデルへと至るスペクトル上に位置付けるという作業に取り組んでみたい。これにより、藤田判事の「行政過程論」批判の第一点及び第二点の意義もまた浮彫りになると考えられるからである。

(6) 遠藤博也「複数当事者の行政行為―行政過程論の試み」(昭四四)『行政過程論・計画行政法』(信山社)三三頁(傍点引用者)。これは、「マクロのプロセスを視野にいれなければ、行政法現象を全体として把握したことにはならないし、個別の法行為の効果を正しく判定することはできないのではないか」(塩野宏「行政過程総説」雄川一郎ほか編『現代行政法大系』二巻(有斐閣・昭五九)三頁)という指摘よりも〝急進的〟といえる。

(7) 原田尚彦「行政過程と司法審査」(昭四七)『訴えの利益』(弘文堂)一八一頁。「行政行為は結果であり、衣であって……具体的な行政過程における利害の対立やその構造の分析などが問題とならなければならない」(遠藤博也「行政過程論の意義」(昭五二)前註(6)一三三頁)。

(8) 藤田宙靖『行政法Ⅰ(総論)』初版(青林書院・昭五五)一〇五頁。

(9) 最判昭五〇・五・二九民集二九巻六号六六二頁。

(10) 遠藤博也『計画行政法』(有斐閣・昭五一)四〇頁。

(11) 園部逸夫「行政手続」雄川一郎ほか編『岩波講座現代の法(四)現代の行政』(岩波書店・昭四一)九六頁も、「行政過程」を「行為の連環」と定義していた。

(12) 最判昭五三・五・二六民集三二巻三号六八九頁。本書第九章三七〇頁参照。

(13) 同判決では、「異種複数の行政権限が組み合わせられた全体の過程が正常性を欠き違法とされている」という(遠藤博也『行政法スケッチ』(有斐閣・昭六二)八五頁)。

(14) 高知地判昭四九・五・二三判時七四二号三〇頁。

(15) 同判決は、「具体的問題と法令の目的から出発して関係行政諸法令を総合的にとらえている」と評価されている（遠藤・前註(10)一九六頁）。
(16) 広島地判昭四六・五・二〇判時六三一号二四頁。
(17) 同判決は、余目出店妨害判決と並んで、「全体としての過程の正常化を問題とする」ものと位置付けられている（参照、遠藤・前註(10)一四五頁）。
(18) 「国家作用はしばしば手続の形式でなされる。手続とは多数の法行為の体系的綜合によつて成立する法行為形式をいふ」（宮澤俊義『行政争訟法』（日本評論社・昭一一）一頁（原文康煕体。以下同じ））。「手続の法律的概念としては、或る目的を追求する一連の多数の法行為の体系的な綜合から成る法行為の形式と考えることができる」（雄川一郎『行政争訟法』（有斐閣・昭三二）一頁）。
(19) 参照、宮澤・前註(18)一頁。
(20) 高田賢造＝国宗正義『土地収用法』（日本評論新社・昭二八）三〇頁。
(21) 兼子仁「現代行政法における行政行為の三区分」田中古稀『公法の課題』上巻（有斐閣・昭五一）三〇三頁。
(22) 遠藤博士は、大田ごみ焼却場判決（最判昭三九・一〇・二九民集一八巻八号一八〇九頁）が「ごみ焼却場の設置に関する……一連の行為」（一審判決）の抗告訴訟対象性を否定したことには、特に異論を唱えていない。仮にこれを肯定すれば、国家賠償請求（高知古ビニール判決）及び人格権に基づく差止請求（広島環境衛生センター判決）とは比べものにならないほど明瞭に、政策の当否を問うこととなってしまうからであろう。
(23) 前註(8)の批判は、主として統一的な根拠法令を有しない行政過程に向けられたものであろう。
(24) 参照、藤田・前註(4)四一二頁。
(25) 藤田判事は、課税処分手続（最判昭四九・四・二五民集二八巻三号四〇五頁）を例示している（藤田・前註(4)四一四頁註10）。
(26) 藤田・前註(8)一〇六頁・一〇七頁。
(27) 一四・貴・二七号（明三三・二・一七）五九六頁〔穂積八束〕（傍点引用者。繰返し記号を慣用のものに改めた）。
(28) 藤田・前註(8)二一七頁註1。
(29) 租税法研究会編『租税徴収法研究』上巻（有斐閣・昭三四）一九八頁〔杉本良吉〕。

(30) もっとも、「手続」中の行為であって狭義の行政行為でないものに、どこまで抗告訴訟対象性が肯定されるかは、未解決の問題である〔参照、渡部吉隆〔園部逸夫補訂〕『行政訴訟の法理論』(一粒社・平一〇) 八六〜八七頁〕。民事訴訟手続でも、あらゆる行為に抗告対象性が肯定されるわけではない〔参照、志水義文「抗告のできる裁判の限界」小室＝小山還暦『裁判と上訴』下巻〔有斐閣・昭五五〕九五頁〕。

(31) 塩野宏編『日本立法資料全集(五) 行政事件訴訟法(一)』(信山社・平四) 一六三頁〔田中真次〕。

(32) 最判平一七・一〇・二五判時一九二〇号三二頁。

(33) 法定行政指導は、それが法定されていること自体によって、法定外行政指導と異なる性質を有する点にも、注意しなければならない。陸上交通事業調整法(昭一三法七一)二条二項及び(旧)保険業法(昭一四法四一)九九条は、その最初の立法例であるが、それぞれ「斡旋的ナ行為」「一ツノ行政行為ニ属スルモノ」(衆・陸上交通事業調整法案委四回〔昭一三・三・一〇〕二〇頁〔鈴木清秀政府委員〕)及び「一種ノ行政処分」「唯注意ヲ促スダケノ効果ヲ生ズルモノ」(七四・衆・保険業法改正法律案委三回〔昭一四・三・一〕五頁〔牧楢雄政府委員〕)と説明されており、決して法的に〝無〟であるとは捉えられていなかった。

(34) 最大判平一七・一二・七民集五九巻一〇号二六四五頁。

(35) なお、複数の「手続」の連結を利用した私人の不法行為に関する稚内出店妨害判決(最判平一九・三・二〇判タ一二三九号一〇八頁。藤田裁判長)は、小田急判決の補足意見とは矛盾しない。行政作用が適法か否かの問題は、圏外におかれているからである(本書第九章三七五頁註(9)参照)。

(36) 参照、三ヶ月章「責問権」菊井維大編『民事訴訟法(法律学演習講座)』上巻(青林書院・昭三〇)一九八頁以下。大正一五年改正前にも、判例により認められていたという。

(37) (旧)刑事訴訟法(大一一法七五)四一一条。

(38) 参照、高田＝国宗・前註(20)三五八頁。

(39) 例えば最判昭二七・五・一三刑集六巻五号七四四頁と最判昭二八・一〇・三〇刑集七巻一〇号二〇二九頁及び最決昭三〇・一一・一八刑集九巻一二号二四六〇頁とを対比されたい。

(40) 同号の規定は、「事業の認定……の内容を適正、妥当ならしめるための資料としようとの趣旨に出でたものであつて右土地の所有者の私権の保護等利害関係人の立場を保護するためのものではな」く、その違背は「軽微な瑕疵」である一方、「今次事業の公益性は従前事業の公益性に比して著しく勝るものがあることが明らかであつて原告の前記意見書の添附がなかつたことが本件事業の認定に影響をおよぼすものとは到底考えることができない」（名古屋地判昭四六・四・三〇行集二四巻一＝二号三〇頁）。

(41) 立案者が参考とした二つの行政裁判所判決（参照、高田＝国宗・前註(20)三五八頁）は、別に救済手段のある事業準備手続の違法や、土地物件調書作成につき借地権者の立会を求めなかったという土地所有者に関係のない違法に関する事例である。権利主張の機会なくして権利を喪失させることを是認した例ではない。

(42)「滞納処分の手続がどちらかというと民訴〔現・民事執行法〕ほど段階的になっていない。……異議申立にしても、最初の差押が違法である、あるいはその前の督促が違法であるということが最後まで承継されて公売の段階で一度に処理されるというような、どっちかというと動的な段階が十分に生かされないような制度が片方にある。しかも差押をしていって、それから公売処分に至るという段階で……〔財産価格の〕評価とか手続が進行していくわけです。従って内容的な面は、最初の段階からだんだん精密になって最後に至るという技術的の制約が、最初の段階にどうしても残る。しかもそれを是正する方法は各段階の違法が一まとめになって、最後の段階の違法として処理されるということになる。そこでもしこれが各段階ごとにきちんきちんと切られていくということになれば、各段階ごとに相当な精密な評価もし、違法をできるだけさばいていくということが必要になるわけですが、その辺の内容と形式が必ずしも整備されていない」（租税法研究会編・前註(29)下巻六三一頁〔吉国二郎〕）。

(43) 立案過程につき参照、三ヶ月章＝加藤一郎監修『日本立法資料全集一五二国税徴収法〔昭和改正編〕(二)』（信山社・平一四）三〇四頁〔雄川一郎幹事〕。再調査の請求は、（旧）行政不服審査法の下では、異議申立てと呼ばれていた。

(44) 参照、三ヶ月＝加藤監修・前註(43)一〇六頁〔香川保一幹事〕。

(45) なお、滞納処分手続のうち公売処分手続では、土地収用法一三〇条六項（前述）に倣った規定が新設されている（国税徴収法一七三条一項一号）。しかしながら、売却決定に先立つ公売公告及び最高価申込者の決定に対する不服申立ての途が開かれている上、不動産については不服申立てに手続の続行停止効まで認められているため、両者を同列に論ずべきではない。

(46) 租税法研究会編・前註(29)上巻一一七頁〔桃井直造〕。

(47) 参照、最判昭三二・三・一九民集一一巻三号五二七頁及び最判昭三八・九・二六民集一七巻八号一〇六〇頁。併せて参照、田中真次『選挙関係争訟の研究』（日本評論社・昭四二）一四〜一六頁。

(48)「選挙というのは選挙期日の指定、選挙人名簿の確定、候補者の届出、投票用紙の調製、各選挙人の投票及び其の管理、投票の結果の審査、当選人の決定等の数多の行為を包括する集合的行為……換言すれば選挙の管理執行に関する一連の行為を総称する観念である、選挙訴訟はこの意味における選挙の効力に関する争訟であるから争の目的となるものは……集合的行為としての選挙の全体の効力である」（最判昭二三・六・二六民集二巻七号一五九頁）。これは、美濃部達吉『選挙争訟及び当選争訟の研究』（弘文堂・昭一二）六二〜六三頁に依拠したものであろう。

(49)　この規定は、亀井英三郎『選挙原理』（博文館・明二三）一六四頁の見解を明文化した（旧）衆議院議員選挙法（明三三法七三）八一条一項に遡る。

(50)　選挙の効力を速やかに確定する必要性（参照、田上穣治「選挙に関する訴訟と抗告訴訟」自治研究二八巻三号（昭二七）一〇頁）は、分析的統制を排除する論拠にはならない。各行為に対する取消訴訟を迅速に審理すれば済むからである（参照、木佐茂男「選挙訴訟と抗告訴訟」自治実務セミナー二二巻四号（昭五八）四九頁。但し、公職選挙法二一三条に定める以上の迅速さが要求されることになる。）。

(51)　宮澤俊義『選挙法要理』（一元社・昭五）三頁。

(52)　宮澤・前註(51)一一二頁。

(53)　最判平一三・一二・一八民集五五巻七号一八二三頁。

(54)　最高裁判所事務総局編『行政事件訴訟十年史』（法曹会・昭三六）三八七頁。

(55)　V., A. et F. Demichel, Droit électoral (1973), pp.13-14. フランスの近時の判例法につき参照、橋本博之『行政訴訟改革』（有斐閣・平一三）九八〜九九頁。

(56)　V., F. Delpérée, Le contentieux électoral (1998), p.120. 併せて参照、最判・前註(53)。

(57)　H. Lang, Subjektiver Rechtsschutz im Wahlprüfungsverfahren (1997), S.22.

(58)　選挙が法定の期日より遅れて施行された場合も、無効原因とはならない（参照、大林勝臣＝土居利忠『逐条解説公職選挙法』改訂新版（政経書院・昭三八）一一三一頁）。なお、国・公共団体以外における選挙であるが、水産業協同組合の役員の定数を変更する議決の認可前に行われた選挙も、認可があれば有効となるという通達がある（参照、漁協組織研究会『水協法・漁業法の解説』（漁協経営センター・平一八）二一六〜二一七頁）。

(59)　V., J. Salomon, Les opérations préparant les élections devant le juge de l'excès de pouvoir, RDP (1957), p.620 et p.661.「統治行

為」「並行訴訟の抗弁」等によっても説明が付かないため、フランスでは「選挙手続及びその準備行為のみならず、国政選挙の組織と運営を定めるあらゆる行為を一塊とする」管轄ブロック（bloc de compétence）理論が唱えられている（V., J. P. Charnay, Le contrôle de la régularité des élections parlementaires（1964）, pp.129-130 et R. Ghevontian, Un labyrinthe juridique. Le contentieux des actes préparatoires en matière d'élections politiques, RFDA（1994）, pp.815-816）。

（60）　他方、管理執行手続が全体として有効であれば「選挙の結果」は存在するのであり、選挙会による当選人決定がこれを誤って認識した場合、実体的瑕疵を帯びるものとして分析的統制の対象となる（当選無効争訟）。選挙無効争訟と当選無効争訟の区別は「選挙の瑕疵にも、そのために投票の手続からやり直すのでなければとうてい正しい選挙の結果が得られないと考えられるものと、当選決定を更正するだけでその結果を維持できると認めうるものとがあることと対応するものと考えられる」（最高裁判所事務総局編・前註(54)三八二頁）。

（61）　選挙の「逆」というべき解職請求手続についても、分析的統制を拒む判例が確立している（最判昭二六・二・二〇民集五巻三号九四頁）。

（62）　「一定の事案についての意思形成を目的として、多数の議員が協同して系統的かつ段階的に行う行為の連続が議事であり、個別的な議員の行為は、すべて連続性がなければならぬから議事は手続なのである」（松澤浩一『議会法』（ぎょうせい・昭六二）四四九頁）。

（63）　現行法では、議決取消裁定の申立適格は、長に限られている（地方自治法一七六条五項）。しかしながら、「案の公示↓変更請求↓変更請求書を添えた議案提出↓公聴会↓議決」からなる町名変更手続（住居表示に関する法律五条の二（昭四二法一三三））については、申立適格を当該町の区域住民にも拡張するような立法的手当が望まれる。原田教授は「町名決定の手続の適正と民主性を事後的に審査」する行政訴訟を「非民主的な過程で成立した行政決定をいったん取消して、これを本来の民主的なルートに乗せることを目的とするもの」と位置付ける（原田・前註(7)一八七頁・一八九頁）が、そのような訴えは、議決取消しの申立てに対する棄却裁定の取消訴訟（地方自治法一七六条七項）として整備されるべきであろう。

（64）　国会でも、衆議院議長は、違法な開会・再開に基づく委員会の議事・議決を無効と裁定することができる（衆議院事務局『衆議院先例集』（国立印刷局・平一五）一六一～一六二頁）。

（65）　美濃部達吉『評釈公法判例大系』上巻（有斐閣・昭八）一七三頁・二九四頁・二九八頁。

(66) 但し、このように〝透明〟な〈統合〉に基づく限り、いかなる私権侵害も受忍しなければならないかは、別途検討されるべき問題である（後述）。

三 〝対峙〟と〝一致〟

（一） 公用換地行政過程による〈統合〉

(1) 公共組合は、組合員という行政客体から構成される行政主体である。組合の組合員に対する、私権の侵害を伴う行政行為（及びその前提となる行為）は、全て総会の議決を経て行われる。土地区画整理組合では、経費賦課処分、（再減歩を伴う換地計画の前提となる）事業計画の変更等（土地区画整理法（昭二九法一一九）三一条六号・一二号（現七号・一三号）等）がこれに当たる。そこでは、経費賦課額・再減歩率の上限は定められておらず、多数決によっても奪われえない組合員の固有権は保障されていない(67)。このため、手続的瑕疵のない議決に基づく限り、私権の際限ない侵害が正統化されることになる。

土地区画整理組合による行政行為が実体法上の限界をもたないのは、公共組合による侵害作用が行政主体と行政客体の〝一致〟に基づく自律的規制とされているからにほかならない。ここでは、通常の「三段階構造モデル」と異なり、政治過程が第二段階に至ってようやく完結するのである。第二段階における行政過程は、いわば政治過程の容れ物にすぎないため、司法過程モデルでなくむしろ政治過程モデルに則ることこそが重要となってくる。このようなかたちで行政過程全体の総合的統制が確保されるのでなければ、公共組合は私権を溶融する〝坩堝〟ともなりかねないからである。

そこで、土地区画整理法を通覧してみると、総会の議事運営に手続的瑕疵がある場合、少数組合員が都道府県知事に対して議決の取消処分をするよう請求することができるという規定（一二五条八項（現七項））が、目にとまる。

しかしながら、この規定を通じた総合的統制の可能性は、本来的に限局されていることに注意しなければならない。というのも、事業計画は総会の招集に先立って決定済みであり、総会はそれを所与とせざるをえないからである。(68)換言すれば、総会の自律的意思決定（役員の選挙、換地計画・仮換地指定等の議決）は、もともと既定路線をひた走る限度で許容されているにすぎない。

(2)　そうすると、ここではむしろ総会の議事手続に先行する組合の設立手続の瑕疵を総合的統制により是正することができるかが、死活的ということになる。ところが、同法施行規則二条四項三号は、定款・事業計画につき地権者の三分の二以上の同意を得たことを証する書類を認可申請書に添付すべき旨を定めているにすぎない。

同意の取りまとめについては、金融商品取引法二七条の五（公開買付けによらない買付けの禁止）のような規定を欠いているどころか、何らの「手続」も設けられていない。このため、同意の有無をめぐっては、しばしば深刻な紛争が惹起される。(69)ところが、土地区画整理法は、役員の解任請求という事業の進捗を滞らせる局面では、逆に厳格な署名収集・投票手続をもって臨んでおり（二七条七・八項）、同じ法律ながら、その姿勢は二面的であるというほかない。組合の設立は、公共団体を組織するという典型的な政治過程であるが、それにもかかわらず、これを組織すべき者の意思を公に確定する「手続」が全く欠けている。ましてや、これを手掛りとする総合的統制が設けられていようはずもない。

同意の取りまとめを法的規律の埒外におくという立法政策は、土地区画整理法の前法である（旧）都市計画法（大八法三六）が準用していた、耕地整理法（明四二法三〇）に端を発する。ところが、その前法である（旧）耕地整理法（明三二法八二）では、整理施行の認可に先立ち、創業総会を招集して設計書・規約を議定するという「手続」が用意されていた(70)（二五条）。この注目すべき「手続」は、そのわずか一〇年後には、煩瑣を理由に廃止されてしまい、(71)やがて忘却の彼方へと消え去ったのである。その約半世紀後、総司令部の慫慂により、（公共組合でないが）農業協同組合の設立準備会（農業協同組合法（昭二二法一三二）五六条・五七条）が設けられることとなったが、日本側の眼には、もはや「妙なもの」としか映らなかったという[72]。

（二）　公用換地行政過程による擬似的〈統合〉

(1)　土地区画整理組合の設立手続では、上記のような不備がみられるとはいえ、設立をめざして他の地権者の同意を取りまとめようとする者の意思自体は、内発的なものでなければならないとされている。つまり、そのような者が現れないにもかかわらず、組合が強制的に設立されることはない。この点、耕地整理法案には創立委員を命じうる旨の規定があり[73]、また、（旧）都市計画法草案には共同施行を命じうる旨の規定があったが[74]、前者は衆議院により削除され[75]、後者も法制局の認めるところとならなかった。行政主体と行政客体の〃一致〃に基づく自律的規制（前述）が他律的に導入されるのは、一種の背理だからであろう。

もっとも、組合が自発的に設立されない場合には、むろん事業の実施が地権者にとって経済合理的でない場合（減歩により換地の総価額が従前地の総価額を下回る場合）もあるが、事業の実施が経済合理的である（減歩によっても換地の総価額が従前地の総価額を上回る）にもかかわらず、何らかの事情（情報の非対称性等）により組合が設立されない場合もありえよう。そこで、後者の場合を想定して設けられたのが、公共団体施行の制度（（旧）都市計画法一三条一項）であった。しかしながら、同制度はもはや行政主体と行政客体の〃一致〃に基づく自律的規制でなく、両者の〃対峙〃に基づく他律的規制にほかならない。この点を踏まえて、（旧）都市計画法施行令が設計書等（現在の事業計画）に対する異議の申出[76]という分析的統制を認めた点は、高い評価に値しよう。

(2)　しかしながら、関東大震災からの復興のため同法の特例を定めた（旧）特別都市計画法（大一二法五三）は、前者の場合（減歩により換地の総価額が従前地の総価額を下回る場合）にも、公共団体施行の制度[77]を活用する方針を打ち出した。組合施行の制度では、「宅地の利用の増進」と見合う限度でしか「公共施設の整備改善」が図られない以上、区画整理それ自体が〝目的〟であるということができたのに対し、ここでの区画整理は、もっぱら「公共施設の整備改善」を図るための〝手段〟へと変貌してしまっている。それは、（旧）土地収用法（当時）の鄭重な「手続」を迂回して、これと同様の帰結を得ようとするものにほかならなかった(78)。

そこで、土地収用手続の潜脱と指弾されないよう、併せて新設されたのが、施行地区内の土地所有者・借地権者から選出される土地区画整理委員会（（旧）特別都市計画法五条）である。池田宏政府委員は、その提案理由を次のように説明している。

「〔組合施行ノ〕土地区画整理ノ場合ニ於キマシテハ固ヨリ設計ナリ換地処分其他清算方法等ハソレゾレ其組合ノ定ムル規約ニ依リマシテ整理イタスコトガ出来ル訳デアリマス、……公共団体ガ施行イタシマスルニ付キマシテ此規約ニ代ルベキモノガ出来マシテ、ソレニ依テ是等ノ最後ノ処分ヲ円満ニ終結セシムルコトガ極メテ緊要デアリマス、即チソレニ応ジマスルガ為ニ土地所有者並ニ借地法ニ謂フ借地権者ヲ以テ土地区画整理委員会ヲ組織セシメマシテ、是ガ恰モ組合ニ代ルベキモノノヤウニ相成リマス、ソレノ意見ヲ徴シマシテ設計ナリ換地処分ナリ或ハ補償金ノ配当等ノ最後ノ処分、清算等ニ関スル事項ヲ是等ノ利害関係者ノ意見ヲ聞イテ決定シテ以テ規約ニ備《ママ》ヘルヤウニシテ行キタイト云フ考デアリマス、左様ニシテ初メテ此区画整理ノ仕事ヲ公共団体……ガヤリマシテモ、恰モ組合ニ依テ施行サレタト同ジヤウナ意味ヲ以テ、所有権者ヲ保護スルコトガ出来ルト思ヒマス」(79)。

この土地区画整理委員会は、戦災復興のため（旧）都市計画法の特例を定めた特別都市計画法（昭二一法一九）にも、踏襲された。同法は、設計に関する事項を同委員会の諮問対象から除外する(80)（一〇条）とともに、過小宅地については、同委員会の意見を聞いた上、換地を交付せずに金銭で清算する不換地処分を新設した（七条一項）。同法の下での同委員会を恒久化したのが、土地区画整理法の下での土地区画整理審議会である(81)。

さて、池田政府委員の説明は、一見すると、わが国の法制に欠如しがちな行政行為の事前手続を拡充させるという先進的な提案に映らなくもない。とはいえ、そこで企図されているのは、公共団体施行の制度につき、組合施行の制度になぞらえた組織を設けることによって、両者の差異を相対化させることであった。すなわち、池田政府委員のいう従前地所有者の「保護」とは、行政主体と行政客体の〝一致〟に基づく自律的規制を指す趣旨と解される。しかしながら、公共団体施行の制度は、行政主体と行政客体の〝対峙〟に基づく他律的規制以外の何物でもないから、もとより両者を同一視することは許されない。よって、同政府委員が提示した〈統合〉現象は、擬似的なもの、虚構であるといわなければならない(82)。

確かに、「特定の土地を換地とする指定は、その土地を従前地として他の土地を換地する指定と表裏をなし、不可分に連鎖している関係にある(83)」という点では、公共団体施行の制度は、組合施行の制度と共通している。しかしながら、それはあくまでも行政客体同士の事実上の結合関係にとどまるのであって、後者の制度だけにみられる行政主体・行政客体の法律上の合一状態とは、厳密に区別されなければならない。

(3)　土地収用手続では、収用する土地の区域及び補償金は、各土地所有者の口頭意見陳述を経て、第三者機関である収用委員会により決定される。ここでの補償は、起業利益とは別建ての権利対価補償である。これに対し、公共団体施行の土地区画整理手続では、換地、減歩率及び減価補償金(84)は、土地区画整理審議会を通じた間接参加制度がある（前述）とはいえ、施行者自らにより決定される。ここでの補償は、起業利益と相殺されなかった残余にすぎない。

これらの点に鑑み、藤田判事は、「都市の根幹的施設の整備についてふさわしい手法は土地収用制度であり、支線的施設ないし宅地周り施設にふさわしい手法が土地区画整理制度である(85)」という認識の下、後者の制度によって前者の施設を整備改善しようとする動きを牽制していた。一方、筆者は、〝減歩により換地の総価額が従前地の総価額を下回る場合には、土地区画整理手続でなくもっぱら土地収用手続によらなければならない〟とまでは考えない。しかしながら、この場合の土地区画整理手続は、土地区画整理審議会による擬似的〈統合〉をもっては正統化されない以上、国家に対する個人のよりどころという私権の価値を踏まえた司法過程モデルに則って、立法的に整備されるべきである。

具体的には、設計書等に対する異議の申出（前述）の後身に当たる、事業計画に対する意見書の提出（土地区画整理法五五条二項）につき、不採択の通知（同条四項）に対する取消訴訟の提起を認めることに加え[86]、換地計画を収用委員会の許可に係らしめ、「換地計画の案に対する意見書の提出」（同法八八条三項）を同委員会に対する口頭意見陳述に改めるとともに、両意見書の審理及び換地計画の案の作成を土地区画整理審議会の諮問事項から外すか、同審議会自体を廃止することが求められよう。

(三)　社会保険行政過程による〈統合〉

(1)　公用換地行政過程（前述）では、土地区画整理組合により〈統合〉される者及び公共団体により擬似的に〈統合〉される者は、施行地区内の地権者に限られていた。これに対し、社会保険（医療保険）行政過程では、国民健康保険法（昭三三法一九二。持続可能な医療保険制度を構築するための国民健康保険法等の一部を改正する法律（平二七法三一）四条による改正前のもの）の下、〈統合〉が遍在化している。そこでは、健康保険組合等により〈統合〉されない者も、市町村により余さず〈統合〉されるからである。とはいえ、この市町村による〈統合〉は、公共団体施行の土地区画整理にみられる擬似的〈統合〉と同視されてはならない。それは、健康保険組合等により〈統合〉されない一切の住民を対象としている点で、「三段階構造モデル」の第一段階に近似したものといえるからである。

そうすると、第一段階における国民健康保険条例の制定手続に瑕疵がない限り、第二段階における保険料の賦課処分では、多数決によっても奪われえない各被保険者の固有権など存しないかにもみえる。果して旭川国保条例判決は、所得税、法人税等のように、条例で保険料の賦課標準及び賦課率を恒定するのでなく、市町村長が毎年度必要な「賦課総額を算定し、これを世帯主に応分に負担させること〔以下「総額按分方式」という。〕は、相互扶助の精神に基づく国民健康保険における保険料徴収の趣旨及び目的に沿う」と説示した[87]。ここでいう「相互扶助の精神」

は、多数意見だけを読む限り、社会保険の基本原理を一般論として述べたにすぎないかにみえる。(88) しかしながら、多数意見と滝井補足意見を併せ読むと、わが国の統治構造上〈統合〉の普遍的単位として位置付けられている市町村が保険者となる場合には、「相互扶助の精神」は、社会保険の基本原理にとどまらない含意をもつものとなる。

なぜなら、市町村は、保険者としてでなくとも、まさに基礎自治体であること自体によって、総額按分方式の普通税を賦課することが認められていたのであり、現在でもその余地が残っているからである。すなわち、かつての地方税規則（明一三布告一六）・地方税ニ関スル法律（大一五法二四）の下での戸数割(89)及びその後身である（旧々）地方税法（昭一五法六〇）・（旧）地方税法（昭二三法一一〇）の下での市町村民税である。地方税法（昭二五法二二六）も、総額按分方式の法定外普通税を設けること自体を禁止してはいない。(90)

総額按分方式の戸数割を賦課することにつき、大正期の内務省高官は次のように弁明していた。

「惟ふに地方団体なるものは各人が其の生くるが為め其の福利を計るが為め国家生活の中に於て更に地方的に連帯して団体を組織するの必要に迫られて構成する所のものであるから、若し其の団体が各種の資源を渉猟して其の要する費用に充て尚足らなかった場合には各人は貧富貴賤を論ぜず斉しく其分に応じ出捐すべきであること言を俟たない。戸数割なる税は実に此の如き自治精神の発露といふ事に其根帯を有して成立してゐるものと謂ふの外、他に課税根拠を求め難いやうに考えられる(91)」

これによると、条例で戸数割の賦課標準及び賦課率を恒定しないのは、住民を始原的かつ普遍的に〈統合〉する市町村では、行政主体と行政客体の〃一致〃に基づく自律的規制が実現しているためであるかにみえる。しかしながら、さらに遡った明治二二年、アルベルト・モッセ顧問は、市町村では、法律によりその処理を義務付けられた委任事務が多いため、量出為入（まず支出を決定した後これに応じて収入を決定すること）が原則となると講義していた。(92)これによると、条例で戸数割の賦課標準及び賦課率を恒定しないのは、国が市町村を駆使して委任事務等の処理を促進させるためであることが分かる。そうすると、ここでの市町村はもはや、個人と対置された〃国家〃でなく

〝中間団体〟として捉えられなければならない。

公共組合において、多数決によっても奪われえない組合員の固有権を法定することが必須でないのは、〝中間団体〟による〈統合〉とはいえ、内発性を前提としているからであった（前述）。これに対し、住民を始原的かつ普遍的に〈統合〉する市町村が、国からある事業の実施を義務付けられ、それに要する費用を際限なく課すことができるとすれば、住民の私権を溶融する〝坩堝〟と化す危険は決して小さくない。国民健康保険事業の場合にも、市町村にはこれを実施しないという選択肢は許されていない[93]のである。

これらの点に鑑みると、地方公共団体に住民の〈統合〉を強制する法律は、自ら私権侵害の実体的限界を画しておかねばならないということができそうである。この点、（旧々）地方税法・（旧）地方税法が市町村民税の一人当たり賦課額の上限を法定していた[94]ことは、高い評価に値しよう。これに対し、国民健康保険法（国民健康保険法の一部を改正する法律（平二法三一）による改正後のもの）は、賦課額を定める条例が従うべき基準を政令[95]に白紙委任しており（八一条）、不穏当といわざるをえない[96]。

もっとも、以上の理は、国レヴェルの〈統合〉にまでは当てはまらない[97]。国は politische Einheit であり、その政治過程を画する実体法を観念することができないからである。そこでは、むしろ政治の質が問われることとなる（医療保険でなく年金保険については、例えば現役世代と受給者世代との平等を既得権尊重の原則に優越させて、既裁定年金の切下げに踏み込むかといった点が注目されよう。）。

（四）　社会保険行政過程による擬似的〈統合〉

(1)　健康保険組合等による〈統合〉と市町村による補完的な〈統合〉の並存という上記の構図に対し、老人保健法（昭五七法八〇。健康保険法等の一部を改正する法律（平一八法八三）による改正前のもの）の下での保険者拠出金[98]を嚆矢とする財政調整制度では、健康保険組合を始めとする各種保険団体の再〈統合〉という構図が浮上する。

老人保健法は、老人医療につき、各保険者を給付及び負担の単位とする従来の方式を改め、市町村を一元的な給付主体とした上、その費用を拠出金（五三条一項）というかたちで全保険者に共同負担させる（最終的には“保険料”というかたちで各被保険者に負担させる）こととした。その主眼は、保険者ごとの拠出金額のうち一定割合のみを医療費実績に比例させ、残りを老人加入率に反比例させて算定することにより、（国民健康保険の保険者としての）市町村が負担していた老人医療費の一部を健康保険組合等に肩代わりさせようとする点にあった。

老人保健法案に対しては、保険者拠出金に当てる保険料という「社会保険料と同一でないものを健康保険各法で徴収すること……は法理論的におかしいんではないか[99]」という疑問が提起された。これに対し工藤敦夫政府委員は、拠出金は保険者・社会保険診療報酬支払基金間の、保険料は被保険者・保険者間の公法上の債権関係であるから、両者は「法的に全く同一のものであるとは言い切れない」が、次の点に鑑みれば「全然無関係のものであるとか、同一でない」ともいえないと答弁している。

「現に老人保健法に基づきまして市町村が行います医療の実施、これは各保険者によります……医療の給付……の共同事業的なもの……でございますし、したがいまして、被保険者全体について考えれば給付と負担との関係……は現行の社会保険各制度の場合と相違がない。……したがいまして、被保険者の立場から見れば、いわゆる拠出金というものは現在の医療保険各制度、この保険料と実質的に相違はないものと考えておりま［す］[100]」。

(2)　本章で求められているのは、この答弁が曖昧化しようとした問題状況を改めて明晰化する作業である。保険者の立場からみれば、保険者拠出金は、多元的・自律的に〈統合〉された各保険者を再〈統合〉するものといえる。問題は、この再〈統合〉が擬似的なものにすぎないため、各保険者の自律の基盤までもが掘り崩されてしまう点にある[101]。

一方、被保険者の立場からみれば、保険者拠出金は、被保険者全体を〈統合〉しようとするものであるが、それはあくまでも各保険者という〝中間団体〟を介してであって、保険者を単一化するものでない。従って、工藤政府委員のいう「給付と負担との関係」は、法律学的でなく経済学的意味における金銭・役務の最終的循環を指すものにとどまる。そもそも各保険者が設立されたのは、法律学的意味における「給付と負担との関係」の透明性を確保しようとするためであった。それにもかかわらず、ここでは各保険者が金銭賦課の〝手段〟とされ、逆にその透明性を損なう役回りを演じさせられているのである。(102)

もっとも、政府が提出した老人保健法案では、保険者拠出金に当てる〝保険料〟は「一般保険料率」から区別された「老人保険料率」として別建てにされていた。このため、老人医療に係る「給付と負担との関係」の透明性が失われたとしても、それ以外の医療に係る「給付と負担との関係」の透明性はなおも確保されていたといえる。ところが、この案は参議院修正により「保険料率」として一本化され、(103)老人医療のみならずそれ以外の医療に係る「給付と負担との関係」の透明性までもが失われてしまう結果となった。保険料としての性格は空疎なものとなり、健康保険組合は個人レヴェルの不平等を顕在化させずに財源を調達するための道具と化したのである。

受益によってのみ正統化されるはずの負担が、受益との関係が曖昧化しているにもかかわらず強制されるという構図は、公共団体施行の土地区画整理と全く変わらない。なるほど定年退職者が健康保険から国民健康保険の被保険者となること等により、(国民健康保険の保険者としての)市町村の支払能力が悪化していたことは、医療保険制度の再設計を迫るものであったといえよう。しかしながら、それは〈統合〉を擬似的〈統合〉へと変質させる擬似的再〈統合〉によって対処すべき問題でない。むしろ〈統合〉の単位を一元化するか、それが多元的自律性の観点から望ましくないとすれば、再保険原理に基づく透明な再(104)〈統合〉(その前提となる行政上の倒産法制の整備)によって対処すべき問題なのである。

(五)　私保険監督行政過程による〈統合〉と擬似的〈統合〉

(1)（旧）保険業法（昭一四法四一）は、普通保険約款等の変更の認可に際し、保険契約者等の利益を保護するため特に必要がある場合、既存契約についても変更の効力を及ぼす処分（一〇条三項）[105]を規定していた。[106]保険株式会社に係る同処分につき、明治生命判決[107]（田中耕太郎裁判長）曰く、

「保険契約関係は、これを構成する多数の契約関係を個々独立的に観察するのみでは足らず、多数の契約関係が、前記危険充足の関係においては互に関連性を有するいわゆる危険団体的性質を有するものであることを前提としてその法律的性質を考えなければならない。」「同条項による既存契約の保険料の増額は、単に当該契約を個々的に観念すれば、一見不利益のごとくであつても、保険事業の維持経営の破たんを救う道が、保険料の増額以外には存在しないと主務大臣が認めて……処分をした……場合において、若しそれをしないがため、保険経済の破たんを来たし、保険金の受領さえ不可能な状態になるとすれば、保険料の増額による不利益以上の不利益を蒙むることにもなるのであつて、このような場合における既存契約の保険料の増額は、結局は契約者等の利益を確保する所以であ」る。

このようにして保険契約を団体主義的に捉える思考形式は、田中裁判長の年来の持論でもあった。すなわち「契約の多数性、定型性及び其の継続性のみにては団体を発生せしむるには足らない」が、保険契約にあっては「契約者が同時に保険者であり、其の各員が拠出した所の資金を全員で以て共有して」おり「緊密なる利害共通の関係が存在する」というのである。[108]

しかしながら、裁判長個人の学説と併せ考えても、同判決が上告理由（「経済関係には法に依りて規制された経済関係即ち法律関係の内容となつた経済関係と然らざる経済関係の区別があつて後者は法律関係の解決に何等の影響あるべきものではない」）を斥けうるほど説得的であるとは思えない。そもそも保険株式会社の債権者間には、公共団体施行の土地区画整理事業における地権者間と同じく、事実上の結合関係しか存しないはずであって、それがいかなる論理に基づいて法律上のものとなるのかが何ら説明されていないからである。

それでもなお、ここでの〈統合〉を正統化するとすれば、その根拠は端的に、同処分が金融機関再建整備法（昭

二一法三九）等に基づく金融機関の再建整備の一環としてされた点[109]に求めるほかなかろう。すなわち同処分は、保険契約者が「倒産実体法」（「一般実体法」を修正したもの[110]）という民事法によって〈統合〉されていることを前提とした、行政上の倒産法制[111]だという説明である。

(2)　もっとも、相互会社に限れば、平時においても、保険者と契約者の〝一致〟という同判決のテーゼが成り立つ余地はあるかもしれない。

このテーゼにつき、（旧々）保険業法（明三三法六九）の立案に関わった岡野敬次郎博士は、経済学的・法律学的いずれの意味でも賛同しがたいと断じていた。というのも、経済学的意味における保険者は、契約者間の金銭移転の「媒介者」であっても契約者でなく、また、法律学的意味における保険者は、契約者から区別された「人格」であって、この点は株式会社であれ相互会社であれ、何ら変わりないからである[112]。

但し、この主張は、つきつめていえば、契約法が個人主義的でしかありえないことを再確認したものにすぎない。岡野博士にとって、法人法が団体主義的であることはむしろ当然の前提だったからである。

「相互会社ニ於テハ……保険料支払義務ノ如キハ即チ社員タル義務ニシテ被保険者タルガ為メニハ非ラザルナリ〔。〕元来相互会社ト雖モ固ヨリ保険ヲ目的トシテ成立スルモノナルヲ以テ保険金、保険料等ノ文字ヲ用ヰタルモ実ハ社員ノ権利、義務ニ外ナラザルナリ[113]」。

つまり、相互会社が社員総会の決議に基づいて保険料を増額したり、保険金額を削減したりすることは、手続的瑕疵がない限り、法人による構成員の〈統合〉として正統化されるというのである[114]。仮に岡野博士が（旧）保険業法の制定時まで存命していたとすれば、〝契約法の団体主義的な把握は、株式会社・相互会社いずれとの保険契約にも妥当しないが、相互会社との保険契約に限り、自治的色彩を加味すれば、法人法として正統化する余地もある〟と評していたのではないかと思われる。

(3)　（旧）保険業法一〇条三項に基づく処分は、保険業法（平七法一〇五）により、いったん廃止された。しかしながら、それは、保険業法の一部を改正する法律（平一五法一二九）により、自治的色彩を加味しつつ、新たな装いの下に復活した。すなわち、保険業の継続が困難となる蓋然性のある場合における契約条件の変更（具体的には予定利率の引下げ等）手続[115]（保険業法二四〇条の一一第一項）である[116]。

これによると、相互会社では、内閣総理大臣の承認を得て、契約条件の変更につき、総代会で特別決議をすることができる。この決議に対する内閣総理大臣の承認（保険業の継続のために必要であり契約者保護の見地から適当である場合に限られる。）が得られれば、契約者からの異議が十分の一を超えない限り、変更が認められる（同法二四〇条の二～二四〇条の一三）。この変更には、一定の実体的限界（同法二四〇条の四）が画されている。ここでの異議手続は、総代会を通じた間接的な自治を補う直接的な自治として位置付けることができよう。

一方、株式会社でも、契約条件の変更手続は、総代会を株主総会に置き換えただけで、そのまま適用される。しかしながら、ここでの特別決議及び異議手続は、相互会社の場合とは全く法的意味を異にしている。というのも、株主総会の決議は、法人に〈統合〉されていない債権者に対する当該法人の意思表示にすぎないし、異議手続が存在することによって債権者が当該法人に〈統合〉されるわけでもないからである（仮に「契約者総会[117]」が組織されたとしても、この点に変わりはない。）。このような擬似的〈統合〉の域を出ない「手続」によって、債権の一部消滅という重大な結果をもたらすことが正統化されうるかは、依然として疑問というほかない（（旧）保険業法と異なり、保険業の継続が困難となる以前に発動される点が明示されているため、保険契約者が「倒産実体法」という民事法によって〈統合〉されていることを前提とした、行政上の倒産法制だという説明も成り立たない。）。

株式会社に係る契約条件の変更手続に欠けているのは、司法過程モデルに則った「手続」というよりむしろ、それ以前の事柄であるように思われる。というのも、〈統合〉がいかなる理由によっても正統化されえないとすれば、これらの規定はもはや、株式会社との保険契約が確定給付債権を生ぜしめえないことを定める民事実体法上の強行規定であると解するほかないからである。そうすると、保険契約者の保護という観点から求められるのはむしろ、契約条件の変更に関する事項を普通保険約款の必要的記載事項とすること[118]及び契約条件の変更決議の承認を裁判所の権限とすることであろう[119]。

(67)　これに対し、大場民男『縦横土地区画整理法』新版（一粒社・平一二）下巻一四九頁は、「従前地を出資額と考え……従前地の価格を超える賦課金を払うなどということはありえない」という。しかしながら、従前地が土地区画整理組合の債務の引当財産でないことは明白である。出資団体であっても、経費の賦課については、有限責任の例外とする立法例すらある（農業協同組合法一三条四項。なお、農業協同組合による欠損金補塡のための賦課金の徴収の可否につき参照、横尾正之『農業協同組合法論』（農業協同組合研究会・昭三二）三二七～三二八頁及び上柳克郎『協同組合法』（有斐閣・昭三五）一三八頁）。

(68)　都市開発資金の貸付けに関する法律等の一部を改正する法律（平一一法二五）により、事業計画の決定に先立つ組合設立の認可（現・土地区画整理法一四条二項）の途が一部開かれたが、後述のとおり、組合設立手続の整備は等閑に付されたままである。

(69)　参照、浜松西都判決（静岡地判平一五・二・一四判タ一一七二号一五〇頁）。国営土地改良事業につき参照、川辺川判決（福岡高判平一五・五・一六判時一八三九号二三頁）。

(70)　ヴュルテンベルク、バーデン及びバイエルンの各耕地整理法を継受したものであろう（参照、田山輝明『西ドイツ農地整備法制の研究』（昭六三・成文堂）一七四～一七五頁、二一三～二一四頁及び一四七頁）。

(71)　「是マデハ……二重ノ認可手続ガアッタモノデアリマスカラ、愈々発起ヲシヤウトナッテカラ設計ノ総テノ認可ヲ得ルマデノ間ハ、ナカナカ手数ガ掛リマシテ、非常ニ日子ヲ要スルシ又手続モ大変煩雑デアル、サウマデ二度ニスルニ及バナイカラ今度ハ省略シテ一度ニシテ、即チ……三分ノ二以上ノ同意ト云フ条件ヲ満スコトニスレバ、地方長官ニ於テ認可ヲ与ヘレバソレ一遍デ仕事ガ進ンデ行ク、是ガ余程省略ヲシ得ル点ダラウト思ヒマス」（二五・衆・耕地整理法改正法律案委二回（明四二・三・九）四頁〔下岡忠治政府委員〕。繰返し記号を慣用のものに改めた）。

(72)　打越顕太郎ほか「農業協同組合法制定の経過と問題点」小倉武一ほか『農協法の成立過程』（協同組合経営研究所・昭三六）

六六五頁〔池田俊也〕。

（73）参照、二五・衆一五号（明四二・三・五）六頁。

（74）「地方長官ハ公共団体ノ申請ニ依リ必要アリト認ムルトキハ一定ノ地区ヲ限リ其ノ地区内ノ土地所有者ヲシテ土地ノ区画整理ヲ施行セシムルコトヲ得」（内務大臣官房都市計画課『都市計画調査委員会議事速記録』（市政専門図書館蔵）一二六頁・一四〇頁）。

（75）「耕地整理ニ著手シタル面積等ヲ多ク之ヲ知ラシメンガタメニ即チ功名心ニ駆ラレルト云フガ如キ〔地方〕長官アリトセバ、此条ヲ利用致シテ誠心耕地整理ヲソレ程好マナイトコロノ地区ニ向ッテ耕地整理施行地ヲ仮リニ命ズルコトガ容易ニ出来得ラレルカラ……一度之ヲ悪シク利用スルニ於テハ其害大ナルモノデアルガ故ニ、之ハ廃スルコトガ至当デアル」（二五・衆・二一号（明四二・三・一七）六頁〔斎藤珪次〕）。

（76）同令一七条二項（大八勅四八二－昭三〇政四七）。ザクセンの一般建築法（Allgemeines Baugesetz für das Königreich Sachsen vom 1. Juli 1900）六一条・二二条二項を継受したものであろう。この異議の申出は、土地区画整理法の下では、単なる意見書の提出（後述）に格下げされてしまっている。

（77）同法、特別都市計画法（昭二一法一九）及び土地区画整理法（制定時）は、（国の機関としての）行政庁施行の制度も定めていたが、地方分権の推進を図るための関係法律の整備等に関する法律（平一一法八七）により廃止されたため、本書では取り上げない。

（78）「今迄ノ如クニ街路ノ拡張ヲスルニ当ッテ、〔旧〕土地収用法ヲ適用シテ仕事ノ執行ヲシテ行クト云フ代リニ……行政的ノ土地区画整理ノ執行ニ依ッテ、街路ノ計画ノ上迄モ、之ヲ実行シヤウトシテ居ル」（四七・衆・帝都復興計画法案外二件委三回（大一二・一二・一七）一八頁〔池田宏政府委員〕）。「行政庁が整理施行者たる場合に於ては地区の範囲は一に行政庁の意思に依つて算定せられる。即ち道路其の他の公共用地の敷地は之を如何なる範囲の土地から捻出せしむべきかを定め、此の範囲を以て地区の範囲と為すのである。地区内の土地は共同して公共用地を提供すべき義務を行政庁に対して負ふて居るが、其の他の点に於ては何等共同聯帯の関係にはない」（復興局『土地区画整理法講義』（同局・昭四）一二三頁）。

（79）四七・貴・帝都復興計画法案外二件特別委一号（大一二・一二・二二）二頁〔池田政府委員〕（傍点引用者。繰返し記号を改めた）。「備」は「代」の誤植であろう。立案過程につき参照、東京市政調査会編『帝都復興秘録』（昭五）三二七頁〔河北一郎〕。

（80）ザクセンの一般建築法五九条を継受したものであろう。これに対しては、不換地処分は公用換地でなく、もはや公用収用に当たるという見解もあった（参照、美濃部達吉「公用換地法概論（一）」国家学会雑誌五五巻一号（昭一六）四頁）。

(81) 但し、過小宅地に対する不換地処分は、諮問事項から同意事項に改められた（九一条三項（現四項））。

(82) 公共団体施行の制度では、組合施行の制度と異なるにもかかわらず、同制度と同じく、私権侵害の絶対的な上限が画されていない。この意味で、「『民主的参加手続』を経て行われた行政活動であるならば、法律の一般的規律の支配に服さなくてよい、というような意味において、専ら正当化の手段として、事前手続が機能するような結果」（藤田・前註(8)一一六頁）となっている。

(83) 最高裁判所事務総局編『公用負担関係事件執務資料』（法曹会・昭六〇）一六六頁。

(84) 減価補償金の前身である（旧）特別都市計画法及び特別都市計画法の下での減歩補償金につき参照、拙著『国家作用の本質と体系Ⅰ』（有斐閣・平二六）一九〇頁註92。

(85) 藤田・前註(5)二三五頁。ほぼ同旨、「区画整理は私人を利する目的と並んで公共目的を追求してもよいが、少なくともその本質的範囲において関係所有者の利益にも資するものでなければならない」（E. Schmidt-Aßmann, "Studien zum Recht der städtebaulichen Umlegung" (1996), S.59)。

(86) 浜松区画整理判決（最大判平二〇・九・一〇民集六二巻八号二〇二九頁）は、事業計画の抗告訴訟対象性を肯定した（参照、本書第六章二六九〜二七〇頁及び拙稿「行政上の計画論」自治研究九四巻（平三〇）近刊）。本文に述べた立法上の手当は、同判決の趣旨とも適合的である。

(87) 最大判平一八・三・一民集六〇巻二号五八七頁（傍点引用者）。

(88) 小城国保条例判決（最大判昭三三・二・一二民集一二巻二号一九〇頁）は、（旧）国民健康保険法（昭一三法六〇）の下での国民健康保険につき、「相扶共済の精神」という表現を用いていた。

(89) 「戸数割が他の諸税と異なる最も著しい特色は、其の配当税たることに在る。他の諸税は従量税にせよ従価税にせよ……定率税たる性質を有するに反して、戸数割の賦課は先づ納税義務者全員に賦課すべき戸数割総額を定め、其の総額を……各納税義務者に配当するのである」（美濃部達吉『日本行政法』下巻（有斐閣・昭一一）一二八一頁）。美濃部・杉村（章）両博士は、国と異なり、地方公共団体は予算を課税の根拠とすることができるという（美濃部・同一二八八頁、杉村章三郎「地方税法」新法学全集（日本評論社・昭一二）四頁）。しかしながら、国税が「配当税」であってはならない理由及び地方税が「配当税」であってよい理由は、明示されていない。

(90) 地方税法が住民税につき総額按分方式を踏襲しなかったのは、シャウプ勧告の影響のようである（参照、奥野誠亮ほか『新地方税法解説』（時事通信社・昭二五）八〇〜八一頁〔岡田純夫〕）。
(91) 田中広太郎『改訂増補地方税戸数割』（良書普及会・大一四）三四頁。
(92) 参照、モッセ『自治制講義』（日本書籍・明二二）第五回一五〜一六頁。これに先立ち、元老院による地方税規則案の議定（明治一一年）に際しても、内閣委員が「量出為入」を唱えており、佐野議官が「量入為出」を唱えて反駁している（参照、明治法制経済史研究所編・前註(1)、二〇二頁・四二二頁・四二三頁〔松田道之内閣委員〕、四二二頁・四二五頁〔佐野常民〕）。
(93) 国民健康保険法は、「市町村に国民健康保険の実施を義務づけたことの財政的裏打」として、療養給付費の国庫負担（七〇条）及び調整交付金（七二条）を設けたにとどまる（参照、木代一男『逐条解説国民健康保険法』（帝国地方行政学会・昭三四）二〇一頁）。
(94) それぞれ六六条一項及び一〇七条一項。加えて、（旧々）地方税法六六条二項は、賦課総額も法定していた。参照、谷口寿太郎ほか『逐条示解地方税法精義』（文精社・昭一五）一二一〜一三頁・四三二〜四三四頁。
(95) 国民健康保険法施行令二九条の五（平三政令一七）第一項一一号（現二九条の七第二項一〇号）。同号でようやく、一人当たり賦課額の上限が定められている。これは、低額所得者の保険料の国庫負担を恒久化したことに伴う措置であるという（参照、渡辺明男「『国民健康保険法の一部を改正する法律』について」共済新報三二巻七号（平一）二五頁）。
(96) これに対し地方税法は、国民健康保険税の一人当たり基礎課税額の上限を同法に基づく政令（もと同法自体）で定めることとしている（七〇三条の二（昭二六法九五）第五項（現七〇三条の四第一一項等）。「本来保険料である国民健康保険税の性格からみて、応能原則の適用にもある程度の限度を設けることが適当である」（前川尚美『国民健康保険』現代地方財政講座六巻（ぎょうせい・昭六〇）一九九頁。傍点引用者）ためという（保険料につき同旨、小田原国保条例判決（横浜地判平二・一一・二六判時一三九五号五七頁））。
(97) ギュスターヴ・ボアソナード顧問及びヘルマン・レースラー顧問は、いずれも総額按分方式の国税を容認していた。明治一四年及び二〇年には、国税も「配分税」たりうることを前提に、「定分税」との得失を井上毅に答議している（それぞれ参照、国学院大学日本文化研究所編『近代日本法制史料集』八巻（東大出版会・昭六一）六六頁以下及び同三巻（昭五五）八四頁以下）。
(98) 現・前期高齢者納付金（高齢者の医療の確保に関する法律三二条二項）。

(99) 九六・参・社会労働委一二号（昭五七・四・二七）二六頁〔高杉廸忠〕。

(100) 前註(99)二七頁〔工藤敦夫政府委員〕（傍点引用者）。共同事業とは、健康保険組合連合会が行う高額医療給付・財政窮迫組合のための共同事業を指す。共同事業のため健康保険法（健康保険法等の一部を改正する法律（昭五五法一〇八）による改正後のもの）附則八条（現附則二条）により徴収される拠出金は、保険者拠出金の萌芽的形態に当たる。

(101) 「拠出金というのは……保険の自己責任の原則を崩すわけです」（九五・衆・社会労働委二号（昭五六・一〇・二二）一二頁〔大原亨〕）。

(102) 「本来これは老人医療制度を別建てにして全国民で負担するというのだから、それに見合った財源捻出方法を考えるべきなのでしょう。しかし、とりあえずいま保険制度があるから、これを便宜利用したにすぎない」（前註(101)四号（昭五六・一一・五）二二頁〔栂野泰二〕）。

(103) 佐々木典夫『私の厚生行政─霞が関での三六年のあゆみ』（中央法規・平一五）五八頁は、「厳密な法律論議と老人保険料青天井論を踏まえて、修正を入れたもの」と回顧しているが、その真意は筆者にとってなお判然としない。

(104) 注目すべきことに、健康保険法要綱案の審議に当たった労働保険調査会では、再保険の必要性を説く論者が少なくなかった（参照、社会局保険部『健康保険法施行経過記録』（昭一〇）七四頁〔森荘三郎委員〕・八二頁〔窪田静太郎委員〕等）。しかしながら、最終的には「当局トシテハ法制上ハ組合ノ破産ナキコトニ致シ度シ〔、〕支払不能ノ場合ニ於テハ経過的ニハ政府ガ貸付ヲ為シ、見込ナキトキハ解散セシメテ政府ガ之ヲ引受ケ被保険者ノ利益ヲ害セザル様ニ致度シ」（同一一三頁〔膳桂之助幹事〕）という農商務省の意向が容れられた（参照、同一一三頁）。

(105) 同項は、ドイツの私保険業等監督法（Gesetz über die Beaufsichtigung der privaten Versicherungsunternehmungen und Bausparkassen, in der Fassung des Gesetzes v. 5. März 1937）八一a条を継受したものである。なお、同条二項は、満洲国の保険業法（康徳四勅令四九〇）一六条（参照、三浦義道「満洲国保険業法解説」法学新報四八巻四号（昭一三）六二～六三頁）を「其の儘採り入れんとするもの」（坂田秀夫「保険業法の改正について」生命保険経営一一巻一号（昭一四）九頁）であった。

(106) 商工省関係者は利益的な遡及にしか言及していない（参照、七四・貴・保険業法改正法律案特別委三号（昭一四・三・一四）四頁〔牧楢雄政府委員〕及び山口喬「保険業法の主要改正事項に就て」生命保険会社協会会報二八巻二号（昭一四）三頁）が、法文上は不利益的な遡及も排除されていない（参照、三浦義道『改正保険業法解説』（昭一五・巌松堂）八九頁）。

(107) 最大判昭三四・七・八民集一三巻七号九一一頁。上告人は岡村玄治博士であった。

(108) 田中耕太郎「保険の社会性と団体性」（昭七）『商法学特殊問題』中巻（春秋社）一六〇～一六二頁。

(109) 参照、長崎正造『戦後保険法制の諸問題』（損保事業総研・平三）三一九～三二〇頁・三二七～三二八頁。

(110) 水元宏典『倒産法における一般実体法の規制原理』（有斐閣・平一四）二頁の表現。

(111) その先駆として、保険契約の包括移転に伴う条件変更（（旧々）保険業法（保険業法中改正法律（明四五法一八）による改正後のもの）二〇条ノ六・（旧）保険業法一一四条・保険業法二五〇条一項）がある。

(112) 「保険制度ノ経済的基礎ハ所謂危険団結《ママ》ニ在リテ共同ノ填補ト称シ分配、分担若クハ平均ト称スルハ則チ保険通有ノ思想ナリ営利保険相互保険ノ間毫末ノ差アルヲ見ス保険者ハ媒介者ノ地位ニ立チ団結《ママ》ニ属スル者ヨリ填補ニ必要ナル金額ヲ醵出セシメ之ヲ事故ニ遭遇シタル少数者ニ分配スルヲ以テ其職トス〔。〕而シテ更ニ法律的ニ観察セハ保険者ト称スルハ株式会社若クハ相互会社タル人ニシテ被保険者ト称スル者ト相対立シテ契約ノ当事者ナリ所謂契約上ノ権利義務ヲ有スル者ハ社員ト特立《ママ》シテ人格ヲ有スル会社ナリ」（岡野敬次郎「損害保険ノ相互会社ニハ有限責任ヲ認ムベカラザルカ」国家学会雑誌二〇巻一号（明三九）一二〇頁）。

(113) 法典調査会「保険業法議事速記」法務大臣官房司法法制調査部監修『日本近代立法資料叢書』二七巻（商事法務研究会・昭六一）二六頁〔岡野敬次郎委員〕。いわゆる社員関係吸収説であり、（旧）保険業法の下でも通説であり続けた（参照、中島伸一「相互会社における保険加入者の法的地位」香川大学経済論叢六八巻一号（平七）二頁）。

(114) 反対、野津務『相互保険の研究』（有斐閣・昭一〇）一五四～一五八頁及び大森忠夫『保険契約の法的構造』（有斐閣・昭二七）三四三～三四四頁。結局、これらの反対説が通説化するに至った（参照、鴻常夫監修『保険業法コンメンタール』三巻（安田火災記念財団・平三）一四頁〔山下友信〕）が、筆者にはなお、事実と規範の混同でないかという疑問が拭えない。このような論法によれば、株式会社による契約者配当の実施を根拠として、株式会社の相互会社への近似という正反対の結論すら導きうるからである（例えば参照、山内義弘「保険業法第一〇条第三項の解釈をめぐる思想的基盤の対立について」保険学雑誌四八八号（昭五五）一三一頁）。

(115) 投資信託及び投資法人に関する法律（特定目的会社による特定資産の流動化に関する法律等の一部を改正する法律（平一二法九七）による改正後のもの）三〇条は、同手続の先駆形態といえなくもない。しかしながら、そこでは買取請求権（三〇条の二）という形で〈統合〉されない自由を保障している。これに対し、生命保険では、解約返戻金を受け取ったところで、既に別会社と同一内容の契約を締結する時機を逸しているのである。

(116) 保険業法は、保険金額の削減を相互会社の定款の必要的記載事項とする（旧）保険業法四六条及び清算手続における社員の保険金債権の弁済順位を一般債権者に劣後させる同法七五条一・二号を踏襲しなかった。保険業法の制定時には、この点を根拠として、相互会社は株式会社に接近したと論じられていた（参照、山下友信「相互会社の法的構造」商事法務一四三六号（平八）三七～三八頁）。しかしながら、契約条件変更手続が追加されたことにより、保険金額の削減がありうることが明白となった。それにとどまらず、同手続は株式会社にも適用されるため、逆に、株式会社が（旧）保険業法の下での相互会社に接近したとすらいえるかもしれない（後述）。

(117) 立案過程では検討に上っていた（参照、金融審議会金融分科会第二部会「生命保険をめぐる総合的な検討に関する中間報告」（平一三）一五頁）。

(118) これは、相互会社については、（旧）保険業法四六条（前註(116)参照）を復活させるものに当たる。

(119) 立案過程では、「裁判所の関与の可能性」を検討すべきことが指摘されていた（参照、金融審議会金融分科会第二部会・前註(117)一五頁。併せて参照、村田敏一「生命保険既契約の契約条件の変更について―立法の必要性とそのあり方を中心に」保険学雑誌五七九号（平一四）一四三～一四四頁）。この案が採用されなかった理由として、要件該当性の判断能力の格差が挙げられている（参照、村田敏一「第一五六回国会に於ける保険業法の一部改正について―『既契約の条件変更手続』を中心に」保険学雑誌五八三号（平一五）一〇七頁）。しかしながら、決議にかけることの承認でなく決議の承認であれば、裁判所の権限とすることは可能であろう（なお、金融機関等の更生手続の特例等に関する法律に基づく更生手続が迅速に処理されている点につき参照、山本和彦「保険会社に対する更生特例法適用の諸問題」民商法雑誌一二五巻三号（平一三）一〇頁）。

四　おわりに

(1)　以上のとおり、〈統合〉にまつわる法現象は、公共組合が直接登場する行政過程に限らず、広くその周辺にも散在している。

このうち、「三段階構造モデル」の第一段階における国・地方公共団体による〈統合〉に比肩しうるのは、公共組合による〈統合〉である（組合施行の土地区画整理事業）。そこでは、通常の「三段階構造モデル」と異なり、第二段階の「手続」を政治過程モデルに則って立法的に整備することが求められるのであった。しかしながら、現行の土地区画整理組合の設立手続には大きな不備があり、むしろ〈統合〉の瑕疵を助長するものですらある。

一方、地方公共団体による〈統合〉であっても、国から事業の実施を義務付けられる場合には、始原的かつ普遍的な〈統合〉といいうるかは疑わしい（国民健康保険事業）。そこでは、地方公共団体が始原的かつ普遍的な〈統合〉の場であるがゆえに、却って私権を溶融する〝坩堝〟と化す危険が現実化する。これに対しては、法律自身によって私権侵害の実体的な上限を設けておくことが求められるのであった。

〈統合〉にまつわる法現象の中には、理論的に正統化することのできない、擬似的な〈統合〉も少なくない。公共組合が内発的に設立される誘因を欠くにもかかわらず、公共組合によるのと同じ行政作用を国・地方公共団体が行う場合が、その代表例であった（公共団体施行の土地区画整理事業）。そこでは、個々人の権利を集合的に処理することに対する批判の矛先をかわすため、公共組合になぞらえた参加手続が利用されている。これに対しては、原則どおり、司法過程モデルに則った「手続」を立法的に整備することが求められるのであった。

また、複数の公共組合が擬似的に再〈統合〉される結果、各公共組合における〈統合〉が擬似的〈統合〉へと変質させられる場合もある（保険者拠出金）。そこでは、受益と負担との間の透明な関係を確保すべき公共組合が、逆に不透明さを増すための道具とされている。これに対しては、各公共組合の多元性・自律性を損なわないかたちでの再〈統合〉が求められるのであった。

さらに、一事業者と多数の消費者との間の約款に基づく多数の私法上の法律関係が、〈統合〉され、又は擬似的に〈統合〉される場合もある（保険会社に係る契約条件変更手続）。「倒産実体法」又は法人法によっては正統化されえない擬似的〈統合〉に対しては、行政法というよりむしろ民事法の問題として対処することが求められるのであった。

(2)　近代公法学は、社会に存在する多元的な諸利益の総合的な調整活動を「三段階構造モデル」の第一段階に封じ込めることによって、第二段階を公益・私益の二項対立を基調とする簡明な調整活動に純化させることを理想としてきた。しかしながら、それは、今日に至るまで一度たりとも完遂されたことはなかった。それどころか、わが国を含む近代立憲国家では、当初から一貫して、議会では処理しきれなかった多元的な諸利益の総合的な調整活動が行政過程に持ち越されてきたのである。そこでは、私人が自発的に結合して諸利益を調整する活動が公益にもかなう場合には、この結合を公共団体化することにより、国家自らによる調整活動を補わせることとされてきた。一方、自発的な調整活動がみられない場合には、行政主導の下、本来は個々的に取り扱うのが望ましい私人の利益を集合的に調整してきた。現代行政において、このような「手続」がますます不可避となっているのであれば、むしろその存在を与件とした行政法総論の理論体系が提示されるべきであろう。

従って、〝行政官による法の支配〟という事態は、決して全否定されるべきものでない。公共組合のように〈統合〉として正統化することが可能なものには、政治過程モデルに則った立法上の手当を施せば足りるからである。とはいえ、〈統合〉にまつわる法現象の多くは、理論的に正統化しがたい擬似的〈統合〉の域を出ないものであった。そこでは、あくまでも行政官が法による支配を受けなければならないのであって、「三段階構造モデル」の原則である司法過程モデルに則った立法上の手当が施されるべきである。

むろん、政治過程モデル・司法過程モデルといっても、それが行政過程である以上、もとより政治過程・司法過程と同一のものにはなりえない。公法学の課題は公法学をやめることにあるわけでない。政治を法化し尽くした途端に政治化され（選挙に対する分析的統制）、私法を公化し尽くした途端に私化される（株式会社に係る契約条件変更手続）としても、政治を法化し、私法を公化しない限り、公法は成立しないからである。

【追記】

(1)　三（一）について

平鹿農業共済組合判決(120)（藤田裁判長）は、農作物共済に係る共済掛金率を定款で定めることとする農業災害補償法一〇七条一項等は憲法八四条の趣旨に反しないと説示した。ここでは、共済掛金率の上限が法律又は法律に基づく命令で定められていないため、まさに「農業共済組合の自治」（同判決）が正統化根拠とされている。農業共済組合は、「事業の完成」（土地区画整理法四五条一項四号参照）により解散することはない代わりに、「総会の議決」による解散が認められている（農業災害補償法四六条一項一号）。共済事業が組合員の私権を溶融する〝坩堝〟と化している場合には、同議決の認可（同条二項）を拒否することはできないと解すべきであろう。(121)

(2)　三（三）・（四）について

太田教授は、国民健康保険の保険料の上限については、基本的には、市町村の政治過程に委ねるべき問題と考えているようである。(122)

倉田教授は、総額按分方式による保険料の賦課を許容する根拠として、保険料の使途を限定した国民健康保険法七六条一項本文を挙げている。(123)しかしながら、総額按分方式をとらない目的税等でも、同じ文言が用いられている（地方税法七〇〇条の五一、漁港漁場整備法三五条等）ため、首肯することはできない。その根拠はむしろ、総額按分方式による国民健康保険税の賦課を定めている地方税法七〇三条の四第六項・第八項(124)の類推解釈に求めるほかない（さらに、医療保険制度の一部を受け継いだ介護保険制度において、保険料率が「財政の均衡を保つことができるものでなければならない」とされている点（介護保険法（平九法一二三）一二九条三項）も、勘案することができよう。）。

倉田・新田・太田各教授は、保険者拠出金を嚆矢とする財政調整制度に関する優れた分析を示している。(125)本章と併せて参照されたい。

国民健康保険は、持続可能な医療保険制度を構築するための国民健康保険法等の一部を改正する法律（平二七法三一）により、都道府県を主導とする市町村との共同運営に改められた。新田教授は、「都道府県と市町村との意思疎通が上手くいかず上意下達の関係となってしまうと、保険者自治はどこかに置き去りにされて、市町村が都道府県の下請け乃至手足となり兼ねない危険がある」と指摘した上、「①運営方針を審議するとされる『都道府県の国民健康保険事業の運営に関する協議会』において市町村の代表はどの程度の発言権を確保できるのか、②都道府県が、聴取した市町村の意見を受け入れずに運営方針を策定・変更しようとした場合には、さらにどのような調整を行うのか」注視すべきであるという(126)。

(120)　最判平一八・三・二八判時一九三〇号八三頁。

(121)　なお、農業共済組合の設立には、設立準備会及び創立総会の開催を経なければならない（同法二一条一項・二三条一項本文）。しかしながら、農作物共済加入資格者の三分の二の同意は、これらの議事手続において公に確定されるのでなく、創立総会を開催するための要件として位置付けられている（同項但書）。つまり、同意の取りまとめが議事手続外で行われる点で、土地区画整理法と変わるところはない。

(122)　参照、太田匡彦「対象としての社会保障―社会保障法学における政策論のために」社会保障法研究（平二三）二二八～二二九頁・二三〇頁註163。

(123)　参照、倉田聡『社会保険の構造分析』（北大出版会・平二一）一九七頁。

(124)　もと地方税法（地方税法の一部を改正する法律（昭二六法九五）による改正後のもの）七〇三条の二第六・第七項。「保険税が目的税であることから、税理論上毎年度の国民健康保険に要する費用の限度を超えて賦課徴収することは適当ではないが、かといって他の目的税のように、課税限度を個々の受益を基準に定めることもできず、また、市町村における国民健康保険事業に要する経費、被保険者の負担能力等は各々異なることから、一定の税率を定めることも不合理であるという事情に基づくもの」という（前川・前註(96)一九一頁）。（旧）地方税法の下での市町村民税（前述）との類似性は、立案関係者によっても意識されていた

（参照、地方財務協会編『地方税財政制度解説』（同協会・昭二六）一七一頁）。

(125) 倉田・前註(123)二四六～二五五頁、新田秀樹「財政調整の根拠と法的性格」社会保障法研究二号（平二五）六三頁以下及び太田匡彦「社会保障における租税以外の費用負担形式に関する決定のあり方について」渋谷雅弘ほか編『現代租税法講座一巻理論・歴史』（日本評論社・平二九）九九～一〇五頁。なお、太田・前註(122)二六六頁註257によると、筆者のいう再保険制度による財政調整は、「無理な要請」であるという。

(126) 新田秀樹「国保の都道府県『移管』で果たして何が変わるのか?」都市問題一〇六巻九号（平二七）六四頁・六五頁。

第二章（補論）　違法性の承継——狸の森判決を素材として

はじめに

遠藤博士の「行政過程論」は、二以上の行政上の行為によって構成される〝手続〟を行政法学の俎上に載せようとする試みであった。筆者は、藤田判事の批判を十分に踏まえつつ、この試みを発展的に継承すべきものと考えている。違法性の承継（その定義については後述）は、そのために少なからぬ示唆を与えてくれる。本章（補論）では、近時の代表的な判例である最判平二一・一二・一七民集六三巻一〇号二六三一頁（狸の森判決）を素材として、筆者の見解を明らかにしておきたい。

一　本判決の概要

本判決に至るまでの経緯は、次のとおりである。訴外Aは、建築物を建築するため、新宿区長から安全認定（東京都建築安全条例四条三項。建築基準法四三条二項に基づく同条例により加重された接道義務（同条例四条一項）を免除する処分）を受けた後、同区建築主事から建築確認を受けた。これに対し、当該建築物の周辺地域の居住者等Xは、新宿区Yを被告として建築確認等の取消訴訟を提起し、建築確認の取消理由の一つとして安全認定の違法を主張した。第一審（東京地判平二〇・四・一八判例集未登載）はこの主張を斥けたが、原審（東京高判平二一・一・一四最高裁ＨＰ）はこの主張を容れて建築確認を取り消したため、Yが上告した。

本判決は、次のとおり説示し、安全認定と建築確認につき（最狭義の）違法性の承継を肯定した。本書では、後行処分の取消訴訟において先行行為（処分以外の行為を含む。）の違法が後行処分の取消理由となることを「（最広義の）違法性の承継」、後行処分の取消訴訟において先行処分の違法が後行処分の取消理由となることを「（広義の）違法性の承継」、後行処分の取消訴訟（先行処分の取消訴訟を提起することができたにもかかわらず提起しなかった者が提起したものに限る。）において先行処分の違法が後行処分の取消理由となることを「（狭義の）違法性の承継」、後行処分の取消訴訟（先行処分の取消訴訟を提起することができたにもかかわらず提起しなかった者が提起したものに限る。）において先行処分の違法が後行処分（その実体的要件が先行処分と重複していないものに限る。）の取消理由となることを「（最狭義の）違法性の承継」と、それぞれ呼んでおく（いずれも先行行為が有効な場合に限る。）。

判旨一　「本件条例四条一項は、大規模な建築物の敷地が道路に接する部分の長さを一定以上確保することにより、避難又は通行の安全を確保することを目的とするものであり、これに適合しない建築物の計画について建築主は建築確認を受けることができない。同条三項に基づく安全認定は、同条一項所定の接道要件を満たしていない建築物の計画について、同項を適用しないこととし、建築主に対し、建築確認申請手続において同項所定の接道義務の違反がないものとして扱われるという地位を与えるものである」。「平成一一年東京都条例第四一号による改正前の本件条例四条三項の下では、同条一項所定の接道要件を満たしていなくても安全上支障がないかどうかの判断は、建築確認をする際に建築主事が行うものとされていたが、この改正により、建築確認とは別に知事が安全認定を行うこととされた。これは、平成一〇年法律第一〇〇号により建築基準法が改正され、建築確認及び検査の業務を民間機関である指定確認検査機関も行うことができるようになったこと（……）に伴う措置であり、上記のとおり判断機関が分離されたのは、接道要件充足の有無は客観的に判断することが可能な事柄であり、建築主事又は指定確認検査機関が判断するのに適しているが、安全上の支障の有無は、専門的な知見に基づく裁量により判断すべき事柄であり、知事が一元的に判断するのが適切であるとの見地によるものと解される」。「以上のとおり、建築確認における接道要件充足の有無の判断と、安全認定における安全上の支障の有無の判断は、異なる機関がそれぞれの権限に基づき行うこととされているが、もともとは一体的に行われていたものであり、避難又は通行の安全の確保という同一の目的を達成するために行われるものである。そして、前記のとおり、安全認定は、建築主に対し建築確認申請手続における一定の地位を与えるものであり、建築確認と結合して初めてその効果を発揮するのである。」

判旨二「他方、安全認定があっても、これを申請者以外の者に通知することは予定されておらず、建築確認があるまでは工事が行われることもないから、周辺住民等これを争おうとする者がその存在を速やかに知ることができるとは限らない（これに対し、建築確認については、工事の施工者は、法八九条一項に従い建築確認があった旨の表示を工事現場にしなければならない。）。そうすると、安全認定について、その適否を争うための手続的保障がこれを争おうとする者に十分に与えられているというのは困難である。仮に周辺住民等が安全認定の存在を知ったとしても、その者において、安全認定によって直ちに不利益を受けることはなく、建築確認があった段階で初めて不利益が現実化すると考えて、その段階までは争訟の提起という手段は執らないという判断をすることがあながち不合理であるともいえない。」

判旨三「以上の事情を考慮すると、安全認定が行われた上で建築確認がされている場合、安全認定が取り消されていなくても、建築確認の取消訴訟において、安全認定が違法であるために本件条例四条一項所定の接道義務の違反があると主張することは許されると解するのが相当である。」

二 違法性の承継に関する従来の判例

（最狭義の）違法性の承継に関する先例としては、本来の納税義務者に対する課税処分と共同的な事業者である第二次納税義務者（地方税法一一条の六）に対する納付告知につき、これを否定した判決がある(1)（ここでの原告は、先行処分との関係では名宛人以外の者、後行処分との関係では名宛人に当たる。）。しかしながら、同判決は、「主たる納税義務の存否等についての第二次納税義務者の訴権利益は、主たる納税義務者によっていわば代理されている」として「権利救済の面においても両者を一体的に扱」ったものと解説されており(2)、両処分の関係を本来の納税義務者に対する課税処分と徴収処分（滞納処分手続における差押処分、公売処分等をいう。以下同じ。）との関係と同視するものにほかならない。よって、同判決は、課税処分と徴収処分につき違法性の承継を否定する伝統的な判例(3)・通説(4)の結論に依拠したものにとどまり、本判決にとって直接の参考となるものでない。

なお、本判決にとって先例的価値をもつかは疑問であるが、（狭義の）違法性の承継まで含めると、農地の買収計画（自作農創設特別措置法六条一項）と買収処分（同法九条一項。正確には買収令書の交付）につきこれを肯定した判決があり、（広義の）違法性の承継まで含めると、他者に対する任用処分と自己に対する待命処分につきこれを否定した判決がある。(6) 田中博士が関与した後者の判決は、「任用と待命とはそれぞれ目的及び効果を異にする別個の行為であって、前者の違法性が当然に後者に承継されるわけはな」いとして、田中基準（後述）に依拠している。

(5)

（1）最判昭五〇・八・二七民集二九巻七号一二二六頁。ここでは、無償又は著しい低額の譲受人等である第二次納税義務者（国税徴収法三九条）が本来の納税義務者に対する課税処分の取消訴訟を提起することができるとした最判平一八・一・一九民集六〇巻一号六五頁の射程は共同的な事業者である第二次納税義務者にも及ぶと解しておく。

（2）佐藤繁〔判解民昭五〇〕四〇九頁。よって同判決の射程は、無償又は著しい低額の譲受人等である第二次納税義務者には、当然には及ばないと解される。最判平一八・一・一九前註(1)は、本来の納税義務者によってそれらの者の「訴権が十分に代理されているとみることは困難である」と説示したからである。

（3）行判昭三・二・九行録三九輯一四七頁等。

（4）田中二郎『行政法総論』（有斐閣・昭三二）三二五頁。

（5）最判昭二五・九・一五民集四巻九号四〇四頁。

（6）最判昭三九・五・二七民集一八巻四号七一一頁。

三　違法性の承継に関する従来の学説

本判決に直接的な影響を与えたとみられる学説は、次のとおりである。

美濃部博士は、「行政訴訟の……先決問題が公定力ある行政行為に依つて既に確定したものであれば、行政裁判所は恰も司法判決の当否を審理し得ないと同様に、先決問題として行政行為の当否をも審理し得るものではない。

……唯……其の行為が繋争の行政行為の基本的行為であり、其の効果が繋争の行為に包含せられ、両者の結合に依つて終局の効果を生ずる場合には、前行の行為の適法性を審理することは、即ち繋争の行為を審理する所以で」あると説いていた。(7) もっとも、用語方及び訴訟制度が現在と著しく異なるため、ここでは立ち入らない。(8)

田中博士は、美濃部説の文言をなぞって、「両者が相結合して一つの効果を完成する場合……には、積極に解すべく、両者がそれぞれ別個の効果を目的とする独立の行為なる場合……には、消極に解すべきである」(9)という基準（以下「田中基準」という。）を定立した。当初は、肯定例として農地の買収計画と買収処分及びいずれも徴収処分である差押処分と公売処分が、否定例として課税処分と徴収処分が、それぞれ挙げられていた。(10) その後、差押処分と公売処分が削られ、田中基準に当てはまる場合であっても「先行処分について、別に、違法性の承継を中断する趣旨の規定があるときは例外」という留保が付されるに至る。(11) このような叙述の変化は、各徴収処分につき短期の不服申立て期間を定めた国税徴収法（昭三四法一四七）一七一条一項(12)を意識したものであろう。

とはいえ、これにより肯定例を代表することとなった農地の買収計画と買収処分は、実体的要件（自作農創設特別措置法三条）が完全に重複しており、（狭義の）違法性の承継の立法例であることに注意しなければならない。(13) その類例としては、三審制の不服申立てを事前手続化した退去強制手続における入国審査官の認定、特別審理官の判定及び法務大臣の裁決(14)（出入国管理及び難民認定法四五条一項・四八条八項・四九条三項）等をみるにとどまる。(15)

以上に対し、「先行行為の具体的違法事由が本案請求の成否にとって決定的なものかどうかという先決性(16)」についての実体法的考察と先行処分に対する争訟手段の実効性についての手続法的考察との併用を主張したのが、遠藤博士であった。もっとも、そこでいう「先決性」の概念は必ずしも明瞭でなく、(17) 全体の重心は手続法的考察におかれている。(18)

小早川教授は遠藤教授の見解を受け継いだが、「先決性」の概念は依然として明瞭でない。とはいえ、結論としては緩やかにこれを認めており、[19]比重はやはり手続法的考察に移っているようにみえる。[20]

（7）美濃部達吉『日本行政法』上巻（有斐閣・昭一一）九九七～九九八頁。
（8）試論的な考察として参照、行政訴訟実務研究会編『行政訴訟の実務』（第一法規・加除式）六九〇頁註122b〔太田匡彦〕。
（9）田中二郎『行政法講義案』上巻第二分冊（有斐閣・昭二四）一九三～一九四頁。
（10）参照、田中・前註(4)三二五頁。田中博士は、差押処分の実体要件は公売処分の実体要件でもあると考えていたようである（参照、三ヶ月章＝加藤一郎監修『国税徴収法〔昭和改正編〕(三)』日本立法資料全集一五三巻（信山社・平一四）七〇頁・一四〇頁〔田中二郎委員〕）。
（11）参照、田中二郎『新版行政法』上巻全訂一版（弘文堂・昭三九）三一一頁。
（12）本書前章九六頁参照。但し、吉国二郎ほか『新国税徴収法精解』（大蔵財務協会・昭三五）七五六頁は、同項は違法性の承継を否定した趣旨でないとする。
（13）「〔自作農創設特別〕措置法の体系にあつては買収（売渡）計画は正確な意味での行政処分ではなくて買収（売渡）という行政処分を行うための前提としての行政機関の内部手続の一部であ」り（和田正明＝橘武夫『新農地法詳解』（学陽書房・昭二七）三二〇頁）、対日理事会の意嚮から不服申立てが認められたにすぎない（参照、農地改革資料編纂委員会編『農地改革資料集成』二巻（農政調査会・昭五〇）六六頁・七一頁）。
（14）最判平一八・一〇・五集民二二一号四〇三頁は、これらの処分が、一般法である行政不服審査法に基づく不服申立てをすることができない代わりに設けられたものと理解している。
（15）これに対し、漁業調整に関する指示（漁業法六七条一項）といわゆる裏付け命令（同条一一項）については、先行行為に処分性がないと解されている（参照、水産庁経済課編『漁業制度の改革・新漁業法条文解説』（日経新聞社・昭二五）五九二頁）。
（16）遠藤博也『実定行政法』（有斐閣・平元）一一四頁。
（17）後行「処分による権利侵害と……先行行為の具体的違法事由との間に密接な関係があ」る場合（遠藤博也『行政法スケッチ』（有斐閣・昭六二）三〇七頁）、「各段階に共通する実体的内容にかかわる」違法がある場合（遠藤・前註(16)一一五頁）に認められるという。後者の叙述は、（狭義の）違法性の承継の立法例である農地の買収計画と買収処分を想起させるが、全体の趣旨からみて、それに限る趣旨でもないようである。

(18)　「実体的な法律関係のみによって決着がつくのは、やはり基本的なところ（または典型的場合）にかぎられるのであって、この問題の中心が実質的には権利保護の要請と法的安定の要請の調和にあるものとすれば、争訟手段の如何もかなり重要な意味をもつはずである」（遠藤博也『行政行為の無効と取消』（東大出版会・昭四三）三四六頁）。

(19)　参照、小早川光郎『行政法講義』下巻Ⅱ（弘文堂・平一七）一八八頁。

(20)　太田教授は、小早川教授の見解を受け継ぎ、「先行行為に対する法的評価が後行行為に対する法的評価と連動する関係にあることが法によって予定されている——先行行為は後行行為に対して先決性をもつ行為である——ことを前提とした上で、後行行政処分取消訴訟の原告に、先行行政処分に対する取消訴訟を予め提起しておくことをどの程度要求できたか、またそれを要求するに相応しい事前手続を先行行政処分が備えているか」という基準を提示している（行政訴訟実務研究会編・前註(8)六八一頁〔太田〕）。ここでも、「先決性」の観念が明瞭になったとはいいがたい。

四　違法性の承継に関する立法例

違法性の承継については、その可否を明示した立法例が、わずかながら存在する。

このうち最初の立法例[21]は、厚生年金保険法（昭二九法一一五）九〇条四項[22]である。同項は、被保険者の資格の得喪等の確認（同法一八条一項）と保険給付に関する処分につき、承継を否定した。前者を後者に先行させるかたちで分離したのに併せて、新設された規定であり、今日まで広く社会保険各法に伝播するところとなっている[23]。

一方、行政不服審査法の施行に伴う関係法律の整理等に関する法律（昭三七法一六一）は、接収貴金属等の処理に関する法律一三条、農地法八五条三項[24]、地方税法一九条の五及び同法四三二条三項[25]を追加し、それぞれ接収貴金属等の認定（接収貴金属等の処理に関する法律六条一項）と保管貴金属等の返還処分（同法八〜一〇条）、未墾地等の公示（農地法四八条一項）と買収処分（同法五〇条一項）、二以上の道府県において事務所等を有する法人の法人税額等の分割の基準となる従業者数の修正（地方税法五八条一項）等と更正処分等及び固定資産の価格の登録（同法四一一条一項）と賦課処分につき、承継が否定される旨を確認した。いずれも不服申立てにおける主張制限の規定であるが、訴訟で制限されない主張を不服申立てで制限するのは不合理であるから、訴訟で主張が制限されることを前提としていると解すべきである。

これらの立法例では、例外なく、先行処分につき不服申立て前置主義がとられ、かつ、承継を否定される者は先行・後行両処分いずれとの関係でも名宛人に当たっている。(26) なお、固定資産の価格の登録は個々の名宛人に通知されることはないが、一般処分ではなく、当該市町村の区域に所在する「固定資産の所有者」（地方税法三四三条一項）全員に対する処分であるがゆえに通知が省略されていると解しておく。

これらの立法例の多くは、前述のとおり一部改正時に追加された確認的規定であるため、承継が否定される局面は、決してこれに尽きるものでない。しかしながら、より精細に分析すれば、拡張的な類推解釈には謙抑的であるべきことが導かれよう。

第一に、厚生年金保険法九〇条四項等は、被保険者の資格の得喪の確認等と保険料の賦課・徴収に関する処分にまでは及ぼされていない。よって同項は、先行処分の存在又は内容を前提として初めて後行処分の要件について判断することができるという関係(27)（以下「前提関係」という。）がある点だけでなく、両処分間の時差が長期に及ぶ点にまで着目して、違法性の承継を否定したものと解される。(28)

第二に、接収貴金属等の処理に関する法律一三条及び地方税法五八条一項は、単に先行処分から複数の後行処分が派生する点にとどまらず、それら後行処分が性質上互いに整合的でなければならない点にまで着目して、違法性の承継を否定したものと解される。前者については、接収貴金属等の多くが占領軍によって溶解・混合されたから(29)であり、後者については、承継を肯定すると「賦課処分が各地方団体において時期を異にして行われること等の理由によつて、いつまでもその前提処分が確定しないことにより、法的安定性を害するおそれがある(30)」からである。

第三に、農地法八五条三項については、未墾地等の公示が所有者を名宛人とし、通知もされる点（同法四八条三項）に注意しなければならない。これに対し、土地収用手続における事業認定（土地収用法二〇条）は、起業者を名宛人とし、告示（同法二六条一項）がされるにとどまる（土地収用法の一部を改正する法律（平一三法一〇三）による改正後もこの点に変わりはない。）。よって、事業認定と収用裁決についてまで、農地法八五条三項を類推することは許されない。

第四に、地方税法四一一条一項は、単に大量処分である点にとどまらず、上記の意味での〝全員処分〟である点にまで着目して、違法性の承継を否定したものと解される。

以上を要するに、行政過程を段階的に安定化させる特別の必要性があり、かつ、失権的効果を随伴させても不合理といえないほど、先行処分に対する争訟手段が実効的である場合に限り、違法性の承継を否定するのが、現行法制上の基本原則であるといえよう。[31]

(21)　実現しなかったが、明治三五年の行政裁決及び行政裁判権限法案四八条の立案過程では、義務を課す処分と執行費用の徴収処分につき、明文で違法性の承継を否定するという案が検討されていた（参照、法典調査会「行政裁判法及行政裁判権限法委員会議事速記録」法務大臣官房司法法制調査部監修『日本近代立法資料叢書』二七巻（商事法務研究会・昭六一）一九三頁）。

(22)　「被保険者の資格又は標準報酬に関する処分が確定したときは、その処分についての不服を当該処分に基づく保険給付に関する処分についての不服の理由とすることができない。」

(23)　例えば失業保険法（労働保険審査官及び労働保険審査会法（昭三一法一二六）による改正後のもの）四〇条三項（現・雇用保険法七〇条）につき参照、労働省失業保険課『失業保険法』（労務行政研究所・昭三二）三八五〜三八六頁。なお、国民年金法一〇一条七項では、これが障害の程度の診査に関する処分と障害基礎年金に関する処分との間にも応用されている。

(24)　農地法等の一部を改正する法律（平二一法五七）による改正前のもの（以下同じ。）。

(25)　本章に掲げた農地法の違法性の承継に関する規定は、未墾地の買収制度の廃止に伴い、姿を消している。とはいえ、同制度が廃止されたのは、これらの規定が違憲だからでなく、政策上の必要性がなくなったからである。よって、立法例としての価値は、現在でも失われていない。

(26)　但し、事業主が通知を代行する資格の得喪等の確認につき、厚生年金保険法施行規則二五条一項が不服申立てに関する教示も併せてする必要があることを明示していない点は、改善すべきであろう。

(27)　例えば現行の厚生年金保険法でいえば、後行処分の要件〔「保険料納付済期間と保険料免除期間とを合算した期間が十年以上であること」（四二条二号）等〕は、先行処分の存在（その者が被保険者資格を有すること）を前提としている。

(28)　「従来は……資格関係について異議のある場合は、保険給付に関する処分を対象とする行政争訟に包含されて争われたのであるが、このため資格に関する当該事実のあった時点と争訟の行われる時点とは時間的に相当な懸隔を生じ、ややもすれば被保険者に不利な結果をまねくこともあった」（厚生省保険局『健康保険法・日雇労働者健康保険法・厚生年金保険法』（労務行政研究所・昭三四）四九一頁）。

(29)　参照、拙著『国家作用の本質と体系Ⅰ』（有斐閣・平二六）一一八頁。

(30)　自治省税務局『地方税法総則逐条解説』（地方財務協会・昭四五）四六六頁。

(31)　このような考え方は、強いていえば、田中博士の上記の留保に含まれていたと解しえないでもない。より明示的には、神谷助教授が違法性の承継を「法律状態の安定と個人の権利の保護救済という二つの異った要求を調和させるため」の理論として位置付けていたところである（参照、神谷昭〔判批〕我妻栄＝宮沢俊義編『行政判例百選』（有斐閣・昭三七）一二二頁）。近時では、山本教授が、最大判平二〇・九・一〇民集六二巻八号二〇二九頁〔浜松区画整理〕近藤補足意見及び最判平一七・一〇・二五集民二一八号九一頁〔病床削減勧告〕藤田補足意見を手掛りとして、「先行行為の違法を是正する手続を専ら先行行為の段階に組み込むことことが強い合理性を持ち、先行行為の違法を後行行為の段階で是正する手続をとることが、先行行為・後行行為を通じた行政過程ないし行政手続の全体に著しい混乱をもたらすか否か」「先行行為の段階で、後の権利利益侵害の程度に見合うだけの手続保障がなされ、先行行為をその段階で争うことを関係者に強い得るほど十分に実効的な権利保護手続が整備されているか否か」という基準を提示している（参照、山本隆司『判例から探究する行政法』（有斐閣・平二四）四〇七頁）。

五　本判決の評価

判旨一は、安全認定及び建築確認が「同一の目的を達成するために行われ」、前者は後者と「結合して初めてその効果を発揮する」として、田中基準を採用している。但し、本判決はこれのみではなく、判旨二と併せて承継の可否を決しており、田中基準に遠藤・小早川説の手続法的考察を接ぎ木した構成となっている。

このように本判決は、手続法的考察を併用した点では、遠藤・小早川説と共通している。しかしながら、実体法的考察については、その内容が必ずしも明瞭でない「先決性」基準に代えて、抽象的にすぎるがかといって直ちに否定し去ることも躊躇される田中基準により、換骨奪胎したものとみられる。

とはいえ、田中基準に対してはつとに、「それ自体きわめて形式的であって、そのようなメルクマールによって、なぜ違法性の承継を認めるべき場合と否定すべき場合とに分かれることになるのか、その実質的な理由は判然としない(32)」という批判が提起されているところである。田中基準に当てはまる場合には、「一連の行為によって法が実現しようとしている目的は最終の行政処分に留保されているのであって、先行行為が独立の行政処分とされて争訟の機会を与えられているのはいわばプラス・アルファである(33)」という説明もあるが、漠然とした田中基準から常にそうした明快な結論を導くことができるかは、疑問といわざるをえない。よって、上記の批判は、判旨一にもそのまま向けられよう。

判旨一は、田中基準が妥当する理由として、安全認定が建築確認との関係で「接道義務の違反がないものとして扱われるという地位」を与える点とともに、前者がもともとは後者と一体であった点を挙げている。しかしながら、第一点については、先行・後行両処分の組合せが一通りしかない通常の法律では、先行処分を受けたことを後行処分の要件とすれば足りる（核原料物質、核燃料物質及び原子炉の規制に関する法律二七条一項等）ところ、建築基準法では安全認定以外にも特例許可・認定が豊富に存在し（後述）、それらと建築確認との組合せが多数に上ることから、技術的に判旨一の指摘するような法律構成がとられたにすぎず、当該「地位」にそれ以上の含意はない。また、第二点については、被保険者の資格の得喪等の確認（前述）がもともとは保険給付に関する処分と一体であったことが反証となろう。

前述の立法例でも、先行・後行両処分は全て同一行政過程の根幹的部分を構成しており、このことは承継の可否を決する以前の問題とされている。そうだとすれば、逆に先行・後行両処分が同一行政過程の根幹的部分を構成しない場合――同一の案件につき同一の法律に基づき先行・後行両処分がされるが、両処分が法律上連動していない場合（例えば青色申告の承認の取消しと白色更正処分）――には、承継が否定されるのではなく、承継の可否を問う前提条件が欠けているといわねばならない。よって、田中基準に依拠した判旨一に何らかの意義があるとすれば、せいぜいこのような前提条件の存在を肯定したことにとどまろう。

一方、判旨二では、失権的効果を随伴させても不合理といえないほど、先行処分に対する争訟手段が実効的であるかについて検討されている。この部分については、現行法制上の基本原則（前述）とも整合的であり、何ら異論はない。問題はむしろ、行政過程を段階的に安定化させる特別の必要性があるかについて、何ら検討がされていない点にある。

この点、判旨一が指摘した、安全認定の建築確認からの先行分離が建築確認事務の民間開放という偶発的事情によるものにすぎないことは、判旨二においてこそ援用されるべきであったと思われる。

すなわち本件では、接道義務に係る要件判断（その適用除外に関する判断を含む。）は、建築確認における他の要件判断と順不同的に行うことが性質上可能であり、この意味で、安全認定と建築確認は順不同的関係にある。[34]しかも、安全認定を受けただけでは工事に着手することはできないから、先行処分に基づいて形成される事実状態の安定を尊重する必要もない。[35]このように、先行・後行両処分が順不同的関係にあり、かつ、後行処分がされるまで事実状態に変動のない類型では、〝段階的〟行政過程といっても、実際には表見的・擬似的なものにすぎず、これを安定化させるための特別どころか平均的な必要性すら生じないのである。

本判決は、段階的に安定化させる必要がない行政過程であるという点で、農地の買収計画と買収処分につき違法性の承継を肯定した先例（前述）と一脈を通じている。同判決のように先行・後行両処分の実体的要件が重複している類型では、名宛人等による蒸返しを通じた審級的な是正が予定されており、いまだ行政過程の根幹的部分は開始していないと考えられるからである。このほか、先行・後行両処分の一方が段階的行政過程の派生的部分にまたがっている類型――一時利用地型の仮換地指定（土地区画整理法九八条一項）のような〝脇道〟型と差押換（国税徴収法五〇条一項）のような〝枝道〟型がある――についても、派生的部分に安定性を与えなくとも根幹的部分の安定性に影響はないため、同様に考えることができよう。

(32)　福井秀夫「土地収用法による事業認定の違法性の承継」成田古稀『政策実現と行政法』（有斐閣・平一〇）二五五頁。
(33)　阿部泰隆〔判批〕塩野宏編『行政判例百選Ⅰ』二版（有斐閣・昭六二）一七八頁。
(34)　先行処分の存在又は内容を前提としなくとも後行処分の要件について判断（先行処分を受けたことをもって後行処分の要件の一部を適用除外とする判断を除く。）することができるという関係をいう。この括弧書がなければ、文字どおり順不同になってしまう。順不同的とは、「性質上」と断っておいたとおり、立法論としては順不同という意味である（海道俊明「違法性承継論の再考（三・完）」自治研究九〇巻五号（平二六）一一五頁註215は、この点を正解していない。）。
(35)　ドイツにおける警察許可の予備決定につき参照、山田洋『大規模施設設置手続の法構造』（信山社・平七）一八一～一八二頁。

六　本判決の射程

本判決の射程は、安全認定と時を同じくして建築基準法の一部を改正する法律（平一〇法一〇〇）により建築確認から先行させるかたちで分離された、建築基準法四三条一項ただし書、同法四四条一項二号又は五三条五項三号に基づく特例許可と建築確認に当然及ぶ。

建築基準法に基づく他の特例許可・認定（同法四四条一項三・四号、五一条ただし書、五二条一〇・一一・一四項、五三条四項、五三条の二第一項三・四号、五五条二項・三項一・二号、五六条の二第一項ただし書、五七条一項、五七条の四第一項ただし書、五九条一項三号・四項、五九条の二、六〇条の二第一項三号、六七条の二第三項二号・五項二号・九項二号、六八条一項二号・二項二号・三項二号・五項、六八条の三第一〜四・七項、六八条の四、六八条の五の二、六八条の五の三第二項、六八条の五の五第一・二項、六八条の五の六、六八条の七第五項、八六条一〜四項、八六条の二第二項及び八六条の六第二項）と建築確認についても、事例依存的な要件判断を特定行政庁の権限とし、画一的・機械的な要件判断を建築主事の権限とするのが、同法制定時からの基本方針であるため、[36]本判決の射程内にある。但し、用途制限の特例許可（同法四八条一〜一三項）と建築確認については、公告及び意見の聴取がされる（同条一四・一五項）ため、別途の手続法的考察を要しよう。

また、建築基準法に限らず、先行・後行両処分が順不同的関係にあり、かつ、後行処分がされるまで事実状態に変動のない類型の行政過程全般についても、おそらく結論として承継が肯定されることとなるのであろう。

以上に対し、先行・後行両処分が前提関係にあり、段階的に安定化させる必要性が生じる類型、例えば市街化調整区域における[37]開発許可（都市計画法二九条一項）と建築確認については、本判決の射程外である。

(36) 参照、荒秀ほか『改訂建築基準法』（第一法規・平二）一〇〜一一頁。
(37) 初出論文では単に「開発許可」としたが、「市街化調整区域における」を補っておく（参照、最判平二七・一二・一四民集六九巻八号二四〇四頁（鎌倉開発許可））。市街化区域では、開発許可の存在又は内容は建築確認の要件（建築物の敷地に関する基準（建築基準法一九条））に組み込まれていないからである。

【追記】

(1)　本章の初出論文の公表後、海道助教は、違法性の承継に関する学説を網羅的に分析した[38]。もっとも、同助教自身の見解は、筆者の見解を含む諸学説を折衷した利益衡量論に傾斜している[39]。承継の理論的な説明としては、先行処分の適法性が後行処分の不文の処分要件となるという立場とそれ以外の立場があり、自らは後者の立場を支持するという[40]。

野呂教授は、亘理教授の比較法研究[41]を踏まえ、本判決から、次のような原則命題と例外命題を導き出している。

「先行行為と後行行為が結合して初めて効果を発揮する場合には、一般人が、後行行為によって不利益が現実化するまで争訟を提起しないという判断をすることが不合理とはいえないことから、原則として違法性の承継が認められる。」「先行行為と後行行為が結合して初めて効果を発揮する場合であっても、例外的に、先行行為の判断対象事項の早期確定のため、法律が違法性の承継を否定する場合がありうる。法律がそのような意図を有するかどうかの解釈に当たっては、先行行為と後行行為が別個の行政処分とされた趣旨や、先行行為を争うための手続の保障の程度を考慮すべきである[42]」

原則命題の特色は、田中基準により違法性の承継が肯定される根拠を判旨二の後半部分に求めた点にある。一方、例外命題の特色は、判旨一の第二段落と判旨二の前半部分を結び付けた点にある。

両命題の当てはめとして、事業認定と収用裁決につき野呂教授は、両処分が分離されたのは判断内容を異にするためにすぎず、手続保障も十分でないとして、承継を肯定する[43]。とはいえ、判断内容を異にするだけなら、両処分を同時化してもよかったはずである[44]。やはり事業認定を先行させるかたちで段階化されたのは、事業が点的でなく線的・面的である場合が多く、起業地が多数の土地を包含しうるためであろう[45]。事業認定を受けた起業者は、いまだ任意取得していない起業地内の土地が収用裁決の対象となりうることを前提に、すでに任意取得した土地の上で事業を進めることが認められている。土地収用法が、このようにして事業認定から収用裁決までの間に進められた公共の利益となる事業を、およそ保護しない趣旨とは考えられない。よって、行政過程を段階的に安定化させる平均以上の必要性はあるものの、手続保障が十分でないため、結論としては承継を否定すべきである（前述）。

次に、土地区画整理事業計画と換地処分につき同教授は、手続保障が十分でないとして、承継を肯定する。[46] この限りで異論はないが、両行為の間には工事が法律上介在するため、行政過程を段階的に安定化させる特別の必要性はあるといえよう。

さらに、市街化調整区域における開発許可と予定建築物の建築確認につき同教授は、田中基準にすら当てはまらないという。[47] しかしながら、開発許可をするか否かは予定建築物の用途等をも考慮して決せられる（都市計画法三三条一項一号・二号等）ため、首肯しがたい。

(2) ともあれ、野呂教授のいう「先行行為と後行行為が別個の行政処分とされた趣旨」は、極めて重要な視点である。ここでは、埋立免許と竣功認可及び徴収処分について補足しておきたい。

公有水面の埋立手続は、①明治八年内務省達乙一三号→②明一二・三・四地理局通知→③公有水面埋立及使用免許取扱方（明二三内務省訓令三六）→④公有水面埋立法の順に、整備されてきた。①は、湖海をそのままの状態で土地として払い下げるものであった。[48] ②は、地所の下与を工業竣成後に繰り下げるべく、埋立免許（工業竣成を条件として、水面下にある地盤を工業竣成の時点で土地とする処分）を設けることとした。[49] ③④は、埋立免許から、竣功認可（③では成功認可。水面下にあった地盤を土地とする処分）[50] を後行させるかたちで分離し、二段階の手続とした。[51] 竣功認可は原状回復命令（公有水面埋立法三二条）をする必要がないと判断して初めてされるものであり、この判断は工事が竣功した後でなければすることができないからである。[52]

国税の滞納処分手続については、公売処分の前段階に差押処分を設けたのは、第三者が滞納者の財産を譲り受けて対抗要件（動産につき引渡、不動産につき登記）を具備することを防止するためである。また、公売処分の後段階に配当処分を設けたのは、国税に優先する担保権を認めたことに伴い、その権利者に対する配当を同手続で実施するのが便宜に適うためである。もっとも、同手続は民事執行手続を単純に行政化したものでなく（刑事法・破産法的な色彩もある。）、行政権と司法権の関係上も微妙な問題があるため、考察には慎重を要しよう。[53]

(3)　東京地判平二七・九・一五判時二二九五号五四頁は、仮換地の指定と換地処分につき、「法律上換地処分をするために必ずしもこれに先立って仮換地の指定をすることを要するものではなく、仮換地の指定は換地処分の公告がされた時点で目的を達してその効果が当然に消滅する暫定的な処分にすぎ」ないと説示し、承継を否定した。本書のいう〝枝道〟型である点が決め手となったようである。[54]

東京地判平二九・一・三一労経速二三〇九号三頁は、次のような一般論を提示した上、業務災害に関する保険給付（労働者災害補償保険法七条一項一号）等の支給決定と当該業務災害の翌々年度の労働保険の保険料の認定（労働保険の保険料の徴収等に関する法律一九条四項）につき、承継を否定した。

「例外的に、先行の処分と後行の処分とが同一の目的を達成するための連続した一連の手続を構成し、相結合して初めて所定の法律効果を発揮する場合のように、先行の処分と後行の処分とが実体的に相互に不可分の関係にあるものとして本来的な法律効果が後行の処分に留保されているといえる場合であって、公定力ないし不可争力により担保されている先行の処分に係る法律効果の早期安定の要請を犠牲にしてもなお先行の処分の効力を争おうとする者の手続的保障を図るべき特段の事情があるときは、違法性の承継が肯定され〔る〕」（傍線引用者）

これによると、田中基準は傍線部の一例へと格下げされており、もはや書き換えられたといってよい。

(4)　違法性の承継は、後行処分の取消判決の拘束力により先行処分の職権取消しが義務付けられる点で、先行処分の取消訴訟の出訴期間制限の趣旨と緊張関係に立つことはいうまでもない。その正当化根拠を、本判決により肯定された限りで、本判決に即していえば、次のようになろう。

判旨一では、先行処分は後行処分とともに一個の「手続」（行訴法一三条二号）を構成しているが、先行処分の効果は手続法上の地位（もっぱら後行処分との関係における地位）を付与するものにすぎない点（建築主は後行処分を受けてようやく建築行為を開始することができる点）が述べられている。判旨二では、先行処分の取消訴訟を提起することの期待可能性について述べられている。これらを併せると、〝判旨一のような先行処分については、その取消訴訟の出訴期間制限の趣旨は、少なくとも判旨二のような周辺地域の居住者との関係では、手続を構成しない独立した処分と同様には考えられない〟ということである。

(38) 海道俊明「違法性承継論の再考（一～二）」自治研究九〇巻三号（平二六）九七頁以下・四号（同）一〇二頁以下。
(39) 参照、海道・前註(34)八八頁以下。
(40) 参照、海道・前註(38)四号一二〇頁註101。前者の立場として、興津征雄「違法性の承継に関する一事例分析」滝井追悼『行政訴訟の活発化と国民の権利重視の行政へ』（日本評論社・平二九）一五九頁があり、後者の立場として、大沼洋一「違法性の承継について」判例時報二一八五号（平二五）一一頁がある。
(41) 亘理格「フランス都市計画・国土整備法における『違法性の抗弁』論」行政法研究八号（平二七）一頁以下。判旨一と判旨三の後半部分の「一体的な把握を通して、同判決の正当な理解、更には違法性の承継論自体の正当な把握に到達し得る」（同九四頁）という結論は、野呂教授の二つの命題を先取りするものとなっている。
(42) 野呂充「行政処分の違法性の承継に関する一考察」行政法研究一九号（平二九）五五頁。
(43) 参照、野呂・前註(42)五七～五九頁。判断内容を異にするためだけでなく、公用収用法理（統治権と所有権の峻別を前提に、事業自体の公益性、個々の土地についての収用の必要性及び正当な損失補償という要件が充足される限りで収用が許されるという法理）を手続的に担保するため、両処分の分離は、絶対不可欠である（参照、拙著・前註(29)二四四頁）。
(44) 昭和四二年改正前は、両処分の間に、土地細目の公告及び協議が介在していたため、同時化は不可能であった。
(45) 両処分が制度上未分離であった公用土地買上規則の下でも、鉄道事業等では、二段階的な運用がみられたという（参照、拙著・前註(29)二四二頁。土地収用手続全般につき参照、同二四〇～二四五頁・二五二～二五三頁）。
(46) 参照、野呂・前註(42)六〇～六二頁。

(47) 参照、野呂・前註(42)六四頁。このほか、病院開設中止勧告と保険医療機関の指定につき、承継が肯定されている。筆者も、その理由（同六八頁参照）に賛同したい（同頁註91に引用された筆者の見解は、これと矛盾していないつもりである。）。

(48) 参照、明一四・三・一一愛媛県伺（内務省地理局編『例規類纂』二巻（明一七）五〇一～五〇三頁）。

(49) 同通知一項・三項本文・五項本文（内務省地理局編・前註(48)四九五～四九六頁）。

(50) 公有水面埋立法案逐条理由には、「埋立地は社会の通常の観念に従ふも新しき物の創造と見ることを得へし〔。〕……之を所有権の移転と見るときは……埋立人は移転登記料を負担せさるへからさることとなる〔。〕如此は無用のことなりと認め本法は従来の取扱を踏襲し原始的に取得せしむるの主義を採りたり」とある（三善政二『公有水面埋立法』（日本港湾協会・昭四五）二八一頁（傍点引用者））。

(51) 「まず埋立の免許によって公物たる公有水面を占用して埋立工事をする権能が免許を受けた者に与えられ、竣功認可によって、埋立地が公物としての公有水面たることを失い、埋立者の私所有地となるのである。したがって、竣功認可は、埋立工事の完成を確認するとともに、埋立者に埋立地の所有権を取得せしめる行政行為であると考えられる」（雄川一郎「公有水面埋立免許の竣功認可処分の取消」田中二郎＝雄川一郎『行政法演習Ⅰ』（有斐閣・昭三八）一八二頁）。同旨、最判昭六〇・一二・一七判時一一七九号五六頁〔伊達火力〕。これに対し、山口真弘＝住田正二『公有水面埋立法』（日本港湾協会・昭二九）三二頁は、④を②と同視し、埋立免許は「竣功認可を条件として、竣功認可の日に、埋立地についての私法上の所有権を取得させる行為」であるという。準法律行為的行政行為は効果意思を内容としないためというが、この学説は最判昭五七・四・二三民集三六巻四号七二七頁〔中野車両制限令〕によって否定されている。

(52) 参照、拙著・前註(29)九七頁。

(53) 参照、拙著・前註(29)三五八～三六二頁・三七九～三八一頁・三五二～三五三頁。

(54) 「違法性の承継に関する本判決の判断は、一般にその要件とされる結合性を欠くために、仮換地の指定の違法性が換地処分に承継しないというものである。……東京都建築安全条例事件……では、……安全認定の適否を争うための手続的保障がこれを争おうとする者に十分に与えられていないことが考慮されたが、本判決は、これと異なり、違法性の承継を認める必要がないものとしているものと考えられる」と解説されている（匿名〔判解〕判時二二九五号五五頁）。

第三章　不可分利益の保護に関する行政法・民事法の比較分析

一　はじめに

亘理教授の共同利益論(1)を契機として、行政法学界では〝中間的利益〟論がルネサンスを迎えた。(2)一方、民事法学界でも、これと相似形の議論が展開されているのではないかという指摘がある。(3)そこで本章では、筆者自身の〝中間的利益〟論である凝集利益（行政上の不可分利益）論(4)を再整理した後、これを民事法学における〝中間的利益〟論と対比し、両者の共約可能性・不可能性につき考察してみたい。

（1）参照、亘理格「公私機能分担の変容と行政法理論」公法研究六五号（平一五）一八九～一九二頁及び同「共同利益論と『権利』認定の方法」民商法雑誌一四八巻六号（平二五）二三頁以下。これらを併せみた筆者の評価として参照、本書第六章二九〇頁註(63)。

（2）亘理教授に続く業績として、見上崇洋『地域空間をめぐる住民の利益と法』（有斐閣・平一八）一〇～一六頁、同「都市法論における共通利益と行政計画」立命館法学三二一・三二二号（平二〇）等がある。

（3）参照、中川丈久「問題提起：行政法と民事法に集合的利益・集団的利益はどのように存在するのか」民商法雑誌一四八巻六号三頁。

（4）参照、拙著『公権力の行使概念の研究』（有斐閣・平一九）二八四～三〇八頁及び拙稿「〔付記〕書評会を振り返って」法政研究七四巻三号（平一九）二一九頁以下。併せて本書第六章二七八～二八〇頁も参照。

二　凝集利益（行政上の不可分利益）論

（一）　構想経緯

凝集利益（行政上の不可分利益）論の出発点は、次のような問題意識にあった。それは、民事法が主観的権利（subjektives Recht）の体系としての実体法と権利保護請求権に立脚する訴訟法に截然と分離されているのに対し、行政法は、処分その他「公権力の行使」とそれに関する不服の訴訟である抗告訴訟を基軸とすることだけは確かなものの、訴訟法に先立つ実体法の法律構成も、実体法と訴訟法の相互関係も、民事法のように明晰でないというものである。

ここで主観的権利というのは、「可分利益」すなわち「個別主体に排他的に帰属する法的利益」を指す。これに対し、「不可分利益」とは、「一定範囲内にある者(5)が非排他的に享受する法的利益」を指す(6)。「非排他的」とは、「各享受者(7)が司法的保護(8)を求めた場合には類似必要的共同訴訟となるべき実体法上の状態(9)にあること(10)」を指す。そのような状態である点に争いがないのは、判決効の拡張につき明文規定がある場合(11)及び判例上いわゆる反射効が及ぶ場合(12)である。例えば、各株主は違法な総会決議の取消権（裁判外で行使可能な主観的権利）を有しないが、全株主は決議の適法性に関して非排他的な利益を有している。また、各破産債権者は相互に主観的権利を有しない（他人の権利の消極的確認を求める利益は、実体法でなく訴訟法上の利益にすぎない。）が、全破産債権者は破産債権の存否に関して非排他的な利益を有している(13)。しかしながら、民事実体法の体系では、不可分利益はあくまでも例外的な現象にとどまる。

小早川教授はかつて、おそらく筆者と同じ問題意識に立ち、私人の国家に対する主観的権利としての行政実体法とそれを実現する行政訴訟法を構想した(14)。行政法における実体法と訴訟法の分離を民事法モデルによって達成しようとする画期的な試みであったが、次の二点に照らし、実定行政法の認識として必ずしも十分でないように思われる。第一は、およそ行政実体法の体系から不可分利益を捨象している点であり、第二は、民事訴訟・当事者訴訟から区別されているはずの抗告訴訟を前二者と同じく主観的権利を保護する訴訟として把握している点である。

かといって、行政実体法はもっぱら不可分利益から構成されており、行政訴訟法はそれを保護するものであるという、単純な置換えをすれば足りるわけでもない。少なくとも処分の名宛人の利益は可分利益であり、それらも抗告訴訟によって保護されるからである。だとすればむしろ、行政上の不可分利益とはいかなるものであり、それが主観的権利、処分及び抗告訴訟といかなる関係に立つのかという点こそが問われねばならない。

（二）長沼ナイキ判決を手掛りとして

筆者が考察の糸口としたのは、保安林の指定解除処分につき、「保安林の伐採による理水機能の低下により洪水緩和、渇水予防の点において直接に影響を被る一定範囲の地域に居住する住民」の出訴資格を認めた長沼ナイキ判決（最判昭五七・九・九民集三六巻九号一六七九頁）であった。同判決にいう「個人の個別的利益」とは、長らく可分利益を指すと解釈されてきたが、筆者は、不可分利益を各享受者について観察したものを指すと再解釈したわけである。同判決は、個々の原告に排他的に帰属する利益の存否を判断したのでなく、「一定範囲」内にある者が非排他的に享受する利益の存否を判断しており、原告がその享受者の一員であれば自動的に出訴資格を認めているからである。

当該「一定範囲の地域に居住する住民」の利益は、主観的権利とも「一般的公益」（同判決）とも区別されており、両者の中間に位置する〝中間的利益〟にほかならない。筆者は、当該「一定範囲の地域に居住する住民」の利益のような利益を「凝集利益」、「一般的公益」が保護される結果として反射的に保護される個々の国民の利益（主婦連ジュース判決（最判昭五三・三・一四民集三二巻二号二一一頁）にいう商品等の表示に関する「個々の消費者の利益」）を「拡散利益」とそれぞれ呼ぶことにした。[15] このうち拡散利益は事実上の利益にすぎず、法的利益としての不可分利益には含まれない。

長沼ナイキ判決にいう「一定範囲」は、単なる社会学的事実でなく、受益者負担金を課される範囲として、森林法自体に根拠を有している。これにより、凝集利益を享受する者は、拡散利益を享受するにすぎない者から法的に区別され、処分の名宛人（森林の所有者等）と対等な存在として位置付けられる。この「一定範囲」は、適法な保安林の指定処分によって創設されるべき範囲であり、適法な指定解除処分によって廃止されるべき範囲である。凝集利益は、手続法から独立していないという点では、民事実体法と異なるが、出訴資格を基礎付けるという点では、民事実体法と変わらない。

指定処分及び指定解除処分は、森林の所有者等と当該「一定範囲の地域に居住する住民」との間の、優れて法的な意味における利害調整である。換言すれば、前者の所有権等と後者の凝集利益は、次のようなかたちで互いに関連付けられている。後者の凝集利益は、指定処分によって制限される前者の所有権等なくしては存在しえない。一方、前者の所有権等も、後者の凝集利益が存在することによって、指定処分の効果に関する限り、凝集利益を度外視した単独的主張が禁止される。このことは、破産債権者が破産手続開始の決定によって受ける権利行使の制限を想起させずにおかない。

もっとも、このような単独的主張の禁止は、特別法である法定抗告訴訟が一般法である民事訴訟・当事者訴訟に優先することの当然の結果であるという反駁もありえよう[16]。しかしながら、処分と抗告訴訟という組合せは、不可分利益を含めた利害調整を通じて「一般的公益」を実現し、安定させてゆくという行政作用の特性を最もよく反映した制度設計なのであって、単なる偶然の産物と割り切ることはできないように思われる。

（三）　実定行政法を根拠として

凝集利益の発生は、利害調整の他方当事者である処分の名宛人にとっては、自らの法的利益が制限されることを意味している。ゆえに、侵害留保説をとる限り、「一定範囲」には法令上の根拠がなければならない。

筆者は実定行政法を精査し、否定する余地のないほど明瞭な凝集利益を列挙してみた。(17) その主眼は、いかに恣意的な判例政策によっても否定されえない領域を示す点にあった。(18) これとは別に、裁判所がより柔軟な法解釈をとって、凝集利益が成立する領域を広く認めてゆく特権を有していることはいうまでもない。むしろ問題となるのは、そのような判例政策に論理内在的な限界が存しないかという点であろう。

そもそも長沼ナイキ判決が出訴資格を認めるにつき凝集利益でもよいとした背景には、「一定範囲」をもってさえいれば、主観的権利と同じく対立当事者構造の手続に載せても支障がないという判断があったものとみられる。つまり、当事者を確定し、攻撃防御を尽くさせ、勝敗を付け、上訴させ、判決効を及ぼすという訴訟手続の運営が現実に可能である限り、「一定範囲」を拡張する技術的な妨げはない。しかしながら、行訴法が選挙訴訟を民衆訴訟としている以上、ある地方公共団体の住民であることは、もはや凝集利益の範囲付けとは認められない。

（四）　行政処分の民事訴訟による代替可能性？

処分の多くは、(19) 名宛人の可分利益と凝集利益又は拡散利益とを調整する行為に当たる。但し、拡散利益は、あくまでも「一般的公益」に吸収・解消された上で、利害調整の対象となる。

名宛人の可分利益と凝集利益とを調整する処分では、いずれの利益にも、訴訟における実体的当事者が存在するため、行政法でなく、民事法でも事足りるかにみえる。例えば、長沼ナイキ判決にいう「一定範囲の地域に居住する住民」には森林の伐採を制限する地役権の設定請求権を付与することとし、森林の所有者等には当該地役権の消滅請求権を付与することとすれば、保安林の指定処分・指定解除処分を民事訴訟として再構成することができそうである（名宛人の可分利益と拡散利益とを調整する処分でも、一般社団法人等を「一般的公益」の訴訟における形式的当事者とすれば、同じことがいえよう。(20)）。

しかしながら、そのような再構成は、もはや単なる置換えにとどまらず、全く異なった利益を対象とする全く異なった手続の創出とみなければならない。凝集利益は、保安林の指定処分によって生ずべき〝後国家的〟な利益であり、当該処分は、内閣の国会に対する政治責任の下、裁判所が代置することの許されない裁量的判断によってされるからである（凝集利益は、内閣が保護増進すべき「一般的公益」と両立しうる限度で、その〝処分権〟が享受者に委ねられているにすぎない。当該「一定範囲の地域に居住する住民」が森林の所有者等と手続外で〝和解〟して指定処分を申請せず、又は指定解除処分に賛成する意見のみを提出したとしても、当該地域に通行量の多い高速自動車国道が所在する場合には、行政庁がこれを通行する一般国民の利益を代表して、凝集利益の〝処分権〟を制限する必要が生ずる。）。

行政処分を民事訴訟に再構成することは、凝集利益及び「一般的公益」を、民事実体法と同じ意味において〝前国家的〟な利益とすることにほかならない。そのような利益は、もはや当初の利益とは全く別物である。ゆえに、民事訴訟は行政処分に代替することはできず、せいぜい擬似的な目的を追求しうるにとどまる。

しかしながら、逆に行政処分と無関係だからこそ、そのような民事訴訟を設けること自体が、行政処分の存在によって妨げられることはない。[21] 問題はむしろ、それを設けることが論理内在的に制約されるかである。そこで引き続いて、民事法学における〝中間的利益〟論の検討に移りたい。

（5）　一定範囲内にある者は、通時的には不特定であっても共時的には特定され、抗告訴訟の提起により当事者として確定するが、このことは、利益が排他的か否かとは関係がない。
（6）　担保権の不可分性（民法二九六条等）や不可分債権（同法四二八条）という場合の「不可分」でないことはもちろんである。
（7）　参加命令（民事執行法一五七条一項）を受けた者を除く（後註(10)参照）。
（8）　民衆訴訟（参照、最判昭五八・四・一民集三七巻三号二〇一頁）を除く。「元来提訴者各人が自己の個別的な利益を有しているものではない」（最判平九・四・二民集五一巻四号一六七三頁〔愛媛玉串〕）からである。
（9）　共有物の保存行為に関する共有者相互の法律関係（行政訴訟であるが参照、最判平一四・二・二二民集五六巻二号三四八頁。民事訴訟としても、保存行為につき訴えの個別的提起を認めた諸判例（参照、髙部眞規子〔判解民平一四〕二一五頁）の事例において、仮に複数の共有者が出訴していたとすれば、類似必要的共同訴訟となったと解される。）を除く。
（10）　民事法学界では、いかなる実体法上の状態があれば類似必要的共同訴訟となるかという問題については、必ずしも十分に統一的な考察がされているとはいいがたい。参加命令制度が整備されている場合（前註(7)参照）には、類似必要的共同訴訟の成否を純然たる訴訟法の問題として片付けることもできようが、現行法制上、そのような場合は例外的である。
（11）　一般社団法人及び一般財団法人に関する法律二七三条、会社法八三八条、破産法一三一条一項等及び人事訴訟法二四条一項。
（12）　株主代表訴訟につき、最判平一二・七・七民集五四巻六号一七六七頁（参照、豊澤佳弘〔判解民平一二〕六一八頁・六四七～六四八頁註48及び竹内昭夫「株主の代表訴訟」法学協会編『法学協会百周年記念論文集』三巻（有斐閣・昭五八）一六五頁）。なお、複数の債権者による債権者代位訴訟については、いまだ判例がない（同訴訟の性質に関する詳細な分析として参照、池田辰夫『債権者代位訴訟の構造』（信山社・平七））。
（13）　（旧）破産法の破産債権確定訴訟は破産法によって査定異議訴訟に改められたが、この点に変わりはない。
（14）　参照、小早川光郎「取消訴訟と実体法の観念」（昭四八）『行政訴訟の構造分析』（東大出版会・昭五八）一頁以下。
（15）　「拡散利益」の語は、イタリア行政法にいう“interesse diffuso”（語義は一定していないが、例えば参照、拙著・前註(4)二四八頁）に倣ったものであり、「凝集利益」の語は、筆者がその対義語として造語したものである。なお、筆者のいう拡散利益は、原田准教授のいう「拡散的利益」と「社会的損失」（原田大樹「集団的消費者利益の実現と行政法の役割─不法行為法との役割分担を中心として」現代消費者法一二号（平二四）一八頁）を併せたものに相当するが、行政法上の利益すなわち〝後国家的〟な利益に限定されている。
（16）　本章の初出論文に対する批判として参照、塩野宏『行政法Ⅰ（行政法総論）』六版（有斐閣・平二七）四九頁註9（なお、後註(46)も参照）。
（17）　参照、拙著・前註(4)二九〇～三〇三頁。
（18）　拙著・前註(4)は、保安林の指定処分・指定解除処分にみられるような事前参加規定によって裏打ちされていない限り、凝集利益の存在を認めないという趣旨でない。中川丈久「取消訴訟の原告適格について（二）」法学教室三八〇号（平二四）一〇二頁註43による拙著への言及も、そのように理解されるべきである。

(19) 本書序章五頁にいう②③⑤⑥であり、本書第六章二四九頁【表】にいう［Ⅱ］［Ⅲ］である。

(20) 民事訴訟でなく行政訴訟としての団体訴訟については、本章では立ち入らない。杉原丈史「フランスにおける集団利益擁護のための団体訴訟」早稲田法学七二巻二号（平九）九三頁以下及び同「経済行政における団体訴訟の可能性」佐藤古稀『経済行政法の理論』（日本評論社・平二二）二八七頁以下のほか、ドイツの環境団体訴訟につき、島村健「環境団体訴訟の正統性について」阿部古稀『行政法学の未来に向けて』（有斐閣・平二四）五〇八頁註10所掲の各文献参照。近時、島村教授は、自然公園法に基づく公園管理団体等の法人を本章でいう拡散利益の形式的当事者として、それらに出訴資格を認める解釈論を提示している（参照、同五三五～五三八頁）。筆者も、拙著・前註(4)三二四頁註65において、都市計画法、景観法等に基づく法人に団体訴訟の出訴資格を認める解釈論を示唆したことがある。

(21) 米国法における私訴権（私人が被規制者に対し規制立法違反行為の差止等を求める訴権）に対しては、「行政の専門技術能力を活かせない、および全体的に調和のとれた行政規制が確保できない」といった難点が指摘されている（常岡孝好「黙示的私訴権(Implied Private Right of Action)の分析枠組序説」明治学院大学法学部二〇周年記念論集『法と政治の現代的課題』（第一法規・昭六二）四七七頁）が、理論的というより「政策的」（同頁）な難点であろう。古城誠「公取委エンフォースメントと私訴」日本経済法学会年報二二号（平一三）一六頁も、「裁判所が、公取委の判断基準に十分な注意を払う必要があろう」と説くにとどまる。山本（隆）教授も、私人たる「原告がこのような民事訴訟を実効的に追行できる場合とは、処分根拠法規の要件の認定について行政庁に裁量ないし判断余地が留保されておらず……、かつ、比較的利害関係者の範囲が狭く、原告が必要な知識・情報を十分に収集・理解できる状況にある場合に限られよう」と説く（山本隆司「訴訟類型・行政行為・法関係」民商法雑誌一三〇巻四・五号（平一六）六六三頁）が、そのような状況でなければ民事訴訟の創設が理論的に許されないとする趣旨でもなさそうである。

三　民事法学における〝中間的利益〟論

（一）　私法上の不可分利益――法令・判例を根拠として

行政法学における〝中間的利益〟論は、「一般的公益」から凝集利益を切り分けるかたちで、いわば大から小へという方向で展開されてきた。これに対し、民事法学における〝中間的利益〟論は、絶対権から不法行為法上保護される利益等へと拡張するかたちで、いわば小から大へという方向で展開されてきた。とはいえ、出訴資格を基礎付けるための実体法上の法律構成を志向しているという点では、いずれも共通性が見られる。

民事法学における〝中間的利益〟論は、「主観的権利の主体に権利保護請求権たる訴権が付与される」という古典モデルを掘り崩さないかたちで、いかなる不可分利益につきいかなる者がいかなる根拠により当事者として訴権を付与されるかという難問に答えねばならない。この点、消費者団体訴訟制度の立案過程では、「私権（差止請求権）が、外延の不確定な集団（消費者集団）に集合的に帰属するという、ほとんど形容矛盾の状態を肯定するという飛躍」か「利益の帰属主体とは別の主体にその法的保護請求権を帰属させるという……飛躍」かという、進退両難の選択を迫られることが指摘されていた[22]。

私法上の不可分利益に関する現在の学説は、きわめて多彩である。このうち解釈論としては、吉田教授が「公共的利益」の侵害に対する「法秩序違反を理由とする差止」を認めている[23]。そこでは、「占有訴権の実体は、秩序違反に対する差止と見るべきです」とも述べられており[24]、非常に示唆的である。また、大塚教授は、「公私複合利益」の侵害に対して「享受」「（相互の）関係性」「関与」を根拠とする差止を認めている[25]。一方、立法論としては、かねてから福永教授が、「集団の固有の利益」を保護するため「権利能力のある団体に……差止請求権などの実体的権利を認める」よう提案していた[26]。また、山本（和）教授は、環境団体訴訟の立法化に伴い解決すべき諸問題を吟味している[27]。

もっとも、私法上の不可分利益が具体的にいかなる範囲で認められるかについては、民事法学界では必ずしも一致した見解があるわけでもないようである。[28] そこで本章では、冒頭に述べた二つの場合（判決効の拡張につき明文規定がある場合及び判例上いわゆる反射効が認められている場合）以外に、法令・判例上、私法上の不可分利益がいかなる範囲で認められているかにつき、検討してみたい。[29]

第一に、大正一一年の（旧）信託法により、「不特定ノ受益者」が享受する「信託ノ利益」を保護するため、信託管理人に受託者の行為の取消権が付与された。「不特定ノ受益者」には、公益信託の場合と集団信託等「多数の受益者が変動して固定性を欠く場合」があると解されていた[30]（このうち公益信託は、引受に主務官庁の許可を要するものであり、純然たる私法上の不可分利益とはいえない。）。

平成一八年の信託法は、信託に関する主観的権利を有する者のみを「受益者」と定義したため、「不特定ノ受益者」という文言は姿を消した。これに伴い、公益信託は「受益者の定めのない信託」の一種に再分類され、集団信託等は、顕名主義を緩和した代理構成という、主観的権利の主体間の法律関係に整理された。その反面、旧法では無効と解されていた「受益者の定めのない信託」が一般に認められ、かつ、これについて信託管理人制度が採用されたため、公益信託を除く「受益者の定めのない信託」につき、純然たる私法上の不可分利益を語る余地が生じた。[31] 信託管理人は、私法上の不可分利益を管理する私人であり、訴訟における形式的当事者となる。もっとも、その取消権は、特定の受益者が存する通常の信託にあっては、個々の受益者によって行使される権利である。このため、可分利益が不可分利益になったところで、取消しの相手方の地位に違いが生ずるわけではない。

第二に、大正一一年の（旧）破産法により、「破産債権者ノ一般ノ利益」を保護するため、破産管財人[32]に否認権が付与された。[33] 平成一六年の破産法では、相手方の予測可能性を高めつつ、否認権を強化する改正が行われた。そもそも相手方は、破産手続が開始される前には、個々の債権者から詐害行為取消権の行使を受ける立場にある。信託の場合と異なるのは、否認権が詐害行為取消権よりも若干強力という点である。

第三に、昭和五七年の最高裁判決（最判昭五七・七・一民集三六巻六号八九一頁）は、入会集団の各構成員が共同利用形態の入会権に基づく使用収益権の確認を求めることができるとした[34]。これに先立つ昭和四二年の最高裁判決[35]（最判昭四二・三・一七民集二一巻二号三八八頁）によると、入会権は「事実の上に成立している権利」であり、その調査官解説によると、占有権と同様であるという[36]。そこで、両判決の射程が、私法上の不可分利益の占有訴訟による保護に及ぶかが問題となる。物の事実的支配を内容とし、占有者が確定されることが必要となる点に争いはないとしても、この問題に答えるためには、まずもって不可分的な占有とは何かという大問題に取り組まねばならない。

第四に、昭和五八年の区分所有法改正により、「区分所有者の共同の利益」を保護するため、他の区分所有者の全員又は管理組合法人に差止請求権等が付与された。享受者全員により行使される権利という法律構成は、前述した難問に対する一つの解答であるが、実際には、小規模な不可分利益でなければ応用困難であろう。

第五に、平成一二年の独禁法改正により、不公正な取引方法により利益を侵害され、又は侵害されるおそれがある者に差止請求権が付与された。これは、不正競争防止法上の差止請求権と同じく、不法行為に対する特別の救済方法たる主観的権利とされている。すなわち、不公正な取引方法により価格を引き上げられた商品等の選択を余儀なくされない利益は、一般消費者でなく特定の消費者の利益である[37]。従って、被告が原告のみに対する関係で請求を認諾すれば、訴訟は当然に終了する。仮に、原告の救済に必要な範囲を超える差止を認めたものとすれば、第三者に対する手続保障、重複訴訟の調整等が不可欠となるはずであるが、そのような手当は何らされていない。ゆえに、事業者が請求に応じ、又は判決に従い侵害行為を停止することによって一般消費者が受ける効果は、あくまでも事実上のものにすぎない。この問題に限らず、およそ法律上の効果と事実上の効果は、区別して論じられるべきであり、後者についてはむしろ、それにより不利益を受ける者の保護こそがまずもって考慮されるべきであろう。

第六に、平成一八年の国立マンション判決（最判平一八・三・三〇民集六〇巻三号九四八頁）は、「良好な景観に近接する地域内に居住し、その恵沢を日常的に享受している者」の利益は、民法七〇九条にいう「法律上保護される利益」に当たるとした。とはいえ、この景観利益は、あくまでも主観的権利たる損害賠償請求権の要件事実であるにすぎない。だからこそ、景観利益として認定されるためには良好な景観が「客観的な価値」を有すれば足り、「近接する地域」の外延も社会通念に委ねてよいわけである。そうすると、（万が一にも）これらの利益に基づいて直ちに差止請求権を認めるような解釈論があるとすれば(38)、それは私人間の合意によって新種の物権を創設するのに等しく、ポストモダン的というよりプレモダン的といわねばならない。

第七に、平成一八年の消費者契約法改正により、「不特定かつ多数の消費者の利益」を保護するため、適格消費者団体に差止請求権が付与された。適格消費者団体については、中川教授の指摘どおり(39)、これを私人として捉える理解と広義の行政組織として捉える理解とがありうる。

前者の理解によると、適格消費者団体は、破産管財人とパラレルに位置付けられる。相手方たる事業者はもとと個々の消費者から消費者契約法に基づく取消権の行使を受ける立場にあり、かつ、差止請求権は取消権よりも若干強力な権利だからである。なお、適格消費者団体が行政庁によって認定される点は、このアナロギーを妨げるものでない。例えば保険管理人（保険業法二四二条二項）は、行政庁によって選任されるからである。

一方、後者の理解によると、差止請求は行政処分として、差止請求訴訟は行政上の義務の民事訴訟を通じた履行確保として位置付けられる。その前提として、行政的執行システムは国・地方公共団体のみを対象としており、いわゆる認可法人には司法的執行システムが適用されるという解釈をとる必要がある。この解釈は、「国又は地方公共団体」のみに論及した宝塚市パチンコ条例判決（最判平一四・七・九民集五六巻六号一一三四頁）と形式的には矛盾せず、行政代執行法六条三項の文理解釈としても一応成り立つが(40)、違和感は否めない。

加えて、平成二〇年の景品表示法・特定商取引法改正をみると、適格消費者団体の差止請求権の対象は、内閣総理大臣の排除命令・主務大臣の指示の対象よりも狭いものとされている。具体的には、個々の消費者に詐欺等を理由とする取消権が発生しうる行為に限られている(41)。よって結論としては、前者の理解をとるのが自然といえよう。

以上を要するに、一般に成立可能とされる私法上の不可分利益は、損害賠償請求権という受動的な救済方法をもつもの（不法行為法上保護される利益）にとどまっている。取消権・差止請求権といった能動的な救済方法をもつものは、入会集団を前提とするもの及び享受者全員により行使されるもの（区分所有法）を除けば、もともと不可分利益の享受者個々人がそれに近い主観的権利を有している場合に限られている。

（二）　凝集利益と不法行為法上の不可分利益（補論）

ここで、凝集利益と民法七〇九条にいう「法律上保護される利益」たる私法上の不可分利益との関係につき、補足しておきたい。

第一に、凝集利益として保護される、「一定範囲」内にある者が非排他的な利益を享受する状態は、同時に「法律上保護される利益」にも当たると解される。凝集利益が行政処分によって発生・消滅する観念的状態であるのに対し、「法律上保護される利益」は事実と命運をともにする現実的状態であるため、凝集利益の発生前にも消滅後にも「法律上保護される利益」が存在しているのが通常であろう。逆に、凝集利益として保護される利益状態が事実として失われれば、「法律上保護される利益」は消滅する一方、凝集利益は形式のみとはいえ存続する。

第二に、凝集利益は、これを違法に発生させず、変更し、又は消滅させる行政処分によってしか侵害されない。これに対し、「法律上保護される利益」は、第三者の不法行為によって侵害される。

第三に、凝集利益としても保護されている「法律上保護される利益」が第三者によって侵害された場合には、当該第三者が行政処分による利害調整の他方当事者である場合とそれ以外の者である場合を区別しなければならない。

例えば、長沼ナイキ判決にいう「一定範囲の地域に居住する住民」の利益につき、森林の所有者等が保安林の指定処分に基づく伐採制限に違反したことによって渇水が起きた場合と保安林が存する土地で地下水を大量に採取したことによって渇水が起きた場合とでは、前者の方が「違法な侵害」とされる可能性が高まる。[42]

(三) "不可分利益保護請求権" 創設の許容範囲

最後に、民事訴訟を通じた私法上の不可分利益の保護に論理内在的な制約が存するかについて考察する。

この点につき原田准教授は、適格消費者団体に「利益代表資格」が認められるための「正統性」を「ガバナンス構造規制や情報公開規制」等の認定要件に求めている。[43] もっとも、そこでいう「正統性」とは、主に一般消費者との関係で語られているようであり、必ずしも相手方たる事業者との関係で語られているわけではないようである。後者との関係では、これらの要件は差止請求権を付与するための必要条件であっても、十分条件であるかは疑問といわざるをえない。

前述のとおり、破産法、消費者契約法等を通覧すると、もともと個々の取消権者等から取消権等を行使される立場にある者のみが、取消権者等の不可分利益を代表する形式的当事者によって、本来の取消権等をやや強めた権利を行使される立場に置かれていることが分かる。そして、このような限定を課すことにより、適格消費者団体が一般消費者の代表たりうるかという点についても、一応疑問のないものとなっている。破産管財人が未特定多数の破産債権者の代表たりうる点は、今のところ争いがないからである。[44] こうした謙抑的な立法政策の根柢にあるのは、"対等な個人が法律関係を取り結ぶことによって成り立つ民事法の世界では、個人が個人でも国家でもない中間団体に対抗されることはない" という、近代私法の基本原理であると考えられる。

また、山本（和）教授によると、フランス法における消費者団体・環境団体の訴権は、不当条項の削除訴権等を除けば、いずれも犯罪構成行為の停止訴権として構成されているという。[45] そこには、"何人も犯罪行為をもっては何人にも対抗しえない〟という、これまた牢固たる基本原理を垣間みることができる。

さらに、ドイツでは、一九〇五年のライヒ大審院判決（RG Urteil vom 5. Januar 1905, RGZ 60, 6）以来、保護法規違反の不法行為に基づく差止請求権が認められているため、わが国と前提を異にしている点に注意しなければならない。もっとも、同判決に先立つ一八九六年の不正競争防止法（Gesetz zur Bekämpfung des unlauteren Wettbewerbes vom 27. Mai 1896）が初めて団体訴権を付与した商工会議所は、強制加入制の職能自治団体であった。

これらの点に鑑みると、不可分利益を保護するために形成権・差止請求権のような一方的私権を立法上創設することには、自ずと限度があると考えられる。従って、今後ありうべき立法の方向性は、次の三つに絞られよう。第一は日本型であり、未特定・不特定多数の個々人が一方的私権を有する場合に限って、彼らの不可分利益を保護するため、やや強化された一方的私権を創設することである。第二はフランス型であり、平成一六年の検察審査会法改正により導入された指定弁護士に、犯罪構成行為差止請求権を付与することである。もっとも、これをいかなる犯罪類型について認めるかは、民刑事訴訟制度の根幹に関わる検討を不可避としよう。第三は古典ドイツ型であり、弁護士会等の強制加入制の同業者団体に、営業上の不可分利益を保護するための差止請求権等を付与することである。もっとも、そのような同業者団体は限られている上、およそ政策的な必要性自体が存しないかもしれない。

(22)　森田修「差止請求権と民法―団体訴訟の実体法的構成」総合研究開発機構＝高橋宏志編『差止請求権の基本構造』（商事法務研究会・平一三）一二六頁・一二七頁。
(23)　参照、吉田克己「景観利益の法的保護」慶応法学三号（平一七）九三～九四頁。
(24)　参照、吉田・前註(23)九三頁。
(25)　参照、大塚直「環境訴訟における保護法益の主観性と公共性・序説」法律時報八二巻一一号（平二二）一一二頁。

(26) 福永有利「新訴訟類型としての『集団利益訴訟』の法理」(平六)『民事訴訟当事者論』(有斐閣・平一六) 二二三頁・二二四頁。
(27) 山本和彦「環境団体訴訟の可能性―フランス法の議論を手がかりとして」福永古稀『企業紛争と民事手続法理論』(商事法務・平一七) 一九九～二〇四頁。
(28) 私法学界では、「集団的利益」の定義自体が未統一であるという (参照、高秀成「フランス法における権限 (pouvoir) と財産管理制度」慶応法学二三号 (平二四) 一三五頁註207。同論文は、公法・私法に通底する「権限」という法概念に依拠しつつ、財産管理制度を横断的に考察しようとするものであり、注目される。)。
(29) 昭和四五年の著作権法により創設された二次使用料請求制度、平成二四年の暴対法改正により創設された差止請求訴訟及び平成二五年の消費者裁判手続特例法により創設された共通義務確認訴訟は、いずれも不可分利益でなく主観的権利の問題であるため、本章では取り上げない。
(30) 参照、四宮和夫『信託法』新版 (有斐閣・平元) 三三六～三三八頁。
(31) 例えば「地域住民が、共同で金銭を拠出して信託を設定し、当該地域社会における老人の介護、子育ての支援、地域のパトロール等の非営利活動に充てる」といった利用方法が想定されている (参照、寺本昌広『逐条解説新しい信託法』(商事法務・平一九) 四四八頁)。なお、平成一八年の一般社団法人法も、主務官庁の許可を要することなく、公益目的事業を行う一般社団法人等を設立することを認めるに至った。
(32) 同法に先立つ明治二三年の (旧) 商法破産編では、国家機関とされていた。
(33) 同法の立案を主導した加藤博士は、現在の森田教授のいう「利益の帰属主体とは別の主体にその法的保護請求権を帰属させる」構成 (森田・前註(22)参照) がとられたと理解している。「元来民法所定の債権者取消権が各債権者所属の権利であるから、破産法上の否認権も之と同様に解すべきだと予は信ずる。然し破産の場合には各箇破産債権者が之を行使することが出来ず、法定管理権に基き破産管財人のみが債権者全員の為めに之を行使する」(加藤正治『破産法要論』訂正三版 (有斐閣＝巌松堂・昭一〇) 一五四頁)。
(34) 「入会部落の構成員が入会権の対象である山林原野において入会権の内容である使用収益を行う権能は、入会部落の構成員たる資格に基づいて個別的に認められる権能であつて、入会権そのものについての管理処分の権能とは異なり、部落内で定められた規律に従わなければならないという拘束を受けるものであるとはいえ、本来、各自が単独で行使することができるものであるから、右使用収益権を争い又はその行使を妨害する者がある場合には、その者が入会部落の構成員であるかどうかを問わず、各自が単独で、その者を相手方として自己の使用収益権の確認又は妨害の排除を請求することができるものと解するのが相当である」。

(35)「もともと、入会権は慣習によって発生し事実の上に成立している権利であるから、慣習の変化により入会地毛上の使用収益が入会集団の統制の下にあることをやめるにいたると、ここに入会権は解体消滅に帰したものというべく……」。

(36)参照、瀬戸正二〔判解民昭四二〕一三三頁。

(37)「違反行為のうち、原告に対する侵害に関係する部分のみが差し止められることになる」（白石忠志「独禁法における差止請求制度の導入」総合研究開発機構＝高橋宏志編・前註(22)九九頁）。同旨、宗田貴行『独禁法民事訴訟』（レクシスネクシス・ジャパン・平二〇）三三四頁。石川正「独禁法違反行為に対する差止訴訟におけるいくつかの基本問題」原井古稀『改革期の民事手続法』（法律文化社・平一二）三二一頁は、立法論としてこの点を批判している。

(38)一定の場合にこれを認める見解もある（参照、山本隆司「私法と公法の〈協働〉の諸相」法社会学六六号（平一九）二九頁）。しかしながら、その基準は明確でなく、私法秩序の安定を害するおそれがあろう。

(39)参照、中川丈久「消費者―消費者法は行政法理論の参照領域たりうるか」公法研究七五号（平二五）一九九～二〇〇頁。

(40)同項は、徴収された代執行費用は「国庫又は地方公共団体の経済の収入」となると規定している。限定解釈に反対する見解として参照、広岡隆『行政代執行法』新版（有斐閣・昭五六）五〇～五一頁。ちなみに、行政代執行法の制定前は、行政的執行システムが国のみを対象としていたため、特別法（公共団体ノ管理スル公共用土地物件ノ使用ニ関スル法律等）がない限り、市町村等が課す義務の履行確保は民事訴訟に委ねられていた（参照、三一・貴・土地収用法中改正法律案＝公共団体ノ管理スル公共用土地物件ノ使用ニ関スル法律案特別委三回（臨川書店版）八九五頁〔小橋一太政府委員〕及び池田清志『改正医師歯科医師法令釈義』（日本医事衛生通信社・昭八）四三一～四三二頁）。

(41)参照、加納克利ほか「景品表示法と特定商取引法にも消費者団体訴訟制度を導入」時の法令一八一四号（平二〇）二八～三三頁。

(42)ここでの採取行為は、温泉法、工業用水法及び建築物用地下水の採取の規制に関する法律による規制を受けないものとしておく。

(43)　原田・前註(15)二四頁。同旨、山本（隆）・前註(38)三〇～三一頁。
(44)　なお、ドイツの消費者団体訴訟における代表（Repräsentation）に関する学説につき参照、高田昌宏「消費者団体の原告適格—西ドイツ不正競争防止法上の消費者団体訴訟の理論的展開を手がかりとして」早稲田法学六一巻二号（昭六一）八二～八四頁。
(45)　参照、山本（和）・前註(27)一八四頁・一八八頁。

四　おわりに

本章の考察結果は、次の二つの命題に要約される。一つは、「行政処分と同じことをする民事訴訟はありえない」というものである。今一つは、「行政処分と似たことをする民事訴訟も限られた局面でしか認められない」というものである。法律といえども万能でなく、私法が公法にとってかわることもなければ、両者の内容が全面的に競合することもない。[46]この意味における〝公法・私法二元論〟は、現在まで法令・判例によって堅持されてきたし、今後も堅持されるべきであると考える。

(46)　塩野・前註(16)四九頁註9は、初出論文の「この」を、取消訴訟手続の排他性を指すものとみているが、直前に挙げた二つの命題（それぞれ一（二）及び二（三）を要約したもの）を指しているつもりである。

【追記】

(1)　筆者の行政上の不可分利益（凝集利益）論それ自体というよりむしろ、その基礎にある行政実体法の客観的構成に対しては、塩野・太田・山本各教授から、次のような反応が寄せられた。

塩野教授は、「行政法の客観的秩序・制度がどのような内容をもつものであるか、この秩序が行政活動全体において占める比重がどの程度のものであるか」が明らかでないという。[47]客観的構成の基本単位は、名宛人の可分利益と名宛人以外の者の不可分利益が処分により関連付けられている状態である。[48]このうち名宛人の可分利益は、それだけに着目すれば主観的構成の基本単位でもあるため、客観的構成の特徴が最も顕著に表れるのは、（当該状態から切り離して観念することのできない）名宛人以外の者の不可分利益においてであるといえよう。また、（最も少なく見積もった場合の）凝集利益の一覧はすでに提示した（前述）ため、これを保護する処分が処分全体に占める割合は、処分の[49]総数が把握されれば、算出可能である。

太田教授は、筆者が「実体法を観念するための前提と観念することに伴う帰結」を明らかにしていないという[50]。このうち「前提」としては、一切の処分が抗告訴訟の対象とされている点をもって足りるというのが、筆者の立場である。一方、「帰結」としては、一般にどのような次元のものを想定しているのか、同教授自身明らかにしていない。もっとも、筆者は、凝集利益の一覧を手始めに、（名宛人以外の者の利益と関連付けられていることに起因する）名宛人の可分利益の制限に関する理論的な限界[51]、（主観的構成にとっては「過剰な救済」であるはずの）取消訴訟制度の採用が純然たる立法政策ともいいきれないこと等々[52]、客観的構成を観念することに伴う諸「帰結」を明らかにしつつあるつもりである。

山本（隆）教授は、客観的構成が「現在の憲法（学）および民事法（学）の考え方に適合しているか」、可分利益（基本的人権及び私権を含む。）と不可分利益という「対置が、現在の公行政を分析するために有用か、検討を要する」という[53]。おそらく同教授は、筆者のいう名宛人の可分利益と名宛人以外の者の不可分利益との関連付けも、不可分利益それ自体も、主観的構成によって把握可能と考えているのであろう。しかしながら、筆者は、まさにこの点を疑問視しているのである[54]。関連付けについていえば、一般に名宛人と名宛人以外の者との間には「法律関係」が存するという見解は、判例はもとより、学説でも他に見当たらない[55]。一方、不可分利益それ自体についていえば、わが国の行政法体系は、施設周辺地域型・住居集合地域型の風俗営業制限地域（本書第六章参照）にもみられるとおり、〝一定のまとまりをもたなくとも保護される利益〟と〝一定のまとまりをもって初めて保護される利益〟を区別して立法されている。両者の利益は、やはり本質的に異なるのであって、後者の利益を各享受者単位に解体して前者の利益と同列に扱うことは、「現代の公行政を分析するために有用」とは思われない。行政法（学）は、もっぱら前者の利益にかかわる局面（出生により生ずる国籍の確認訴訟等）では、「憲法（学）および民事法（学）の考え方に適合している」が、後者の利益にもかかわる局面では、むしろ独自の理論体系を備えて然るべきであるといえよう。

(2)　筆者の行政上の不可分利益（凝集利益）論それ自体に対しては、塩野・木庭両教授から、次のような反応が寄せられた。

塩野教授は、「新たなカテゴリーをたてることは、二段構えの個別保護要件認定の柔軟な運用を排除する効果を持つこととなる」という。(56)しかしながら、筆者の見解はむしろ、長沼ナイキ判決の射程を合理的根拠なく制限しているかにみえる現在の判例政策に対して、再考を促そうとするものにほかならない（本書第六章参照）。

木庭教授は、およそ具体的な根拠を示すことなく、筆者の行政上の不可分利益論を利益法学（Interessenjurisprudenz）と同断に論じて、批判している。(57)筆者が「利害調整」というのは、処分が名宛人の利益の制限（同教授のいう「擬似的な占有転換」）と名宛人以外の者の利益の保護（同教授のいう「占有保障系」）とを相互に関連付けながら行うことを指す趣旨にとどまる（関連付けの具体的な内容は、根拠法令を制定し、それに基づいて処分をするという二段階の行為（同教授のいう「第一次・第二次的な政治的決定」）を通じて決せられる。）。そうすると、批判の趣旨は、ここでいう関連付け又は名宛人以外の者の不可分利益という概念自体が法学的でないという点にあると推測するほかない。筆者は、太田教授の指摘に対して述べたとおり、名宛人の利益の制限に関する理論的な限界を明らかにしつつある。また、山本教授の指摘に対して述べたとおり、〃一定のまとまりをもって初めて保護される利益〃は〃一定のまとまりをもたなくとも保護される利益〃とは異なる法概念であると論じてきた。但し、類似必要的共同訴訟となるべき実体法上の状態とは何かという問いには、いまだ正面から答えるに至っていない。これらの点を踏まえて、木庭教授の指摘が当を得たものといえるかは、読者の判断に委ねたい。

木庭教授はまた、筆者がM. Hauriouの制度理論及びS. Romanoの法秩序理論（同教授は、両者とも自らのいう「占有原理そのものを目指した」として高く評価している。）を分析しておきながら、これを自説に活かしていないと批判している。とはいえ、Hauriouは、制度理論に立脚したフランス行政法総論の体系を構築することを結局断念したのであり、Romanoに至っては、法秩序理論に立脚したイタリア行政法総論の体系など一度たりとも提示したことはなかった。そのような中、同教授が自らのいう「占有原理」等に立脚した行政法総論の体系（「公共空間内の物的規律」「直接的領域規律」等）を萌芽的ながらも提示したことは、なるほど注目に値しよう。しかしながら、森羅万象にわたる実定行政法の緻密な解釈論を展開すべき行政法学者に求められるのは、残念ながら、この程度の大づかみな〝原理論〟ではないのである(58)。

もっとも、木庭教授が提示した体系の基礎にある思想は、すでに優れた感覚を有する行政法学者によって、別のかたちで語られてきたようにもみえる。藤田教授のいう「三段階構造モデル」及び「行政過程論」批判（本書第二章参照）、高木教授のいう「事実的侵害」と「行政法上の地位の配分」の対比等は(59)、その代表例といえよう。そして、学説だけでなく、立法・判例実務の中でも、見様によってはHauriou・Romanoと相通ずるかにみえる言説と出会うことは、決して稀でない。だからこそ筆者は、制度理論・法秩序理論の日本行政法総論における劣化コピーを作る代わりに、長沼ナイキ判決の中に行政上の不可分利益を含む行政実体法の客観的構成を見出し、これを実定法体系のコンテクストに位置付けようとしたのである(60)。

(3)　本章の結論（不可分利益を保護するための一方的権利を私人に付与する立法には自ずと限界があること(61)）に対しては、斎藤教授から、「もとより、〔現時点における立法例の〕相場が過度に弱含みで形成されていることもあり得るし、

〔諸々の立法例に通底する〕コンテクスト自体の変動の余地もある」として、「立法裁量……の限界計測においては、先行実定法が個人に付与した権利以外のものさしに掬すべき点はないか」という反応が寄せられた(62)。一般に、ある類型に属する立法例に対して一定の理論的限界が課されており、新たな立法もこれを超えることは許されないと解される場合、これに代わる理論的限界を提示することなく、ただ現在の限界だけが唯一のものでないはずだと主張するだけでは、立法実務を説得する材料としてなお不十分といわざるをえない（内閣法制局では、そのような各省の主張に接することは日常茶飯事である。）。「相場が過度に弱含みで形成されている」という評価が可能となるのは、別途依拠するに足りる新たな理論的限界が提示されたときだからである(63)。

原田教授は、大飯原発一審判決（福井地判平二六・五・二一判時二二二八号七二頁）等を分析しつつ、本章の結論に言及している(64)。同判決は、「人格権は各個人に由来するものであるが、その侵害形態が多数人の人格権を同時に侵害する性質を有するとき、その差止めの要請が強く働くのは理の当然である」と断じた上、具体的蓋然性でなく抽象的リスクしかないにもかかわらず、人格権に基づく差止請求を認容した。〝一定のまとまりをもたなくとも保護される利益〟である主観的権利を〝一定のまとまりをもって初めて保護される利益〟と同視するものであり、概念矛盾というほかかない。これによると、消費者契約法のような特別の規定がなくとも、無制限に「行政処分と似たことをする民事訴訟」が可能となってしまう。わが国の法体系が被告の保護及び代表の正統性の観点からそのような見解を許容していないことは、高木教授が指摘したとおりである(65)。

(47)　初出として参照、塩野宏『行政法Ⅰ』五版（有斐閣・平二一）五一頁。
(48)　ここでは、凝集利益が登場する処分（本書序章五頁にいう②⑤及び本書第六章二四九頁【表】にいう［Ⅱ］）だけを取り上げる。

(49) やや古い統計であるが、国の許認可等の総数につき参照、拙著・前註(4)三三三頁註151。

(50) 参照、太田匡彦「抗告訴訟における実体法の観念―あるいは行政法における実体法の観念、その現況」小早川古稀『現代行政法の構造と展開』(有斐閣・平二八)二二六頁註37。

(51) 私権につき参照、拙著『国家作用の本質と体系Ⅰ―総則・物権編』(有斐閣・平二六)及び拙稿「法律上の争訟と既得権の観念(七~九・未完)」法学(東北大学)七二巻二号(平二〇)一頁以下・三号(同)七七頁以下・四号(同)三三頁以下。

(52) 本書第五章二六二頁参照。立憲政下のわが国で取消訴訟制度が設けられなかった時期がない点(同章二四一頁註(8)参照)も、このことを示唆しているように思われる。

(53) 参照、山本隆司「現代における行政法学の体系」現代行政法講座編集委員会編『現代行政法の基礎理論』現代行政法講座一巻(日本評論社・平二八)四九頁註76。そこでは、「政治過程モデル」「司法過程モデル」の対置(本書第二章参照)及び「伝統的な民事裁判権」「政治責任」の対置(本書第六章参照)が、不可分利益・可分利益の対置と一括されている。しかしながら、前二者の対置は、主観的構成か客観的構成かという問題と必ずしも直接に関係しているわけでない。

(54) 山本(隆)・前註(53)同註は、筆者(仲野)は「法関係・主観的権利・私権・意思力・パンデクテン体系を一言で結びつけた上で批判するが、本稿著者〔=山本(隆)教授〕はこのような結合が自明でないことを論じたのである」という。近代(Moderne)における主観的権利概念は、これらの結合を基盤として成立した。近代は果してそう易々と〝克服〟しうるものなのか、筆者はなお確信をもてないでいる。

(55) 行訴法の立案関係者の見解につき、本書第五章二六三頁註(52)参照。

(56) 初出として参照、塩野宏『行政法Ⅱ』五版(有斐閣・平二二)一四三頁。同教授は、筆者の行政上の不可分利益(凝集利益)論は「いまだ、裁判例によって正面から採用されるには至っていない」ともいう。しかしながら、筆者は行政上の不可分利益(凝集利益)を長沼ナイキ判決に見出したつもりである。判例と異なる表現を用いることに伴う誤解を避けるため、筆者は、本書第六章の初出論文以降、「一定範囲の不特定多数者の利益」という表現を用いることとしている。

(57) 参照、木庭顕『笑うケースメソッドⅡ現代日本公法の基礎を問う』(勁草書房・平二九)二三四頁註9。巽智彦『第三者効の研究』(有斐閣・平二九)三六八頁は、不可分利益概念の重要性という文脈で、同註を引用している。木庭教授の筆者に対する批判を含めて引用する趣旨であれば、将来、その根拠を自らの言葉で補充するよう望みたい。

(58) 例えば名宛人以外の者の原告適格につき、同教授は「占有保障系……の範囲を一応理念的には限定しうる」(木庭・前註(57)二三六頁)というが、具体的な限定のあり方及びその理由を示さない限り、完結した行政法理論とはいいがたい。客にポルチーニ茸の匂いだけ嗅がせて料理を出さない料理人のようなものである。

(59) 参照、高木光『事実行為と行政訴訟』(有斐閣・昭六二)三五七〜三五九頁。

(60) 以上のほか、興津准教授は、「〈客観的構成〉……は、仲野の峻拒する〈主観的構成〉＝保護規範説……を超えた枠組みたりえているのか、あくまでも国家法の解釈をベースとする……限りにおいては保護規範説の変型に過ぎないのではないか」という(興津征雄「競争秩序と事業者の利益」民商法雑誌一五〇巻四・五号(平二六)七九頁註136)。実定法解釈論を展開するのは実定法学者として当然のことであって、それがなぜ「保護規範説の変型」という評価に直結するのか、筆者にとってなお判然としない。同准教授は、極めて直感的に「主観的法益」を措定した上、それを「客観法……を外から制約する要素としての」ものと「客観法の編み目の中に……位置づけられる」ものに二分して「イメージ」している(同四八頁註25・七七頁)。これらのイメージは、より厳密に概念規定されなければならず、そのような作業に当たっては、特定者に排他的に帰属する利益(主観的権利)と不特定多数者が非排他的に享受する利益とが性質を異にしている点を自覚し、前者の延長線上で後者を語るべきでないというのが、筆者の年来の主張である。

(61) 補足として、討論における筆者の発言を紹介しておく。「〝行政処分と似たことをする民事訴訟〟についてですが、被告の保護だけでなく、代表の正統性という観点からも、立法化にはおのずと制約があると考えています。もともと個々人から一方的権利の行使を受ける立場にある者に対して、やや強められた一方的権利を創設する程度にとどめておけば、破産管財人の場合と同じく、この問題に直面することはありません。そのような制約を取り払った途端、全国民からなる、信託法でいう受益者集会またはその総代会を設ける必要性が浮上することになりますが、それは国会として憲法上予定されているのではないかという問題です」(民商法雑誌一四八巻六号(平二五)一七〇頁)。

(62) 斎藤誠「消費者法における団体訴訟」論究ジュリスト一二号(平二七)一三五頁註33・一三六頁。

(63) そのような理論的限界は、(様々な点で重要な指摘を含む)岡本裕樹「集団的消費者利益の実現を巡る民事実体法上の観点からの試論(続)」千葉恵美子ほか編『集団的消費者利益の実現と法の役割』(商事法務・平二六)三四頁以下によっても、なお提示されるに至っていない。

(64) 参照、原田大樹「行政訴訟と民事訴訟」自治研究九三巻一一号(平二九)五九頁註31。
(65) 参照、高木光「原発訴訟における民事法の役割」自治研究九一巻一〇号(平二七)一七頁以下。

第四章　武力行使・武器使用の法的規制

一　はじめに

(1)　軍隊は、少なくとも外国の武力行使から自国の存立・自国民の生命を保全するため、必要不可欠な実力組織である。その反面、軍隊が無統制な武力行使を開始・継続すれば、却って自国の存立を危うくしてしまう（盧溝橋事件等）。また、軍隊が治安維持等の目的で自国内に出動し、無統制な武器使用を開始・継続すれば、却って自国民の生命を蹂躙し（天安門事件等）、軍隊が当該目的の達成後も撤収せず、実力による支配を続ければ、法の支配に基づく自国の統治構造を破壊してしまう。

軍隊は、このような危険性を潜在させた〝両刃の剣〟であるため、その行動を政治的・組織法的・作用法的に統制することは、政治学・法学にとって切実な課題であり続けてきた。本章は、日本国憲法（以下「現憲法」又は単に「憲法」という。）下の作用法的な統制すなわち自衛隊[1]の実力行使の法的規制に焦点を当て、一九世紀末ドイツ及び大日本帝国憲法（以下「帝国憲法」という。）下と対比しつつ、その基礎にある考え方を解明しようとするものである（一九世紀末ドイツに遡るのは、そこで成立した行政法学の理論体系が、我が国における立法実務の土台となっているからである。）。

各期における検討順序としては、自国の法令に服する者を相手方とする実力行使の法的規制を先とし、自国の法令に服さない者を相手方とする実力行使の法的規制を後とした[2]。軍隊の対内的な行動の統制は、対外的な行動の統制よりも早くから発展したためである。

(2)　本論に入るに先立ち、自衛隊の実力行使に関する法令上の基本概念について整理しておく。

政府は、憲法九条一項にいう「武力の行使」[3]を「我が国の物的・人的組織体〔すなわち自衛隊その他の実力組織〕[4]による国際的な武力紛争の一環としての戦闘行為」[5]と定義し、武器使用を「火器、火薬類、刀剣類その他直接人を殺傷し、又は武力闘争の手段として物を破壊することを目的とする機械、器具、装置をその物の本来の用法に従って用いること」と定義している。[6]「武力の行使」を構成しうる実力行使としては、武器使用のほか、例えばサイバー攻撃によるものがあるという。[7]

政府による「武力の行使」の定義については、次の二とおりの解釈が考えられる。

第一は、「武力の行使」とは、国家の対外的主権の作用としてされる軍隊の外国軍隊に対する包括的な実力行使[8]（以下「武力行使（狭義）」という。）に限られるという狭義説である。包括的な実力行使とは、各回ごとには法的規制を受けない個別的な実力行使[9]（武器使用、サイバー攻撃によるもの等）を総合した実力行使を指す。各回ごとには法的規制を受けないからこそ、包括的に観念する意味があるのである。このような包括性ゆえに、武力行使（狭義）では、外国軍隊を撃破すること自体が目的となる（自衛権の発動としての武力行使（狭義）では、自衛の限度で外国軍隊を撃破することが目的となる。）といえよう。

狭義説の論拠は、憲法第二章が「戦争の放棄」（傍点引用者）を章名としている点に照らし、「武力の行使」とは、あくまでも（宣戦又は最後通牒による戦意（animus belligerandi）の対外的な表明を伴う）法律上の「戦争」に類する概念であり、（戦意の対外的な表明を伴わない）事実上の戦争のうち戦意自体は成立しているものを指すと解される点に求められる。

第二は、「武力の行使」とは、軍隊の構成員の外国軍隊の構成員を相手方とする一切の実力行使（以下「武力行使（広義）」という。）にわたるという広義説である。[10]

広義説の論拠は、憲法九条が、現場の部隊間の突発的衝突が国家の存立にかかわる軍隊間の全面的衝突に発展したという歴史的な経緯を踏まえるとともに、軍隊の構成員の実力行使が当然にその所属する国家の実力行使として評価される点に鑑み、特に閾値を設けることなく、軍隊のあらゆる対外的な実力行使を規制したものと解される点に求められる。

(3)　これに対し、自衛隊法八八条一項にいう防衛出動時の「武力行使」が武力行使（狭義）のみを指していることは明らかである。最高行政官庁である内閣の意思決定を経て開始される（同法七六条一項）実力行使であって、「自衛隊（同法二条一項参照）の全部又は一部」を行為主体としており（同法八八条一項）、包括的にしか法的規制を受けない[11]（同条二項）からである。

防衛出動時の「武力行使」は、「武力攻撃」すなわち「我が国の存立そのものを脅かすような組織的、計画的な[12]」実力行使に対処するため他に手段がない場合に限られており（同法七六条一項）、包括的ながらも法的規制を受けている（同法八八条二項）。これらの限定を施すことにより、防衛出動時の「武力行使」は、「武力の行使」を原則として禁止した憲法九条の下でも例外的に許容されるというのが、政府見解である（後出四-二-一-一参照）。

なお、防衛出動時の「武力行使」を構成する個々の武器使用に関しては、自衛隊法では、特に規定されていない。各回ごとに法的規制を受けるものでないため、防衛出動時の「武力行使」に関する規定をもって足りると解されているのであろう。

(4)　国際連合平和維持活動等に対する協力に関する法律（以下「ＰＫＯ法」という。）二五条、自衛隊法九五条等にいう「武器の使用」は、外国軍隊の構成員を相手方とする場合には、武力行使（広義）に当たるが[13]、武力行使（狭義）には当たらない[14]。これらは、現場の自衛官限りの判断で開始されるものが多く[15]、「自衛官」を行為主体としており[16]、各回ごとに法的規制を受けるからである。

(5)　政府見解が狭義説・広義説いずれに依拠しているかは、いまだ必ずしも明瞭でない[17]。ＰＫＯ法二五条、自衛隊法九五条等にいう「武器の使用」は憲法九条により禁止された「武力の行使」には当たらないと説明されている（後出四－二－二－一参照）が、これは、「武器の使用」がおよそ「武力の行使」に当たらないという趣旨（狭義説）にも、同条の下でも許容される「武力の行使」に当たるという趣旨（広義説）にも、とれるからである[18]。

一般国際法上、武力攻撃（armed attack. "use of force" の一種とされる[19]。）に至らない実力行使もそれに対する実力行使も、ともに "use of force" と捉えられていることは[20]、広義説に有利といえる。自衛官から「武器の使用」を受けた外国軍隊の構成員は "use of force" を受けたと認識しても不自然でない[21]ところ、そのような認識は、憲法九八条二項に照らし、国内法の解釈に際してもある程度尊重されるべきだからである。

これに対し、「武器の使用」が武力攻撃の一環としての侵害を排除するためにも認められること[22]（客観的には武力攻撃が発生しているが、いまだ防衛出動が下令されていない場合[23]のほか、防衛出動が下令された後、防衛出動命令を受けていない部隊の自衛官が実施する場合[24]がある。）は、とりたてて広義説に有利ともいえない。包含関係にある大小二種の事実をそれぞれの要件とする二種の行為が、同じ法的性質を有するとは限らないからである[25]。

【表】 本章（本文）で検討する自衛隊の実力行使

◎自国民を相手方とする実力行使
・（我が国の領域内における）自衛隊法九五条に基づく武器等防護のための武器使用、同法九五条の三に基づく施設警護のための武器使用
・自衛隊法九〇条一項一号・二号に基づく治安出動時の武器使用
◎外国軍隊の構成員を相手方とする実力行使
・自衛隊法八八条一項に基づく防衛出動時の「武力行使」＊

・PKO法二五条等に基づく自己等防護のための武器使用、（我が国の領域外における）自衛隊法九五条に基づく武器等防護のための武器使用

・自衛隊法八四条に基づく対領空侵犯措置としての武器使用＊、（我が国の領海内における）同法九三条一項・警察官職務執行法七条に基づく海上警備行動時の武器使用、自衛隊法九〇条一項三号に基づく治安出動時の武器使用

（＊を付したもの以外は、自国民・外国軍隊の構成員いずれを相手方としてもよいため、便宜上、主としていずれを予定しているかによって振り分けてある。なお、本章（註）で論及したその他の武器使用については、巻末索引項目「武器使用」参照）

（1）「軍隊」を「武力紛争に際して武力を行使することを任務とする国家の組織」と定義すれば、自衛隊もこれに含まれるというのが、政府見解である（参照、衆議院議員今井雅人君提出安倍総理が自衛隊を「わが軍」と呼称したことに関する質問に対する答弁書（内閣衆質一八九・一六八号。平二七・四・三）一から四までについて）。

（2）但し、PKO法二五条、自衛隊法九五条等にいう「武器の使用」（後出四-一、四-二-二参照）は、いずれの者を相手方としてもよいため、便宜上、主としていずれの者を予定しているかによって振り分けた。

（3）国際連合憲章二条四項にいう“use of force”も、憲法九条一項にいう「武力の行使」と「本質的には同一のもの」と説明されている（衆議院議員金田誠一君提出「戦争」、「紛争」、「武力の行使」等の違いに関する質問に対する答弁書（内閣衆質一五三・二七号。平一四・二・五）四の2及び4について）。立案過程及び現在の通説によると、“use of force”とは外国の領域内における部隊の展開を指す（参照、森肇志『自衛権の基層—国連憲章に至る歴史的展開』（平二一）二四〇頁及び Randelzhofer and Dörr, Article 2(4) in: B. Simma et al., “The Charter of the United Nations : A Commentary” 3rd ed. v.1 (2012), pp.214-215）。しかしながら、外務省がこの見解に依拠しているか自体が定かでなく（参照、一五三・参・外交防衛委 四号（平一三・一〇・二六）一九頁（田中眞紀子国務大臣））、「本質的には」という留保がどのような含意をもつかは、不明というほかない。

（4）「装備編成された組織体」は、我が国の実力組織を指す表現として、昭和二〇年代から用いられている（参照、一五・衆・通産委一八号（昭二八・二・一二）八頁（佐藤達夫政府委員））。

（5）「国家に準ずる組織」も「国際紛争」（憲法九条一項）の主体たりうるというのが、政府見解である（参照、答弁書・前註（3）三の一について）が、議論の拡散を避けるため、本書では扱わない。自衛隊法七六条一項が「外国」でなく「外部から」の武力攻

撃と規定したのは、日本国とアメリカ合衆国との間の安全保障条約（昭二七条約六）一条に合わせたものにすぎないが、結果的に、「国家に準ずる組織」の武力攻撃に対する武力行使も可能となっている（参照、安田寛「防衛二法制定の経緯」西修ほか『我が国防衛法制の半世紀』（平一六）一二五頁）。

(6)　一二二・衆・国際平和協力等に関する特別委三号（平三・一一・一八）一九頁。これは、PKO法二五条にいう「武器の使用」について述べた見解であるが、自衛隊法にいう「武器」の定義（参照、七七・衆・予算委一八号（昭五一・二・二七）一七頁〔三木武夫国務大臣〕）を敷衍したものであるため、同条以外にいう「武器の使用」はもとより、自衛隊法八八条一項にいう防衛出動時の「武力行使」を構成する武器使用にも妥当する。なお、引用した武器使用の定義にいう「武力」は、文脈から判断して、単に実力という程度の意味であろう。

(7)　「いわゆるサイバー攻撃が武力攻撃の一環として行われるということは考えられる」（一八九・参・我が国及び国際社会の平和安全法制に関する特別委四号（平二七・七・二九）三八頁〔横畠裕介政府特別補佐人〕）。これは、外国の武力攻撃について述べた見解であるが、我が国の「武力の行使」にも妥当しよう。同旨、Randelzhofer and Nolte, Article 51 in: B. Simma et al., ibid., p.1419-1420 及び河野桂子「サイバー攻撃に対する自衛権の発動」村瀬古稀『国際法学の諸相―到達点と展望』（平二七）八五〇～八五三頁。

(8)　正確には、軍隊その他これに類する組織の外国の軍隊その他これに類する組織に対する（以下同じ。）。純理論的には、外国の文民を相手方とする実力行使も「武力の行使」に含まれるが、政府見解がそれを我が国の「武力の行使」として想定しているとは考えがたい。

(9)　一般に、行政上の実力行使は各回ごとに法的規制を受けるべきであるが、それでは目的を達することができない場合には、包括的にしか法的規制を受けないものとすることも許される。消毒の措置（感染症の予防及び感染症の患者に対する医療に関する法律二七条二項）によっては感染症の蔓延を防止することができない場合にする交通の遮断（同法三三条）及び患畜等の殺処分（家畜伝染病予防法一七条二項）等によっては家畜伝染病の蔓延を防止することが困難な場合にする予防的殺処分（同法一七条の二第六項）が、その典型である。

(10)　戦争犠牲者の保護に関する千九百四十九年八月十二日のジュネーヴ諸条約（昭二八条約二三～二六）にいう“armed conflict”については、人道上の観点から、広義説がとられている（参照、浅田正彦「国際法における『武力紛争』の概念」松井古稀『現代国際法の思想と構造』二巻（平二四）二八二頁以下。但し、「国家に準ずる組織」を当事者とする場合には、一定の烈度等を閾値とする狭義説類似の見解が有力であるという。）。

(11)「事態に応じ合理的に必要とされる限度〔自衛隊法八八条二項参照〕と云うのは個々の戦場の判断でなく、わが国の防衛のための全体的、大局的な判断を云うもので、この範囲に於ては武力行使は最も強力に且つ効果的になされねばならない」（加藤陽三「防衛両法律の主要問題（上）」警察研究二五巻七号（昭二九）三二頁）。「個々の戦闘状況の場合……向こうの武力攻撃を待ってこちらが初めて武力行使をしなければならないということを申している趣旨ではございません。……〔旧〕三要件〔後出四‐二‐一‐一参照〕というのは、一国と一国が武力衝突の状態になる場合の話について申し上げてまいったつもりでございます」（六一・衆・予算一七号（昭四四・三・三）三八頁〔高辻正巳政府委員〕）。「武力行使は、事態に応じて必要最小限度であれば一つ一つの武器使用について要件が定められているものではありません」（一八九・参・前註(7)一八号（平二七・九・九）一二頁〔中谷元国務大臣〕）。

(12) 一一二・参・内閣委三号（昭六三・三・二八）一四頁〔西廣整輝政府委員〕。

(13) 広義説の立場からは、これらが「武力行使」でなく「武器の使用」と命名されたのは、防衛出動時の「武力行使」と異なり、相手方が外国軍隊の構成員に限られないからと説明されるのであろう。

(14) 防衛大臣から対領空侵犯措置（後出四‐二‐二‐二参照）を命ずる権限を委任された各航空総隊司令官を含む。

(15) 海上警備行動時及び治安出動時の武器使用（後出四‐二‐二‐二参照）は、内閣の判断を経て開始されるが、その主眼は国土交通大臣又は国家公安委員会の主任の大臣としての内閣総理大臣と防衛大臣との間での治安維持任務の補完に関する調整にあるため、事前の包括的な閣議決定により、内閣の判断権限を委任することもできる。

(16) 自衛官の「武器の使用」が「部隊」（自衛隊法一〇条一項等参照）の任務として遂行される場合、それが指揮官の命令によらなければならないことは、自明であって特に規定するまでもない（参照、一四二・衆・安全保障委七号（平一〇・五・七）二六頁〔久間章生国務大臣〕）。この場合にも、それが「自衛官」の武器使用として各回ごとに法的規制を受けることと矛盾するものではない。下級行政庁が上級行政庁の指揮監督に従って権限を行使したからといって、後者が前者の権限を代行したことにはならないからである。

(17) 憲法九条の下でも許容される「武力の行使」は防衛出動時の「武力行使」に限られるとした政府見解（参照、参議院議員浜田和幸君提出拉致被害者救出に関する質問に対する答弁書（内閣参質一八七・五七号。平二六・一一・一四）二について）は、一見すると狭義説に依拠しているかにみえるが、もともと自衛権の発動に限定した質問に対して示されたものである。

(18)「国際平和協力業務の実施等は、……武力の行使に当たるものであってはならない」という規定（PKO法二条二項）もまた、狭義説・広義説いずれとも両立しうる。狭義説によると、同法二五条等にいう「武器の使用」が武力行使（狭義）に当たらないことは明らかであり（おおむね同旨、小針司「国連平和維持活動と『武力の行使』―国連憲章上の根拠問題」『続・防衛法制研究』（平一二）一三〇頁）、広義説によると、「武器の使用」それ自体が国際平和協力業務の実施に当たるわけでないからである。このほか、一五四・衆・安全保障委五号（平一四・四・四）一〇頁〔中谷元国務大臣〕が「武力の行使」と「武器の使用」の関係にふれているが、これも手掛りにはならない。

(19) 国際連合憲章五一条にいう“armed attack”は、「一国に対する他国の組織的・計画的な武力の行使」と解されている（衆議院議員松本善明君提出安保条約と防衛問題等に関する質問に対する答弁書（内閣衆質六一・二号。昭四四・四・八）四1）。

(20) 武力攻撃に至らない“use of force”に対する“use of force”は、一般国際法により違法性を阻却されうるというのが、昭和二〇年代からの外務省の見解である（参照、浅田正彦「日本と自衛権―個別的自衛権を中心に」国際法学会編『安全保障』（平一三）二二八～三三三頁）。

(21) 参照、真山全「領海にある外国軍艦に対する強力的措置に関する覚書」国際安全保障三五巻一号（平一九）五〇～五一頁。

(22) 具体的には、自衛官等の生命・身体、自衛隊の武器等又は我が国の治安に対する侵害（後出四‐二‐二参照）。

(23) この段階における「武器の使用」は、防衛出動時の「武力行使」が内閣の意思決定を経なければならないとする趣旨を没却するものでない。前者は、各回ごとに法的規制を受ける点で、すでに十分統制されているからである。なお、防衛出動の下令は、出動という事実行為を命ずる行為であるため、過去に遡及してすることは予定されていない。

(24) これに対し、防衛出動命令を受けた部隊の自衛官が実施する実力行使については、防衛出動時の「武力行使」が特別法として優先するものと解される。

(25) もっとも、「武器の使用」が武力攻撃の一環としての侵害を排除するためにも認められることは、狭義説の立場からは、防衛出動時の「武力行使」と「武器の使用」の異質性を際立たせるため、後者の法的規制を厳格化しようとする誘因として働くかもしれない。

二　一九世紀末ドイツの法的規制

二-一　自国民を相手方とする実力行使

(1)　一九世紀末ドイツの平時における軍隊は、軍事的任務である衛戍勤務（Garnisonwachdienst）のほか、治安維持等の非軍事的任務を遂行していた。同世紀初頭までは、平時における軍隊が自らに対する侵害を自力で排除する権能――いわゆる〝軍隊の自己防衛権〟[26]――が、超実定法的に承認されていた[27]。その後、近代法治国思想の発達に伴い、平時における軍隊の武器使用は軍事的・非軍事的いずれの任務遂行時かを問わず法律事項とされ、次いで、軍隊が非軍事的任務を遂行すること自体が法律事項とされた。これにより〝軍隊の自己防衛権〟は、厳格な法的規制を受けるに至ったのである[28]。

(2)　平時における軍隊の武器使用の開始・継続要件は、プロイセン・軍隊の武器使用に関する法律（Gesetz über den Waffengebrauch des Militärs vom 20 März 1837）で定められていた。同法は、軍隊の任務遂行に際し、暴行の排除若しくは抵抗の抑止（凶器の放棄命令に従わない者については暴行又は抵抗の予防）、被拘束者の逃走の防止又は警護する人若しくは物件の防護（二～六条）のため必要な限度（七条一文）でのみ、武器使用を認めたのである。武器使用がこれらの要件に適合するかについては、各回ごとに前もって確認する義務が課されていた[29]（「武器使用を開始する時機及びその方法は、その都度、十分に考慮して決定しなければならない」（七条三文））。それでもなお同法に違反した場合には、武器違法使用罪（ドイツ・軍刑法一四九条）という制裁まで用意されていた。

軍隊の武器使用に関する法律に基づく武器使用は、正当防衛（ドイツ・刑法五三条）とは次の点で異なるという。前者が義務であるのに対し、後者は非番の軍人すら有する権利である。両者が重複する場合もあるが、前者の要件は後者の要件よりも遥かに広汎である、と[30]。

(3)　一方、軍隊による非軍事的任務の遂行をその事前手続も含めて法律事項とすることは、プロイセン・憲法三六条の命ずるところであった。同条は、「軍隊は、法律で定める場合において非軍事官庁の要請があったときに限り、法律で定める方法により騒乱の鎮圧その他法律の執行のため用いることができる。要請がなくとも用いることができる例外的な場合については、法律で定める。」と宣言していたのである。[31]「騒乱の鎮圧」以外の「法律の執行」の代表例は、強制執行（ドイツ・民事訴訟法七五八条三項二文）であった。

軍隊の非軍事目的での出動を法律事項とすることは、武器使用をその前提段階で規制するだけでなく、軍隊の実力による支配が現実化する危険性（前出一参照）を縮減するという意味でも重要である。もっとも、当時の軍隊は、出動に至らなくとも、衛戍勤務の遂行という形で市民社会と日常的に接触しており、その中で武器使用も認められていた。この限りで、〝縦横に移動する軍隊の自己防衛権〟ともいうべきものが、法的規制を受けながらも遍在していたことに注意しなければならない。

(4)　以上のとおり、平時における軍隊の武器使用は、各回ごとに法的規制を受ける点で、警察強制（Polizeizwang）と同等の制約が課されていたばかりでなく、武器使用に先立つ出動自体が法的規制を受け、かつ、違法な武器使用が処罰される点では、警察強制を上回る制約が課されていた。平時における軍隊の武器使用は、自国の法令に服する者を相手方とする点では、警察強制と変わらないが、[33] 軍隊が部隊行動を主とする点では、単独で職務を執行する警察官吏[34]の武器使用と比べて、遥かに強力だからであろう。[32]

二-二　外国軍隊の構成員を相手方とする実力行使

(1)　一九世紀末ドイツでは、戦争それ自体の開始・継続要件を定めた国内法は存在せず、先制攻撃及び征服（debellatio）すら禁じられていなかった。戦時における武器使用の開始・継続要件としても、害敵手段の例外的な制限が訓令（陸戦ノ法規慣例ニ関スル条約（一八九九）一条に基づく訓令等[35]）で定められていたにとどまる。これは、当時の国際法の状況を反映したものにすぎないが、平時における法的規制（前出二-一参照）と比べると、文字どおり対極にあったといえよう。

(2) こうした非対称性は、学説でも問題視されることはなかった。戦争それ自体も戦時における武器使用も、法令の執行すなわち自国の法令に基づき外国軍隊の構成員の権利を制限する作用でないため、〝法律による行政の原理〟に服すべき行政作用には含まれず[36]、もともと法律の根拠を要しないからである[37]。戦争それ自体及び戦時における武器使用は、だからこそ宣戦・統帥大権（ドイツ・憲法六三条一項・六八条）に基づく命令事項とされたが、その性質上、臨機応変でなければならないため、あらかじめ一般的な制約を課すことなど考えられもしなかった[38]。作戦用兵にとっては、個々の出動命令こそが、通常の行政作用にとって法律が果たすべき役割を果たすものとされていたのである[39]。

(26) Vgl., G. Anschütz, “Die Verfassungs-Urkunde für den Preußischen Staat vom 31. Januar 1850” (1912), S.568 und O. Mayer, “Deutsches Verwaltungsrecht” 1 Aufl. (1895), S.374–375. 後者では、〝行政法上の自己防衛（Selbstverteidigung）の原理に立脚する権利〟と表現されている。本章では、安田寛『防衛法概論』（昭五四）二一九頁の略称に倣ったが、同書の見解をそのまま是認するものではない。

(27) かつての領邦君主の兵事高権（Militärhoheitrecht）すなわち「領邦を外的・内的な侵害から守るため臣民の体力を徴用する権利」（H. von Hoffmann, “Die Militärhoheit über das deutsche Landheer in geschichtlicher Entwicklung” (1899), S.5）の残滓であるという（Vgl., A. Romen u. C. Rissom, “Waffengebrauch und Festnahmerecht des Militärs” (1914), S.58–59）。

(28) Vgl., Romen u. Rissom, ibid., S.14–15 und Grützmacher, “Waffengebrauch - administrativer - des Militärs” in: H. Dietz (Hrg.), “Handwörterbuch des Militärrechts” (1912), S.862.

(29) Vgl., Romen u. Rissom, ibid., S.55. これは、「その事態に応じ合理的に必要と判断される限度において」（警察官職務執行法七条）の先駆として注目される。しかしながら、「その事態に応じ……」は、米国法に倣った「疑うに足りる十分な理由のある」（同条）と併せて立案されており（参照、上原誠一郎『警察官等職務執行法解説』（昭二三）三九～四〇頁・四五～四六頁）、プロイセン法に倣ったものでもないようである。

（30） Vgl., Romen u. Rissom, ibid., S.58 und S.67–68.

（31） 同条は、政府案にはなく、委員会修正案をもとに追加された規定である（Vgl., Anschütz, ibid., S.563–565）。委員会修正案には、同条にほぼ相当する第二文に先立ち、「軍隊は憲法に拘束される。」という第一文がおかれていた。

（32） 但し、警察官吏の武器使用は、プロイセン・一般ラント行政法（Gesetz über die allgemeine Landesverwaltung vom 30. Juli 1883）一三二条には明示されておらず、警察権の限界理論（比例原則等）を前提として、訓令で定められていた（Vgl., A. Wilfling, “Der administrative Waffengebrauch der öffentlichen Wachorgane und des Heeres”（1909）, S.90–92）。武器使用に避けがたく伴う生命・身体の侵害が強制手段として過剰である以上、法律に明示すべきであるという O. Mayer の学説（Vgl., Mayer, ibid., S.369–370）が立法実務に採用されたのは、プロイセン・警察行政法（Polizeiverwaltungsgesetz vom 1. Juni 1931）五五条一項二文によってである。しかしながら、武器使用の開始・継続要件は省令に白紙委任され、警察権の限界理論に依存する状況に変わりはなかった。

（33） Mayer, ibid., S.374–375 は、衛戍勤務時の武器使用を営造物警察の作用と位置付けており、軍事的任務に行政作用法的な統制を及ぼす試みとして注目される。

（34） 一人官庁（Ein-Mann-Behörde）すなわち我が行政手続法二条一項一三号にいう「警察官……又は……権限を法律上直接に与えられたその他の職員」である。

（35） もっとも、「交戦国の一方にして同様の規定を設け且守るに非ずんば他の一方は敢てその規定を適用せずと為すのが各国の国内〔法上の〕交戦法規の普遍的条規となつてある」（信夫淳平『戦時国際法提要』上巻（昭一八）三六〇～三六一頁）のが実情であった。

（36） Vgl., Mayer, ibid., S.10.

（37） Vgl., Romen u. Rissom, ibid., S.190. 現憲法下の我が国における同旨の見解として参照、後註(177)。

（38） 軍の統帥には「完全なる決定の自由」が求められる（P. Laband, “Das Staatsrecht des Deutschen Reiches” Bd. II, 3.Aufl.（1895）,

S.513.)。現憲法下の我が国における同旨の見解として参照、後註(181)。

(39) Vgl., K. Endres, “Der militärische Waffengebrauch” 2. Aufl. (1903), S.7.

三　帝国憲法下の法的規制

三-一　自国民を相手方とする実力行使

(1) 帝国憲法下の平時における軍隊は、一九世紀末ドイツと同じく、衛戍勤務（もっぱら外国軍隊に対する領土警備任務を主とする軍事的任務）[40]のほか、治安維持等の非軍事的任務を遂行しており、一定の場合には武器使用も認められていた。しかしながら、我が国では、プロイセン・軍隊の武器使用に関する法律のような法律は制定されず、プロイセン・憲法三六条のような規定も設けられていなかった。

(2) 我が国では、軍隊か警察官吏等かを問わず、およそ自国民を相手方とする武器使用を本来的には違法なものとみる発想が根強かった。警察官吏の武器使用が、正当防衛（刑法三六条）に該当する場合しか認められないことを前提に、訓令（警察官吏武器使用規程（大一四内務省訓令九）一条）で定められていたことは[41]、その何よりの証左である。逃走防止等のための監獄官吏の武器使用（監獄法（明四一法二八）二〇条）[42]は、例外的に正当防衛の範囲を超えるため法律事項とされたが[43]、その相手方は「在監者」に限られ[44]、ひとたび市民社会に逃げ込んだ者に対する武器使用は許されなかった。

衛戍勤務時の武器使用は、衛戍勤務に服する者に広く認められる点で〝縦横に移動する軍隊の自己防衛権〟ともいうべきものであったが、やはり上記の発想の例外でなかった。原則として正当防衛に該当する場合しか認められないことを前提に、軍令（当初は陸軍省達。いずれも軍人に対する内部法にすぎない。）で定められたのである。すなわち衛戍勤務令（明四三軍令陸三。大正五年軍令陸五号による改正後のもの）第一二第一項一～三号は、「暴行ヲ受ケ自衛ノ為止ムヲ得サルトキ」「多衆聚合シテ暴行ヲ為スニ当リ兵器ヲ用ユルニ非サレハ鎮圧スルノ手段ナキトキ」「人及土地其他ノ物件ヲ防衛スルニ兵器ヲ用ユルニ非サレハ他ニ手段ナキトキ」に武器使用を認めていた。

このうち一号・三号が正当防衛に該当することは明らかだが、二号が正当防衛に該当するのは、「暴行」が個人の身体又は財産に対する直接の有形力の行使に至った場合だけである。ところが、これに至らない場合にも武器使用を認める必要があったため、軍事上の緊急行為(45)（陸軍刑法（明四一法四六）二二条一項）(46)という我が国独自の違法性阻却事由が継ぎ足された。このような法律構成が選択されたことは、上記の発想がいかに鞏固であったかを示している。(47)

しかしながら、衛戍勤務時の武器使用は、武器の保有を許された実力組織による国家事務の遂行そのものであり、(48)むしろ〝個人の正当防衛に扮した軍隊の自己防衛権〟ともいうべきものである。それは、正当防衛に該当する場合であることを要件とする国家作用である以上、正当防衛に該当しない場合には、国家作用として違法とされねばならない。それにもかかわらず、これを個人の犯罪として処理していたことは、〝法治国原理からの逃避〟と評されてもやむをえなかったといえよう。

(3)　一方、軍隊による非軍事的任務の遂行は、帝国憲法に明示された法律事項のいずれにも当てはまらなかった。(49)その結果、全国的観点からの治安維持のための出動すら、一種の官庁間協力として、その都度、内務大臣の要請に基づき勅裁により命じられたのである。(50)これに対し、地方的観点からの治安維持のための出動については、師団長に権限を委任するため、一般的な要件が勅令（のち軍令）で定められた。しかしながら、そこでは要請主義の例外が広汎に認められていた。(51)治安維持以外の非軍事的任務の遂行については、法律で定めた例もみられるが、(52)ドイツ法等の直訳的継受がもたらした偶然の産物にすぎない。

三-二　外国軍隊の構成員を相手方とする実力行使

(1)　一九世紀末ドイツと同じく、帝国憲法下の我が国でも、戦争それ自体及び戦時における武器使用の法的規制としては、害敵手段の例外的な制限をみるのみであった。こうした状況は平時と対照的であったが、特に批判する学説もなかった。

(2)　昭和期に入ると、国際法上、戦争それ自体の開始・継続要件を限定しようとする動きが本格化した。とりわけ戦争ノ抛棄ニ関スル条約（昭四条約一。以下「不戦条約」という。）[53]一条は、「国際紛争解決ノ為」の戦争[54]すなわち侵略戦争[55]を違法化するに至った。政府部内では、侵略戦争とは能動的に開始され、又は（たとい受動的に開始されたとしても、そのことを奇貨として征服まで至るような）無限定的に継続される戦争を指すと解されていたようである[56]。

(40)　衛戍令（明四三勅二六。廃止時題名・衛戍条例）一条には、「陸軍軍隊ノ永久一地ニ駐屯スルヲ衛戍ト称シ当該軍隊ニ於テ其ノ地ノ警備陸軍ノ秩序軍紀風紀ノ監視並陸軍ニ属スル建築物等ノ保護ニ任ス」とあった。「其ノ地」は「陸軍ニ属スル建築物等」の敷地に限らず、管轄区域（師管等）の全部に及びうるとされていた（同令三条一項参照）。

(41)　参照、須貝脩一「武器の使用について」公法雑誌一一巻一号（昭二五）七九頁及び福永英男「警察官の武器とその使用規程の変遷」警察学論集三四巻八号（昭五六）二四～二五頁。この発想は、次のような学説にも反映されていた。「人を殺傷することは、常に障害を除くに必要なる程度を超ゆるもので、普通の警察上の目的から言へば、不必要な侵害として違法とされねばならぬ」「警察急状権の作用として正当防衛又は緊急避難に該当すべき場合にのみ、取り得べき手段である」（美濃部達吉『日本行政法』下巻（昭一五）一五二頁・一五八頁）。だからこそ内務省関係者は、総司令部が示した〝射殺権に関する覚書〟に仰天したのである（参照、福永・同二七～三〇頁）。

(42)　刑事収容施設及び被収容者等の処遇に関する法律（平一七法五〇）八〇条の前法に当たる。

(43)　立案関係者の説明として参照、小河滋次郎『監獄法講義』（明四五）二〇二～二〇三頁。母法であるベルギー法及びプロイセン法すら法律でなかった点（同二一〇頁参照）は、注目に値する。

(44) 立案過程では、在監者が特別の規律に服する者である点が考慮されたという（参照、二四・貴・監獄法案外五件特別委一号（明四一・二・一〇）五頁〔一木喜徳郎、小山温政府委員〕）。

(45) 岡村畯児『陸軍刑法講義』（昭七）七四頁及び菅野保之『陸軍刑法原論』（昭一五）一一〇頁の表現による。軍事上の緊急行為は「軍隊ノ安寧」を目的としており（二四・衆・陸軍刑法案外一件委三回（明四一・三・二〇）一四頁〔志水小一郎政府委員〕）、“軍隊の自己防衛権”そのものである。ちなみに、警察官吏武器使用規程一条三号も、衛戍勤務令第一二第一項二号と同様の規定であったが、このような違法性阻却事由を欠く以上、そこでいう「暴行」は個人の身体・財産に対する直接の有形力の行使のみを指すと限定解釈するほかなかった。

(46) 「多衆共同ノ暴行ヲ鎮圧スル為……已ムヲ得サルニ出テタル行為ハ之ヲ罰セス」。

(47) ドイツ・軍刑法一二四条に倣ったものと説明されている（参照、二四・貴・陸軍刑法案外一件特委六号（明四一・三・六）七二頁〔志水政府委員〕）が、我が陸軍刑法二二条一項の適用は軍人間に限られない（参照、菅野・前註(45)一一五頁）ため、全くの換骨奪胎というべきである。

(48) 単独で職務を執行する警察官吏についてすら、「正当防禦の為に剣戟を使用することを公許せられたる者を行政執行の目的に使用するは是れ即ち一個人の抵抗を排して国家の目的を徹行する所以の方便たるに外ならず。換言せば巡査が正当防禦の為に帯剣を使用する〔こ〕とを得るは其の一身の為に非ずして、其の代表する所の国家の行政事務の為たるなり」と指摘されていたところである（有賀長雄『国法学』下巻（明三五）四〇七～四〇八頁。濁点引用者）。

(49) 起草過程では、プロイセン・憲法三六条そのままの規定もみられた（甲案六九条及び乙案七二条につき参照、稲田正次『明治憲法成立史』下巻（有斐閣・昭三七）八一頁）が、Roesler・Mosse両顧問の答議（それぞれ参照、国学院大学日本文化研究所編『近代日本法制史料集』一巻（同大学・昭五四）一七三頁・一七八頁及び一八六頁）により、削除されている。Roesler顧問は、法律事項とすべきでないとした他の事項と併せて、「政府ノ活溌ナル運転ヲ妨ケ」ないためと説明していた（同一七八頁）。

(50) 参照、太田公秀『陸軍法規』（昭七）二六八頁。大正八年の足尾・釜石両事件がその実例かとみられる（参照、田崎治久編『続日本之憲兵』（昭四）四六一～四六九頁）が、ここでは立ち入らない。

(51) 参照、藤田嗣雄『明治軍制』二巻（昭四二）六七九～六八四頁。

(52) （旧）民事訴訟法（明二三法二九）五三六条二項及び（旧）関税法（明三二法六一）五九条。

（53） "The High Contracting Parties solemly declare in the names of their respective peoples that they condemn recourse to war for the solution of international controversies, and renounce it, as an instrument of national policy in their relations with one another."

（54） 訳文によると、「国際紛争解決ノ為」の戦争と「国家ノ政策ノ手段トシテノ戦争」があるかにみえるが、英仏語正文によると、国家の政策の手段として国際紛争解決のため戦争に訴えることを抛棄するという趣旨であり、「国際紛争解決ノ為」と「国家ノ政策ノ手段トシテ」が畳語であることが分かる。

（55） 不戦条約が侵略戦争の語を用いなかったのは、米国が国際連盟の侵略認定手続に拘束されるのを嫌ったからにすぎない（参照、森・前註（3）一二五～一二六頁）。

（56） 外務省内では、「少クトモ『自発的』若ハ『積極的』ノ意味」「戦争ヲ手段トシテ国家ノ利益ヲ増進セントスルカ如キ場合」という解釈が示されており、枢密院では、「利己的ニシテ自意的ナル戦争」というフランスのBriand外務大臣の説明が紹介されていた（参照、柳原正治編『国際法先例資料集（二）不戦条約』上巻（平八）一六九頁・三八九頁・四一四頁）。

四　現憲法下の法的規制

四-一　自国民を相手方とする実力行使

四-一-一　平常時

（1）　現憲法下の平時（武力紛争時以外をいう。以下同じ。）における自衛隊は、一九世紀末ドイツ及び帝国憲法下と異なり、もはや軍事的任務を遂行することはなくなった[57]。現憲法下では、「警察機関による治安維持の原則」[58]を妨げることのないよう、これと日常的に競合していた軍隊の領土警備任務が廃止されたためである。一方、平時における自衛隊は、一九世紀末ドイツ及び帝国憲法下と同じく、「必要に応じ、公共の秩序の維持」任務を遂行することとされ（自衛隊法三条一項）、一定の場合には武器使用も認められている。

本章では、特に出動が命じられない平常時、治安出動（同法七八条一項・八一条二項）が命じられた非常時（後出四-一-二参照）の順に取り上げる。

(2)　自衛隊法の前法に当たる保安庁法（昭二七法二六五）は、平常時の武器使用としては、武器庫等防護のための武器使用（七六条）だけを認めることとした。自衛隊法（昭二九法一六五）は、このうち武器庫等を武器等に改め、武器等防護のための武器使用（九五条）――自衛隊の武器等を警護する任務を付与された自衛官が人又は武器等を防護するための武器使用――とした。[59] そこでは、人に危害を与える結果を生じさせるとしても違法とされない武器使用（以下「危害射撃」といい、危害射撃以外の武器使用を「無危害使用」という。）は、正当防衛[60]に該当する場合に限られている（自衛隊法九五条但書。保安庁法でも同じ。）。

自衛隊法九五条にいう「警護」は「防護」を、「防護」は「正当防衛」をそれぞれ包含する概念である。「警護」は「防護」だけでなく「警戒」も含み[61]、「防護」は「現在する危険を排除」することだけでなく「及ぼうとする危険を予防し、……すでに発生している危険の拡大を阻止すること」も含む[62]からである。武器等の警護が人の防護を含む以上、防護対象となる人は、武器等と不可分の関係を持ち、それらの破壊に伴って危険にさらされる者に限られる[63]。また、同条が「武器等の防護のための……」を見出しとする以上、人でなく武器等だけでも、正当防衛（「他人の権利」（刑法三六条）すなわち財産権の主体としての国の権利[64]の防衛）の対象となりうる。

武器等防護のための武器使用は、衛戍勤務令にいう人及び土地その他の物件の防衛のための武器使用（前出三―一参照）の流れを汲むものといえる。しかしながら、国家作用としての要件・限界を法律で明確化した点及び防護対象を絞り込んだ点では、構成を一新している。その反面、危害射撃を正当防衛に該当する場合に限った点では、もともと厳格であった帝国憲法下の規制水準を維持している。

とはいえ、これらの点は、衛戍勤務令を独自に厳格化したのでなく、もっぱら警察官の武器使用（現・警察官職務執行法（昭二三法一三六。以下「警職法」という。）七条）との均衡に基づくものにほかならない。（我が国の領域内における）武器等防護のための武器使用は、我が国の防衛力を構成する重要な物的手段を防護するための「警察権の行使」と説明されているからである[65]（ここでいう「警察権の行使」は、警察官の武器使用との均衡という文脈で述べられているため、営造物警察（Anstaltspolizei）の作用でなく[66]、防衛用物損壊傷害（自衛隊法一二一条）又は強盗の制止・鎮圧という趣旨であろう。）。

つまり自衛隊法九五条は、武器等の重要性に鑑みた警職法七条の特例として、（特に警護任務を付与された自衛官に限り）「自己若しくは他人」でなく武器等の防護のため「公務執行に対する抵抗」がなくとも無危害使用を認めることとしたが、武器等の重要性というだけでは、正当防衛に該当する場合でなくとも危害射撃を認めるまでには至らなかったのである。

ある物件の重要性に鑑み、警職法七条の特例として、当該物件を警備する職務を付与された者に武器使用を認めた先例としては、鉄道公安職員の武器使用[67]（鉄道公安職員の職務に関する法律（昭二五法二四一）八条）があった。武器等防護のための武器使用がこれと異なるのは、防衛力の維持・防護を目的としているため、必然的に〝軍隊の自己防衛権〟を認めることとなる点である。しかも、この武器使用は、防護対象が武器庫等でなく武器等とされたことにより、〝縦横に移動する軍隊の自己防衛権〟として、我が国の領域すら超えるものとなった（後出四‐二‐二‐一参照）。「武器等」には護衛艦及び自衛隊の航空機が含まれ[68]、これらを操作する自衛官にも警護任務が付与されるからである[69]。

(3)　武器等防護のための武器使用は、平常時の武器使用としては長らく唯一のものであったが、今世紀になって、施設警護のための武器使用（現・自衛隊法九五条の三（平一三法一一五））――自衛隊の施設を警護する任務を付与された自衛官がこの職務を遂行するため又は自己若しくは他人を防護するための武器使用――が加えられた。これは我が国にある自衛隊の施設内でしか認められず、危害射撃は正当防衛に該当する場合に限られている（同条但書）。

この武器使用は、一見かつての武器庫等防護のための武器使用に類似しているが、警戒のための使用も認められ、警護対象も遥かに広汎である。自衛隊の施設の重要性に鑑みた警職法七条の特例であると同時に、市民社会から隔

絶された軍隊内部に限って〝軍隊の自己防衛権〟を強化したものといえよう。(70)

(4)　以上に対し、自己等防護のための武器使用（後出四―二―二―一参照）は、非常時又は武力紛争時への移行が予想される場合(71)を除いて、平常時には一切認められていない。これも、平常時の武器使用が警察官の武器使用の特例として位置付けられた結果であろう。犯罪の鎮圧、被疑者の逮捕等を任務とする警察官と異なり、平常時における自衛官は生命・身体の危険に直面していないからである。

四―一―二　非常時

(1)　自衛隊法は、命令出動時の武器使用（保安庁法七〇条一項一号・二号）を受け継ぎ、暴動が発生するなど自衛隊が出動しなければ治安を維持することができない非常時には、自衛隊法九〇条一項一号・二号に基づく治安出動時の武器使用――人、施設又は物件を警護する任務を付与された自衛官がそれらに対する暴行又は侵害を排除するための武器使用及び多衆集合してする暴行又は脅迫を鎮圧し、又は防止するための武器使用――を認めることとした。

この武器使用は、衛戍勤務令（前出三―一参照）にいう人又は土地その他の物件の防衛のための武器使用（第一二第一項三号）及び多衆聚合してする暴行の鎮圧のための武器使用（同項二号）に酷似しているが、その内実は全く異なっている。同令に定める武器使用が正当防衛又は軍事上の緊急行為の範囲内にとどまるものと解するほかなかったのに対し、ここでの武器使用は「法令……ニ因リ為シタル行為」（刑法三五条。現・「法令……による行為」）に当たる上、危害射撃を正当防衛に該当する場合に限っていないため、正当防衛と関連付けて解釈する必然性がないからである。

自衛隊法九〇条一項が、危害射撃を正当防衛に該当する場合に限らなかったのは、警察官の武器使用でも、重大兇悪犯罪の被疑者等の逃亡等を防止するため危害射撃が認められていること（警職法七条但書一号）との均衡に基づくものであろう。警職法の立案関係者は、同号の趣旨を「兇悪な犯人が……逃げたりすることによって更に社会不安を増大する虞のある時、これを武器を以て制圧……することは、……公共の安寧に対する危害を除くための当然の警察の任務である」と説明していたところ[72]、治安出動時における暴動は、その危険の具体性において、これを上回る程度の警察違反状態（polizeiwidriger Zustand）と捉えることができるからである[73]。

(2)　現憲法下では、各府省の所掌事務が法律事項となったため[74]、防衛庁の所掌事務である「自衛隊……の行動に関すること」（防衛庁設置法五条二号。現・防衛省設置法四条二号）を具体化する形で、治安出動を含む各種の出動が自衛隊法第六章（自衛隊の行動）に規定された。組織法上の概念としての防衛庁と作用法上の概念としての自衛隊は基本的に一体であり、同じ事項が防衛庁設置法ではより静態的に、自衛隊法ではより動態的に規定されるためである[75]。武器使用に先立つ出動それ自体が法律で定められるに至ったのは、このような経緯によるものであって、一九世紀末ドイツと異なり、軍隊の対内的な行動に潜在する危険性（前出一参照）に着目したためでない。

自衛隊法では、全国的観点からの治安出動は、内閣総理大臣がこれを命じた後、国会の承認（七八条二項）を求めることとされた[76]。一方、地方的観点からの治安出動及び撤収は、都道府県知事の要請（同法八一条一項）に基づくこととされた。現憲法下では、軍隊が政府に組み込まれ、文民にして国会議員である内閣総理大臣が自衛隊の指揮監督権者となったため、その命令だけでも足りるかにみえるが、軍隊の対内的な行動に潜在する危険性に鑑み、国会又は都道府県知事を関与させて、シビリアンコントロールを強化したのであろう。

(3)　平常時（前出四-一-一参照）及び非常時を通じ、平時の武器使用は、その国家作用としての要件・限界が法定された点で、ようやく一九世紀末ドイツの規制水準に達するに至った。違反に対する制裁として武器不正使用罪（自衛隊法一一八条一項八号）が設けられた点でも、同様である。

これに対し、領土警備任務の廃止に伴い、平時の武器使用が警察官の武器使用の特例として位置付けられた点は、一九世紀末ドイツにも帝国憲法下にもみられなかった現象である（危害射撃が非常時を除けば正当防衛に該当する場合に限られたのも、警職法七条との均衡によるものであって、帝国憲法下の発想（前出三-一参照）をそのまま法律化したものではない。）。その結果、衛戍勤務時の武器使用のような〝縦横に移動する軍隊の自己防衛権〟（前出三-一参照）は、自衛隊の武器等と関連付けられない限り、もはや平常時には許容されなくなったのである。

四-二　外国軍隊の構成員を相手方とする実力行使

四-二-一　防衛出動時の「武力行使」

四-二-一-一　総論

(1)　降伏文書[77]の調印から日本国との平和条約（昭二七条約五）の発効まで、我が国内法体系[78]における最上位規範[79]は降伏文書であり、憲法（帝国憲法及び現憲法）を始めとする諸法令はその下位規範にすぎなかった[80]。このことは、最高裁によっても認められている[81]。軍隊については、ポツダム宣言六項・九項――米国から〝Japan will be completely disarmed and demilitarized.〟という基本的な解釈が示されていた[82]――の履行を定めた降伏文書六項が最上位規範であり、これに反する帝国憲法一一～一三条が現憲法九条に代えられたのである[83]。

憲法九条一項は、McArthur 草案八条一項[84]に由来している[85]。これは、不戦条約一条（前出三-二参照）を再確認させる趣旨にとどまる[86]。一方、憲法九条二項は、同草案八条二項[87]に由来している。これこそが降伏文書六項の直接の下位規範であり[88]、同草案を政府案化する際にも、日本側からの実質的な修正要求は容れられなかった[89]。

法制局は、「戦争抛棄に関する規定は、直接には自衛権を否認してゐないが、一切の軍備と国の交戦権を認めてゐないので、結果に於て自衛権の発動として、本格的な戦争は出来ないこととなる。」という想定問答を作成した[90]。制憲議会では、この政府見解が繰り返し公にされた[91]。

(2)　日本国との平和条約の発効に伴い、連合国の日本管理が解除されると[92]、占領管理法令は将来に向かって失効し[93]、憲法は文字どおり「最高法規」（九八条一項）として解釈されるべきものとなった。

そのような憲法九条の解釈は、「わが国を防衛するため、武力を行使する」自衛隊（自衛隊法（昭二九法一六五）八八条一項）の創設を契機として、明らかにされた。すなわち、〝憲法九条の下でも、自衛のため必要な最小限度の実力行使及びこれを裏付ける実力組織の保持は認められる〟という政府見解[94]（以下「昭和二九年見解」という。）である。昭和二九年見解は、憲法九条一項・二項という互いに平仄の合わない二つの規定を、いわば刺し違える形で両立させたものにほかならない[95]。というのも、「国際紛争を解決する手段として」の武力行使とは「国際紛争解決ノ為」（前出三-二参照）の武力行使（我が国が能動的に開始し、又は（たとい受動的に開始したとしても、このことを奇貨として征服まで至るような）無限定的に継続する実力行使であり、換言すれば、自衛のためと評価しうる最大限度を超える実力行使である。）を指すと解されるところ[96]、仮に一項がこれだけを禁じているのだとすれば、二項は自衛のためと評価しうる最大限度を超えない実力行使を裏付ける実力組織の保持を認めて然るべきであるし、仮に二項が一切の実力行使を裏付ける実力組織の保持を禁じているのだとすれば、一項は自衛のためと評価しうる最大限度を超えない実力行使をも禁じて然るべきだからである。憲法が降伏文書の下位規範であった時期には、一項を精神規定とし、二項を絶対的に優越させる形で、この不自然さは容易に解消されえた。しかしながら、憲法が最上位規範となった今、両項は対等であり、いずれかを訓示規定に貶めることはできない。そこで昭和二九年見解は、一項の反対解釈の射程（放棄しない武力行使の範囲）を二項の存在に照らして限定する一方、二項の文理解釈の射程（「戦力」の範囲）も一項の存在に照らして限定したのであろう。

換言すれば、同条一項は、自衛のためと評価しうる最大限度を超える実力行使しか禁じていないかにみえるが、自衛のためと評価しうる最大限度を超えないが自衛のため必要な最小限度を超える実力行使までも黙示的に禁じている一方、同条二項は、一切の実力行使を裏付ける実力組織の保持を禁じているかにみえるが、自衛のため必要な最小限度の実力行使を裏付ける実力組織の保持までは禁じていない、ということである。[97]これは、両項いずれの法規範性を損なわないばかりでなく、憲法前文（平和的生存権）・一三条の精神にも沿うものといえよう。[98]

以上のような法令解釈の手法は、実は決して珍しいものでない。最高裁が近時、住民訴訟の対象となった債権を放棄する地方議会の議決が許容されるかにつき、住民の訴権を定めた地方自治法二四二条の二第一項と議会の権限を定めた同法九六条一項一〇号の趣旨を一部相殺する形で折合いを付けた[99]のは、その好例である。憲法といえども一個の法令である以上、一般的な手法に従って解釈すべきことは、特に強調するまでもなかろう。

(3)　昭和二九年見解に対しては、次のような疑問を提起することができる。第一は、自衛の限度としては唯一絶対の水準しかなく、最小限度から最大限度までという幅など観念されないのでないかという点であり、第二は、一般に文理解釈は類推解釈又は反対解釈に優越するため、憲法九条二項の文理解釈も同条一項の反対解釈に優越するのでないかという点である。

しかしながら、第一点については、（我が刑法上のそれにとどまらない）一般概念としての私人の正当防衛については、必要な限度が幅をもって観念されていることを、まず想起しなければならない。補充性（他に適当な手段がないこと）を要求するか、法益均衡（侵害行為・防衛行為により失われる法益が均衡していること）をどの程度厳密に要求するか、はたまた、自己の防衛のみを許容するか他人の防衛も許容するかは、各国の刑法でもまちまちである。[100]昭和二九年見解は、一般概念としての私人の正当防衛とのアナロギーにより、一般概念としての国家の自衛を正当化しつつも、[101]我が国内法上の国家の自衛については、憲法九条二項の存在に照らし、必要な限度を、一般概念としての国家の自衛について観念される幅のうち最低水準に釘付けするものにほかならない。政府は、一般概念としての国家の自衛については、必要な限度が「幅」をもって観念されている[102]——諸外国では「自衛戦争」（「国家が自己を防衛するために行う戦争」とされている[103]が、「侵略戦争」の対義語であるため、自衛に名を借りた侵略戦争は除かれる。[104]）に厳密な法益均衡を要求せず、例えば海外派兵も緩やかに認めるものが多い(105)――とする一方、我が国内法上の国家の自衛については、必要な限度を遥かに低く設定している(106)（我が刑法三六条にいう正当防衛と比べても、遥かに低く設定している。(107)）からである。

第二点については、憲法を最上位規範とみる限り、「陸海空軍その他の戦力」の語義はその文言から自動的に確定されないことに注意しなければならない。この点、イタリアとの平和条約（Treaty of Peace with Italy, 1947）は、第一三附属書において軍備の具体的内容である"war vessel"及び"war material"を可能な限り定量的に定義した上で、軍備を制限している。仮に憲法九条二項が軍備及び軍需関連産業を禁止したものだとすれば、同憲法自体において同条約と同じくらい詳細に軍備及び軍需関連産業の具体的内容を定義しない限り、法規範として完結しているとはいいがたい(108)。総司令部自身、McArthur草案の段階では、追って日本政府に同項を具体化する法令を制定させるつもりだったのかもしれないが、もはや制憲議会の段階では、将来にわたって軍備及び軍需関連産業を禁止する方針にはこだわっていなかったのである(109)。

以上のとおり、昭和二九年見解は「最高法規」の解釈として極めてオーソドックスなものといえる。よって本章でも、これを前提として考察を進めることとしたい(110)。

四-二-一-二　自国攻撃時

(1)　昭和二九年見解にいう"自衛のため必要な最小限度の実力行使"とは、「我が国に対する急迫不正の侵害があること」「これを排除するために他の適当な手段がないこと」「必要最小限度の実力行使にとどまるべきこと」(111)という三要件(112)（以下「旧三要件」という。）を満たす武力行使に限られるというのが、閣議決定「国の存立を全うし、国民を守るための切れ目のない安全保障法制の整備について」（平二六・七・一。以下「平成二六年決定」という。）以前の政府見解であった。

旧三要件は、横田教授の国際法学説を国内法に〝転用〟したものである。横田説は、国際法上の自衛権の発動要件としてしばしば引用されるWebster's Formulaを、我が刑法三六条に関する諸概念を用いて整理したものであった[113]。その国内法への〝転用〟が可能となったのは、用語が我が国内法体系になじみやすかった上、補充性及び相当程度厳密な法益均衡を要求する点で、最小限度というにふさわしかったからであろう[114]。

旧三要件は、我が国に対する武力攻撃が発生した場合における武力行使の発動要件として、平成二六年決定後も維持されている。すなわち、「我が国に対する武力攻撃が発生したこと」「これを排除し、我が国の存立を全うし、国民を守るために他に適当な手段がないこと」「必要最小限度の実力行使にとどまるべきこと」という三要件（以下「自国攻撃時の三要件」という。）である。旧三要件と比べると、第一・第二要件の表現が改められているが、その趣旨に変わりはない。もともと第一要件は「わが国に対して外国からの武力攻撃が行なわれた[115]」こととも表現されており、そこでいう武力攻撃は「我が国の存立そのものを脅かすような組織的、計画的なもの」と説明されてきた（前出一参照）からである。

このうち第三要件にいう〝最小限度〟は、昭和二九年見解にいう〝最小限度〟と混同されてはならない。前者は、我が国に対する武力攻撃を排除するため必要最小限かを問うものであり、後者は、およそ自衛のため必要最小限かを問うものだからである。

自国攻撃時の三要件は、法律レベルでは、武力攻撃事態（武力攻撃事態等及び存立危機事態における我が国の平和と独立並びに国及び国民の安全の確保に関する法律（以下「事態対処法」という。）二条二号）における防衛出動（自衛隊法七六条一項一号）又は「武力行使」（同法八八条一項）の開始・継続要件として表れている。国際連合憲章（以下「国連憲章」という。）五一条（"if an armed attack occurs"）を前提とする同法八八条二項（「国際の法規及び慣例…を遵守」）は第一要件を、同法七六条一項（「我が国を防衛するため必要があると認める場合には[116]」）は第二要件を、同法八八条二項（「事態に応じ合理的に必要と判断される限度をこえてはならない」）は第三要件を、それぞれ再確認したものにほかならない。

(2)　横田説は、旧三要件だけでなく、国際法上の個別的自衛権（日本国との平和条約五条(c)項及び国連憲章五一条）に関する当時の政府見解にも採用された[117]。その後、ニカラグア事件判決[118]が国際法上の自衛権の発動要件を武力攻撃の発生（国連憲章五一条）、必要性（necessity）及び均衡性（proportionality）と定式化したため、政府見解もこれに依拠するに至っている。とはいえ、同判決は、基本的には横田説と同じくWebster's Formulaを整理したものといえるため、国際法上の個別的自衛権に関する政府見解の連続性は失われていない。

このような政府見解に対しては、次のような疑問を提起することができる。すなわち、国際法・国内法上の自衛権の発動要件が一致するのであれば、昭和二九年見解の論理的前提が掘り崩されるのではないかという点である。国際法上の自衛権の発動要件は、一般概念としての国家の自衛のためと評価しうる最大限度に近似することはあっても、必要な最小限度を画するものとは考えがたいからである。

この点につき政府は、たとい国際法・国内法上の自衛権の発動要件が抽象的に一致するとしても、もともと両者が異なる法体系に属する以上、その具体的な帰結まで一致するわけでないと説明してきた[119]。とりわけ強調されているのが、同判決にいう均衡性と旧三要件及び自国攻撃時の三要件のうちの第三要件との差異である。すなわち、前者が攻撃国・被攻撃国間の武力行使の均衡という量的関係に立脚しているのに対し、後者は我が国に対する武力攻撃を排除するためという目的・手段関係に立脚している[120]。だからこそ、第三要件から武力行使の地理的限界（外国の領域における武力行使は「一般に自衛のための必要最小限度を超える[121]。」）及び兵器保有の限界（「性能上相手国の国土の潰滅的破壊のためにのみ用いられる兵器の保持」は禁じられる[122]。）が導き出されるのだという。

これによると、第三要件の主眼は、武力行使の烈度（intensity）自体を制限することでなく[123]、外国の領域内における部隊の展開自体を制限すること及び軍事目標主義（Doctrine of Military Objective）を厳守することにあると分かる。

外国の領域内における部隊の展開は、軍事上合理的であれば、当然に国際法上の自衛権の発動要件を満たすが[124]、それだけでは第三要件を満たさないからである。また、同判決にいう均衡性では、攻撃型核兵器の使用も明示的には禁じられていないのに対し、第三要件では、その保有すら禁じられるからである[125]。[126]

もっとも、武力行使の地理的限界は、敵基地攻撃に関する初期の著名な答弁が示すとおり[127]、決して原理的なものでない。警察権の行使と異なり[128]、武力行使は国家の領域と論理的に関連付けられていない上[129]、外国軍隊をひとたび我が国の領域外に押しやるだけで武力攻撃を排除したことになるかは、純然たる事実問題に属するからである[130]。また、兵器保有の限界が、それなくしては我が国の存立自体が不可能となるような場合又は軍事目標と非軍事目標が明確に区別される場合にも、一切例外を認めない趣旨かは、微妙といわざるをえない。

四―二―一―三　他国攻撃時

(1)　平成二六年決定により、昭和二九年見解にいう〝自衛のため必要な最小限度の武力行使〟には、自国攻撃時の三要件を満たす武力行使（前出四―二―二―二参照）だけでなく、次の三要件を満たす武力行使も含まれるという政府見解が示されるに至った。すなわち、「我が国と密接な関係にある他国[131]に対する武力攻撃が発生し、これにより我が国の存立が脅かされ、国民の生命、自由及び幸福追求の権利が根底から覆される明白な危険があること」「これ〔＝当該危険を作り出している武力攻撃〕を排除し、我が国の存立を全うし、国民を守るために他に適当な手段がないこと」「必要最小限度の実力行使にとどまるべきこと」という三要件（以下「他国攻撃時の三要件」といい、自国攻撃時の三要件と併せて「新三要件」という。）である。

このうち第一要件は、「そのままでは、すなわち、その状況の下、武力を用いた対処をしなければ、国民に我が国が武力攻撃を受けた場合と同様な深刻、重大な被害が及ぶことが明らかな状況[132]」と説明されている。これには、

「我が国近隣で武力攻撃が発生し、その規模や態様、攻撃国の言動などから、武力攻撃を早急にとめなければ我が国にも武力攻撃が行われかねない状況」[133]のように、いわゆる武力攻撃切迫事態（「武力攻撃が発生する明白な危険が切迫していると認められるに至った事態」（事態対処法二条二号））又は武力攻撃予測事態（同条三号）に当たる場合（以下「原則的な場合」という。）だけでなく、ホルムズ海峡に機雷が敷設された場合のように、「他国に対する武力攻撃それ自体によって」国民に我が国が武力攻撃を受けた場合と同様な深刻、重大な被害が及ぶことが明らかな「例外的な場合」もある[134]という。これによると、上記の説明は、〝そのままでは、すなわち、その状況の下、武力を用いた対処をしなければ、我が国が武力攻撃を受けるに至り、又は国民に我が国が武力攻撃を受けた場合と同様な深刻、重大な被害が及ぶことが明らかな状況〟という趣旨であることが分かる。

例外的な場合に想定されている被害は、我が国が封鎖[135]（blockade）を受けた場合と同様な深刻、重大な被害である[136]。原則的な場合には、我が国が武力攻撃を受ける危険はいまだ潜在的であるため、明白なものでなければならないとされるのに対し、例外的な場合には、国民に我が国が武力攻撃を受けた場合と同様な深刻、重大な被害が及ぶ危険はすでに顕在化しており、それ自体として明白である。このように、例外的な場合が「例外的」とされるのは、明白性の要件が当然に充足されるからであって、実際上まれにしか起きないからでない。

他国攻撃時の三要件は、法律レベルでは、存立危機事態（事態対処法二条四号）における防衛出動（自衛隊法七六条一項二号）又は「武力行使」（同法八八条一項）の開始・継続要件に表れている。同法七六条一項二号は第一要件を、同項（「我が国を防衛するため必要があると認める場合には」）は第二要件を、同法八八条二項（「事態に応じ合理的に必要と判断される限度をこえてはならない」）は第三要件を、それぞれ再確認したものにほかならない[137]。

(2)　平成二六年決定に対しては、次のような疑問を提起することができる。第一は、他国攻撃時の三要件を満たす武力行使は、およそ〝自衛のため必要な最小限度の武力行使〟といえないのでないかという点である。第二は、たとい他国攻撃時の三要件を満たす武力行使が純理論的には〝自衛のため必要な最小限度の武力行使〟といえるにせよ、これまで旧三要件を満たす武力行使のみが〝自衛のため必要な最小限度の武力行使〟であると説明されてきた以上、平成二六年決定は政府見解に要求される連続性を欠くのでないかという点である(138)。

第一点については、原則的な場合と例外的な場合を区別して考えなければならない。

原則的な場合には、他国に対する武力攻撃は、我が国に対する武力攻撃の明白な準備行為にも当たるため、準備行為に当たる限度でこれを排除するための武力行使は、〝自衛のため〟の武力行使であるといえる。また、そのような武力行使は、その段階で実施しなければ我が国に対する武力攻撃の発生を防止することができず、かつ、準備行為に当たる限度で他国に対する武力攻撃を排除するため必要最小限度のものとされているため、自衛のため〝必要な最小限度の〟武力行使であるともいえよう。

一方、例外的な場合には、他国に対する武力攻撃は、我が国に対する武力攻撃と同様の被害を及ぼす行為にも当たるというにすぎないため、当該行為に当たる限度でこれを排除するための武力行使は、〝自衛と同じ目的のため〟の武力行使とはいえても、〝自衛のため〟の武力行使といえるかは微妙である。しかしながら、例外的な場合には、他国に対する武力攻撃は、我が国を含む第三国に対する無差別攻撃そのものでないにせよ、それに類似するものであるため、この場合に限って、〝自衛と同じ目的のため〟の武力行使を〝自衛のため〟の武力行使と同視することは、それほど不自然とも考えられない。また、そのような武力行使は、当該行為に当たる限度で他国に対する武力攻撃を排除するため必要最小限度のものとされているため、自衛のため〝必要な最小限度〟の武力行使であるともいえよう。

正当防衛に準えれば、原則的な場合は、自己に対する侵害行為の明白な準備行為に対する防衛と重複する限度で他人の正当防衛を認めたものとなり、例外的な場合は、自己の緊急避難と重複する限度で他人の正当防衛を認めたものとなる（但し、他国攻撃時の三要件がこのようなアナロギーを論拠としていない点はいうまでもない。）。

第二点については、他国に対する武力攻撃であっても、その段階で排除しなければ我が国に対する武力攻撃の発生を防止することができないもの（原則的な場合）及びそれにより我が国に対する武力攻撃と同様の被害を及ぼすもの（例外的な場合）がありうるという事実認識が、近時に至るまで、もたれなかったためと説明されている。すなわち、平成二六年決定以前の政府見解は、「他国……が侵略されているということは、まだわが国民……の幸福追求の権利なり生命なり自由なりが侵されている状態ではない[139]」という事実認識を前提としていたのであって、およそ論理必然的に〝自衛のため必要な最小限度の実力行使〟には自国攻撃時の三要件を満たす武力行使しか含まれないとしていたのでない。さもなければ、「結論を先取りして述べたもの[140]」というほかないからである[141]、と。

(3)　他国攻撃時の三要件を満たす武力行使は、国際法上の集団的自衛権（国連憲章五一条）の行使に相当する武力行使のごく一部でしかない。後者が純然たる他国防衛を目的としてよい[142]のに対し、前者は、第一要件により、我が国に対する武力攻撃が発生するに至る危険又はこれと同様の被害が及ぶ危険が明白な場合に限定され、第二・第三要件により、当該危険を作り出している限度で他国に対する武力攻撃を排除するため、他に手段がなく必要最小限度の場合に限定されているからである。

よって、他国攻撃時の三要件では、自国攻撃時の三要件よりも明瞭に、第三要件から武力行使の地理的限界を導き出すことができる。例えば、スマトラ島全域に対する武力攻撃が発生した場合でも、仮に同島東岸から攻撃国の軍隊を駆逐しさえすればマラッカ海峡の航行の安全を確保することができ、マラッカ海峡の航行の安全を確保しさえすれば第一要件にいう危険が除去されるのであれば、我が国の武力行使が認められる範囲は、同島東岸に限られる（これは例外的な場合であるが、原則的な場合についても同様である。）。

四-二-二　「武器の使用」

四-二-二-一　領域外

(1)　続いて、外国軍隊の構成員を相手方とする「武器の使用」について検討する。本章では、我が国の領域外におけるもの、領域内におけるもの（後出四-二-二-二参照）の順に取り上げる。[143]

前者の代表的な立法例は、自己等防護のための武器使用（PKO法二五条三項）――国際平和協力業務に従事する自衛官が自己又は自己と共に現場に所在する他の自衛隊員等の生命又は身体を防護するための武器使用――及び（我が国の領域外における）武器等防護のための武器使用（自衛隊法九五条）である。いずれも、危害射撃は正当防衛に該当する場合に限られている（PKO法二五条六項・自衛隊法九五条但書）。

これらの武器使用は、現場における不測の侵害を排除するためのものであり、そのような目的との関係上、外国軍隊の構成員を相手方とすることも予定されている（一部の例外を除く。）。自衛官等の生命・身体及び自衛隊の武器等に対する侵害でなく、その他の任務遂行に対する侵害を排除するための武器使用は、外国軍隊の構成員を相手方とすることが予定されているものでは、いまだ認められていない。[144][145]

(2)　自己等防護のための武器使用は、「いわば自己保存のための自然権的権利というべきもの」であるため、外国軍隊の構成員を相手方とする場合でも、憲法九条により禁止された「武力の行使」には当たらないというのが、政府見解である。「いわば……というべきもの」という婉曲表現は、この武器使用が、自己防護のための危害射撃に限っても、自己の正当防衛そのものでなく、自己の正当防衛に該当する場合であることを要件とする「法令……による行為」（刑法三五条）にとどまるためであろう。[146]

狭義説（前出一参照）によると、この政府見解は、この武器使用がおよそ武力行使（狭義）に当たらないという趣旨となる。その理由は、この武器使用が外国軍隊の撃破でなく自己保存を目的とし、当該目的との関係で限定された開始・継続要件が各回ごとに課される点に求められる。

一方、広義説（前出一参照）によると、この政府見解は、この武器使用が憲法九条の下でも許容される武力行使（広義）に当たるという趣旨となる。その理由は、この武器使用（自己防護のための危害射撃に限る。）[147]が、自然権の行使としての側面と武力行使（広義）としての側面[148]を併せもった[149]、〝自然権の行使と重複する武力行使（広義）〟であるところ、憲法九条はもともと自然権の行使と重複しない武力行使（広義）しか制限することができないという点に求められる。

(3)　武器等防護のための武器使用は、「我が国の防衛力を構成する極めて重要な物的手段を破壊、奪取しようとする行為からこれらを防護するための極めて受動的かつ限定的な必要最小限の行為である[150]」ため、外国軍隊の構成員を相手方とする場合でも、憲法九条により禁止された「武力の行使」には当たらないというのが、政府見解である。具体的には、この武器使用が、危害射撃か無危害使用かを問わず、「他に手段のない」場合に限られる点[151][152]が挙げられてきた。とはいえ、「他に手段がない……場合」（警職法七条但書一号・二号参照）と規定されているわけでもないため、これは、自衛隊法九五条を合憲限定解釈するものにほかならない。

狭義説によると、この政府見解は、この武器使用がおよそ武力行使（狭義）に当たらないという趣旨となる。しかしながら、その理由は、自己等防護のための武器使用と同一でない。武器等防護のための武器使用は、防衛力の維持・防護を目的としている点（前出四‐一‐一参照）で、武力行使（狭義）との区別が必ずしも明瞭でないからである。ここでの理由はむしろ、補充性が要求されるという形で、法的規制が一層厳格化されている点に求められよう。

一方、広義説によると、この政府見解は、この武器使用が憲法九条の下でも許容される武力行使（広義）に当たるという趣旨となる。その理由は、防衛出動時の「武力行使」もこの武器使用も等しく武力行使（広義）であるところ、両者の目的及び手段が全体として均衡している点に求められる。すなわち、前者の目的が〝国家の自衛〟であるのに対し、後者の目的は〝国家の自衛のための物的手段の保全[153]〟という副次的なものでしかない。とはいえ、前者の手段が包括的にしか法的規制を受けないのに対し、後者の手段は各回ごとに法的規制を受けており、前者を量的でなく質的に抑制したものとなっている。よって、防衛出動時の「武力行使」が憲法九条の下でも許容されるのであれば、この武器使用も許容されるはずである。

広義説によると、この武器使用が憲法九条の下でも許容されるためには、各回ごとに法的規制を受けるものであれば足りるのであって、補充性はもちろん、危害射撃を正当防衛に該当する場合に限ることすら必要ないかにもみえる。しかしながら、ここでの武器等は、一時的とはいえ我が国の領域内になくてよいと判断されたものである上、その破壊・奪取により我が国の防衛力を低下させる程度も様々でありうるため、〝国家の自衛〟との目的上の関連性は必ずしも強いものでない。この点に鑑みると、軍隊の対外的な行動に潜在する危険性（前出一参照）を最小化するため、補充性という最も厳格な法的規制を課して初めて、憲法九条の趣旨に合致するといえよう。

(4)　自己等防護のための武器使用には、派遣先国（PKO法三条八号）等という地理的限界がある。これに対し、武器等防護のための武器使用は、外国の領域内における任務遂行が予定されていなかった時期に設けられたため、地理的限界なく〝縦横に移動する軍隊の自己防衛権〟となっている（前出四-一-一参照）。

このことは、自己等防護のための武器使用が「いわば……自然権的権利というべきもの」である点に照らすと、一見不均衡であるかにみえる。しかしながら、この武器使用は、正当防衛そのものでなく、正当防衛に該当する場合であることを要件とする国家作用にほかならない以上、これを認めるかは、我が国の領域外における任務を創設する都度、予想される治安状況及び任務の性質に鑑み、判断すべきものである。武器等防護のための武器使用も、国際平和協力業務の創設当初は認められていなかった[154]ように、我が国の領域外における任務を創設する都度、これを認めるかが判断されてきた。その結果、現在では、外国の領域及び船舶内における平時の任務については、ほぼいずれの武器使用も認められるに至っている。

但し、我が国と派遣先国等との間の公海上又は第三国の領域内を移動中の自衛官については、武器等を警護する任務を付与された者には武器等防護のための武器使用が認められる一方、自己等防護のための武器使用は一切認められていない。立法論としては、予想される現地の治安状況に応じて、後者を認めることも許容されるであろう。

四-二-二-二　領域内

(1)　我が国の領域内における外国軍隊の構成員（外国政府公船の乗組員を含む。以下同じ。）を相手方とする「武器の使用」の代表的な立法例は、領空、領海及び領土につき、それぞれ対領空侵犯措置（自衛隊法八四条）としての武器使用、（我が国の領海内における）自衛隊法九三条一項・警職法七条に基づく海上警備行動時の武器使用（以下「一項の武器使用」という。）及び自衛隊法九〇条一項三号（平一三法一一五）に基づく治安出動時の武器使用である。[155]

自衛隊法の立案過程では、帝国憲法下の衛戍勤務（前出二-一参照）と同じく、自衛隊に平常時から（もっぱら外国軍隊に対する軍事的任務である）領域警備任務を付与するという案も検討されていた。しかしながら、「警察機関による治安維持の原則」（前出四-一-一参照）の妨げとなる上、多数の米軍部隊が駐留していた当時には、いまだ実際上の必要性がなかったため、採用には至らなかった。[156]その結果、平常時における自衛隊の任務は、警察機関では対応しきれない場合の治安維持任務に限定され、外国軍隊の構成員を相手方とする自衛官の武器使用も、警察権の行使としての武器使用の中に溶け込まされることとなった。

領空については、もともと警察機関では対応しきれないため、平常時から自衛隊が対応することとされたが、これも領域警備任務でなく、あくまでも治安維持任務として位置付けられた[157]（但し、対領空侵犯措置は、領域警備任務として立案された規定[158]がそのまま残ったため、領土及び領海における治安維持と異なり、もっぱら「外国の航空機[159]」に対するものとなっている。)。

このような経緯により、上記の武器使用では、外国軍隊の構成員を相手方とすることも特に禁止されていない。この点は、(我が国の領域内における)武器等防護のための武器使用[160](前出四-一-一参照)等、海上保安庁法二〇条一項・警職法七条に基づく海上保安官の武器使用及び警察官の武器使用[161](同条)についても同様である。

(2)　対領空侵犯措置としての武器使用の開始・継続要件は、明文化されておらず、解釈に委ねられている。[162]このうち危害射撃は、「正当防衛または緊急避難の要件に該当する場合にのみ許される……。領空侵犯機が実力をもって抵抗するような場合とか、あるいは領空侵犯機によって国民の生命及び財産に対して大きな侵害が加えられる危険が間近に緊迫しており、これを排除するためには武器の使用を行うほかない緊急状態もこれに該当する[163]」というのが、政府見解である。

空中での危害射撃は、直ちに領空侵犯機の撃墜という結果を生じうるため、法益均衡の観点から、他人の正当防衛の場合(ここでいう「緊急状態」の場合)にも、国民の生命に対する具体的危険が現在することが求められる。よって、単なる情報収集のための領空侵犯は、たとい武力攻撃の準備行為であったとしても、他人の正当防衛の対象にはなりえない。

ともあれ、この政府見解は、もとより正当防衛に該当する場合の危害射撃が憲法九条により禁止された「武力の行使」に当たらないことを前提としているはずである。

この点、狭義説(前出一参照)によると、対領空侵犯措置としての武器使用は、およそ「武力の行使」には当たらないこととなる。その理由は、この武器使用が外国軍隊の撃破でなく退去の強制を目的とし、当該目的との関係で限定された開始・継続要件が各回ごとに課される点もあろうが、むしろそれ以上に、この武器使用が我が国の法令の執行(具体的には警察権の行使)としての性質を有する点に求められよう。[164]我が国の領域外における「武器の使用」

（前出四-二-二-一参照）と異なり、他人の正当防衛に該当する場合全般に危害射撃が認められるのも、警察官の武器使用（警職法七条）との均衡に基づくものと説明することができる。

一方、広義説（前出一参照）によると、対領空侵犯措置としての武器使用は、憲法九条の下でも許容される「武力の行使」に当たることとなる。その理由は、（我が国の領域外における）武器等防護のための武器使用（前出四-二-二-一参照）と同様に考えればよい。すなわち、防衛出動時の「武力行使」の目的が〝国家の自衛〟であるのに対し、対領空侵犯措置としての武器使用の目的は〝領域主権に対する侵害の排除〟という副次的なものでしかない（主権は国家の一構成要素にとどまる。）が、前者の手段が包括的にしか法的規制を受けないのに対し、後者の手段は各回ごとに法的規制を受けるため、両者の目的及び手段は全体として均衡している。ここでは、この武器使用が警察権の行使とされていることは、さしたる重要性をもつものでない。

(3)（我が国の領海内における）一項の武器使用は、自衛隊法九三条三項（平一三法一一五）・海上保安庁法二〇条二項（平一三法一一四）に基づく海上警備行動時の武器使用（以下「三項の武器使用」という。）——無害通航でない航行を行っている船舶の進行を停止させるための武器使用——と異なり、外国軍艦及び外国政府公船（以下「軍艦等」という。）を相手方から除外していない。三項の武器使用は、重大凶悪犯罪を予防するための立入検査の実施を目的とする点で、行政警察権の行使ではあるものの司法警察権の行使と接着しており、裁判管轄権の免除を享有する軍艦等になじまないのに対し[165]、一項の武器使用は、純然たる行政警察権の行使——自己若しくは他人に対する防護又は公務執行（退去の強制）に対する抵抗の抑止のための武器使用——でありうるためであろう。

海上警備行動として命ずる「必要な行動」（自衛隊法八二条）には、無害通航でない航行を行っている軍艦等に対し、領海からの退去を要求することが含まれるというのが、政府見解である[166]。航行の有害性の程度が高い軍艦等が退去の要求に応じない場合、公務執行（退去の強制）に対する消極的な抵抗の抑止のため[167]、一項の武器使用が認められるかについては、いまだ政府見解は示されていない[168]。しかしながら、そのような軍艦等はもはや執行管轄権の免除を享有しないと考えられるため、「必要な行動」が退去の要求にとどまり、退去の強制に及ばないと解すべき理由はない[169]。もっとも、その場合でも、危害射撃は正当防衛に該当する場合に限られている（自衛隊法九三条一項・警職法七条但書）。

海上での危害射撃は、直ちに軍艦等の撃沈という結果を生ずるとは限らず、たとい撃沈したとしても乗組員を救助しうるため、他人の正当防衛が成立する範囲は、対領空侵犯措置としての武器使用よりも広くなる。例えば、指定漁業の許可（漁業法五二条一項）を受けた国民の漁業を妨害するための航行であって、外交ルートを通じた再発防止要求を無視して繰り返されるものに対し、それらの者の財産の正当防衛として、直ちには撃沈又は乗組員の殺傷の結果を生じない危害射撃をすることは[170]、何ら法益均衡に反するものでない。また、領海の海底及びその下が普通財産（国有財産法三条三項）であるとすれば[171]、領海の海底に工作物を設置し、又はこれを掘削するための航行に対し、財産権の主体としての国の権利の正当防衛として、そのような危害射撃をすることについても、同様である。

しかしながら、武力攻撃の準備行為となる情報収集をするための航行、当該外国の領域主権を主張する目的で〝法執行〟と称する行為をするための航行及び資源探査をするための航行（以下それぞれ「第一種有害航行」、「第二種有害航行」及び「第三種有害航行」といい、併せて「特定有害航行」という[172]。）では、国民の生命又は財産に対する具体的危険が現在しないため、他人の正当防衛は成立しない[173]。

(4)　自衛隊法九〇条一項三号（平一三法一一五）に基づく治安出動時の武器使用――武装工作員等による暴行又は脅迫を鎮圧し、又は防止するための武器使用――は、同項一号・二号に基づく武器使用（前出四-一-二-二参照）と同じく、正当防衛に該当する場合に限定されていない。武装工作員等による治安侵害は、少なくとも暴動と同程度の警察違反状態と捉えることができるためであろう。

この武器使用は、治安維持を目的とする行政警察権の行使であるが、退去の強制を目的とするものでない。拘束した外国軍隊の構成員は司法警察職員に引き渡すことが予定されており、この点で、司法警察権及び刑事裁判権の行使の前段階をなすものといえる。よって、合法戦闘員[174]（lawful combatant）であって国際法上違法な敵対行為をしたと認められない者を相手方としてよいかが問題となるが、特に支障はないと解されているようである[175]。

(57)　情報収集（防衛省設置法四条一項四号）、教育訓練（同項九号）等は、「任務」としては位置付けられていない。

(58)　田村重信ほか編『日本の防衛法制』二版（平二四）一九三頁の表現。

(59)　立案過程では、「自衛隊法案……第三次案において、施設以外の野積または輸送中の武器、弾薬または火薬についても適用されるように『庫』を削った。その後、この規定の目的を武器、弾薬または火薬の盗難または危険防止のための警護ではなく、自衛隊の戦闘力を防護するための趣旨にすべきであるとの意見が出て、最終案において、航空機、車両または液体燃料を加え、これらの物件およびこれらの物件の収容施設（艦船を含む。）を防護するための権限規定に変更した」という（宮崎弘毅「防衛二法と自衛隊の任務行動権限（一二）」国防二六巻一二号（昭五二）一〇七頁。但し、「収容施設」という表現は広すぎるため、賛同しがたい。）。武器庫等を武器等に改めたのは、より法律的に説明すれば、保安庁法の下での武力行使を任務としない保安隊及び警備隊の武器等が武器庫等に集積されて初めて危険であるのに対し、武力行使を任務とする自衛隊の武器等は単体でも防衛力を構成する物的手段として重要だからであろう。

(60)　正確には、正当防衛又は緊急避難だが、後者に該当する場合はほとんど考えられないため、本章では検討を省略する（他の武器使用についても同じ。）。

(61)　参照、眞邉正行編『防衛用語辞典』（平一二）九九頁。

(62)　参照、海幕防衛部『自衛隊法における権限等の解説』（昭三四）四九頁。

(63)　参照、一〇七・参・内閣委四号（昭六一・一二・四）一二頁〔友藤一隆政府委員〕。同頁では、武器等と一体となってこれを操作している者が例示されている。

(64)　ここでの防衛対象は、あくまでも国有物品であって、特定の物を離れた抽象的な防衛に関する公益でない。最判昭二四・八・

一八刑集三巻九号一四六五頁は、「国家的、国民的、公共的法益についても正当防衛の許さるべき場合が存することを認むべきである。」と説示したが、これは私人の正当防衛についてであり、「国家又は公共団体の公的機関」が「本来の任務」として「国家的、公共的法益を保全防衛すること」（いずれも同判決の表現）を公務員の正当防衛としたわけでない。

(65)「自衛隊の武器等が破壊されたり奪取されたりすることにより、我が国の防衛力を構成をいたしております重要な物的手段が損壊されましたり、それによりまして防衛力が低下することを防ぐための規定ということで、そのための武器等の使用については、警察権の行使ということでございますので、厳重な条件がいろいろくっついておるわけでございます」（一〇七・衆・内閣委三号（昭六一・一〇・二三）一一頁〔友藤一隆政府委員〕）。この答弁は、もっぱら我が国の領域内を念頭におくものであろう。

(66) なお、「武器等」には、それ自体としては危険物でないもの（火器等を搭載していない自衛隊の車両及び航空機。後に有線電気通信設備及び無線設備が加えられた。）も含まれるため、武器等の防護を危険物警察の作用として説明し尽くすことはできない。これに対し保安庁法の下では、「武器庫、弾薬庫又は火薬庫」の防護であり、危険物警察の作用として説明されていた（参照、保安庁保安局編『逐条保安庁法解説』（昭二八）八一～八二頁）。

(67) これは、無危害使用ですら正当防衛に該当する場合に限られると解されていた（参照、八・参・法務委六号（昭二五・七・二八）六頁〔高橋一郎政府委員〕）。

(68) 護衛艦、戦闘機及び戦車が「武器」に含まれる点につき参照、七七・衆・前註(6)。護衛艦は、後に「自衛隊の船舶」に拡張された（自衛隊法九五条（昭六一法一〇〇））。

(69) このほか、「個人が携帯する武器については、その個人に……警護任務を与える場合もありますし、部隊として任務を与える場合もある」という（一〇七・衆・内閣委五号（昭六一・一〇・三〇）五頁〔西廣整輝政府委員〕）。

(70) 戦後ドイツの立法例につき参照、安田・前註(26)二二一～二二五頁及び松浦一夫「平時における軍事警察権限の作用法的根拠」防大紀要（社会科学分冊）六三輯（平三）八四～八七頁。

(71) 治安出動下令前における情報収集に際しての武器使用（現・自衛隊法九二条の五（平一三法一一五））及び防衛出動下令前における展開予定地域内における防御施設構築の措置に際しての武器使用（現・同法九二条の四（平一五法八〇））。前者は「自衛官が武装工作員等に遭遇するなど不測の事態」（参照、河本志朗「武装工作員対処のための自衛隊の治安出動」警察政策八号（平一八）八八頁）、後者は「武力攻撃が予測される重要施設や地域等……で活動する自衛官に対する妨害行為等不測の事態」（参照、久澤洋「武力攻撃事態における自衛隊の行動の円滑化」時の法令一六九九号（平一五）三九〜四〇頁）をそれぞれ想定したものであって、いずれも自国民というより外国軍隊の構成員を相手方として予定している。

(72) 上原・前註(29)三七頁。「兇悪な」は、国会修正で追加された文言であるが、「人の生命、身体等に対し危害を与える可能性があり、そのため著しく人を畏怖させる方法によつて行なわれるもの」を指すと解されている（宍戸基男『註解警察官職務執行法』（昭三七）一九二頁）。

(73) 警護出動時の武器使用（自衛隊法九一条の二第三項（平一三法一一五））――警護出動を命ぜられた自衛官が内閣総理大臣により指定された自衛隊の施設等を警護するための武器使用――は、警護出動時に限って、正当防衛の範囲を超える武器使用を当該施設等外でも認めている。治安出動時の武器使用と同様の考え方によるものであろう。

(74) 本書第一章五二頁参照。

(75) 参照、九一・参・予算委二〇号（昭五五・四・三）一七頁〔塩田章政府委員〕。同旨、加藤・前註(11)二七〜二八頁及び高瀬忠雄「防衛庁設置法及び自衛隊法の概要」警察学論集七号九号（昭二九）四六頁・四八頁。

(76) 帝国憲法下で勅裁を要した行為が現憲法下で国会の承認を要する行為に改められた例として、いわゆる大帰化（（旧）国籍法（明三二法六六）一一条・国籍法九条）がある。

(77) 連合国は、陸戦ノ法規慣例ニ関スル条約が日本の占領にも適用されることを前提としていた（参照、芳賀四郎『日本管理の機構と政策』（昭二六）三〇〜三一頁）が、我が国は同条約四三条（現行法令の尊重等）による利益を自ら放棄したと解されるため、降伏文書が同条に反するとはいえない（参照、安藤仁介「日本の敗戦および連合国の占領と国際法」国際問題一四七号（昭四七）一九頁）。

(78) 政府が降伏文書に国内法としての効力を認めていたことは、同日付けの詔書から明らかである（参照、田中二郎「日本管理法令と国内法」横田喜三郎編『連合国の日本管理』（昭二二）八三頁）。

(79) 「降伏文書あるいは平和条約というような一国の安危にかかわるような問題」では、条約が憲法に優先しうるというのが、政府見解である（参照、三三・参・予算委四号（昭三四・一一・一七）一六頁〔林修三政府委員〕）。田中（二）・前註(78)八二頁は、主権を制限する保護国条約が一般に有効とされる点を引合いに出している。いずれも、国家緊急権（Staatsnotrecht）を根拠とするものといえよう。

(80)「降伏文書はいはば連合国の日本管理の憲法であり、我が憲法の上に位し、我が憲法を憲法として肯定し又は否定する根源としての意味をもつて居る」（田中二郎「連合国の管理下における日本行政法」『法律による行政の原理』（昭二九）一三七〜一三八頁）。

(81)「わが国はポツダム宣言を受諾し、降伏文書に調印して、連合国に対して無条件降伏をした。その結果連合国最高司令官は、降伏条項を実施するため適当と認める措置をとる権限を有し、この限りにおいてわが国の統治の権限は連合国最高司令官の制限の下に置かれることとなった（降伏文書八項）。……そして、わが国は、ポツダム宣言の条項を誠実に履行することを約すると共に、右宣言を実施するため連合国最高司令官……が要求することあるべき一切の命令を発し且つ一切の措置をとることを約したのである（同六項）。……それ故連合国の管理下にあった当時にあっては、日本国の統治の権限は、一般には憲法によって行われているが、連合国最高司令官が降伏条項を実施するため適当と認める措置をとる関係においては、その権力によって制限を受ける法律状態におかれているものと言わねばならぬ」（最大判昭二八・七・二二刑集七巻七号一五六二頁〔アカハタ発行停止指令〕）。

(82) United States Initial Post-Surrender Policy for Japan on Sep. 22, 1945（外務省特別資料部編『日本占領及び管理重要文書集』一巻（昭二四）九三頁）。

(83) 法制局関係者すら、「ポツダム宣言の受諾に基く完全武装解除という当時の大勢からいってこの条文〔＝憲法九条〕の字句についても、あまり立ち入ってこまかくは考えていなかった」と回想しているほどである（佐藤達夫（佐藤功補訂）『日本国憲法成立史』三巻（平六）七七六頁）。

(84) “War as a sovereign right of the nation is abolished. The threat or use of force is forever renounced as a means for settling disputes with any other nation.”

(85) 同草案にいう“as a means for settling disputes with other nations”が“war”にも掛かる形で修正されたのは、McArthur元帥が“war as a sovereign right”を不戦条約一条（前註(53)参照）にいう“war ... as an instrument of national policy”の同義語として用いていたためかもしれない。ちなみに、同草案八条二項の“rights of belligerency”は、総司令部関係者から「マッカーサー元帥一流の特異の用語」と評されている（高柳賢三ほか編『日本国憲法制定の過程』二巻（昭四七）一三六頁）。

(86) 参照、九〇・貴・帝国憲法改正案特別委一二号（昭二一・九・一三）一二頁〔金森徳次郎国務大臣〕。米国が満州事変及び支那事変を不戦条約違反として強く非難していたことはいうまでもない。ちなみに、不戦条約の枢密院審査には、吉田茂外務次官及び金森法制局参事官も出席していた（参照、柳原編・前註(56)下巻六七〇頁）。

(87) "No army, navy, air Force, or other war potential will ever be authorized and no rights of belligerency will ever be conferred upon the State."

(88) 同時代の学説も、憲法九条一項は「不戦条約の内容とほとんど同一の趣旨を規定した……にすぎない」が、同条二項は「ポツダム宣言の最も重要な条項の履行としての意味をもつ」と受け止めていた（法学協会編『註解日本国憲法』上巻初版（昭二三）一一〇頁・一一三頁）。

(89) 参照、佐藤（達）（佐藤（功）補訂）・前註(83)一一五～一一六頁。この時期についての最新の研究として参照、鈴木敦「憲法史の解釈論的意義—第九条を素材として（一）」法学論叢一六七巻五号（平二二）九八頁以下。

(90) 佐藤（達）（佐藤（功）補訂）・前註(83)四六八頁。

(91) 「第一項ハ『他国との間の紛争の解決の手段として』ト云フ条件ガ附イテ居リマス、従ツテ防禦的戦争……ハ入ッテ居ナイト云フ風ニ解釈出来ルダラウト思ヒマス、処ガ第二項……ニ於キマシテハ、一切ノ場合ニ於ケル手段ヲ封鎖シテ居リマス、物的ニ武力ヲ持ツテハナラヌ、並ニ人的ニ武力ヲ持ツテハナラヌト云フコトト、法律上交戦権ヲ認メナイト云フ、二段ノモノガアリマシテ、是ハ戦争類似行動ガ如何ナル種類ノモノデアルトヲ問ハズ、働イテ来ル」（前註(86)一九頁〔金森国務大臣〕）。「第一項ニ於キマシテハ自衛戦争ヲ必ズシモ禁止シテ居リマセヌ、ガ……第二項ニナツテ自衛戦争ヲ行フベキ力ヲ全然奪ハレテ居リマスカラシテ、其ノ形ハ出来マセヌ」（同二四頁〔金森国務大臣〕）。

(92) 参照、入江啓四郎『日本講和条約の研究』（昭二六）三〇五頁。

(93) 我が国が占領管理法令を遡及的に失効させることは、日本国との平和条約一九条(d)項により禁じられている（参照、高島益郎「平和条約の逐条解説」時の法令三六号（昭二七）二四頁）。

(94) 昭和二九年見解は、「自衛権はある、そしてその自衛権の行使のために必要最小限度の防禦方法を講ずべきであり、それを越えることは許されない、これが鉄則であります」（一九・衆・外務委一八号（昭二九・三・一六）六頁〔佐藤達夫政府委員〕）及び「自衛のため…必要相当な範囲の実力部隊を設けることは、何ら憲法に違反するものでない」（二一・衆・予算委二号（昭二九・一二・二二）一頁〔大村清一国務大臣〕）という答弁に要約されている。後者の答弁にいう「必要相当な」が前者の答弁にいう「必要最小限度」を緩和する趣旨でない点は、繰り返し確認されているとおりである（例えば参照、衆議院議員森清君提出憲法第九条の解釈に関する質問に対する答弁書（内閣衆質九三・一一号。昭五五・一二・五）一について。ちなみに、最判昭四四・一二・四刑集二三巻一二号一五三七頁は、正当防衛についてであるが、「必要最小限度」と「相当性」を互換的に用いている。）。周知のとおり、憲法九条二項にいう「戦力」は、前者の答弁の時点では、「近代戦争遂行能力」と表現されていたが、これが〝自衛のため必要な最小限度を超える実力〟と同じ趣旨である点は、前者の答弁自体から明らかといえよう。「萌芽的な自衛力論はこの〔前者の答弁の〕時期にすでに登場し」ていたのである（浦田一郎『自衛力論の論理と歴史』（平二四）二九六頁）。なお、政府が「近代戦争遂行能力」という表現を用いないこととしたのは、「戦力」と同語反覆的であり、かつ、抽象的にすぎたためという（参照、七〇・参・予算委五号（昭四七・一一・一三）二頁〔吉國一郎政府委員〕）。

(95)　法制局関係者は、帝国憲法改正案の枢密院審査における林頼三郎顧問官の発言（参照、芦部信喜ほか編『日本国憲法制定資料全集』五巻（平二一）一七三頁・二五八頁）に触発され、憲法九条一項・二項を一体として捉える昭和二九年見解を着想するに至ったと回想している（参照、高辻正巳「政治との触れ合い」内閣法制局百年史編集委員会『内閣法制局の回想』（昭六〇）四〇頁及び中村明『戦後政治にゆれた憲法九条』三版（平二一）一八三〜一八四頁）。

(96)　不戦条約は、昭和四年から現在まで、我が国の法体系の一部であり続けている。この点に鑑みると、「国際紛争を解決する手段として」は「国際紛争解決ノ為」と同義に解するのが、最も自然である。政府も、「『国際紛争を解決する手段としては』ということはどういうことをいつておるだろうかということは、当時から研究の対象であつたわけでありますが、われわれといたしましては、そのころから、また今日に至るまで、……主として侵略戦争を放棄しておるのだろう、侵略の手段としての戦争を禁止しておるという……ふうに考えて来ております」（一九・衆・外務委一号（昭二八・一二・一二）一四頁〔佐藤達夫政府委員〕）と説明している。他方において政府は、「両国家間で主張の相違がある、その主張の相違を平和的に処理するべきであるにもかかわらず、武力でもつて解決して行くということが、国際紛争を解決するために戦争をしたり武力を行使したりということになろうと思います」（一九・衆・外務委一七号（昭二九・三・一五）二五頁〔高辻正巳政府委員〕）とも説明しており、「国際紛争を解決する手段として」を、同条約の起草過程から切り離して独自に文理解釈しているかにみえなくもない。しかしながら、これとても国家間の意見対立すら前提としない突然の武力行使（昭和二〇年におけるソ連の我が国及び満洲国に対する侵攻等）を容認する趣旨ではないであろう。そうだとすれば、後者の説明は、国家間の意見対立を前提とする武力行使を能動的に開始される武力行使の典型として位置付けているにすぎず、結局のところ、その趣旨は前者の説明と同一に帰するように思われる。

(97)　ここで最小限度としたのは、〝最大限度未満〟とすれば最大限度とほとんど変わらないし、〝最大・最小限度の中間〟とすれば法規範として不明確になるからであろう。
(98)　昭和二九年見解は、憲法前文・一三条の趣旨を踏まえている（参照、一九・参・法務委三二号（昭二九・五・一〇）一四頁〔佐藤政府委員〕）が、これらを直接の根拠とするものではなかろう。
(99)　参照、最判平二四・四・二〇民集六六巻六号二五八三頁〔神戸債権放棄議決〕。
(100)　例えば参照、田中正身『改正刑法釈義』上巻（明四〇）四一一～四二八頁・四三五～四三八頁及び大場昭「英米法におけるSelf-Defenceの概念」安田寛ほか『自衛権再考』（昭六二）一五七～一六〇頁。
(101)　次の答弁は、我が国内法上の国家の自衛が一般概念としての私人の正当防衛に類比されるとしたものであるが、一般概念としての国家の自衛が一般概念としての私人の正当防衛に類比されることを当然の前提としていると考えられる。「大体個人の正当防衛権と同じような観念に基くものが今の憲法で認められておる」（二四・参・予算委（昭三一・三・九）二一頁〔林修三政府委員〕）。「自衛というものは、これはきわめて厳密に解すべきであって、いわゆる個人の関係にそれを引き直して見れば、まさに正当防衛の見地に立つべき範囲に限定されるべきである、……過剰防衛……はむろん違法である」（二四・参・内閣委三六号（昭三一・五・二）二五頁〔高辻政府委員〕）。
(102)　「国際法的の自衛権というものも必ずしも一つの観念があるようでもないと思うのであります。国によって……いろいろなことを唱えておる」「自衛権の行使としての幅と申しますか、こういうことが過去において、国によって……いろいろな行動がとられたと〔い〕うことは……あると思います」（二四・参・予算委（昭三一・三・九）二一頁〔林政府委員〕）。諸外国では、国際法・国内法上の自衛権の発動要件が一致すると解されているため、この答弁は、諸外国の国内法上の自衛権にも自動的に当てはまる。
(103)　一四五・参・外交・防衛委五号（平一一・三・一五）一四頁〔秋山収政府委員〕。「国際法上確立した概念…ではなく、一般的な概念」であるという（同頁〔同政府委員〕）。
(104)　政府は、「自衛戦争」でも「他国の領土まで攻め入って他国を降伏させる」ことまで認められるという（三一・参・予算委九号（昭三四・三・一二）五頁〔林修三政府委員〕）が、征服まで認める趣旨ではなかろう。
(105)　「外国では、侵略戦争は放棄しているけれども自衛戦争は反対にできると考えていると思います。しかも、その自衛戦争というのが、……われわれができないと言っている海外派兵もできるだろうし、またわれわれが持ち得ないというような装備というものも持ち得るというふうに解されていると思います」（九六・衆・内閣委一八号（昭五七・七・八）六頁〔角田禮次郎政府委員〕）。

(106)　我が国では、「単に他国の根拠地をたたいた方が便利であるというようなことでやることはできない」（四六・参・予算委一〇号（昭三九・三・九）一八頁〔林修三政府委員〕）。

(107)　刑法三六条に関する判例は必ずしも補充性を要求していない（参照、大塚仁ほか編『大コンメンタール刑法』二巻三版（平二八）六一四頁〔堀籠幸男＝中山隆夫〕）が、昭和二九年見解に基づく新旧三要件（後出四-二-一-二～三参照）は第二要件で補充性を要求している。また、刑法三六条は無限定に他人の防衛を認めているが、他国攻撃時の三要件（後出四-二-一-三参照）を満たさない他国の防衛を認めるには憲法九条の改正を要するというのが、政府見解である（参照、一八九・衆・我が国及び国際社会の平和安全法制に関する特別委八号（平二七・六・一〇）二～三頁〔横畠裕介政府特別補佐人〕）。

(108)　憲法九条二項英文にいう"war potential"を直接に念頭におくものでないが、憲法制定の翌年にCanberraで開催された英連邦会議では、軽金属、合成石油、合成ゴム、造船及び民間航空の各産業を"war potential"とする対日講和条約案が採択されている（See, "Appendix to the Journals of the House of Representatives" (New Zealand), 1947 Session I, A-12, p.14）。

(109)　参照、高柳ほか編・前註(85)一四〇頁。

(110)　朝日新聞（平二七・七・一一）によると、一二二名の憲法学者のうち、約六割が自衛隊を違憲又はその可能性ありとし、約三割が合憲又はその可能性ありとしたという。前者は、制憲議会で示された政府見解を支持する立場であるが、講和前後で憲法の位置付けが一変したことを看過している。一方、後者の多くは、昭和二九年見解を支持する立場であろうが、実定法解釈論として、制憲議会で示された政府見解を支持することができない理由を明らかにしたものは見当たらない。しかしながら、そのような作業を抜きにしては、実定法解釈論として、新三要件（後出四-二-一-二参照）が昭和二九年見解に反しないかを検証することもできないはずである。

(111)　「べき」というのは、客観的に必要最小限度の選択肢があったとしても、それをとることが困難な場合には、それに次ぐ選択肢をとってもよいとする趣旨であろう。この点に限れば、刑法三六条に関する判例と同様である（参照、香城敏麿「正当防衛における相当性」判例タイムズ七七七号（平四）六六頁）。

(112)　衆議院議員森清君提出憲法第九条の解釈に関する質問に対する答弁書（内閣衆質一〇二・四七号。昭六〇・九・二七）一について。「急迫不正の侵害、すなわち現実的な侵害があること、それを排除するために他に手段がないということと、しかして必要最小限度それを防禦するために必要な方法をとるという、三つの原則を厳格なる自衛権の行使の条件と考えておるわけであります」（一九・衆・外務委二〇号（昭二九・四・六）二頁〔佐藤達夫政府委員〕）。

(113) 参照、横田喜三郎『自衛権』（昭二六）四五〜四七頁・五一〜五二頁。同五四頁は、Webster's Formula が示される契機となった Caroline 号事件に論及している。

(114) 但し、横田・前註(113)四九〜五〇頁は、「他人に対する危害に対しても、正当防衛は認められる」として集団的自衛権（国連憲章五一条）を全面的に認めている。この部分は、旧三要件には採り入れられなかった。

(115) 六八・参・内閣委一一号（昭四七・五・一二）二〇頁〔真田秀夫政府委員〕。

(116) 「必要があると認める」は、「他に適当な手段がない」という趣旨に合憲限定解釈されている（他国攻撃時の三要件（後出四-二-1-三参照）のうちの第二要件についても同じ。）。

(117) 「国際法上自衛権を行使し得るのは、急迫した危害が国家に加えられるということ、そして危害除去に必要な限度でなければ行使し得ないということ、またその危害を除去するために他にとる手段がないということ、この三つの条件が必要でございます」（一九・衆・外務委一八号（昭二九・三・一六）六頁〔下田武三政府委員〕）。

(118) Military and Paramilitary Activities in and against Nicaragua (Nicaragua v. United States of America) (Merits) in : ICJ Reports (1986), p.14.

(119) 参照、二四・参・予算委（昭三一・三・九）二一頁〔林修三政府委員〕。

(120) 「第三要件は、単に、相手から受けている武力攻撃と同程度の自衛行動が許されるという国際法上の自衛権行使の要件である均衡性ではなく、……我が国の存立を全うし、国民を守るためとあります第二要件を前提とした、我が国を防衛するための必要最小限度ということであると理解されます」（一八九・衆・前註(107)四号（平二七・五・二八）五頁〔横畠政府特別補佐人〕）。

(121) 衆議院議員稲葉誠一君提出自衛隊の海外派兵・日米安保条約等の問題に関する質問に対する答弁書（内閣衆質九三・六号。昭五五・一〇・二八）三について。

(122) 答弁書・前註(19)三3。

(123) 一般に、量的関係でなく目的・手段関係に立脚した方が武力行使の烈度を制限することができるかは、国際法学界でも疑問視されている（参照、根本和幸「自衛権行使における必要性・均衡性原則」村瀬信也編『自衛権の現代的展開』（平一九）六六頁）。

(124) 前註(3)参照。均衡性の概念は、決して目的・手段関係を捨象するものでない（See, Randelzhofer and Nolte, ibid., p.1426）が、この点では第三要件よりも遥かに緩やかである。

(125) 前註(104)参照。

(126) 参照、藤田久一『国際人道法』新版再増補（平一五）一〇四頁。

(127) 参照、二四・衆・内閣委一五号（昭三一・二・二九）一頁〔船田中国務大臣〕。

(128) 自衛隊法の立案過程では、侵略に対する防衛を警察権の行使と位置付け、「その行動範囲はわが国の領域に限られるのを原則とする」という案も検討されていた（参照、宮崎・前註(59)九七頁）。

(129) 武力攻撃に至らない“use of force”に対する“use of force”については、国際法上、自国の領域内に限定されるという学説もある（See, Randelzhofer and Nolte, ibid., p.1401-1403）。それによると、小規模な侵入を契機とする国境を挟んだ押返し合いが大規模な武力紛争へと昂進することを避けるため、国連憲章は、武力攻撃に至らない“use of force”に対しては、自国の領域内におけるものしか許容していないという。その論拠は、同項が他国の領域内における“use of force”を原則として禁止する（前出一参照）一方、同憲章五一条が武力攻撃が発生した場合をその例外としている点に求められている。これに対し、木庭顕「日本国憲法九条二項前段に関するロマニストの小さな問題提起」法律時報八七巻一二号（平二七）六二頁註54は、武力攻撃に対するものか区別することなく、憲法九条二項の解釈論として、およそ武力行使は我が国の領域外に限定されるという。その論拠は「占有原理」に求められている（同五九頁等）が、実務家を説得するためには、より丁寧な補足が必要であろう。

(130) 我が国に対する武力攻撃が組織的・計画的なものである（前出一参照）以上、現実には、外国の領域内にある侵攻拠点を無力化するのでない限り、武力攻撃を排除したことにならない場合も少なくないであろう。三輪良雄防衛事務次官も、「ほんとうに防空を全ういたしますためには、敵機をその発進のもとにいってこれをとめるという措置がないと、十分なことができないわけでございます」と述べている（自由民主党安全保障に関する調査会・外交調査会合同会議（昭四一・四・二五）。渡辺洋三＝岡倉古志郎『日米安全保障条約―その解説と資料』（昭四三）一九六頁）。

(131) 「外部からの武力攻撃に対し共通の危険として対処しようとする共通の関心を持ち、我が国と共同して対処しようとする意思を表明する他国」をいう（一八六・参・予算委閉一号（平二六・七・一五）二八頁〔横畠裕介政府参考人〕。なお参照、答弁書・

前註(19)四2)。「共通の危険」は、日本国とアメリカ合衆国との間の相互協力及び安全保障条約〔昭三五条約六〕五条一項で用いられており、米比相互防衛条約（一九五一）四条一項、ANZUS条約（一九五一）四条一項等に倣った文言である。ANZUS条約は、他国攻撃を自国攻撃とみなす（NATO条約（一九四九）五条一項）ような「旧来型の軍事同盟でなく、純粋に防御的な合意である」と説明されている（See, R. Holdich et al. (ed.), "The ANZUS Treaty 1951" (2001), p.225）。

(132)　衆議院議員岡田克也君提出集団的自衛権の行使を容認する憲法解釈の変更等に関する質問に対する答弁書（内閣衆質一八八・一号。平二七・一・九）一の一から七までについて。

(133)　一八六・衆・予算委一八号（平二六・七・一四）一二頁〔安倍晋三国務大臣〕。

(134)　参照、一八九・参・前註(7)二〇号（平二七・九・一四）二九頁〔横畠政府特別補佐人〕。

(135)　「この周囲海に包まれておる日本を武力をもつて海上封鎖をし、日本の国民の糧道を断ち、あるいは生産物資を断つ、そうして日本を危殆に陥らしめるというような手段を講ずるならば、それはまさに外部からの武力攻撃に該当するものと私は考えております。と申すのは、一国が独立国家として、国民の生命財産を保護して行かなければならないことは当然であります。その生命線を奪うような封鎖をする。これは申すまでもなく、直接武器を持つて日本へ侵入して来たと同様な効果を現わすのであります」（一九・衆・内閣委一九号（昭二九・四・五）四頁〔木村篤太郎国務大臣〕）。武器使用には「相手に対して武器を構えること」も含まれる（田村編・前註(58)二一九頁）ため、外国の領域内における部隊の展開及び封鎖（後者は、艦船等を外国の領海内に派遣する場合には前者にも当たるが、公海上にしか派遣しない場合は前者には当たらない。）は、射撃等を伴わなくとも、武力行使（狭義）に当たる（See, Randelzhofer and Nolte, ibid., p.1410–1411）。

(136)　阪田雅裕『憲法九条と安保法制』（平二八）一〇頁・二七～二八頁がこの被害を念頭においているかは、必ずしも定かでない。

(137)　ニカラグア事件判決は被攻撃国の要請又は同意という要件も求めているが、これは自衛隊法八八条二項（「国際の法規及び慣例……を遵守」）によって手当されている。

(138)　やや抽象的ながら、このような切分けの必要性を指摘するものとして参照、藤田宙靖「覚え書き―集団的自衛権の行使容認を巡る違憲論議について」自治研究九二巻二号（平二八）一六～一八頁。もっとも、藤田宙靖「自衛隊法七六条一項二号の法意―いわゆる『集団的自衛権行使の限定的容認』とは何か」自治研究九三巻六号（平二九）二〇頁は、本文にいう第一点・第二点に関する政府見解を一括して、〝憲法の解釈（昭和四七年の政府見解が挙げられているが、元をたどれば昭和二九年見解）の解釈の変更〃と捉えているようにもみえる。

(139) 六九・参・決算委閉五号（昭四七・九・一四）一二頁〔吉國一郎説明員〕。

(140) 参照、一八九・衆・前註(107)三三頁〔横畠政府特別補佐人〕。

(141) 一八九・参・前註(7)一〇号（平二七・八・一九）三五頁〔横畠政府特別補佐人〕。

(142) 参照、中谷和弘「集団的自衛権と国際法」村瀬編・前註(123)三六～三八頁。

(143) 自衛隊の部隊を外国の領域内に派遣するためには、領域主権尊重の原則及び憲法九八条二項により、その同意を得なければならないことはいうまでもない。その際、武器使用についても同意を得るのが通例である（例えば参照、クウェート国における日本国の自衛隊等の地位に関する交換書簡（平一六外務省告示一〇）九項及びジブチ共和国における自衛隊等の地位に関する交換書簡（平二一外務省告示一二三）一二項）。

(144) これは、“unit self-defence”として、一般国際法上も許容されている。ある学説は、このような「現場における反撃 on-the-spot reaction」が“comprehensive use of counter-force”でない点を論拠としている（参照、和仁健太郎「国際法における“unit self-defence”の法的性質と意義」阪大法学六五巻一号（平二五）七八頁）が、“comprehensive use”にならないことを国内法上担保することまでは要求していないようである。

(145) すなわち、在外邦人等の保護措置としての武器使用（自衛隊法九四条の五第一項）及びいわゆる安全確保業務遂行・駆け付け警護のための武器使用（ＰＫＯ法二六条一項・二項）のように、外国軍隊の構成員が相手方とならないと見込まれる地域でしか認められないもの（それぞれ参照、自衛隊法八四条の三第一項一号及びＰＫＯ法六条一項括弧書）に加え、米軍部隊の武器等防護のための武器使用（自衛隊法九五条の二第一項）のように、現に戦闘行為が行われている現場で行われる活動に従事している米軍部隊の武器等を防護対象から除外しているもの（同条一項括弧書）である。

(146) 一二二・衆・前註(6)二〇頁。

(147) 無危害使用及び自己と共に現場に所在する他の自衛官等の防護のための危害射撃は、自己防護のための危害射撃に付随する行為として、「いわば自己保存のための自然権的権利というべきもの」に含められているのであろう。

(148) この側面に着目すれば、自己等防護のための武器使用は〃軍隊の自己防衛権〃を認めたものにほかならない。なお、松浦一夫「軍隊の自己防衛権に関する一考察（下）」国防四一巻三号（平四）五九頁は、これを自衛隊でなく国際連合平和維持隊の自己防衛権としているが、賛同しがたい。「ＰＫＯ活動に参加するかどうかは各国の自由な意思に委ねられていることにかんがみれば、参加各国のそこでの個別の活動が各国の行為であると評価されることは当然」だからである（阪田雅裕『政府の憲法解釈』（平二五）一〇二頁）。

(149)　この武器使用があくまでも実定法上創設された権限であり、そのために武器の保有も認められており、自衛官も部隊として派遣される点（参照、田村ほか編・前註(58)二二五頁）に鑑みると、後者の側面は極めて顕著である。しかしながら、だからといって、この武器使用がいわゆる自招危難となり、前者の側面が消失するわけでもない。

(150)　参照、衆議院議員仙谷由人君提出イラク問題に関する質問に対する答弁書（内閣衆質一六〇・一八号。平一六・八・一〇）二の⑤及び⑫について。

(151)　「武器等の退避によってもその防護が不可能である場合等、他に手段のないやむを得ない場合でなければ武器を使用できないこと……が……要件でございます」（一八〇・参・外交防衛委三号（平二四・三・二八）二頁〔田中直紀国務大臣〕）。ちなみに、（我が国の領域内における）武器等防護のための武器使用（前出四-一-一参照）についても、「警察機関による治安維持の原則」の例外という別の理由から、解釈上、補充性が要求されよう。

(152)　このほか、「防護対象の武器等が破壊された場合や相手方が襲撃を中止し又は逃走した場合には武器の使用ができなくなる」点が挙げられている（一八〇・参・前註(151)同頁〔同〕）。但し、「武器が既に奪取されてしまった後において、これを奪還するために武器の使用をするということはできないと考えておりますが、今まさにそれが持ち去られようとしている場合においては、……事態に応じて合理的に必要と判断される限度において武器を使用することが可能である」ともいう（一五三・衆・安全保障委員会四号（平一三・一一・二七）四頁〔中谷元国務大臣〕）。

(153)　「我が国の平和と独立を守るための自衛権……は素手では行使できないわけでございまして、どうしても物的手段が要る、それが、いざというときにその効用を消滅してしまっているということじゃいかぬわけでございますから、いざというときのための物的手段を保全するというのは、これは当然の認められる手段ではなかろうか」（一四五・衆・日米防衛協力のための指針に関する特別委三号（平一一・三・二六）一三頁〔大森政輔政府委員〕）。「憲法も……まさに我が国を防衛するため必須の物的装備であります自衛隊の装備というものを、いわば相手方に奪われる、そのようなことを許しているはずもない、そういう基本的な考え方でございます」（一八九・衆・前註(107)九号（平二七・六・一二）五頁〔横畠政府特別補佐人〕）。

(154)　ＰＫＯ法二四条八項（平四法七九－平一三法一五七）。これを認めることとした経緯につき参照、一五三・参・外交防衛委一三号（平一三・一一・六）二〇頁〔福田康夫国務大臣〕。

(155)　なお参照、閣議決定「離島等に対する武装集団による不法上陸等事案に対する政府の対処について」（平一七・五・一四）。

(156)　「第一幕僚監部から平時における自衛隊の領域（領海、領空、領土）警備行動規定案を提案したが、保安庁内局は、領域警備のうち領空警備のみを対象として法案を作成した。これは、昭和二八、二九年当時日本周辺海空域は強力な米海空軍の勢力圏内にあり、北海道の一部にたまに領空侵犯があるのみであって、外国の軍艦、陸上部隊が日本領域を不法に侵害するおそれが認められなかったため、平時自衛隊が領海、領土を警備する行動法令を加えなかったのである」（宮崎弘毅「自衛隊法領空侵犯措置規定について」防衛法研究七号（昭五八）八七頁）。第一幕僚監部の案につき参照、宮崎・前註(59)九八頁。

(157)　「領空侵犯に対する措置というのは、いわば警察措置と考えることがまず適当な分野であります。但し一般警察は、こういう領空侵犯を行いました航空機を取締り、適当な措置をすることができませんので、特に自衛隊の部隊がこれに当るという趣旨で八十四条ができておるわけであります」（一九・衆・内閣委二七号（昭二九・四・二〇）一九頁〔増原恵吉政府委員〕）。

(158)　立案過程では、ハーグ空戦法規案（The Hague Rules of Air Warfare（1922–23））四二条一項を参考にしたという（参照、宮崎・前註(156)九一頁）。

(159)　国際民間航空条約三条の二(a)項（平一〇条約一四）により、民間航空機は除かれる。

(160)　この武器使用を自国民を相手方とする実力行使に振り分けたのは、外国軍隊を迎撃するため武器等を自ら危険にさらす形では用いることができないからである。

(161)　「相手方が警察機関というような……ケースであっても、我が国の領域において我が国の統治権として〔海上保安官の武器使用という形で〕警察権を行使するということは排除されない」（一八五・衆・外務委七号（平二五・一一・二七）五～六頁〔近藤正春政府参考人〕）。この政府見解は、外国政府公船の乗組員の下船を禁止する措置（海上保安庁法一八条一項三号）に対する抵抗の抑止のための場合を想定したものである（同六頁〔同〕）。犯罪行為を目的とする外国政府公船は管轄権の免除を享有しないとした裁判例（参照、旭川地判昭二九・二・一九判時二一号二五頁〔クリコフ船長事件〕）に依拠するものであろう。

(162)　「領空侵犯航空機というものに対する措置は、……これを着陸させるということも一つの方法であります、あるいは信号その他の方法によつて領域の上空から退去させるということも一つの方法である。しかしそういうことに応じないでなお領空侵犯を継続するというような場合には、現在の国際法における通常の慣例その他に従いまして、場合によりましてはこれを射撃するというようなこともあり得るというふうに考えております」（一九・衆・内閣委二七号・前註(157)一九頁〔増原政府委員〕）。

(163)　一四五・参・日米防衛協力のための指針に関する特別委四号（平一一・五・一一）一一頁〔野呂田芳成国務大臣〕。

(164)　おそらく同旨、森本正崇「自衛隊による警察活動における武器使用規定の検討：危害許容要件を中心に」国際安全保障四二巻三号（平二六）八五～八六頁。

(165)　服部真樹「不審船を確実に停止させるための武器使用の拡充」時の法令一六五九号（平一四）五二頁は、「外国軍艦及び外国政府公船……は、我が国領域内といえども、国際法上、管轄権の完全な免除を享有する」というが、これはもっぱら裁判管轄権を念頭におくものであろう。

(166)　参照、安全保障会議決定・閣議決定「我が国の領海及び内水で潜没航行する外国潜水艦への対処について」（平八・一二・二四）。外国軍艦の「暴力的不法行為」に対処するためにも海上警備行動が発令されうることは、それ以前から明らかにされていた（参照、八〇・参・予算委第二分科会一号（昭五二・四・一三）一四頁〔伊藤圭一政府委員〕）。

(167)　警職法七条にいう「抑止」には、「消極的に抵抗している行為を……排除、解散、移動等の行為によって制圧すること」も含まれる（宍戸・前註(72)一七六頁）。

(168)　政府見解は、軍艦等が管轄権の免除を享有する限り、退去を強制することはできないという同語反覆にとどまっている（参照、一五四・衆・安全保障委五号（平一四・四・四）一一頁〔柳澤協二政府参考人〕）。そこでは、裁判管轄権と執行管轄権の区別も明示されていない。

(169)　このような解釈は、海洋法に関する国際連合条約（平八条約六。以下「海洋法条約」という。）にも反しない。無害通航に関する法令に違反した外国軍艦が退去の要求（三〇条）に従わない場合、「無害でない通航を防止するため」の「必要な措置」（二五条）が認められ、それには「外国軍艦の不退去がもたらす脅威に比例した程度の "force"」(A. Bardin, "Coastal State's Jurisdiction over Foreign Vessels" in: Pace International Law Review vol. 14, No. 1 (2002), p.65) 又は「退去の強制に必要な "force"」(R. R. Churchill and A. V. Lowe, "The Law of the Sea" 3rd ed. (1999), p.99) の使用が含まれる（参照、浅田正彦「九州南西沖不審船事件と日本の対応」栗林忠男＝杉原高嶺編『日本における海洋法の主要課題』（平二二）一〇二頁註一一二）からである。国家実行につき参照、安保公人「いわゆるグレーゾーン事態の必要かつ有効な法整備」防衛法研究臨時増刊号（平二七）六〇～六一頁。

(170) 一項の武器使用は、警職法七条の準用にとどまる点で、開始・継続要件が、海上保安庁法二〇条一項に基づく海上保安官の武器使用と全く同一である。よって、「警察機関による治安維持の原則」に照らし、自衛隊しかすることができない武器使用をするのでなければ治安維持任務を全うすることができない場合に初めて、一項の武器使用が認められると解されよう。本文に挙げた危害射撃は、多くの場合、海上保安官だけで足りるかもしれない。放水、接舷（いわゆる体当たり）等の有形力の行使であって、無危害使用に当たるもの及び武器使用にすら当たらないもの（船舶の航路を変更させる措置等（海上保安庁法一八条二項・一項二号））についても、同様である。

(171) 参照、拙稿「公物と私所有権（二）」自治研究九二巻六号（平二八）五〇頁。

(172) これらは、それぞれ海洋法条約一九条二項(c)(d)(j)に該当する。なお、平成七年の領海等警備法案要綱（海上保安庁）を含めて参照、坂元茂樹「外国公船に対する警告—中国公船への対応を考える」海上保安大学校国際海洋法政策研究センター『海上法執行活動に関する諸問題の調査研究報告書』（平二六）六〇～六一頁。

(173) ここでは一応、国の漁業、鉱業等に関する主権的権利（指定漁業の許可をする権能、未掘採の鉱物を掘採し、及び取得する権利を賦与する権能（鉱業法二条）等）は、正当防衛の対象にならないと解しておく。

(174) 参照、森川幸一「『対テロ戦争』への国際人道法の適用」ジュリスト一二九九号（平一七）七七～七八頁。

(175) 参照、田中利幸＝中村進「有事関連条約における個人保護法制への国内的対応とその問題点」ジュリスト一二九九号九一頁。

五　おわりに

(1)　一九世紀末ドイツ及び帝国憲法下と比べて、現憲法下の法的規制にみられる特徴は、次の三点に要約される。

第一は、自国民を相手方とする実力行使だけでなく、外国軍隊の構成員を相手方とする実力行使までもが法律化されている点である。

これを一見すると、前者の法的規制が後者まで拡張されたかにみえる[176]。しかしながら、そのような理解は妥当でない。前者の法的規制が相手方の生命等の保護を目的とするのに対し、後者は警察権の行使を除いて法律事項ですらなく、その法的規制はもっぱら無統制な武力行使により我が国の存立自体を危うくしないこと（前出一参照）を目的としているからである。[177]よって、後者の法的規制を伝統的な法治国原理の延長線上に位置付けることはできない。

前者では、通常の侵害的な行政作用と同じく、相手方が提起する訴えによって、その根拠法令適合性が終局的に担保される。これに対し、後者の根拠法令適合性を担保する訴えは、相手方以外の者が提起するほかない。すなわち、防衛出動時の命令に服従せず懲戒処分（自衛隊法四六条一項・五六条）を受けた自衛官が提起する同処分の取消訴訟、同命令を受けた自衛官が提起する国家賠償請求訴訟等である。[178]しかも、これらの訴えの実効性は、自衛官の身分及び自衛隊の行動の特殊性により、大きく制約されざるをえない。たとい新三要件が満たされていなかったとしても、自衛官は命令一下一糸乱れぬ行動をとるべき身分にあるため、[179]懲戒処分が直ちに自衛隊法上違法となることはなく、[180]また、自衛隊の行動は臨機応変であってよいため、[181]出動時の命令が直ちに国家賠償法上違法となることもないからである。[182]

そうすると、後者の根拠法令適合性は、裁判所というよりむしろ、国会を通じて国民に政治責任を負う内閣自らが担保すべき問題であるというべきなのかもしれない。軍隊の対外的な行動については、政治的・組織法的な統制こそが中心を占めるのであって、作用法的な統制に過剰な期待をかけるべきでないということである。

第二は、包括的にしか法的規制を受けない実力行使が、例外なく、[183]我が国の存立にかかわる場合に限って認められている点である。

防衛出動時の「武力行使」は、包括的にしか法的規制を受けないため、その烈度（第三要件にいう必要最小限度）は外国の武力攻撃の烈度に比例して限りなく高水準のものとなりうるが、「武器の使用」は各回ごとに法的規制を受けるため、侵害が包括的なものとなった場合でも、その烈度は自ずと一定の水準にとどまらざるをえない。[184]この場合、我が国の領域内では、もはや武力攻撃に至ったものとして対処すればよいが、我が国の領域外では、相当程度包括的な侵害であっても、武力攻撃に当たるとまではいいがたい状況が多いであろう。そのような状況下でも、各回ごとに法的規制を受ける武器使用しか認められていないのは、我が国が全面的な武力紛争に巻き込まれることを回避するためにほかならない。もっとも、その代わりに現場の部隊が全滅するというような事態に至ることを回避するためには、撤収の時機を適切に判断することが不可欠となろう。

第三は、「武器の使用」のうち危害射撃が、原則として、正当防衛に該当する場合に限られている点である。とはいえ、後述のとおり、その全部が憲法九条の要請であるとは考えられない。

(2)　最後に、武力行使（狭義）及び武力行使（狭義）を除く武力行使（広義）それぞれにつき、今後学説が検討すべき課題を挙げておきたい。

武力行使（狭義）は、現在の事実認識の下では、新三要件を満たす場合の防衛出動時の「武力行使」に限って認められている。そこで、将来、新たな事実認識がもたれるようになれば、昭和二九年見解の範囲内で、新三要件を満たす場合以外にもこれを認めることができるか[185]が、今後の検討課題となろう。

この点、他国攻撃時の三要件では、その段階で対処しなければ、我が国に対する武力攻撃の発生を防止することができず、又は我が国に対する武力攻撃と同様の被害が及ぶことこそが肝要なのであって、原因行為が他国に対する武力攻撃であることは、論理構造上、必須でない。ゆえに、武力攻撃以外の行為であって、その段階で対処しなければ我が国に対する武力攻撃の発生を防止することができず、又はそれにより我が国に対する武力行使と同様の被害が及ぶものがありうるという事実認識がもたれるようになれば、そのような危険を作り出している限度で当該行為を排除するため他に手段がない場合における必要最小限度の武力行使（狭義）は、〝自衛のため必要な最小限度の武力行使〟に当たるはずである。

もっとも、憲法九条・九八条二項を併せみれば、国際法上違法性が阻却されない「武力の行使」は、結局のところ禁止される。よって、上記の武力行使（狭義）は、一般国際法によりその違法性が阻却されるものでなければならない。[186]

(3) 武力行使（狭義）を除く武力行使（広義）のうち、我が国の領域外における外国軍隊の構成員を相手方とする「武器の使用」については、立法論として、自己等防護及び武器等防護のための武器使用の開始・継続要件を緩和してゆくこと（後者の武器使用につき補充性を不要とし、さらに、両者の武器使用につき正当防衛に該当する場合以外にも危害射撃を認めること）ができるか、また、別に新たな類型の武器使用を認めることができるかが、今後の検討課題となろう。

この点、狭義説（前出一参照）によると、自己等防護及び武器等防護のための武器使用の開始・継続要件を緩和してゆくことは、必ずしも容易でないように思われる。新たな類型の武器使用についても、目的が外国軍隊の撃破でなければよいとはいえ、武力行使（狭義）との区別が明瞭でないものには、武器等防護のための武器使用と同じく、補充性が要求されよう。

一方、広義説（前出一参照）によると、武器等防護のための武器使用では、〝国家の自衛〟との目的上の関連性（前出四-二-二-一参照）が強い場合に限るのであれば、開始・継続要件を緩和してゆくことが許容されそうである。例えば、その破壊・奪取により我が国の防衛力を低下させる程度が高い武器等を防護対象とする場合、当該部隊の任務が我が国の防衛に資する程度が高いものである場合等が考えられよう。[187] 自己等防護のための武器使用についても、〝国家の自衛のための人的手段の保全〟を目的とする各回ごとに法的規制を受ける武器使用として位置付けなおせば、武器等防護のための武器使用と車の両輪をなすものとして、同様に考えられるかもしれない。[188] 加えて、新たな類型の武器使用としても、我が国の領域外における任務であって我が国の防衛に資するものを妨害する行為を排除するための武器使用、我が国の領域外で行われている事業活動又は我が国の領域外に所在する施設であって我が国の防衛に資するものに係る〝駆け付け警護〟的な武器使用等が考えられよう。

(4)　武力行使（狭義）を除く武力行使（広義）のうち、我が国の領域内における外国軍隊の構成員を相手方とする「武器の使用」については、立法論として、正当防衛に該当する場合以外にも危害射撃を認めることができるかが、今後の検討課題となろう。

対領空侵犯措置としての武器使用は、解釈上認められているものであるため、仮に明文化するならば認められるはずの範囲よりも限定的にしか認められていない可能性がある。(189)政府見解は、正当防衛に該当する場合の危害射撃が憲法九条により禁止された「武力の行使」に当たらないことを当然の前提としている（前出四-二-二-二参照）が、〝逆は必ずしも真ならず〟であり、それ以外の場合の危害射撃であって憲法九条により禁止された「武力の行使」に当たらないものが存在する余地は、なお否定されていない。

この点、狭義説（前出一参照）によると、危害射撃を正当防衛に該当する場合に限る絶対的な理由は、特に見当たらない。警察権の行使としての危害射撃は、重大兇悪犯罪の被疑者等の逃亡等を防止するための武器使用（警職法七条但書一号）のように、抽象的危険を防止するためにも認められる（前出四-一-二参照）からである。よって、武力攻撃の準備行為となる情報収集をするための領空侵犯を、少なくともこれと同程度の警察違反状態と捉えることができれば、その場合にも危害射撃を認めるよう明文化することは許容されるであろう。一方、広義説（前出第一章参照）によっても、危害射撃を正当防衛に該当する場合に限る絶対的な理由は、特に見当たらない。武力攻撃の準備行為となる情報収集をするための領空侵犯を排除するという目的が〝国家の自衛〟と特に強い関連性を有するといえれば、（我が国の領域外における）武器等防護のための武器使用（前出四-二-二-一参照）と同様の考え方により、この場合にも危害射撃を認めるよう明文化することは許容されるであろう。

一項の武器使用でも、正当防衛に該当する場合以外の危害射撃であって憲法九条により禁止された「武力の行使」に当たらないものが存在する余地は、なお否定されていない。狭義説によると、特定有害航行を少なくとも重大兇悪犯罪の被疑者等の逃亡等と同程度の警察違反状態と捉えることができれば、また、広義説によると、特定有害(190)航行を排除するという目的が〝国家の自衛〟と特に強い関連性を有するといえれば、その場合にも危害射撃を認めることは許容されるであろう(191)。

以上のほか、より根柢的には、およそ「武力」すなわち軍事作用と「警察力」（自衛隊法七八条一項参照）すなわち警察作用がその目的、手段、統制原理等においてどのように区別されるか、現行法制がその区別を反映したものとなっているか、これまでの政府見解で述べられた「警察権の行使」概念が具体的に何を意味しており——我が国の法令の執行か、講学上の警察概念か、行政警察権か司法警察権か、警察官の任務に類似する任務の遂行か等々——、それぞれの文脈的な整合性が確保されているかといった検討課題が残されている。学説には、このような古典的論点についても、基礎的考察を深化させてゆくことが望まれる。

(176) 参照、杉村敏正『防衛法』（昭三三）八三頁。

(177) 「自衛権の行使そのものは、自衛隊法（八八条一項）で実は根拠条文を書いてるというのではないだろうと思います。これは国の主権として、当然憲法は禁止していないというところから出てくるものだろうと思います」（六一・参・内閣委二八号（昭四四・七・一〇）二四頁〔真田秀夫政府委員〕）。同項は、自衛隊の実力行使を「法令……による行為」（刑法三五条）とし、また、違法な公権力の行使（国家賠償法一条一項）としないなど国内法との関係で意味があるという（参照、一五四・衆・武力攻撃事態への対処に関する特別委三号（平一四・五・七）一二頁〔中谷元国務大臣・津野修政府特別補佐人〕）。

(178) このほか、巻添えとなった国民が提起する国家賠償請求訴訟、抗命罪（自衛隊法一二二条一項三号）に係る刑事訴訟等が考えられる。

(179) このことは、防衛出動が「自衛隊の全部又は一部」を行為主体とし（同法七六条一項）、防衛出動時の命令不服従が直ちに処罰される点（同法一二二条一項三号）に示されている。

(180) 刑事訴訟における〝違法の抗弁〟（営業停止等の命令に違反した罪が成立するためには、当該命令が根拠法令に適合したものでなければならないかという問題）については、「緊急の危険な状態下では当該命令に従うことが事態回避のために必要とされ、仮に瑕疵があってもともかくその場はこれに従うことが要求される場合……には、その瑕疵は、右命令に違反する罪の成否に影響しないといえる」と説かれている（原田国男〔判解刑昭六三〕四四四頁）。このことは、防衛出動時の命令と懲戒処分の関係にも妥当しよう。

(181) 参照、最判平二八・一二・八民集七〇巻八号一八三三頁〔厚木基地〕小池補足意見。同旨、宮崎・前註(59)九五頁。

(182) ある程度の拙速が許容される行為については、国家賠償法上の違法性を容易に認めないのが判例である（本書第九章三八六〜三八七頁註(69)参照）。

(183) いわゆる〝部隊の自衛〟（部隊指揮官の判断で開始・継続される、部隊単位で包括的にしか法的規制を受けない武器使用。“unit self-defence”（前註(144)参照）とは異なる。）を認めた立法例がない（参照、一四二・衆・安全保障委一〇号（平一〇・五・一四）六頁〔久間章生国務大臣〕）のは、「自衛隊の……一部」（自衛隊法七六条一項）による防衛出動時の「武力行使」と区別が付かなくなるためであろう。

(184) 我が国の領域外における「武器の使用」では、武器の種類も自ずと限定されている。もともと情報収集（防衛省設置法四条一項四号）、教育訓練（同項九号）、調査研究（同項一八号）、国際平和協力業務を行うこと等が当該部隊の任務だからである（参照、一一九・参・予算委一号（平二・一〇・二二）一二頁〔工藤敦夫政府委員〕）。

(185) 「禁輸措置」は武力攻撃に当たらないという政府見解（参照、一八九・参・外交防衛委一二号（平二七・五・一二）三二頁〔横畠政府特別補佐人〕）は、この点と直接には関係しない。

(186) 「国連憲章の下で違法でない武力の行使は、個別的自衛権によるもの、集団的自衛権によるもの、国連安保理決議に基づく集団安全保障措置の三つのみであります」という政府見解（一八九・参・前註(7)二頁〔安倍晋三国務大臣〕。傍点引用者）は、一般国際法により違法性が阻却される武力行使（狭義）が存在する余地を否定するものでない。そのような武力行使（狭義）は、もとよりニカラグア事件判決にいう“proportionate counter-measures”の範囲内にとどまるものでなければならないが、新三要件を満たす場合の武力行使（狭義）のように、国際法上の自衛権の行使よりも抑制されたものであれば、当該範囲内にとどまるといえる場合があるかもしれない。

(187) 自衛隊の部隊が我が国の領域外で遂行する任務をこのような観点から区別することは、我が国の具体的な利益との関係を度外視している現在のPKO法等の建前を大きく変えるものとなるが、派遣先国の同意がある限り、そのような武器使用が国際法上問題となることはない。

(188) この場合にも、国際平和協力隊の隊員（PKO法二五条一項参照）による危害射撃は、正当防衛に該当する場合に限られる。

(189) 山下愛仁「自衛隊法八四条の意義に関する若干の考察」『国家安全保障の公法学』（平二二）一六七〜一七二頁は、危害射撃は正当防衛に該当する場合に限られないというが、この武器使用が解釈上認められるものである点に照らし、首肯しがたい。

(190) 第一種有害航行は、第三種有害航行と比べて、一般に我が国の安全を害する程度が高く、また、第二種有害航行は、そのまま放置しておけば、（当該海域において）武力攻撃によらずに我が国が征服された場合と同様の状態を生ずる可能性を有している。

(191) 政策論であるが、既に特定有害航行が常態化している海域では、南シナ海の管轄権問題に関する仲裁判断（平二八・七・一二）のような国際的に権威のある判断を得た上で危害射撃を実施することが、より効果的な場合もあろう。

第二部　行政救済法

第五章　取消訴訟の存在理由

一　はじめに

行政事件訴訟法（以下「行訴法」という。）には、「行政庁の公権力の行使に関する不服の訴訟」たる抗告訴訟（三条一項）と「公法上の法律関係に関する訴訟」たる当事者訴訟（四条）という、二種の訴えが規定されている（後者は、「私法上の法律関係に関する訴訟」（四五条一項）と併せて、「法律関係に関する訴え」（三六条）と総称されている。）。立案関係者によると、当事者訴訟が「行政庁の処分その他の法律原因に基づく現在の法律関係を訴訟物として争う訴訟形態」であるのに対し、抗告訴訟は「行政庁による公権力の行使自体に関して争う特殊な訴訟形態」であるという。

この説明で重要なのは、次の二点である。第一に、抗告訴訟は法律関係の変動原因に関する訴訟であり、広い意味では法律関係に関する訴訟といえなくもないが、行訴法はこれを「法律関係に関する訴え」とは別個に規定したことである（よって、同法の解釈論としては、「法律関係に関する訴え」に抗告訴訟を含めて捉える余地はない。）。第二に、抗告訴訟は、「法律関係に関する訴え」と比べて、特殊な訴えに位置付けられることである。素朴に考えれば、法律関係の変動原因（法律行為等）に関する訴えよりも「法律関係に関する訴え」の方が原則として有効適切である（よって前者は訴えの利益を欠く。）ように思われるからであろう。

そもそも、仮に行訴法がなかったとすれば、処分に係る紛争につき、法律関係の変動原因に関する訴訟[6]と「法律関係に関する訴え」[7]のいずれが有効適切かは、もっぱら事例ごとに判断されていたはずである。このことは、仮に行訴法が抗告訴訟及び当事者訴訟の定義（行訴法三条一項・四条（前述））だけを定めていたとしても、変わりはない。ゆえに行訴法を制定した積極的意味は[8]、（抗告訴訟全体を通じてでなくその主たる類型ごとであるが）特に訴訟要件を設けて各種の法定抗告訴訟（無効確認訴訟を除く。[9]以下同じ。）を規定した点にこそあるというべきである。

すなわち判例によると、農地の賃借権を設定すべき旨の裁定を取り消す裁決を受けた者[10]が、裁決の取消訴訟でなく、当該農地の賃借権確認訴訟（民事訴訟）を提起することは許されない[11]。また、「職務命令の違反を理由とする懲戒処分」を受けようとしている公務員が、懲戒処分の差止訴訟でなく、「職務命令に基づく公的義務の存否に係る確認の訴え」（されようとしている懲戒処分がその要件たる事実を欠き違法であることの確認を求める法定外抗告訴訟）を提起することは許されない[12]。後者の判決は、そのような法定外抗告訴訟の提起を認めると、行訴法が特に訴訟要件を設けて差止訴訟を規定した趣旨が没却される点を論拠としている。前者の判決も、同法が特に訴訟要件を設けて取消訴訟を規定した趣旨を重視した判断[13]と受け止めるべきであろう[14]。

このように、特に訴訟要件を設けて法定抗告訴訟が規定された結果、法定抗告訴訟と不服を同じくする別種の訴え（以下「重複訴訟」という。）を提起することは禁じられる。従って、これにより私人の救済範囲が縮減されるのだとすれば、そのような立法政策自体の当否が問われねばならない。

とはいえ、法定抗告訴訟とりわけ取消訴訟については、それが重複訴訟にはみられない長所を備えている点もまた、指摘されてきた。すなわち、取消判決固有の効力（形成力[15]（処分が判決で直接取り消されること）及び第三者効・拘[16]

束力(17)に加え、後続する事実行為（許認可等に基づく名宛人の行為、行政上の強制執行等）又は公訴の提起を待たずに救済を与えられる点(18)である。近時、鵜澤准教授はこれを敷衍して、「第一に、万人に影響を及ぼす法律行為の効力や存否を主文で確定することによって、法律関係の合一確定の要請にこたえることができること、第二に、行政の側に裁量が認められる場合に、原告としては訴訟物特定の責任を軽減できること、第三に、救済のタイミングを早めることができること(19)」と整理している。

本章は、各種の法定抗告訴訟とその重複訴訟の救済範囲を比較検討する手始めとして、取消訴訟とその重複訴訟の救済範囲を比較検討するものである(20)。その際、処分を判例に即して公益の種別ごとに類型化することを通じて、従来よりも精細な分析を加えてみたい。

（1）いわゆる形式的当事者訴訟は、特別の「法令の規定」（四条）を要する訴えであるため、本章では扱わない。さしあたり、立案関係者の説明（「訴訟物は法律関係だが、不服の対象となる範囲、すなわち審理の対象となる範囲は、行政庁の決定《ママ》に不服がある限度に限られる。」「判決で、元の裁決《ママ》を変更するのでなく、異った法律関係を確認し、形成した判決の結果、これと牴触する限度で前の処分が効力を失う」（塩野宏編『行政事件訴訟法（二）』日本立法資料全集六巻（信山社・平四）八九四頁〔杉本良吉〕・同一一二七頁〔中村治朗〕））を挙げるにとどめておく（「決定」「裁決」は、いわゆる裁定（後註(35)参照）に相当する。）。

（2）「私法上の法律関係に関する訴訟」が「処分……の存否又はその効力の有無が争われている場合」（行訴法四五条一項。いわゆる争点訴訟）にも民事訴訟であることは、同項が補則に置かれた点から裏付けられる。立案関係者も、「当事者が（訴訟の途中で攻撃防御方法を提出したり撤回したりして）処分の無効を主張するかしないかによつて、行政事件になつたり民事事件になつたりすることは妥当でない」と説明している（杉本良吉「争点訴訟」田中二郎ほか編『行政法講座』三巻（有斐閣・昭四〇）一六三頁）。

（3）判例は、処分を「公権力の主体……が……直接国民の権利義務を形成しまたはその範囲を確定する」行為と定式化している（最判昭三九・一〇・二九民集一八巻八号一八〇九頁。傍点引用者）。一方、行訴法三六条は、処分が無効である場合には、当然に「現在の法律関係に関する訴え」を提起しうることを前提としている（傍点引用者）。ここから、判例のいう「権利義務」が行訴法にいう「法律関係」と互換的に用いられていることが分かる（ちなみに、判例は「法律上の争訟」の定式においても「権利義務」と「権利義務ないし法律関係」の語を互換的に用いている。参照、拙著『公権力の行使概念の研究』（有斐閣・平一九）三七頁註68）。なお、本文に引用した箇所で例示されているように、処分に基づく現在の法律関係が当事者訴訟の訴訟物となるのは、その適法性につき争いのない処分により形成・確定された法律関係が処分以外の後発的原因により変動したかにつき、争いがある場合である（最大判昭四一・七・二〇民集二〇巻六号一二一七頁〔薬局経過措置〕、最判平二五・一・一一民集六七巻一号一頁〔ネット販売〕等。任期付き公務員の任期が満了したかをめぐる紛争もこれに含まれる。）。

（4）　杉本良吉「行政事件訴訟法の解説（一）」法曹時報一五巻三号（昭三八）四八頁（傍点引用者）。「〔抗告訴訟は〕権利変動の原因行為たる行政行為の法適合性を争う訴訟〔である〕」（高柳信一「行政の裁判所による統制」（昭四一）『行政法理論の再構成』（岩波書店・昭六〇）一九九頁）。「抗告訴訟……は、行政上の法律関係の形成原因である行政処分自体の違法性を直接その訴訟物と……する……のに対し、民事訴訟（争点訴訟）や公法上の実質的当事者訴訟は、……処分後の事実関係によって変更・消滅する可能性のある権利・義務の存否又は範囲……を訴訟物とする」（村上敬一「無効等確認の訴え」雄川一郎ほか編『現代行政法大系』四巻（有斐閣・昭五八）二七〇頁）。「三段論法において、法律行為は法律要件として小前提に位置づけられ、法律関係は法律効果として結論に位置づけられる……。」「訴訟類型は、『要件』を訴訟物とするか、『効果』を訴訟物とするかによって二分できる……。」「〔形成訴訟はもとより〕確認訴訟の中でも……例外的に法律行為の効力又は存否の確認を求めることが認められるものは、要件型訴訟に属する。」「『公権力の行使』は法律要件に位置づけられるものであり、『公法上の法律関係』は法律効果に位置づけられる……。抗告訴訟と当事者訴訟は、訴訟物が法律要件と表現されるか、法律効果と表現されるかによって区別される」（鵜澤剛「行政法における法律行為と法律関係、そして訴訟類型の配分」法学研究（立教大学）三六号（平一九）八頁・三九頁・六〇頁註105・三九頁）。「〔抗告訴訟は〕権利義務に変動を与えるいわば原因としての行為（民事の関係においていえば契約）が争われる訴訟〔である〕」（芝池義一「抗告訴訟と法律関係訴訟」磯部力ほか編『行政法の新構想』三巻（有斐閣・平二〇）三一～三二頁）。

（5）　行訴法「四条が三条を包摂する関係〔にある〕」と解すること」（中川丈久「行政訴訟の基本構造（二）」民商法雑誌一五〇巻二号（平二七）三三頁）は、「抗告訴訟と当事者訴訟を並列して規定する同法の体裁に……反している」（中川丈久「行政訴訟としての『確認訴訟』の可能性」民商法雑誌一三〇巻六号（平一六）五〇頁）。

（6）　仮に行訴法がなかったとすれば、民事訴訟の例により提起される講学上の抗告訴訟（具体的には処分の違法・無効確認訴訟）

がこれに当たる。これに対し取消訴訟は、裁判所に処分を取り消す権限を付与する特別な定めを要するため、民事訴訟の例により提起することはできない（参照、塩野宏編『行政事件訴訟法（一）』日本立法資料全集五巻（信山社・平四）二一二頁〔関根小郷・入江俊郎〕）。

（7）仮に行訴法がなかったとすれば、民事訴訟の例により提起される講学上の当事者訴訟又は民事訴訟がこれに当たる。

（8）行訴法の前法及び前々法についても同様である。行政事件訴訟特例法一条・五条及び日本国憲法の施行に伴う民事訴訟法の応急的措置に関する法律八条は、出訴期間制限のある取消訴訟を創設する規定にほかならないからである。行政裁判法時代と併せ、帝国憲法施行後のわが国では、取消訴訟が設けられていない時期はなかった。本書が「行訴法が存在しないという〝更地〟の状態」（中川・前註(5)民商法雑誌一三〇巻六号三六頁）でなく現行法を出発点として、取消訴訟制度を廃止した場合につき思考実験を行うこととしたのはこのためである。

（9）行訴法三六条は、無効確認訴訟はその重複訴訟よりも有効適切である場合に提起することが許されるという、訴えの利益に関する一般原則を確認した規定にすぎないからである。同条にいう①「当該処分……に続く処分により損害を受けるおそれのある者」、②「当該処分……の無効……の確認を求めるにつき法律上の利益を有する者」及び③「当該処分……の……効力の有無を前提とする現在の法律関係に関する訴えによつて目的を達することができないもの」の相互関係は、〝②（①を含む。）かつ③〟と考えられる。③は①を限定しているが、②（①を除く。）を限定しておらず、〝②（①を除く。）＝③〟である。②の範囲はアプリオリに決まっているのでない（②はそれ自体としてはトートロジーにすぎない。）からである。周知のとおり、〝①又は（②かつ③）〟とする見解もあるが、文理に反する上、いかなる立法思想によって①のみで原告適格が認められるのか、説明困難というほかない。

（10）正確には、農地の賃借権を設定すべき旨の裁定（農地調整法附則（昭二二法二四〇）三条三項・七項）に対する訴願を却下する裁決（訴願法一四条後段）を取り消し、同裁定を取り消す裁決。

（11）最判昭三〇・一二・二六民集九巻一四号二〇七〇頁。

（12）最判平二四・五・九民集六六巻二号一八三頁〔教職員国旗国歌訴訟〕。同判決の読み方につき、本書第六章二七二頁参照。

（13）特に前者の判決を念頭においた発言でないが同旨、「第一次的な方法として期間内に取消訴訟を起すことを法が予想している以上、その手段によらないで、別な形で訴を起して同一の効果を狙うというのは権利保護の利益がない……そういう考え方が普通だと思う」（雄川一郎ほか『行政事件訴訟特例法逐条研究』（有斐閣・昭三二）三三頁〔三ヶ月章〕）。仮の救済を含めた一般論として参照、「権利保護の各種形式は原則として排他的であるとみるべきであるから、〔例えば破産法等により〕仮の処分という手段が与えられている場合には〔現・民事保全法上の〕仮処分制度を利用する権利保護の必要を欠くと解される」（鈴木忠一＝三ヶ月章編『注解民事執行法』六巻（第一法規・昭五九）二九七～二九八頁〔小笠原昭夫〕）。このほか、両判決は「形成訴訟の排他性」（中川丈久「行政訴訟の基本構造（一）」民商法雑誌一五〇巻一号（平二七）一六頁の表現）を述べた趣旨とまで解されるかという問題もあるが、さしあたり〝特別法は一般法を破る〟と把握しておけば足りよう。

(14)　最大判昭五六・一二・一六民集三五巻一〇号一三六九頁〔大阪空港〕も、（いまだ法定外抗告訴訟であった当時の義務付け訴訟にも現行法と同様の訴訟要件が課されるという解釈を前提として）事業計画の変更命令（航空法一一二条一項）、管理規程の変更（同法五五条の二第二項・五四条の二第一項。処分性がないとみる余地もある。）等の義務付け訴訟に代えて、（これらの処分なしには実現不可能な）飛行場の運用の差止を求める人格権に基づく民事訴訟を提起することは許されないとした判決とみることができよう。

(15)　「単純な取消請求」としての機能（遠藤博也『実定行政法』（有斐閣・平元）三六七頁）又は「原状回復機能」（塩野宏『行政法Ⅱ』初版（有斐閣・平三）六六頁）。もっとも、違法即無効説（後述）をとれば、この機能により私人の救済範囲が拡張されることはない（おそらく同旨、塩野・同六七頁）。なお、処分が取り消されたところで原告の利益が現実に保護されるとは限らないが、取消訴訟では、処分効果の覆滅をもって、さしあたり救済としては十分とされている。①（後述）の事例でいえば、許可が取り消されても乙が形質変更を続行する可能性は残るが、これによって取消訴訟の訴えの利益が否定されることはない。乙が形質変更を続行した場合には犯罪（土地収用法一四二条）を構成するが、刑罰はもっぱら公益の保護を目的としているため、乙が刑罰を科されることが甲の訴えの利益を基礎付けることはない。許可が取り消された後には原状回復を命ずることができるという立法例もある（③（後述）につき消防法一六条の六第一項）が、そうでなければ取消訴訟の訴えの利益が否定されるというわけでもない。

(16)　「行政行為の効力を対世的に確定する」こと（高柳・前註(4)一八五頁）、「第三者救済機能」（阿部泰隆「抗告訴訟の守備範囲」（昭五八）『行政訴訟改革論』（有斐閣・平五）六一頁）、「法律関係合一確定機能」（塩野・前註(15)六七頁）又は「紛争の一挙解決機能」「第三者救済機能」（芝池義一『行政救済法講義』初版（有斐閣・平七）二八～二九頁）。小早川教授も、「相手方に一定の法的地位を付与する」処分、「多数人の権利関係を……再編成する」処分等については、取消訴訟の排他性を認める必要があると述べている（「行政訴訟検討会（第九回）議事録」）。

(17)「やり直し請求」「義務づけ請求」「原状回復請求」としての機能（遠藤・前註(15)三六七頁。但し、前二者は「不明確」（同一一〇頁）と批判されている（参照、遠藤博也「取消請求権の構造と機能」雄川献呈『行政法の諸問題』下巻（有斐閣・平二）一六三～一六四頁）。）又は「再度考慮機能」「反復防止機能」（塩野・前註(15)六七～六八頁）。

(18)「行為の適法性を……刑事処罰のリスクを冒さないで攻撃する特別の救済手段」（高柳・前註(4)一八六頁）、「差止請求」としての機能（遠藤・前註(15)三六七頁）、「差止機能」（塩野・前註(15)六七～六八頁）又は「早期権利保護機能・既成事実発生予防機能」（芝池・前註(16)二八頁）。後三者は、「規律的侵害」と「事実的侵害」の区別（参照、髙木光『事実行為と行政訴訟』（有斐閣・昭六三）二六二頁・三〇二～三〇四頁）を前提としている。

(19) 鵜澤・前註(4)五八頁。第二点につき同旨、「行政庁の『公権力の行使』そのものを訴訟の対象とするという抗告訴訟制度の構造〔は〕…行政庁の裁量の尊重と裁判所による行政の適法性の保障という二つの要請を調整した結果である」（鵜澤剛「憲法訴訟における判決効の訴訟法的構造―訴訟関係からみた公法の特質」立教法学六九号（平一七）一三九頁）。もっとも、行政主体を被告とする場合の当事者訴訟よりも抗告訴訟の方が裁量審査に適しているという論旨の根拠は、いまだ必ずしも明瞭に提示されていないように思われる（高柳・前註(4)一八七頁も、行政主体を被告としない争点訴訟よりも抗告訴訟の方が裁量審査に適しているというにとどまる。）。

(20) 芝池義一「行政訴訟制度改革に関する覚え書」原野翹ほか編『民営化と公共性の確保』（法律文化社・平一五）七五～七八頁は、本章の直接の先行業績に位置付けられる。そこでは、取消訴訟のデメリット（出訴期間制限及び執行停止要件）が緩和されれば、本文に挙げたメリットがデメリットを上回ると論じられていたところ、平成一六年改正により、デメリットの緩和が実現した。

二　取消訴訟の重複訴訟

取消訴訟と救済範囲を比較検討すべきその重複訴訟を措定するに当たっては、次の三点に注意しなければならない[21]。第一は、取消訴訟制度が廃止されれば違法な処分は直ちに無効となるのかという問題であり、第二は、取消訴訟制度を廃止する際には、立法上の手当として、重複訴訟に出訴期間制限を設けることが理論上要請されないかという問題であり、第三は、同じく取消訴訟制度を廃止する際には、立法上の手当として、重複訴訟[22]（もともと判決に拘束力が設けられていない民事訴訟を除く。）の判決に拘束力[23]を設けることが理論上要請されないかという問題である。

第一点については、学界では、取消訴訟制度が廃止されても違法な処分は有効であるという見解（以下「違法有効説」という。）よりも同制度が廃止されれば違法な処分は直ちに無効となるという見解[24]（以下「違法即無効説」という。）の方が多数を占めている。しかしながら、違法即無効説には、「民法上の法律行為でも、意思表示に瑕疵のある場合に……すべて当然に無効にはならないと同じように、行政行為に違法という瑕疵が内在していても、……直ちにすべてが無効だということになるかどうか[25]」という雄川教授の批判をはじめ、なお解決すべき疑問が少なくない[26]。そこで本章では、念のため両説とも検討しておく（原告は、違法有効説に立つ場合には処分の有効を前提に、違法即無効説に立つ場合には処分の無効を前提に行動するものとする。）。

違法有効説に立つ場合の重複訴訟としては、いうまでもなく、処分により法律関係が形成・確定されていないことを前提とする「法律関係に関する訴え」を措定することはできない。処分により法律関係が形成・確定されたことを前提として当該処分が違法であり職権取消しされるべきであることの確認を求める訴えも、処分の効力を否定することを目的としているため、同様である。結局この場合の重複訴訟は考えられず、私人はせいぜい国家賠償請求訴訟を提起するか、請願でもするほかない――「受忍せよ、而して補償請求せよ（Dulde und liquidiere）」――という見解も、それなりに成り立ちそうに思われる。

しかしながら、この見解とは別に、違法有効説に立つ場合であっても、違法な処分をした行政庁は、私人に対し直接職権取消しを義務付けられることはないにせよ、関係法令を尊重して自主的に職権取消しの可否を判断する義務を負うのであり、私人も当該義務の確認を求めることまでは許されるという見解[27]もまた成り立ちうるかもしれない。そこで本章では、念のため後者の見解による重複訴訟として、処分の違法確認訴訟を措定しておきたい。

一方、違法即無効説に立つ場合の重複訴訟の原則形態は、処分による法律関係の形成・確定を受けない地位の確認を求める訴え（当該地位を前提として何らかの給付・確認を求める訴えを含む。）である。もっとも、かかる「法律関係に関する訴え」でなく法律関係の変動原因に関する訴えによってしか有効適切な救済を得られない場合[28]には、例外形態として、処分が違法無効であることの確認を求める訴えの提起が認められよう。

ここでの地位確認訴訟の対象については、法律上の制限を受けないという事実上の地位（営業を禁止されない地位等）や法令の正当な適用を求めるという抽象的な地位（申請を適正に審査される地位等）では足りないという見解も[29]あるが、本書では、地位にあらかじめ限定を施すことはしない。このほか、行訴法は私人を被告とする当事者訴訟を想定していないようにもみえるが[30]、本章では、被告にあらかじめ限定を施すこともしない。

第二点については、取消訴訟制度を廃止する際には、立法上の手当として、重複訴訟に出訴期間制限を設けることが理論上要請されるという見解にも、相応の根拠があると考えられる。処分が公益（国家を構成する団体としての国民の一般の利益）と名宛人の利益を調整する行為である以上、出訴期間制限は、公益がいつまでも不安定であってはならないという[31]、処分をいかなる訴えで争うかとは無関係な、処分が処分であること自体に基づく要請と解されるからである（形式的当事者訴訟にも、出訴期間制限が設けられている）。一歩譲ってこの見解をとらないにせよ、現行法は一般に権利の保存期間として十分とされる期間[32]を確保しているため、出訴期間制限が「著しく不合理で実質上裁判の拒否と認められる[33]」とはいえない。このような理由から、本章では、取消訴訟とその重複訴訟の救済範囲を比較検討するに当たり、出訴期間制限を考慮に入れないこととする。

第三点については、取消訴訟制度を廃止する際には、立法上の手当として、重複訴訟の判決に拘束力を設けることが理論上要請されるとまではいえないであろう。もっとも、これを設けてはならないともいえないため、本章では念のためいずれの場合についても考察しておく。

(21) いずれも仮定的な問題であるため、判例により決着が付くことは期待しがたい。第一点については、違法な処分も取消判決が確定するまでは有効とされる（参照、最判平二二・一〇・一五民集六四巻七号一七六四頁）が、もとより取消訴訟制度の存在を前提とした判断である。

(22) 行訴法は取消判決の拘束力に関する規定を法定外抗告訴訟及び当事者訴訟に準用している（三八条一項・四一条一項）ため、取消訴訟に関する規定が削除されれば、自動的に法定外抗告訴訟及び当事者訴訟の判決の拘束力も失われる。

(23) 但し、違法有効説（後述）に立つ場合の重複訴訟の拘束力は、行政主体に関係法令を尊重した自主的な判断（後述）を義務付けるものにとどまる。

(24) 例えば参照、原田尚彦『行政法要論』初版（学陽書房・昭五一）一〇六頁、藤田宙靖『行政法Ｉ（総論）』初版（青林書院・昭五五）一三八～一三九頁、兼子仁『行政法総論』（筑摩書房・昭五八）一九八頁、塩野宏『行政法Ｉ』初版（有斐閣・平三）一〇七頁及び芝池義一『行政法総論講義』初版（有斐閣・平四）一三九～一四〇頁。

(25) 雄川ほか・前註(12)三一頁〔雄川〕。同旨、村上・前註(4)二六八頁。これには再批判もある（兼子・前註(24)同頁）が、本章では立ち入らない。

(26) 第一に、帝国憲法下では出訴事項でない処分につき違法即無効説をとる判例・学説は皆無であったところ、現憲法下で出訴事項でない処分がなくなったことをもって、取消訴訟制度の存在と無関係に違法有効説が成り立つ理論的な可能性まで封じられたといえるか、第二に、職権取消しがされるまで処分が有効とされる点（参照、最判昭五七・二・二三民集三六巻二号二一五頁）をどう説明するか、第三に、取消訴訟を提起しえない者との関係でも処分が有効とされる点（例えば、都道府県知事が指定居宅サービス事業者の指定を取り消さない限り市町村は事業者に介護報酬の返還を求めることはできない（参照、最判平二三・七・一四判時二一二九号三一頁）が、ここでの市町村は「固有の資格」（行手法四条一項等参照）にあるため指定取消訴訟を提起しえないと解される。）をどう説明するかといった点が挙げられよう。

(27) この見解に基づく行政主体の地位は、接受国の法令は適用されないが、接受国の関係法令を尊重する義務を負うという外国軍隊の地位を彷彿させる。

(28) 「当該係争処分を基点として展開した法律関係中から、特定の権利関係を分断・抽出して、現在時点におけるその存否・範囲を確定することをもって足り」ず、「当該処分の違法性自体を確定してそれを基点として展開した法律関係を全部覆滅するのでなければ現存する紛争の直接かつ抜本的な解決にならない」場合である（村上・前註（4）二九五頁。行訴法三六条についての叙述であるが、本文で述べた場合にも妥当しよう。）。

（29）行訴法三六条にいう「法律関係」につき同旨、塩野編・前註（1）七七一頁〔豊水道祐〕・九八七頁〔杉本〕・九九五頁〔田中二郎〕、杉本良吉「行政事件訴訟法の解説（二）」法曹時報一五巻四号（昭三八）五五頁、塩野宏「無効確認訴訟における訴えの利益」（昭四五）『行政過程とその統制』（有斐閣・平元）三七四頁註34及び村上・前註（4）二八八頁。

（30）行訴法は、いわゆる形式的当事者訴訟及び争点訴訟についてのみ、行政庁に対する出訴の通知を規定している（三九条・四五条一項）。仮に私人を被告とする実質的当事者訴訟を予定しているならば、同じく出訴の通知を規定するのが自然である。

（31）出訴期間制限は、「処分は相手方の利害に関するだけではなく、一般公共の利害にも関係するところが大きいので長くその効力を不確定な状態におくことを避くべきであるとする考え方によるものである」（杉本・前註（4）八一頁）。

（32）本書次章二六五頁参照。

（33）最判昭二四・五・一八民集三巻六号一九九頁。

三　処分及び重複訴訟の諸類型

判例は、公益と名宛人の利益を調整する行為たる処分を、公益の種別（特定者の利益の保護を通じて保護される公益、一定範囲の不特定多数者の利益の保護を通じて保護される公益及びもっぱら行政庁により保護される公益）に応じて、後掲【表】にいう［Ⅰ］〜［Ⅲ］の三種に分類している。(34) これらは、名宛人に有利な調整（許認可等（行政手続法（以下「行手法」という。）二条三号括弧書））か不利な調整（許認可等を拒否する処分（同条四号ロ）及び不利益処分（同条四号柱書））かによって九種に細分類され、さらに公法上・私法上いずれの法律関係を形成・確定するかによって一八種に再細分類されるはずである。

しかしながら、［Ⅲ］のうち名宛人に有利な調整に対しては、何人も取消訴訟を提起することができないため、自動的に本章の検討対象から除かれる。また、公法上の法律関係を形成・確定する処分の重複訴訟と私法上の法律関係を形成・確定する処分の重複訴訟とでは、前者の方が単純であるため、まず前者を考察したのち、後者だけにみられる特徴を補足することとしたい。

取消訴訟の重複訴訟は、後掲【表】の［I-i］から［Ⅲ-iii］までの各処分につき、私人（名宛人に有利な調整にあっては名宛人、不利な調整にあっては第三者）・行政主体いずれを被告とするかによって、①〜⑭に類型化される。

なお、［I］の立法例は、申請に対する処分（許認可等と許認可等を拒否する処分の総称。行手法六条等）又は不利益処分でなく、いわゆる裁定(35)（収用裁決等(36)）がその大半を占めている。しかしながら、裁定は処分全体では少数にすぎない上、［Ⅱ］［Ⅲ］と併せた通覧を容易にするためにも、申請に対する処分及び不利益処分から設例を選んでおきたい。もっとも、わずかな例外(37)を除き、［I］にいう「特定者」「第三者」を「一方名宛人」、「名宛人」を「他方名宛人」とそれぞれ読み替えれば、本章の分析結果は裁定にもそのまま当てはまる。

(34)　本書次章二七八頁参照。
(35)　「当事者間の法律関係を確認し、又は形成する処分で、法令の規定により当該処分に関する訴えにおいてその法律関係の当事者の一方を被告とすべきものと定められているもの」（行審法七条一項五号）・「相反する利害を有する者の間の利害の調整を目的として法令の規定に基づいてされる裁定その他の処分（その双方を名宛人とするものに限る。）」（行手法三条一項一二号）。
(36)　［I-i］に該当する裁定の典型は土地所有者等の請求・要求に基づく残地収用・物件収用・替地補償・耕地造成・工事代行・移転代行・宅地造成の裁決（土地収用法八七条参照）であり、［I-ii］に該当する裁定の典型はそれらをしない裁決であり、［I-iii］に該当する裁定の典型は通常の収用裁決である。
(37)　土地所有者の認定電気通信事業者に対する線路移転請求権（電気通信事業法一三八条一項）のように、裁定以前から私人間に公法上の法律関係が存することが明示されているものがこれに当たる。取消訴訟制度が廃止されれば、土地所有者は裁定を申請することなく、直ちに認定電気通信事業者を被告として線路移転請求訴訟（当事者訴訟）を提起することができよう。

【表】処分の類型（［Ⅰ］～［Ⅲ］）と取消訴訟の重複訴訟の類型（①～⑭）

［Ⅰ］特定者の利益の保護を通じて保護される公益と名宛人の利益との調整
［Ⅰ-ⅰ］名宛人に有利な調整（許認可等） 第三者が原告、名宛人が被告となる訴え（①） 第三者が原告、行政主体が被告となる訴え（②） ［Ⅰ-ⅱ］名宛人に不利な調整（許認可等を拒否する処分） 名宛人が原告、第三者が被告となる訴え（⑤） 名宛人が原告、行政主体が被告となる訴え（⑥） ［Ⅰ-ⅲ］名宛人に不利な調整（不利益処分） 名宛人が原告、第三者が被告となる訴え（⑩） 名宛人が原告、行政主体が被告となる訴え（⑪）
［Ⅱ］一定範囲の不特定多数者の利益の保護を通じて保護される公益と名宛人の利益との調整
［Ⅱ-ⅰ］名宛人に有利な調整（許認可等） 第三者が原告、名宛人が被告となる訴え（③） 第三者が原告、行政主体が被告となる訴え（④） ［Ⅱ-ⅱ］名宛人に不利な調整（許認可等を拒否する処分） 名宛人が原告、第三者が被告となる訴え（⑦） 名宛人が原告、行政主体が被告となる訴え（⑧） ［Ⅱ-ⅲ］名宛人に不利な調整（不利益処分） 名宛人が原告、第三者が被告となる訴え（⑫） 名宛人が原告、行政主体が被告となる訴え（⑬）
［Ⅲ］もっぱら行政庁により保護される公益と名宛人の利益との調整
［Ⅲ-ⅰ］名宛人に有利な調整（許認可等） ［Ⅲ-ⅱ］名宛人に不利な調整（許認可等を拒否する処分） 名宛人が原告、行政主体が被告となる訴え（⑨） ［Ⅲ-ⅲ］名宛人に不利な調整（不利益処分） 名宛人が原告、行政主体が被告となる訴え（⑭）

四　許認可等の取消訴訟とその重複訴訟

①の典型は、起業地の形質変更の許可（土地収用法二八条の三第二項）につき起業者甲が名宛人たる建設業者乙[38]を被告として提起する、許可の違法確認訴訟（違法有効説に立つ場合）又は甲が起業地を乙に形質変更されることなく保全しうる地位の確認訴訟（違法即無効説に立つ場合）である。これに対し、甲が乙を被告として提起する物権・人格権[39]に基づく形質変更の差止請求訴訟は、許可が適法か否かにかかわらず形質変更が受忍限度を超える侵害と評価されれば認容されるため、重複訴訟には当たらない[40]（この民事訴訟は許可が違法なだけでは認容されないため、許可が違法なだけで認容される取消訴訟の方がより広汎な救済を与えることができる。）。

ここでの重複訴訟のうち違法確認訴訟は、都道府県知事が職権取消しの可否を判断しなければならなくなるという利益に基づく訴えであるため、乙でなく都道府県丙を被告とすべきである。よって、確認の利益はカテゴリカルに否定されよう。

一方、地位確認訴訟では、甲の地位は乙に対する差止請求権を基礎付けるものでない（せいぜい民法七〇九条にいう「法律上保護される利益」となりうるにすぎない。）ため、よほど例外的な事情でもない限り、これを確認したところで紛争が解決する見込みはなく、確認の利益は否定されよう。

これに対し取消訴訟では、定型的に原告適格が認められるため、より広汎かつ簡易迅速な救済を与えることができる。

②の典型は、起業地の形質変更の許可につき起業者甲が都道府県丙を被告として提起する、許可の違法確認訴訟（違法有効説に立つ場合）又は甲が起業地を名宛人たる建設業者乙に形質変更されることなく保全しうる地位の確認訴訟（違法即無効説に立つ場合）である。

いずれも、甲に不利益を及ぼす乙の行為を防止すべき丙の立場に着目した訴えであるが、違法な許認可等により第三者が受ける不利益は違法な拒否処分又は不利益処分により名宛人が受ける不利益よりも間接的なものにとどまるため、確認の利益は必ずしも当然には肯定されない。土地収用法が甲の利益を特定者の利益として保護している点を斟酌すれば、④よりも肯定されやすいといえるが、その判断はあくまでも事例依存的であるため、否定される場合もありえよう（確認の利益が肯定された場合、乙が丙を被告として提起する許可の適法確認訴訟又は地位の不存在確認訴訟の訴えの利益も肯定され、各訴えが認容される可能性があるため、甲はこれを防ぐべく乙に訴訟告知をして判決効を及ぼす（民事訴訟法（以下「民訴法」という。）五三条一項・四項）必要がある。）。

このうち違法確認訴訟では、訴えが認容されれば、都道府県知事は職権取消しの可否を判断しなければならなくなるが、後発的事情により瑕疵が治癒されたとして取り消さない可能性もある。また、判決の拘束力を設けないとすれば、許可が職権取消しされたとしても、（裁判所で違法とされた事実認定・法律判断に基づく）許可が繰り返されるおそれが残る。

一方、地位確認訴訟では、処分の無効を前提とする地位を確認する点では取消判決と遜色ない救済を与えることができるが、判決の拘束力を設けないとすれば、やはり（裁判所で違法とされた事実認定・法律判断に基づく）許可が繰り返されるおそれが残る。

これに対し取消訴訟では、定型的に原告適格が認められる上、許可が判決で直接に取り消され、かつ、認容判決に拘束力があるため、より広汎、簡易迅速かつ高度な救済を与えることができる。

③の典型は、危険物貯蔵所の設置許可（消防法一一条一項）につき周辺地域の居住者甲1が名宛人たる揮発油販売業者乙を被告として提起する、許可の違法確認訴訟（違法有効説に立つ場合）又は甲1が乙に危険物を貯蔵されることなく居住しうる地位の確認訴訟（違法即無効説に立つ場合）である。これに対し、甲1が乙を被告として提起する人格権に基づく危険物貯蔵の差止請求訴訟は、許可が適法か否かにかかわらず貯蔵が受忍限度を超える侵害と評価さ

れれば認容されるため、重複訴訟には当たらない（①と同じく、この民事訴訟よりも取消訴訟の方が広汎な救済を与えることができる。）。

ここでの重複訴訟については、①と同様に考えられる(41)。

④の典型は、危険物貯蔵所の設置許可につき周辺地域の居住者甲1が市町村等内を被告として提起する、許可の違法確認訴訟（違法有効説に立つ場合）又は甲が名宛人たる揮発油販売業者乙に危険物を貯蔵されることなく居住しうる地位の確認訴訟（違法即無効説に立つ場合）である。

いずれも②と同様に考えられるが、消防法が甲1の利益を特定者の利益として保護していない点が斟酌されれば、②よりは確認の利益が認められにくいであろう。

(38)　ここでの乙は、起業地に対する物権を有していないものとする（②⑤⑥についても同じ。）。もし有していれば、私法上の法律関係を形成する処分となってしまうからである。

(39)「法人の財産権及び従業員の労働行為により構成される……、法人の業務に従事する者の人格権を内包する権利」を総称した「業務遂行権」（東京高決平二〇・七・一判時二〇一二号七〇頁）といってもよい。

(40)　この民事訴訟がもっぱら処分の違法を理由として提起された場合でも変わりはない。「訴訟における具体的な主張内容は、訴訟の進行とともに変わり得る（追加、変更があり得る）ものであるから、……訴状等に記載された請求原因の記載のみから」不適法と判断すべきでないからである（高橋利文〔判解民平四〕三七九〜三八〇頁。処分の無効を前提とする場合についての叙述であるが、処分の違法を理由とする場合についても妥当しよう。）。

(41)　よほど例外的な事情があって、周辺地域の居住者甲1及び甲2いずれも地位確認訴訟を提起することができ、両訴訟が帰趨を異にしたとしても、許可が甲1との関係では違法であるが甲2との関係では適法である場合もありうるため、必ずしも矛盾抵触とはいえない。特に画一的解決を要する処分については、類似必要的共同訴訟になると解すれば足りよう。

五　拒否処分の取消訴訟とその重複訴訟

⑤の典型は、起業地の形質変更の許可の拒否処分につき名宛人たる建設業者乙が起業者甲を被告として提起する、拒否処分の違法確認訴訟（違法有効説に立つ場合）又は起業地を形質変更しうる地位が付与されることに対する期待権の確認訴訟[42]（違法即無効説に立つ場合）である（後者の確認対象が期待権にとどまるのは、拒否処分が違法無効とされても直ちに許可がされたことにはならないからである。もっとも、申請を拒否したことの違法が許可しないことの違法と表裏一体の関係にある場合には、地位の付与に対する期待権は地位そのものに高められる。）。これに対し、乙が甲を被告として提起する物権・人格権に基づく妨害行為の差止請求訴訟（この民事訴訟は、乙が違法即無効説及び拒否と不許可の違法を表裏一体とする見解に立って起業地を形質変更するのに対して甲が妨害行為をしようとする場合に限って問題となる。）は、拒否処分が適法か否かにかかわらず妨害行為が受忍限度を超える侵害と評価されれば認容されるため[43]、重複訴訟には当たらない（①と同じく、この民事訴訟よりも取消訴訟の方が、広汎な救済を与えることができる。）。

ここでの重複訴訟のうち、違法確認訴訟については、①と同様に考えられる。一方、期待権確認訴訟は、都道府県知事が申請の審査を再開しなければならなくなるという利益に基づく訴えであるため、甲でなく都道府県丙を被告とすべきである。よって、確認の利益はカテゴリカルに否定されよう。

⑥の典型は、起業地の形質変更の許可の拒否処分につき名宛人たる建設業者乙が都道府県丙を被告として提起する、拒否処分の違法確認訴訟（違法有効説に立つ場合）又は起業地を形質変更しうる地位が付与されることに対する期待権の確認訴訟（違法即無効説に立つ場合）である。

いずれも拒否処分の名宛人が行政主体を被告として提起する訴えであるため、確認の利益は原則として肯定されよう（乙の確認の利益が肯定された場合、起業者甲が丙を被告として提起する拒否処分の適法確認訴訟又は期待権の不存在確認訴訟の訴えの利益も肯定され、各訴えが認容される可能性があるため、乙はこれを防ぐべく甲に訴訟告知をして判決効を及ぼす必要がある。)。しかしながら、たとい訴えが認容されたとしても、②と同じく、違法確認訴訟では、丙が処分を取り消さない可能性が残る上、いずれの重複訴訟でも、判決の拘束力を設けないとすれば、(裁判所で違法とされた事実認定・法律判断に基づく)拒否処分が繰り返されるおそれがある。

⑦の典型は、危険物貯蔵所の設置許可の拒否処分につき名宛人たる揮発油販売業者乙が周辺地域の居住者甲1を被告として提起する、拒否処分の違法確認訴訟(違法有効説に立つ場合)又は危険物を貯蔵しうる地位が付与されることに対する期待権の確認訴訟(違法即無効説に立つ場合)である。これに対し、乙が甲を被告として提起する物権・人格権に基づく妨害行為の差止請求訴訟(この民事訴訟は、乙が違法即無効説及び拒否と不許可の違法を表裏一体とする見解に立って貯蔵を開始するのに対して甲が妨害行為をしようとする場合に限って問題となる。)は、拒否処分が適法か否かにかかわらず妨害行為が受忍限度を超える侵害と評価されれば認容されるため、重複訴訟には当たらない(①と同じく、この民事訴訟よりも取消訴訟の方が、広汎な救済を与えることができる。)。

ここでの重複訴訟については、⑤と同様に考えられる。

⑧の典型は、危険物貯蔵所の設置許可の拒否処分につき名宛人たる揮発油販売業者乙が市町村等丙を被告として提起する、拒否処分の違法確認訴訟(違法有効説に立つ場合)又は危険物を貯蔵しうる地位が付与されることに対する期待権の確認訴訟(違法即無効説に立つ場合)である。

⑥と同じく、いずれも確認の利益は原則として肯定されようが、⑥と異なり、ここでは次のような致命的欠陥を免れない。すなわち、周辺地域の居住者甲1が丙を被告として提起する拒否処分の適法確認訴訟又は期待権の不存在確認訴訟に備えるため、乙は甲1に訴訟告知をして判決効を及ぼす必要があるところ、訴訟係属中に周辺地域の居住者となった甲2に対しては、その都度訴訟告知をしなければならず、判決確定後に周辺地域の居住者となった甲3に対しては、もはや判決効を及ぼす手段はないという点である。この点は、期待権の確認訴訟に代えて(法律

関係の変動原因に関する訴えである）処分の違法無効確認訴訟を提起したところで変わりはない。

これに対し取消訴訟では、（部分的な入替りがあっても全体的な同一性を失わないという意味で）包括的に捉えられた周辺地域の居住者乙に対して判決効が生ずるため、より有効適切な救済を与えることができる。

⑨の典型は、運転免許の拒否処分につき名宛人たる申請者が都道府県を被告として提起する、拒否処分の違法確認訴訟（違法有効説に立つ場合）又は自動車等を運転しうる地位が付与されることに対する期待権の確認訴訟（違法即無効説に立つ場合）である。

ここでの重複訴訟については、訴訟告知をする必要がない点を除けば、⑥と同様に考えられる。

(42)　これは、拒否処分が違法無効であり申請の審査を再開すべきであることの確認訴訟（民事訴訟の例により提起される講学上の抗告訴訟）を民事訴訟の例により提起される講学上の当事者訴訟に引き直したものにほかならない。

(43)　甲の妨害行為が土地収用法三五条一項に基づく調査としてされる場合でも同様である。なお、取消訴訟制度が廃止されていない現行法の下では、調査そのものの差止を求める民事訴訟は、事業認定の取消訴訟の排他性に抵触するため、不適法とされよう。

六　不利益処分の取消訴訟とその重複訴訟

⑩の典型は、公益事業者甲に道路占用許可をするため公益事業者でない者乙にされていた道路占用許可を取り消す処分（道路法七一条二項三号）につき乙が甲を被告として提起する、処分の違法確認訴訟（違法有効説に立つ場合）又は乙が道路を占用しうる地位の確認訴訟（違法即無効説に立つ場合）である。これに対し、乙が甲を被告として提起する物権・人格権に基づく占用差止請求訴訟は、処分が適法か否かにかかわらず甲の占用が受忍限度を超える侵害と評価されれば認容されるため、重複訴訟には当たらない（①と同じく、この民事訴訟よりも取消訴訟の方が、広汎な救済

を与えることができる。)。

ここでの重複訴訟については、①と同様に考えられる。

⑪の典型は、公益事業者甲に道路占用許可をするため公益事業者でない者乙にされていた道路占用許可を取り消す処分につき乙が道路管理者丙を被告として提起する、処分の違法確認訴訟（違法有効説に立つ場合）又は乙が道路を占用しうる地位の確認訴訟（違法即無効説に立つ場合）である。

いずれも不利益処分の名宛人が行政主体を被告として提起する訴えであるため、確認の利益は原則として肯定されよう（地位確認訴訟では、道路を占用し続けている乙には原状回復命令（道路法七一条一項）及びその代執行を受ける危険もある。②と同じく、乙は甲の訴えに備えるため、甲に訴訟告知をして判決効を及ぼす必要がある。）。しかしながら、違法確認訴訟では、たとい認容判決が確定したとしても、②と同じく、丙が処分を取り消さない可能性が残る上、いずれの重複訴訟でも、判決の拘束力を設けないとすれば、（裁判所で違法とされた事実認定・法律判断に基づく）処分が繰り返されるおそれがある。

⑫の典型は、危険物貯蔵所の設置許可の取消処分（消防法一二条の二第一項）につき名宛人たる揮発油販売業者乙が周辺地域の居住者甲1を被告として提起する、処分の違法確認訴訟（違法有効説に立つ場合）又は乙が危険物を貯蔵しうる地位の確認訴訟（違法即無効説に立つ場合）である。これに対し、乙が甲1を被告として提起する物権・人格権に基づく妨害行為の差止請求訴訟（この民事訴訟は、乙が違法即無効説に立って貯蔵を継続するのに対して甲1が妨害行為をしようとする場合にのみ問題となる。）は、処分が適法か否かにかかわらず妨害行為が受忍限度を超える侵害と評価されれば認容されるため、重複訴訟には当たらない（①と同じく、この民事訴訟よりも取消訴訟の方が、広汎な救済を与えることができる。）。

ここでの重複訴訟については、①と同様に考えられる(44)。

⑬の典型は、危険物貯蔵所の設置許可の取消処分につき名宛人たる揮発油販売業者乙が市町村等丙を被告として提起する、処分の違法確認訴訟（違法即無効説に立つ場合）又は乙が危険物を貯蔵しうる地位の確認訴訟（違法有効説に立つ場合）である。

⑪と同じく、いずれも確認の利益は原則として肯定されよう（地位確認訴訟では、貯蔵を継続している乙には、危険物の除去命令（消防法一六条の六第一項）及びその代執行を受ける危険もある。）が、⑧と同じく、いずれも致命的欠陥を免れない。すなわち、乙は周辺地域の居住者甲1が丙を被告として提起する処分の適法確認訴訟又は地位不存在確認訴訟に備えるため、甲1に訴訟告知をして判決効を及ぼす必要があるところ、訴訟係属中に周辺地域の居住者となった甲2に対しては、その都度訴訟告知をしなければならず、また、判決確定後に周辺地域の居住者となった甲3に対しては、もはや判決効を及ぼす手段はないという点である。この点は、地位確認訴訟に代えて（法律関係の変動原因に関する訴えである）処分の違法無効確認訴訟を提起したところで変わりはない。

これに対し取消訴訟では、（部分的な入替りがあっても全体的な同一性を失わないという意味で）包括的に捉えられた周辺地域の居住者乙に対して判決効が生ずるため、より実効的な救済を与えることができる。

⑭の典型は、運転免許の取消処分につき名宛人が都道府県を被告として提起する、処分の違法確認訴訟（違法有効説に立つ場合）又は自動車等を運転しうる地位の確認訴訟（違法即無効説に立つ場合）である。

ここでの重複訴訟については、訴訟告知をする必要がない点を除けば、⑪と同様に考えられる。(45)

(44)　きわめて例外的な事情により地位確認訴訟の訴えの利益が肯定された場合にも、⑬と同じく、次のような致命的欠陥を免れない。すなわち、訴訟係属中に甲1が周辺地域の居住者でなくなった場合、周辺地域の居住者（訴訟係属中に周辺地域の居住者となった者を含む。）甲2は「訴訟の目的である権利の全部又は一部を譲り受けた者」に当たらないため、その者に訴訟引受けをさせることができない（民訴法五一条・五〇条）という点である。この点は、法律関係の変動原因に関する訴えである処分の違法無効確認訴訟を提起したところで変わりはない。これに対し取消訴訟では、包括的に捉えられた周辺地域の居住者に対して判決効が生ずるため、より有効適切な救済を与えることができる。

(45)　ここでの地位確認訴訟では、甲が不利益処分及びその代執行を受ける危険はないが、そのような危険がある立法例も少なくない。

七　分析結果の要約

①〜⑭の検討結果を要約すると、重複訴訟の判決に拘束力を設けない場合には、いかなる類型の処分についても、取消訴訟の方が簡易迅速、広汎又は高度の救済を与えることができるといえよう。

すなわち、違法有効説に立つ重複訴訟である違法確認訴訟では、私人を被告とする場合には、カテゴリカルに確認の利益が否定される（①③⑤⑦⑩⑫）。行政主体を被告とする場合にも、許認可等（②④）では拒否処分（⑥⑧⑨）及び不利益処分（⑪⑬⑭）と異なり必ずしも当然には確認の利益が肯定されない上、訴えが認容されたとしても、一定範囲の不特定多数者には判決効を及ぼすことができず（⑧⑬）、行政庁が後発的事情により瑕疵が治癒されたと判断して職権取消しをしない可能性があり、職権取消しがされたとしても処分が繰り返されるおそれが残る（⑥⑨⑪⑭）。

一方、違法即無効説に立つ重複訴訟である地位確認訴訟では、私人を被告とする場合には、よほど例外的な事情でもない限り、確認の利益は否定される（①③⑤⑦⑩⑫）。行政主体を被告とする場合にも、許認可等（②④）では拒否処分（⑥⑧⑨）及び不利益処分（⑪⑬⑭）と異なり必ずしも当然には確認の利益が肯定されない上、訴えが認容されたとしても、一定範囲の不特定多数者には判決効を及ぼすことができず（⑧⑬）、違法無効と判断された処分が繰り返されるおそれが残る（⑥⑨⑪⑭）。

以上に対し、重複訴訟に判決の拘束力を設けるとすれば、違法即無効説に立つ場合の⑥⑨⑪⑭では、取消訴訟と遜色のない救済が与えられる。しかしながら、これらに限っても、取消訴訟制度を廃止するという立法的選択は妥当でない。理論上は［Ⅰ］から［Ⅲ］までのうちの二種又は三種を兼ねる処分が存在しうる上、ある処分が［Ⅱ］［Ⅲ］いずれに分類されるか(46)（一定範囲を根拠法令の解釈によって導き出すことができるか）はもっぱら判例政策により流動的に決せられる問題であるため、各類型が円滑に振り分けられるよう、訴訟形式を取消訴訟に一本化しておく必要があるからである。

(46)「いわゆる公益として従来は行政機関が代弁してきたはずの利益について、これを一定の個人や集団の利益と認識し、自らの利益として手続で主張する機会を保障しようとする近年の傾向が進めば、かなりの行政処分が多かれ少なかれ利害調整型処分としての性質を認められていくこととなる」（山田洋「事前手続と事後手続」磯部力ほか編『行政法の新構想』二巻（有斐閣・平二〇）二二三頁）。

八　私法上の法律関係を形成・確定する処分（補論）

ここで、私法上の法律関係を形成・確定する処分だけにみられる特徴として、次の二点を補足しておきたい。

第一は、違法即無効説に立つ場合の重複訴訟が、もともと判決に拘束力が設けられていない民事訴訟となるため、重複訴訟の判決に拘束力を設ける場合について検討しなくてもよい点である。

第二は、物権等のいわゆる絶対権を形成・確定する処分については、⑩⑫で違法無効説に立つ場合に特有の重複訴訟として、私人を被告とする当該物権等に基づく民事訴訟が措定される点である（⑤⑦で申請を拒否したことの違法と許可しないことの違法が表裏一体の関係に立つ場合も同様である。）。そのような⑩の典型は、認定電気通信事業者乙の敷設する水底線路を保護するため甲の漁業権を取り消す処分（電気通信事業法一四一条五項）につき甲が乙を被告として提起する漁業権に基づく水底線路の移転請求訴訟であり、⑫の典型は、入会操業者乙との漁業調整のため甲の漁業権を取り消す処分（漁業法三九条一項）につき甲が乙１を被告として提起する漁業権に基づく入会操業の差止請求訴訟である。

このうち後者では、訴訟係属中に乙１が入会操業者でなくなった場合、入会操業者（訴訟係属中に入会操業者となった者を含む。）乙２は「訴訟の目的である権利の全部又は一部を譲り受けた者」に当たらないため、その者に訴訟引受けをさせることができない（民訴法五一条・五〇条。この点は、「法律関係に関する訴え」に代えて法律関係の変動原因に関する訴えである処分の違法無効確認訴訟を提起したところで変わりはない。）。一方、前者にはこのような難点はないが、理論上は［Ⅰ］から［Ⅲ］までのうちの二種又は三種を兼ねる処分が存在しうるため、ここでも訴訟形式を取消訴訟に一本化しておく必要がある。

さらに、物権等のいわゆる絶対権を形成・確定する処分につき、三個以上の処分間に循環的な前提関係が存するときには、他の名宛人を被告とする当該物権等に基づく民事訴訟は、次のような致命的欠陥を免れない。すなわち、甲の従前地Ａを乙の換地とする換地処分ａ、乙の従前地Ｂを丙の換地とする換地処分ｂ及び丙の従前地Ｃを甲の換地とする処分ｃ[47]につき、甲が（ａの違法無効を前提に）乙を被告としてＡの所有権確認訴訟を提起して敗訴し、かつ、丙が（ｃの違法無効を前提に）甲を被告としてＣの所有権確認訴訟を提起して勝訴した場合[48]には、丙がＢ・Ｃを両取りする一方、甲は従前地・換地いずれの所有権も得られなくなってしまう。両訴訟は、甲のＡに対する所有権と丙のＣに対する所有権という全く異なった実体権を訴訟物とする訴えであるため、類似必要的共同訴訟になると解することもできない[49]。従前地の所有を望む者全員を原告、換地の所有を望む者全員を被告とすることも、紛争が一部にしか存しない以上、不可能である。

これに対し取消訴訟[50]では、このようなリスクはみられない。

(47)　正確には、CをAとみなす処分、AをBとみなす処分及びBをCとみなす処分。単純化のため、本章では土地の区画の変更がない「理念型」（最高裁判所事務総局編『公用負担関係事件執務資料』（法曹会・昭六〇）一六三頁）の換地処分を設例とした。

(48)　この場合、cが違法無効であるとすれば、cを前提とするbも、bを前提とするaも違法無効とならざるをえないが、これは丙甲間の民事訴訟の判決理由から導出される判断にすぎず、甲乙間の民事訴訟に影響するものでない。

(49)　「必要的共同訴訟は訴訟物が（その客体面で）同一であることを暗黙に前提としている」（高橋宏志『重点講義民事訴訟法』下巻二版（有斐閣・平二四）三五五～三五六頁）。「各人の訴訟対象についての処分権能（……）を否定しては、あまりにも実体法のたてまえから離れる」という「数人の被告に対する請求が目的手段の関係にある」場合に類似必要的共同訴訟の成立を認める見解に対する批判（新堂幸司『新民事訴訟法』五版（弘文堂・平二三）七八二頁）は、本文に述べた場合にも妥当しよう。

(50)　取消訴訟だけでなく、行政主体を被告とする換地処分aの違法確認訴訟でも、他の従前地所有者全員に訴訟告知をして判決効を及ぼせば、このようなリスクを防ぐことはできる。

九　おわりに

取消訴訟の存在によって重複訴訟の提起が禁じられることは、私人の救済範囲を縮減するどころか、むしろこれを拡張するものである。第一に、重複訴訟の訴えの利益があくまでも個々の原告の具体的事情をもとに判断されるのに対し、取消訴訟の原告適格は、拒否処分・不利益処分の名宛人はもとより、許認可等の名宛人以外の者（万人という意味でなく、特定者又は一定範囲の不特定多数者という意味）であっても概括的に肯定され[51]、第二に、名宛人と名宛人以外の者（とりわけ一定範囲の不特定多数者）という、相互に法律関係が存しない[52]私人間の紛争を画一的に解決することができ、第三に、（重複訴訟の判決に拘束力を設けないとすれば）裁判所で違法とされた事実認定・法律判断に基づく処分の繰返しを禁止することができるからである。

民訴法では、原告自身の法律関係の確認を求める利益すら自動的には肯定されず、ましてや原告以外の者の法律関係の基礎にもなっている法律原因の効力の確認を求める利益は、例外的にしか肯定されない。これに対し、行訴法では、処分による調整対象たる諸利益の享受者（名宛人又は特定者若しくは一定範囲の不特定多数者）には当該処分の取消しを求める利益が自動的に肯定される[53]。このように、取消訴権は原告個人にとっては過剰な救済であるが、原告はその行使を選択しうるのでなく、選択させられるのである。取消訴訟の存在理由は、原告にとって重複訴訟よりも有利となる点にとどまらず、これが誘因となって公益の保護が促進され、国民にとって有利となる点にも見出されなければならない。

訴訟法に先行し、訴訟を通じて保護される法を実体法と呼ぶならば、ここでは〝諸利益が適法な処分により調整される状態〟こそが実体法である（諸利益が違法な処分により調整された場合、諸利益の享受者には、調整されるべき状態を指示して調整前の状態に戻すことを求める訴権が当然に付与される。）。諸利益には、私法上の法律関係を形成・確定する処分における当該私法上の法律関係のように、それだけを取り出せば民事訴訟を通じて保護される実体法たるものもあるが、取消訴訟を通じて保護される上記の実体法は、処分手続に包摂されている点で、これとは別次元に位置していることに注意しなければならない[54]。

行政実体法及び行政訴訟法の理論を深化させるためには、私権及び私権を確定する民事訴訟手続を過度にモデル化することなく、私権を形成する非訟手続及びこれに接続する訴訟手続にも目配りしつつ[55]、公法と私法の同質性と異質性を見極めてゆくことが肝要であろう。

(51)　重複訴訟に出訴期間制限を設ける場合には、この第一点だけでも、取消訴訟の方が私人の救済範囲を拡張することは明らかである。

(52)　行訴法の立案関係者は、（裁定の場合を除き）「訴訟の結果により権利を害される第三者」（二二条一項）は「取消訴訟の当事者に対する独自の請求をもつものではな」く、名宛人と名宛人以外の者との間に法律関係は存しないと説明している（杉本・前註(29)一二頁。同旨、塩野編・前註(6)六四六〜六四七頁〔豊水、中村〕）。この点は、同条四項が、独立当事者参加人の地位に関する規定（民訴法四七条四項）を介することなく、同法六二条を直接準用していることから裏付けられる。行政事件訴訟特例法八条に基づく参加も、「いわゆる共同訴訟的補助参加人」と解されていた（最判昭四〇・六・二四民集一九巻四号一〇〇一頁）。名宛人以外の者は、強いていえば、「その人（＝名宛人）との関係でも処分自身の効力を争うという主張」「処分によって受けうる利益をもった地位を否定するという主張」「取消の判決の《ママ》受忍せよ、という請求」（塩野編・同六五五頁〔豊水、田中（二）、浜本一夫〕）をすることができるが、それだけでは、両者間に独立した訴えを成立させるには不十分である。

(53)　一定範囲要件（本書次章二八七頁参照）は、このような処分・取消訴訟両制度の連続性から直接派生する要件であり、行訴法が一〇条一項と別に九条を設けたことは、その外見的な表れにすぎない。一定範囲要件は、その概括性ゆえに重複訴訟の訴えの利益よりも私人に有利なはずであるため、これを確認の利益に過度に近似させて判断することは、行訴法のみならず処分の根拠法令でも予定されていないといえよう。

(54)　参照、拙著・前註(3)三一七頁。「手続は、全体としてみれば、訴訟法律関係説が喝破したように、静態的な法律関係の観念を容れることが困難なものであるが、これを分析的にみれば、個々の局面々々で、手続の諸アクターの間に、手続の進行との関連で意味をもつ静態的・確定的な法律関係が観念できる場合がある」（鵜澤・前註(4)一五頁）。非訟事件につき、本書終章四〇八頁註(31)。例えば禁治産の宣告に対する不服の訴（人事訴訟手続法五五条（明三一法一三－昭二二法一五三）一項）は、非訟事件が適正に処理される状態を実体法として保護するものともいえよう。

(55)　倒産・民事執行手続を行政手続と対比しながら分析したものとして参照、拙著『国家作用の本質と体系Ⅰ』（有斐閣・平二六）法令索引項目「会社更生法」「破産法」「民事再生法」「民事執行法」所掲各頁。

第六章　行政事件における訴訟要件の意義

一　はじめに

行政事件のうち、いわゆる実質的当事者訴訟（以下単に「当事者訴訟」という。）の訴訟要件は、民事訴訟と共通している。これに対し、抗告訴訟の訴訟要件及び本案勝訴要件は、民事訴訟であれば本来一括して本案勝訴要件となるべきものである。すなわち取消訴訟では、「仮に処分が違法だとすれば法律上の利益を侵害（必然的な侵害のおそれを含む。以下他の抗告訴訟についても同じ。）されること」[1]が訴訟要件であり、「現に処分が違法であり法律上の利益を侵害されていること」が本案勝訴要件であるが[2]、民事訴訟では、このような分割は例をみない。抗告訴訟では、〝違法な「法律上の利益」侵害の可能性〟の判断が〝違法な「法律上の利益」侵害の現実性〟の判断から大まかに切り出された上、審理の順序が定められているのである。そこでは、訴訟要件として審理される事項が増えれば増えるほど、本案勝訴要件として審理される事項が減るという現象がみられる[3]。

改正行訴法は、訴訟要件及びこれと連動する関係にある本案勝訴要件に関する判例理論・判例政策に対して、大きな影響を及ぼしつつある。本章では、この影響を分析した上、今後の判例理論を発展させてゆくため学説が取り組むべき課題を示すことを通じて、行政事件における訴訟要件の意義を再検討してみたい。

改正行訴法は、第一に、義務付け訴訟及び差止訴訟を法定し、第二に、取消訴訟の出訴期間を延長するとともに原告適格の判断における必要的考慮事項を法定し、第三に、当事者訴訟として確認訴訟を明示した。

第一点は、国立マンション判決等[4]による義務付け訴訟の訴訟要件（一義的明白性）及び長野勤評判決[5]による差止訴訟の訴訟要件（回復しがたい重大な損害等特段の事情）を立法的に緩和したものである。(6) このことは、両訴訟以外の訴訟形式による、処分がされる前の段階における司法介入の許容性を判断するに当たっても、肯定的な方向に作用すると考えられる。改正行訴法が、もっぱら両訴訟によってのみ、この段階における司法介入を積極化させる趣旨と解するのは、不自然だからである。

第二点のうち出訴期間の延長は、取消訴訟を穏健化したものといえる。権利の保存期間は、一般に六ヶ月で十分とされている（民法一五八〜一六〇条参照）からである。また必要的考慮事項の法定は、処分を「対立する利益の調整」（長沼ナイキ判決）(7) と捉える考え方を立法上採用することにより、(8) 公益と並んで保護される利益（同判決）を見落とすことのないよう、綿密な審理を求めたものといえる。

第三点は、もとより確認の利益を立法的に緩和したものでない。とはいえ、処分がされる前の段階における確認の利益を判断するに当たっては、第一点が追い風になるものと考えられる。

以上を要するに、改正行訴法は、垂直的統制（処分がされる前の段階における行政過程の統制）と水平的統制（処分による名宛人と名宛人以外の者との間の利害調整の統制）の双方を強化するよう、裁判所に迫るものであった。

このうち垂直的統制の強化としては、第一に、義務付け訴訟及び差止訴訟の訴訟要件（とりわけ非申請型義務付け訴訟の「重大な損害を生ずるおそれ」要件（以下「重損要件」という。））をどのように解釈すべきか、第二に、取消訴訟の早期救済機能に再着目して、最終段階の処分よりも前段階にある行為の処分性を繰り上げて肯定してゆくことができるか、第三に、当事者訴訟・民事訴訟の包括的な救済補完機能に再着目して、処分性を繰り上げて肯定しようがない行為を両訴訟によって争わせてゆけるかが焦点となる。

一方、水平的統制の強化としては、名宛人以外の者につき取消訴訟等の原告適格の判断を緩和してゆけるかが焦点となる。

(1) より正確には、「原告が仮に処分が違法だとしても法律上の利益を侵害されない者でないこと」（ここでは、処分性及び狭義の訴えの利益は充足されているものとする。）。

(2) 参照、安念潤司「取消訴訟における原告適格の構造（四・完）」国家九九巻七・八号（昭六一）四八七頁。論点回付により原告適格の有無のみを判断した小田急判決（後述）は、「健康又は生活環境に係る著しい被害を直接的に受けるおそれがあるとして……原告適格を認めたが、健康又は生活環境に係る利益の違法な侵害を認定したわけではな」い（森英明〔判解民平一八〕一一六九～一一七〇頁註25）。また、高城町産廃判決（周辺地域の居住者が提起した産業廃棄物処分業の許可の取消訴訟等。後述）の調査官解説も、「〔原告適格の有無を判断する際に〕検討されるべきは……現実の被害のおそれの有無ではなく、当該住民の居住地域が、仮に……有害物質の排出があったとした場合に……被害を直接的に受けるものと想定される地域であるか否かという、抽象的なおそれの有無である」というのが、「もんじゅ事件〔後述〕その他の最高裁判決において当然の前提とされていた考え方」であるという（清水知恵子〔判解民平二六〕三二九頁）。「当該処分……がその根拠となる法令に違反してされた場合に」という行訴法九条二項の文言にも、原告適格が仮定的判断であることが表れている（参照、大貫裕之「取消訴訟の原告適格についての備忘録」藤田退職『行政法の思考様式』（青林書院・平二〇）三八一頁）。

(3) 例えば行訴法九条二項が必要的考慮事項を法定した点につき園部逸夫「改正行政事件訴訟法雑感」小早川光郎編『改正行政事件訴訟法逐条研究』（平一七）七頁は、「訴訟要件というより本案の判断にかなり入り込むことになる」と評している。とりわけサテライト大阪判決（後述）のように、原告適格が定型的でなく不確定法概念（「社会通念」等）に依拠して判断される事例では、それだけ仮定的判断としての色彩は薄まる。

(4) 東京地判平一三・一二・四判時一七九一号三頁。

(5) 最判昭四七・一一・三〇民集二六巻九号一七四六頁。

(6) 緩和されたとはいえ、両訴訟にはなお、取消訴訟に課されていない重損要件が課されている。このような要件加重は、処分がされない段階における事前救済という、差止訴訟・義務付け訴訟の本来的性格に起因するものと考えられる。事前救済の要件が事後救済よりも厳格なのは、民事事件でもみられる普遍的な現象である。

(7) 最判昭五七・九・九民集三六巻九号一六七九頁。併せて本書第三章一五三～一五四頁も参照。

(8) 同項では、「行政過程における利益調整を、原告適格の判断に投影していこうという考え方が基本になっている」（小早川編・

前註(3)七七頁〔村田斉志〕。同項には、「処分の名宛人以外の者について、当該処分に係る法律関係が三面関係であることに特に留意し、その法律関係に適合した解釈論を必ず展開しなければならないことを、立法者が裁判官に求めるという重要な意義がある」〔橋本博之『行政判例と仕組み解釈』（平二一）三四頁注35〕。

二　垂直的統制の強化

(一)　非申請型義務付け訴訟の重損要件

非申請型義務付け訴訟の重損要件は、原告適格とは別建ての訴訟要件[9]として規定されている[10]。立案関係者によると、申請権がないにもかかわらず義務付け訴訟の提起を認めなければならないほど重大な損害という意味であるという[11]。もっとも、その内実はいまだ必ずしも明瞭でない。

非申請型義務付け訴訟の訴訟要件及び本案勝訴要件を、取消訴訟と同様の意味で理解するならば、訴訟要件は「仮に不処分が違法だとすれば法律上の利益を侵害されること」となり、本案勝訴要件は「現に不処分が違法であり法律上の利益を侵害されていること」となる（それぞれ、取消訴訟の両要件（前述）にいう「処分」を「不処分」と読み替えただけのものである。）。ところが、高城町産廃判決[12]は、非申請型義務付け訴訟の原告適格は取消訴訟と「同様に解される」と説示し、取消訴訟と同様の意味での訴訟要件の判断は、原告適格の判断で尽きているとした。

このように、重損要件が取消訴訟と異なる意味での訴訟要件だとすれば、それはもはや、取消訴訟と同様の意味での本案勝訴要件の一部を切り出して先に審理させるものと解するほかない。抗告訴訟の訴訟要件及び本案勝訴要件は、もともと総体として本案勝訴要件とされてもおかしくない事項であり（前述）、その一部を切り出して先に審理させるという立法措置は、何度でも繰り返すことができるからである。

非申請型義務付け訴訟の対象が原告以外の者に対する不利益処分である場合（本章ではこの場合に限って検討する。）、法の一般原理である比例原則に照らし、行政庁には通常、処分をしない裁量が認められるはずである。そこでは、重損要件すなわち〝重大な損害（そのおそれを含む。以下同じ。）の現実性〟は、行政庁がその裁量権を行使するに当たり、処分をする方向に働く考慮要素として常に登場する。[13] よって、仮に重損要件がなかったとすれば、裁判所は、取消訴訟と同様の意味での本案勝訴要件において、行政庁が〝重大な損害の現実性〟だけでなく他の考慮要素も適正に考慮したかを、順不同で審理していたはずである。[14]

ところが、取消訴訟と同様の意味での本案勝訴要件から取消訴訟と異なる意味での訴訟要件（重損要件）が切り出されたことにより、審理の順序が、次のように改められた。裁判所はまず、〝重大な損害の現実性〟の有無を認定しなければならず、それがないと認定した場合には、行政庁がこの点を他の考慮要素よりも優越的に考慮して処分をしないと判断したことに裁量権の逸脱・濫用はないとして、審理を打ち切らなければならないというものである。[15]

確かに、ここで審理を続行したとしても、最終的に裁量権の逸脱・濫用が認められるのは、〝重大な損害の現実性〟がない点（処分をしない方向に働く考慮要素）よりも、処分をする方向に働く他の考慮要素を優越的に考慮すべきであるとして、裁判所が踏み込んだ裁量統制を行う例外的な場合に限られよう。[16] しかしながら、そのような裁量統制が行われなくなる限度で、〝違法な「法律上の利益」侵害の可能性〟がある場合にも、〝違法な「法律上の利益」侵害の現実性〟はないと判断されるわけである。

もっとも、そのような裁量統制が行われなくなるかは、裁判所がどの程度の損害をもって「重大」と判断するかにかかっている。一般に、裁量統制は、処分が政治責任を伴う度合いが高ければ高いほど、消極的でなければならない一方、処分が伝統的な民刑事裁判権に類似する度合い又は考慮要素の優越性が法令自体に依拠している度合いが高ければ高いほど、積極的でなければならない。[17] つまり「重大」か否かは、「国民の権利利益の実効的な救済及び司法と行政の権能の適切な均衡の双方の観点から」[18]個々の事案ごとに線引きされるべき問題である。そうすると、この判断を誤った判決は、司法権（憲法七六条一項）を抛棄し、裁判を受ける権利（憲法三二条）を侵害したもの[19]と評価するほかない[20]。

以上を要するに、処分をする方向に働く考慮要素となるほど重大な損害が生ずるおそれがある場合、行政庁は、原告の利益との関係で、処分をするか否か適正に判断すべき立場に立たされる。これは、申請に対する処分における行政庁の立場と変わるところがない。冒頭に掲げた立案関係者の説明は、このような意味で理解されるべきであろう。

なお、重損要件が充足されて本案審理がされる場合、〝重大な損害の現実性〟は、重損要件の判断において独立して審理された後、本案勝訴要件の判断においても再度、他の考慮要素と併せて総合的に審理されることとなる。差止訴訟でも、重損要件を基礎付ける「被害は、本案要件の判断において〔他の考慮要素〕……と併せて総合考慮すべき要素となる」（厚木基地判決[21]の小池補足意見）と説かれている。

（二）処分性の繰上げ肯定

最終段階の処分よりも前段階にある行為の処分性を繰り上げて肯定してゆく判例政策[22]は、病院開設中止勧告・浜松区画整理両判決[23]により、今や完全に定着したといえよう。

病院開設中止勧告は、行政指導と抱合せにされた〝病院としては認めるが保険医療機関としては認めない決定をする手続に原告を組み込む決定〟である[24]。一方、土地区画整理事業計画の決定は、〝施行地区内の宅地を平均何％減歩して計画された道路網を生み出す手続に原告を組み込む決定〟である。

一般に、ある行為が最終段階の処分よりも前段階にあるというだけでは、その処分性を認めるに十分でない[25]。上記の両行為がその例外とされたのは、両手続では、最終段階の処分をもともと前段階にある行為と同時にすることができたにもかかわらず、これを最終段階まで繰り下げ、その間に事実状態の変動を生ぜしめることにより、私人の手続法上の地位を構造的に不利なものとしているからである。

すなわち保険医療機関の指定は、立法論としては、病院の開設許可及び使用前検査と同時化することが可能である。換地処分も、立法論としては、事業計画の決定と同時化することが可能である。まず筆界だけを観念的に動かし、現況により仮換地指定をした後、工事に着手する手続としたところで、原理的な障害はないからである。

実際、特に重要な病院である地域医療支援病院・特定機能病院（医療法四条一項・四条の二第一項）は、診療報酬（健康保険法七二条一項）の加算措置を伴わなければ成り立たない制度となっており、保険医療機関であることが当然の前提とされている。区画整理実務上も、事業計画の決定の時点で、換地設計案が作成されているのが通例という。

本来なら繰り下げなくともよいはずの保険医療機関の指定が最終段階に繰り下げられた結果、私人は病院の建築という事実状態の変動を余儀なくされ、構造的に投資リスクを負わされている。同様に、換地処分が最終段階に繰り下げられた結果、私人は土地区画整理事業の工事という事実状態の変動により外堀を埋められ、構造的に事情判決リスクを負わされている。

処分性の繰上げ肯定の意義は、私人を構造的に不利な手続法上の地位に置くという効果に着目して、前段階にある行為をその段階で争わせる点にある。かくして認められた取消訴訟は、執行行為により事実状態が変動される前に行政行為を争うという、古典的な取消訴訟が進化を遂げた姿にほかならない。[26]

同勧告及び事業計画の決定は、いずれも個々の事例の具体的事情を問わずカテゴリカルに、上記のような効果を生ぜしめる行為である。[27] 両判決が両行為を当事者訴訟で争うべきものとしなかったのはそのためであろう。

以上の点に鑑みると、事実状態の変動以外の見地から、類型的に処分性の繰上げを肯定すべき行為がないかを解明することが、今後の理論的課題であるといえよう。

(三) 処分性の繰上げ肯定ができない行為と当事者訴訟・民事訴訟

医薬品ネット販売判決[28]は、省令を当事者訴訟で争うことを認めた。すなわち同判決は、医薬品販売業許可に基づく地位の範囲を制限する省令の違法無効を前提とする、現に同許可を受けている者の地位の範囲が制限されないことの確認訴訟を適法とした。

もっとも、法令の施行時における既存の関係者に限り、当該法令を争うことを認める判例政策は、改正前からみられたところである。すなわち薬事法経過措置判決[29]は、旧法を廃止し、旧法による薬局開設の登録に基づく地位を新法による薬局開設の許可に基づく地位とみなし、同許可の更新を受けなければ最長二年で消滅することとする新法の諸規定の違憲無効を前提とする、前者の地位の存在確認訴訟を適法としていた。

行訴法は、取消訴訟の訴訟要件（処分性、原告適格及び狭義の訴えの利益）及び本案勝訴要件という、民事訴訟であれば本来一括して本案勝訴要件となるべき事項につき、審理の順序を定めている[30]（前述）。その結果、広義の訴えの利益を総合的に判断することができなくなり、裁判を受ける権利（憲法三二条）を侵害するおそれが不可避となっている[31]。

処分性を繰り上げて肯定しようがない行為の違法無効を前提とする地位等につき確認の利益を認めることには、このおそれに対する安全弁としての意義がある[32]。例えば用途地域の指定には処分性がなく、取消訴訟で争うことは許されないが[33]、住居地域の指定が特定の者による工場の建築を妨害する目的でされた場合、その者を救済する必要性があることは否定しがたい[34]。ここで、当該指定の違法無効を前提とする、その者が建築基準法上工場を建築することができる地位の確認を求める当事者訴訟[35]の提起を認めれば、この要請に応えることができる。

このように、処分性を繰り上げて肯定しようがない行為につき、取消訴訟の代わりに当事者訴訟の提起を認める判例政策は、決して行訴法が当事者訴訟と別に取消訴訟を設けた趣旨を没却するものでない。取消判決が違法でも有効とされる行為を対世的に取り消すのに対し、ここでの確認判決は違法即無効の行為を原告に適用される部分のみ無効と確認するにすぎないからである。

問題は、そのような判例政策が既存の関係者を超えて、新規の関係者にも及びうるかである。確かに、法令・計画のような一般的行為には、処分以上に高度の法的安定性が求められる[36]。しかしながら、確認の利益がすぐれて事例依存的な判断である以上、およそいかなる場合にも否定されるとまではいいきれないように思われる。

以上の点に鑑みると、既存の関係者と並んで、新規の関係者にも確認の利益が認められる利益状況の典型を示してゆくことが、今後の理論的課題であるといえよう。

なお、医薬品ネット販売・薬事法経過措置両判決については、しばしば教職員国旗国歌判決[37]との整合性が問題とされるため、この点について補足しておく。

前二者の判決における原告の不服は、法令自体に向けられているのであって、法令違反を理由とする将来の不利益処分に向けられているのでない。それゆえ、差止訴訟を提起することができるからといって、当事者訴訟を提起することができなくなることはない[38]。これに対し、後者の判決における原告の不服は、職務命令だけでなく、職務命令違反を理由とする懲戒処分にも向けられていた。職務命令は、処分性がない点では法令と同じだが、私人としての公務員に対する義務でなく「公的義務（公務員の職務上の義務……）を課す行為にすぎない[39]点で法令と異なるため、「公的義務」を課されない地位そのものの確認を求める当事者訴訟の提起は認められなかったのである[40]。しかしながら、後者の判決も、差止訴訟を提起することができるから当事者訴訟を提起することができなくなったわけでないという点では、前二者の判決と変わらない。

(四)　垂直的統制のまとめ

垂直的統制は、行政過程をどの段階でどの程度統制するかという問題である。ここで〝行政と司法の役割分担〟

を高度に抽象化されたレベルで観念すると、原告が浅い統制（「方向付け判決」[41]を求める義務付け・差止訴訟、処分に先立つ報告命令、立入検査等の義務付け訴訟等）しか求めていない場合には、訴訟要件を緩やかに判断してよいようにも思われる。とはいえ、浅い統制で足りるか自体、本案審理をしなければ判明しないのが通常だとすれば、この考え方を行訴法解釈論に取り込むことには、多くを望めないかもしれない。

より重要なのは、行政過程のどの段階でいかなる〝行政と司法の役割分担〟が予定されているかを、各法令の趣旨に即して具体的に解明することである。そのためには、種々の行為が組み合わされた「メカニズム」（病床削減勧告判決の藤田補足意見）[42]としての行政過程そのものを考察の対象とすること、すなわち各行為が行政過程のどの段階に組み込まれるかによって当該行為の意味付けがどのように変わってくるかを検討することが欠かせない。

同補足意見のもとになった藤田博士による行政過程論批判は、遠藤博士らが行政過程全体を総合的に統制すべきことを提唱したのに対し、行政過程に組み込まれた各行為を分析的に統制することの意義を強調した先駆的業績である（本書第二章参照）。加えて、山田（洋）教授による大規模施設設置手続に関する比較法研究[43]、筆者による（行政過程の段階的安定化に着目した）違法性の承継論（本書第二章（補論）参照）等も、少なからず参考になる。

このようにして〝行政と司法の役割分担〟のあり方を規定している行政過程レベルの実体法の考察を積み重ねてゆくことが、今後の理論的課題であるといえよう[44]。

（9）　重損要件が訴訟要件であることは、「……ときに限り、提起することができる」という文言上、疑う余地がない。行訴法三七条の二が重損要件を原告適格より先に規定したのは、重損要件が（他の法定抗告訴訟との対比において）非申請型義務付け訴訟を特徴付ける訴訟要件だからであろう。

（10）　福岡高判平二三・二・七判時二一二二号四五頁（周辺地域の居住者が提起した産業廃棄物の処分者に対する措置命令の義務付

け訴訟）は、鉛汚染による生命・健康上の損害（有機物汚染による生活環境上の損害については判断せず）につき重損要件該当性を認め、最決平二四・七・三判例集未登載もこれを維持したが、いまだ重損要件の内容は明確でない。神橋一彦〔判批〕判例評論六四六号（平二四）一二～一三頁は、下級審裁判例には〈一般的・抽象的アプローチ〉と〈個別的・具体的アプローチ〉が混在しており、損害発生の蓋然性が処分要件に組み込まれているかによって使い分けられているのでないかと分析している。

(11) 参照、福井秀夫ほか『新行政事件訴訟法』（新日本法規・平一六）一三九頁〔村田斉志〕。

(12) 最判平二六・七・二九民集六八巻六号六二〇頁。

(13) 本書次章三〇七頁（積極要素）参照。

(14) 先駆的な指摘として参照、「規制権限の行使には裁量が認められています。そうすると、違法性そのものが認められるためには、重大な損害というかどうかは別にして、それなりの強い不利益がある場合でなければ、そもそも違法が認められないのではないかと思います」「違法性の判断と重大な損害の判断というのは、互いに絡まっているのではありませんか」（小早川光郎ほか「行政訴訟検討会の『考え方』をめぐって」ジュリ一二六三号（平一六）二四頁〔芝池義一〕）。

(15) なお、裁量統制を枠付ける重損要件以外の立法例につき、本書終章四一〇頁以下参照。

(16) このような裁量統制につき、本書次章三一一頁参照。

(17) 本書次章三一三頁参照。

(18) 教職員国旗国歌判決（後述）が差止訴訟の重損要件の判断で要求されるとした観点であるが、非申請型義務付け訴訟の重損要件についても妥当しよう。

(19) 改正行訴法は、取消訴訟と同様の意味での訴訟要件（原告適格）を満たす者には、取消訴訟と同様の意味での本案勝訴要件の判断（但し、重損要件を満たさない場合には重損要件の判断で終了する。）を受けることを保障しており、〝違法な「法律上の利益」侵害の可能性〟があるにもかかわらず〝違法な「法律上の利益」侵害の現実性〟の判断を拒むものでない。さもなければ、訴訟法が実体法の実現手段でなくなり、制度自体が裁判を受ける権利を侵害するものとなってしまう。村上裕章『行政訴訟の基礎理論』（平一九）三〇七頁も、「訴訟要件とすると、『重大な損害がない』等の理由のみで門前払いとなるのに対し、本案では諸事情を総合的に考慮することになるので、実質的な違いは小さくないと思われる」と指摘している。重損要件が、〝違法な「法律上の利益」侵害の可能性〟がある者をさらに絞り込み、そこでふるい落とされた者には一切〝違法な「法律上の利益」侵害の現実性〟

の判断を受けさせないこととするための要件であると解すべきでないという趣旨であろう。本章の初出論文のもとになった学会報告では、原田大樹教授の質問に対し、重損要件を設けて裁量統制を枠付けること自体が裁判を受ける権利の制約に当たる可能性があるが、仮にそうだとしても、原告の利益侵害の程度が低いこと、処分がされる前の段階における事前救済であること及び最終的には民事訴訟（人格権に基づく差止請求）が可能であることに照らし、違憲でないと述べたが、重損要件は上記のような要件でないため、本文のように改めた。

(20) このほか、山本隆司「改正行政事件訴訟法をめぐる理論上の諸問題」論究ジュリスト八号（平二六）七四頁は、重損要件を「行政庁が処分の要否を……調査および判断すべき場合」と解している。非申請型義務付け訴訟の制度趣旨及び利益状況に応じた解釈論として傾聴に値するが、改正行訴法の文理から離れすぎているという憾みがあろう。同旨の批判として参照、湊二郎「義務付け訴訟・差止訴訟の法定と発展可能性」芝池古稀『行政法理論の探究』（有斐閣・平二八）五五八頁。

(21) 最判平二八・一二・八民集七〇巻八号一八三三頁。

(22) 処分性の繰上げ肯定には、全部繰上げ型（最終処分が抜け殻状態になってしまうもの）と一部繰上げ型がある。前者は、行訴法改正前からみられたところである（輸入禁制品該当通知判決（最判昭五四・一二・二五民集三三巻七号七五三頁）及び食品衛生法違反通知判決（最判平一六・四・二六民集五八巻四号九八九頁））が、行政過程を多段階的に統制するものでないため、ここでは取り上げない。

(23) それぞれ、最判平一七・七・一五民集五九巻六号一六六一頁及び最大判平二〇・九・一〇民集六二巻八号二〇二九頁。

(24) 参照、拙稿〔判批〕自治研究八二巻一二号（平一八）一四八頁。阿部泰隆「地域医療計画に基づく医療機関の新規参入規制の違憲・違法性と救済方法」『行政法の解釈（二）』（平一七）九六頁は、「保険医療機関の指定請求権をこの段階ですでに剝奪することを予告しているという意味で、国民の権利義務を実質的に左右するから、処分と考える」といい、同「行政訴訟における訴訟要件に関する発想の転換」判例時報二一三二号（平二四）一一頁は、「処分の拘束的予告という新規の処分概念（Vorverwaltungsakt）」が作られたと理解している。

(25) 「次の手続に進めなくなるから処分性を肯定するという解釈方法をあまり乱発すると、個々の国民の法的地位への直接具体的な影響という処分性の判定基準が揺らぐことになりはしないか、という疑問も生じます」（橋本・前註(8)二五頁）。

(26) 両判決と内容は異なるが、手続法上の地位に着目した判例として、登録免許税還付拒否通知判決（最判平一七・四・一四民集五九巻三号四九一頁）及び府中固定資産税判決（最判平二五・七・一二民集六七巻六号一二五五頁）がある（それぞれ参照、拙稿〔判批〕法学七〇巻二号（平一八）二〇二頁以下及び本書第七章（補論））。

(27) 元担当調査官によると、浜松区画整理判決にいう「実効的な権利救済」は、あくまでもカテゴリカルな処分性の判断枠組みの中で考慮されたものという（参照、増田稔「行政計画と行政処分性」藤山雅行＝村田斉志編『新・裁判実務大系二五行政訴訟』改訂版（平二四）一五二〜一五三頁）。

(28) 最判平二五・一・一一民集六七巻一号一頁。条例につき参照、最判平二八・一二・一五判時二三二八号二四頁。

(29) 最大判昭四一・七・二〇民集二〇巻六号一〇二七頁。

(30) 処分性、原告適格及び狭義の訴えの利益については、審理の順序までは定められていないが、処分性が否定されて原告適格が肯定されることはなく、狭義の訴えの利益は消極要件であるため、この順序で審理されることが多い。

(31) 参照、「三段重ねで構築されたフィルターが各々に固有の認定要件を適用して重厚な濾過機能を行使した結果として、『法律上の争訟』性が否定されて然るべき事案の総量を超えた事案が訴訟要件を満たさないものとして本案判断の対象から排除される危険があるのではないかとの懸念が、払拭し切れないのである」（亘理格「相対的行政処分論から相関関係的訴えの利益論へ」阿部古稀『行政法学の未来に向けて』（平二四）七七三頁）。

(32) 「仮に具体性……等の欠如を理由に処分性が否定されても、個別具体の事情に即して訴えの利益が根拠づけられれば、当該行為の違法確認を求める公法上の当事者訴訟等を認めるべきであろう。……『相対的行政処分論』の問題意識は、現在の行訴法のもとではむしろ、主としては公法上の当事者訴訟（特に確認訴訟）によって受け止めることになろう」（山本隆司『判例から探究する行政法』（平二四）三八一頁（原註略））。

(33) 参照、最判昭五七・四・二二民集三六巻四号七〇五頁。

(34) この設例は、太田匡彦教授の教示による。亘理格「行政訴訟の理論—学説的遺産の再評価という観点から」公法研究七一号（平二一）八〇頁は、より緩やかに、「ある程度具体的に予定していた病院や工場やマンションの建設等が用途地域変更等により断念を余儀なくされるという場合は、当該建築計画に現実の可能性が認められるという条件の下では、用途地域変更の時点で争訟成熟性を肯定すべきなのではなかろうか」と論じている。なお、いわゆる不許可補償制度は、このような経過的損失を補償する代わりに用途を制限する行為自体の適法性を争わせない仕組み（「受忍せよ而して補償請求せよ（Dulde und liquidiere）」）であるともいえよう（例えば道路法九一条三項につき参照、浅村廉＝佐治大『道路法逐条解説』（日本道路協会・昭二七）一一一頁）。

(35)　工場の建築がその者の土地所有権の範囲に含まれることの確認を求める民事訴訟でもよい。建築基準法は、土地所有権の行使としてされるかを問わず、建築行為を制限する法律であるが、たまたま建築行為が土地所有権の行使としてされる場合には、土地所有権の行使を制限する法律にもなるからである（所有権の行使としてされる事実行為を禁止する国家作用と所有権それ自体の内容を変更する国家作用との区別につき参照、拙著『国家作用の本質と体系Ⅰ』（平二六）二頁。）。もっとも、被告から「原告は当該土地所有権を有しない」という抗弁を受けるリスクがある点で、本文に述べた当事者訴訟よりも不利である。

(36)　都市計画決定につき法的安定性を重視して消極的見解をとるものとして参照、中川丈久「行政訴訟としての『確認訴訟』の可能性」民商法雑誌一三〇巻六号（平一六）三三一～三四頁及び越智敏裕「まちづくり紛争における行政訴訟の可能性」法律のひろば五七巻一〇号（平一六）三三頁。併せて参照、春日修『当事者訴訟の機能と展開』（晃洋書房・平二九）一〇八頁。

(37)　最判平二四・二・九民集六六巻二号一八三頁。

(38)　一般論としてこの立場をとる見解として参照、山本隆司「差止の訴えの法定」小早川光郎＝高橋滋編『詳解改正行政事件訴訟法』（平一六）七七～七八頁、小早川光郎『行政法講義』下Ⅲ（平一九）三三五～三三六頁、石井昇「行政事件訴訟法四条後段に定める当事者訴訟―確認訴訟を中心に」甲南法務研究七号（平二三）三頁、濱和哲「処分差止訴訟との交錯が生じうる場面における当事者訴訟（確認訴訟）の活用について」水野古稀『行政と国民の権利』（平二三）一二一～一二三頁、大貫裕之「実質的当事者訴訟と抗告訴訟に関する論点覚書」阿部古稀・前註(31)六四七頁、村上裕章「公法上の確認訴訟の適法要件」阿部古稀・前註(31)七五〇頁及び湊二郎「予防訴訟としての確認訴訟と差止訴訟」法律時報八五巻一〇号（平二五）三二頁。

(39)　「公的義務」が私人に対する義務と全く別の概念であることは、職務命令が法令と異なり個別的な行為であるにもかかわらず、処分性を否定された点から明らかである。

(40)　後者の判決における原告の不服は、「勤務成績の評価」（職務命令と同じく処分性はない。）を介した「昇級等に係る不利益」にも向けられていた。同判決は、将来の多数の当該不利益を一括前倒しして争わせるため、当該不利益の原因となる「公的義務」の不存在確認訴訟を適法とした。この訴えが、「公的義務」を課されない地位そのものの確認を求めたものでないことはもちろんである。

(41)　「決定（処分）を行うに当たり考慮すべき事項を示して行われる義務付け判決」（大貫裕之「義務付け訴訟・差止訴訟」高木光

＝宇賀克也編『行政法の争点』（平二六）一三五頁）。行政訴訟実務研究会編『行政訴訟の実務』一〇二三頁〔山本隆司〕は、差止訴訟においても「行政庁が決定に当たり考慮すべき事項・考慮すべきでない事項を示す判決」は想定しうるという。

(42) 最判平一七・一〇・二五判時一九二〇号三二頁。

(43) 山田洋『大規模施設設置手続の法構造』（信山社・平七）。

(44) 教職員国旗国歌訴訟判決では、職務命令（内部行為）→懲戒処分（外部行為）→勤務成績の評価（内部行為）→昇級等に係る不利益（外部行為）というかたちで、公人としての公務員に対する行為と私人としての公務員に対する行為が積み重なっていた。このような内部法・外部法が交錯する行政過程を分析するためには、行政組織法・公務員法の基礎的な研究が不可欠となろう。

三　水平的統制の強化

（一）〝利益の二分論〟の思想的起源

サテライト大阪判決[45]は、生命・身体・健康・財産と異なり、「生活環境に関する利益」は「基本的には公益に属する利益」であり、「法令に手掛りとなることが明らかな規定」[46]がない限り、原告適格を基礎付けないという一般論を打ち出した。その上で、「多数の来場者が参集すること」による「享楽的な雰囲気や喧噪といった環境」がもたらされない利益を、医療施設等の開設者のみに認め、周辺地域の居住者等には認めなかった。

このような〝利益の二分論〟[47]は、果たして原告適格に関する判例理論をいかなる方向に導こうとしているのであろうか。この点を明らかにするためには、〝利益の二分論〟の思想的起源を改正前に遡って跡付けることが不可欠となる。

伝統的に、公益（国家を構成する団体としての）国民の一般の利益[48]）には、もっぱら行政庁により保護されるもの（主婦連ジュース判決参照[49]）と、公益事業法制にみられるとおり、〝特定者の利益〟が保護されることを通じて保護されるもの（公衆浴場判決参照[50]）があるとされてきた。〝特定者の利益〟とは、距離制限によって保護される公衆浴場の経営者の利益(51)のように、法令が特定の帰属者を予定している利益をいう。

長沼ナイキ判決の意義は、これら二種の公益の中間に、〃一定範囲の不特定多数者の利益〃が保護されることを通じて保護されるもう一種の公益が存在するとした点にある。〃一定範囲の不特定多数者の利益〃とは、法令上は享受者の範囲が示されているだけであって、共時的には享受者を事実上特定しうるが、通時的には享受者が入れ替わっても同一性を失わない利益をいう。

長沼ナイキ判決を読み返す際には、次の三点に留意すべきである。

第一に、同判決では、原告が享受する「森林の存続によって不特定多数者の受ける生活利益のうち一定範囲のもの」が「個人の個別的利益」とも言い換えられている。しかしながら、後者は、主婦連ジュース判決が〃訴訟当事者として確定された者の利益〃という意味で用いた文言を踏襲したものにすぎない。〃一定範囲の不特定多数者の利益〃の享受者に含まれる原告が訴えの提起により特定されるのは、自明のことである。

第二に、同判決にいう「一定範囲」とは、保安林の指定により特別の利益を受ける範囲であって、受益者負担金（森林法三六条一項）を課しうる区域を指すものと解される。当該区域の存在は、個々の具体的な処分を待つまでもなく、法律上、観念的に予定されている。〃一定範囲の不特定多数者の利益〃が処分時における各享受者の利益の総和でないことは、原審が「処分に伴う直接的影響が及ぶものとして配慮されたものと認めうる個々人の生活利益をもって」原告適格を決したのに対し、同判決がこれを「結論において正当」と説示し、そのまま是認しなかった点からも裏付けられる。

第三に、〃一定範囲の不特定多数者の利益〃には、民事法上絶対権とされる利益（生命・身体・健康）とされない利益（水利権に至らない農業用水の確保に関する利益）の双方が含まれている。民事法の世界で差止請求を基礎付ける権利とされるか否かにかかわらず、行政法の世界では、法律上の「一定範囲」に包含されて初めて原告適格を基礎付け

うる利益となるのである。(52)

長沼ナイキ判決に続く新潟空港判決(53)では、「飛行場を使用する各種航空機の騒音の程度、当該飛行場の一日の離着陸回数、離着陸の時間帯等からして、……航空機の騒音によって社会通念上著しい障害を受けることとなる者」に原告適格が認められており、絶対権である人格権が無媒介に「法律上の利益」とされたかにみえる。とはいえ、この説示は、「社会通念上」の部分を除けば、「関連法規」である騒音障害防止法に基づく第一種区域の指定基準をそのままなぞったものにほかならない。(54)そうだとすれば、この説示は、指定及び指定基準を補充する政省令に対して「社会通念」に基づく裁量統制を行うカードを留保しつつ、現に指定され、及び本件免許に伴い新たに指定される第一種区域を「一定の地域的範囲」(同判決)とする趣旨と解されるべきであろう。(55)それゆえ同判決は、法律上の「一定範囲」あってこその「法律上の利益」という、長沼ナイキ判決の判例理論を揺るがすものでない。(56)

長沼ナイキ判決が打ち立てた判例理論を変質させる契機は、次の二方向から訪れることとなった。一つは、民事法上絶対権とされる利益に関するもんじゅ・川崎がけ崩れ両判決(57)である。今一つは、民事法上絶対権とされない利益に関する元町セブン・国分寺ビーム両判決(58)である。

もんじゅ判決は、「原子炉の……事故等がもたらす災害により直接的かつ重大な被害を受けることが想定される範囲」が長沼ナイキ判決にいう「一定範囲」であるとした。この範囲につき調査官解説は、「安全審査……が、どの範囲の周辺地域・住民を対象として行われることが予定されているかという観点」から導かれた「客観的な枠」であると力説している。(59)しかしながら、この範囲は、絶対権侵害の分布状況という純然たる事実上の範囲から逆算されたものであり、法律上の「一定範囲」あってこその「法律上の利益」という長沼ナイキ判決の判例理論は、もはや完全に形骸化したといわざるをえない。この点を象徴するかのように、同判決では、「社会通念」という文言が、新潟空港判決のような原告適格の一般論でなく、その当てはめの部分でむきだしに用いられたのである。

もっとも、もんじゅ判決の時点では、のちの被爆者援護法と同じく、原子力による絶対権侵害だけが例外扱いされたのだという解釈も成り立ちえたところである。しかしながら、川崎がけ崩れ判決により、もんじゅ判決の判断枠組みが原子力以外による絶対権侵害に一般化されるに至った。かくして、〝絶対権侵害あるところ「一定範囲」あり〟というテーゼが確立したのである。(60)

一方、元町セブン・国分寺ビーム両判決は、それぞれ施設周辺地域型・住居集合地域型の風俗営業制限地域に関する事案である。元町セブン判決は、保全対象施設の設置者が「善良で静穏な環境の下で円滑に業務を運営するという利益」は原告適格を基礎付けるとしたが、当該利益は〝特定者の利益〟であるため、もとより当然の判断であった。

これに対し、国分寺ビーム判決は、住居集合地域の居住者が「『良好な風俗環境』の中で生活する利益」は原告適格を基礎付けないとした。確かに、住居集合地域の全ての居住者に原告適格を認めると、あたかも各居住者が保全対象施設に格上げされたかのような結果となり、風営法施行令があえて住居集合地域型と別に施設周辺地域型を設けた趣旨が没却されてしまう。等しきものは等しく、等しからざるものは等しからざるよう扱う実定法解釈論の鉄則上、そのような立場をとりえないことだけは確かである。

とはいえ、仮に風営法施行令が住居集合地域型だけを定めていたとすれば、住居集合地域そのものをもって法律上の「一定範囲」と解することは、十分可能だったはずである。ところが、国分寺ビーム判決では、調査官解説を含め、その点が意識された気配はなく、もっぱら風営法施行令が各住居に保全対象施設と同等の保護を与えていない点のみが論拠とされている。もしかすると同判決は、長沼ナイキ判決にいう「個人の個別的利益」を〝特定者の利益〟と混同するという初歩的な過ちを犯してしまったのかもしれない。ともあれ、ここにおいて〝絶対権並みの個別性なくして「一定範囲」なし〟というテーゼがはっきりと姿を現したのである。

【図】

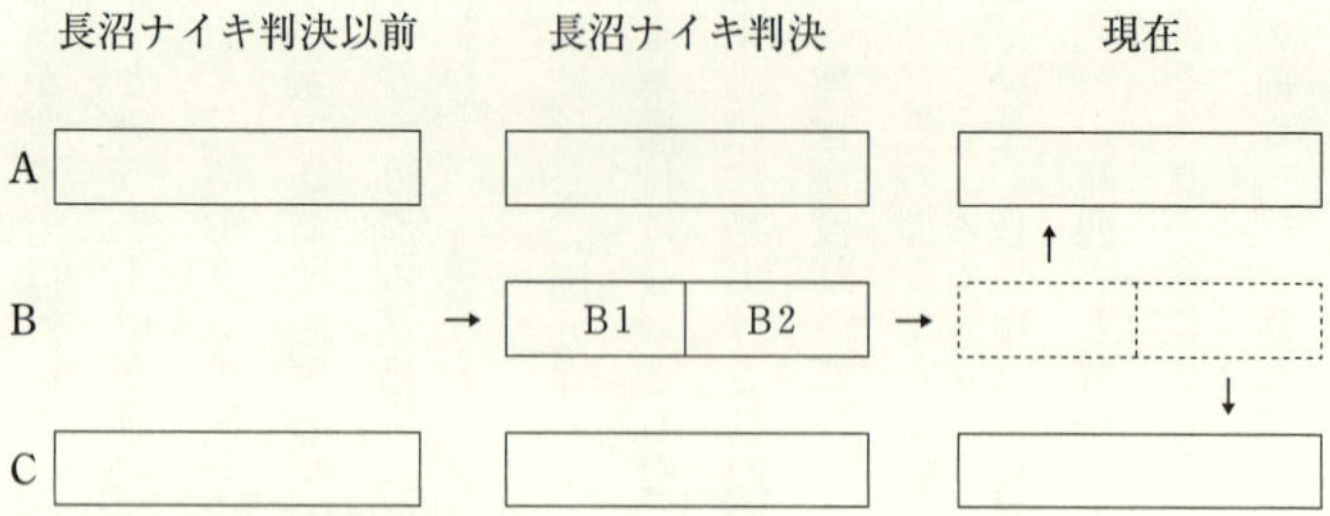

A：公益と並んで保護される特定者の利益
B：公益と並んで保護される「一定範囲」の不特定多数者の利益
　B1：民事法上絶対権とされる利益
　B2：民事法上絶対権とされない利益
C：公益が保護される結果個々の国民が受ける反射的な利益

公益：（国家を構成する団体としての）国民の一般の利益

以上を要約すると、**【図】**のようになる。Aの層とCの層との間に、長沼ナイキ判決がBという中間層を築き上げたにもかかわらず、そのうちのB1は、〝絶対権侵害あるところ「一定範囲」あり〟というテーゼにより、Aの層に吸収されて消滅する一方、B2は、〝絶対権並みの個別性なくして「一定範囲」なし〟というテーゼにより、Cの層に吸収されて消滅したのである。

サテライト大阪判決が打ち出した〝利益の二分論〟は、すでに国分寺ビーム判決の時点で起きていた〝公益と私益の再二極化現象[61]〟を、一般論として再確認したものにほかならない。行訴法九条二項の追加は、この現象に対する歯止めにはなりえなかったのである。

（二）判例理論の発展可能性（もんじゅ拡張型思考）

〝公益と私益の再二極化現象〟をもたらした二つのテーゼのうち、〝絶対権侵害あるところ「一定範囲」あり〟は、長沼ナイキ判決の判例理論を形骸化させるものであり、〝絶対権並みの個別性なくして「一定範囲」なし〟は、長沼ナイキ判決の判例理論の射程を合理的な根拠なく限定するものであった。前者のテーゼは見方によっては一種の発展的解消といえなくもないが、後者のテーゼが私人の救済範囲を狭めているのは明らかである(62)。

よって、今後の判例理論を発展させてゆく方向性としては、前者のテーゼを民事法上絶対権とされない利益にも拡張する〝もんじゅ拡張型思考〟と長沼ナイキ判決に回帰して後者のテーゼを脱却する〝長沼ナイキ回帰型思考〟という二つの選択肢が考えられる。

〝もんじゅ拡張型思考〟とは、絶対権侵害が分布する事実上の範囲を法律上の「一定範囲」とする解釈が畢竟フィクションにすぎないのであれば、これを「生活環境に関する利益」侵害へと及ぼすことにも原理的な障害はないのでないかという考え方である(63)。

小田急判決(64)は、民事法上絶対権とされる利益（健康）と重なりうる限度で、民事法上絶対権とされない利益（生活環境）についても、利益侵害が分布する事実上の範囲（「事業地の周辺の一定範囲の地域」）から法律上の「一定範囲」を逆算した(65)。これは、公害が両者にわたる被害として定義されていること（現・環境基本法二条三項）から導かれた判断であり、民事法上絶対権とされない利益のみが問題となる場合に、〝もんじゅ拡張型思考〟がとられた例はない(66)。

最高裁が慎重姿勢を崩さないのは、民事法上絶対権とされない利益であって法律上の「一定範囲」をもたないものは、公益が保護される結果個々の国民・住民が受ける反射的な利益と区別しがたいため、これをもとに原告適格を認めると、判例によって民衆訴訟を創設するに等しくなりかねない(67)からであろう。

しかしながら、長沼ナイキ判決が示すとおり、民事法上絶対権とされるかは、必ずしも当該利益が行政法上保護されるかとは連動しない。民事法上絶対権とされる利益とされない利益との差異は、前者が個々的にみてもそれ自体として公益から区別されるため、前者の侵害が個々的にみても社会通念上許容しえないか容易に判定しうるのに対し、後者はそうでないという点に尽きる。そうすると、集合的にみて公益から区別され、その侵害が集合的にみて社会通念上許容しえないという二要件(68)を満たす利益に限って、かかる利益が法令上保護されていないはずがない

という フィクション的解釈を導入することは、なし崩し的な民衆訴訟化に対する歯止めに十分なりうるものといえよう。

例えば鞆の浦訴訟（公有水面埋立法には意見書提出規定という森林法並みの「手掛り」があるため、〝もんじゅ拡張型思考〟をとるまでもなく原告適格を認めることができるが、ここでは当該規定がないものとして考える）では、瀬戸内海という「海面」の「景勝地」としての「恵沢」が少なくとも公益として保護されていること（瀬戸内法二条一項・三条一項・一三条一項）を前提に、当該恵沢を享受する利益であって上記の二要件を満たすものが存在するかが問われていた。同訴訟の仮の差止決定及び差止判決は、それぞれ（少なくとも）歴史的町並みゾーン及び鞆町の行政区画において「景観利益」が存在するとした。瀬戸内法はそもそも本土の景観を公益としてすら保護していないと解されるが、その点を度外視しても、当該「景観利益」が第一要件を満たしているかについては、少なからぬ疑問があろう。ここではむしろ、埋立区域たる公有水面を眺望しうる限度で、第一要件が満たされるといえば足りたように思われる。

一方、サテライト大阪判決では、〝もんじゅ拡張型思考〟によって周辺地域の居住者等の「生活環境に関する利益」を認めうるかは、必ずしも定かでない。確かに同判決では、「多数の来場者が参集することによって……享楽的な雰囲気や喧噪といった環境」がもたらされ、「著しい業務上の支障が生ずるおそれがあると位置的に認められる区域」内に所在する医療施設等の開設者に原告適格が認められた。しかしながら、周辺地域の居住者等の利益であって上記の二要件を満たすものが当該「区域」において存在するということはできない。当該利益は場外施設の設置に先立ってその存在を認定しうるものでなければならないところ、当該「区域」は、場外施設をいかなる場所に設置しようとも、不可避的に随伴するものだからである。

(三)　判例理論の発展可能性（長沼ナイキ回帰型思考）

〝長沼ナイキ回帰型思考〟とは、〝絶対権並みの個別性なくして「一定範囲」なし〟というテーゼが長沼ナイキ判決の射程を合理的根拠なく限定している点を自覚し、民事法上絶対権とされない利益についても、実証主義的解釈論として可能な限り、法律上の「一定範囲」[71]を掬い上げてゆこうという考え方である。この思考によったとも評価しうる裁判例として、ミスターパチンコ判決があり、この思考をとる上で参考となる裁判例として、北総鉄道判決[72]がある。

ミスターパチンコ判決は、国分寺ビーム判決と同じく、風俗営業制限地域のうち住居集合地域型における居住者の「清浄な風俗環境の下で生活するという……利益」が問題となった事例である。同判決と同じく、同地域の全ての居住者に原告適格を認める解釈はとられなかったが、同判決と異なり、パチンコ店からおおむね一〇〇メートルの範囲内の居住者に原告適格が認められた。

このおおむね一〇〇メートルという距離は、決して純然たる受忍限度論から得られた事実上の範囲でなく、施設周辺地域型における保全対象施設からの距離を住居集合地域型におけるパチンコ店からの距離に〝転用〟した、法律上の「一定範囲」として理解すべきである。住居集合地域そのものを法律上の「一定範囲」とみることができない点は、住居集合地域型が施設周辺地域型と対比され、両者の均衡を保持した解釈をとらざるをえないこと（前述）から、やはり動かしようがない。そこでミスターパチンコ判決は、風営法が「住居集合地域における風俗環境保護を学校等の周辺におけるそれと少なくとも同列に扱っている」と捉えた上、施設周辺地域型における保全対象施設からの距離と同じ距離をもって、住居集合地域型における法令の「手掛り」を解釈上補充したのである[73]。

ミスターパチンコ判決によると、施設周辺地域型が保全対象施設の設置者の利益のみを〝特定者の利益〟として保護する（同施設の設置者以外の同地域の居住者の利益は保護しない）のに対し、住居集合地域型はパチンコ店からおおむね一〇〇メートル以内の区域の居住者の利益を〝一定範囲の不特定多数者の利益〟として保護するものと位置付けられる。住居集合地域は、現実に許可を受けたパチンコ店に対するこのような顕在的保護を与える前提として、潜在的保護を与えるものと考えればよい（風営法の明文に現れているのは潜在的な保護範囲のみであり、顕在的な保護範囲は、〃風営法は、ある者の風俗環境上の利益を保護するとすれば、施設周辺地域型と同じ距離を確保すれば十分としている〃という解釈から導かれる）。やや技巧的ながら、バランスのとれた風営法解釈論であり、国分寺ビーム判決も、これに倣って判例変更されるべきであろう。

一方、北総鉄道判決は、「居住地から職場や学校等への日々の通勤や通学等の手段として反復継続して日常的に鉄道を利用している者」に、旅客運賃認可取消訴訟の原告適格を認めた。ここで問題となったのは財産的利益であるが、個々の物権でなく、〃自然独占性ある必需サービスの購入による一般財産の不当な減少を余儀なくされない利益〃であるため、一応、民事法上絶対権とされない利益に分類しておく。

国土交通大臣が同認可をする場合には公聴会の開催手続がとられ、地方運輸局長が同認可をする場合には意見の聴取手続がとられるところ、「利害関係人」が各手続の請求という能動的役割を果たしうるのは、それぞれ運輸審議会又は地方運輸局長が特に認めた場合に限られる。このうち「利用者」が「利害関係人」として例示されているのは、意見の聴取手続だけである。

北総鉄道判決は、同大臣が同認可をする事例であったが、同局長が同認可をする事例と別異に解すべき理由はないとして、ここでも「利用者」が「利害関係人」として例示されているものとみなした。とはいえ、「利害関係人」が能動的役割を果たしうるかは、ひとえに運輸審議会の職権的判断に係っている（前述）。それでもなお同判決は、特に例示されているという一点において、「利用者」は他の「利害関係人」から区別されていると言い切ったのである。

このように、北総鉄道判決が挙げた法令の「手掛り」は、実に薄弱なものであった。そこで同判決は、これにより原告適格を基礎付けられるのは全ての「利用者」でなく、通勤・通学のための「利用者」に限られると解することにより、全体的なバランスをとっている。つまり「一定範囲」をある程度絞り込む反面、それを基礎付ける法令の「手掛り」は薄弱でもよいとしたのである。このような「相補的判断」[74]が可能となるのであれば、行訴法九条二項を設けた意義もあったのではないかと思われる。

確かに北総鉄道判決では、一般財産の不当な減少を余儀なくされない利益という、絶対権に近い性質の利益が問題となっていたため、あえて〝長沼ナイキ回帰型思考〟によるまでもなく、〝もんじゅ拡張型思考〟によれば足りたかもしれない。しかしながら、「生活環境に関する利益」を始めとする、絶対権から遠い性質の利益が問題となればなるほど、このような総合的判断が一層その真価を発揮することであろう。

(四)　水平的統制のまとめ

小早川教授は、原告適格に関する判例理論を「保護範囲要件」及び「個別保護要件」と整理している。[75]しかしながら、長沼ナイキ判決は「一定範囲」の語を前者でなく後者の要件で用いており、かつ、「個別的利益」は特定者の利益と同義でないため、いずれもミスリーディングな命名といわざるをえない。「保護範囲要件」は、当該利益が少なくとも公益として保護されていることであるため、「公益保護要件」とでも呼ぶ方が適切である。「個別保護要件」は、特定者の利益と不特定者の利益に場合分けした上、それぞれ「特定保護要件」「一定範囲要件」とでも呼ぶ方が適切である。

中川教授は近時、「個別保護要件」（不特定者の利益が念頭におかれているため、正確には「一定範囲要件」である。）は不要でないかという問題提起を行った。[76]しかしながら、やはり原告適格の判断から「一定範囲要件」を外すことはできない。「公益保護要件」と「一定範囲要件」が相まって初めて、仮に処分が違法だとしても法律上の利益を侵害されない者か否かをふるい分けられる以上、「一定範囲要件」を外すと、ほとんど全ての原告につき本案勝訴要件を判断しなければならなくなるからである。[77]

サテライト大阪判決は、〝利益の二分論〟を打ち出したが、「基本的には」という留保を付しているとおり、民事法上絶対権とされない利益が原告適格を基礎付けることはありえないとまでは述べていない。また、民事法上絶対権とされる利益についても、もんじゅ判決以来の判例理論が（事実上の範囲を後付けしただけとはいえ）なお「一定範囲」を前提としている点では、長沼ナイキ判決と変わりない。サテライト大阪判決を前提としつつ、〝利益の二分論〟の溝を埋めてゆくことは、決して不可能でないと思われる。

この点に鑑みると、原告適格に関しては、次の三点が今後の理論的課題であるといえよう。

第一は、〝長沼ナイキ回帰型思考〟によって原告適格を基礎付けうる法律上の「一定範囲」の立法例を、悉皆的に提示してゆくことである。かつて報告者は、いかに原告適格を限定的に解する判例政策がとられようとも否定しようがないほど明瞭な〝一定範囲の不特定多数者の利益〟の全容を明らかにした(78)。北総鉄道判決によって行訴法九条二項の新たな可能性が開かれた現在、同判決並みに薄弱なものや類推解釈に基づくものも含め、今一度法令の「手掛り」が網羅的に精査されなければならない。

第二は、〝長沼ナイキ回帰型思考〟によりがたい場合に、〝もんじゅ拡張型思考〟によって原告適格を基礎付けうる事実上の範囲の実例・仮設例を、可能な限り多く提示してゆくことである。但し、集合的にみて公益から区別され、その侵害が集合的にみて社会通念上許容しえないという二要件は、なし崩し的な民衆訴訟化に対する歯止めとして十分なものでなければならない以上、実際にはかなり高いハードルであると思われる。

第三は、いずれの思考にもよりがたい場合に、現行法体系との全体的な整合性を確保しつつ、法律上の「一定範囲」を創設する立法措置を考案してゆくことである(79)。

(45) 最判平二一・一〇・一五民集六三巻八号一七一一頁。

(46) 調査官解説には、かねてから「実定法上の根拠ないし手掛り」（園部逸夫〔判解民昭五七〕七二一頁）、「文言上の手掛り」（大橋寛明〔判解民平一〇〕九九六頁）といった表現がみられたところである。

(47) 中川丈久「取消訴訟の原告適格について(二)」法教三八〇号（平二四）一〇一頁の表現。

(48) 本書序章一頁参照。主婦連ジュース判決（後述）は、「公正取引委員会による同法〔＝景表法〕の適正な運用によつて実現されるべき公益」を、「公益の保護の結果として生ずる反射的な利益ないし事実上の利益」から、明確に区別している。

(49) 最判昭五三・三・一四民集三二巻二号二一一頁。

(50) 最判昭三七・一・一九民集一六巻一号五七頁。

(51) このほか、判例上認められたものに、保全対象施設の設置者（元町セブン判決（後述）参照）及び医療施設等の開設者（サテライト大阪判決参照）の利益がある。

(52) 伊達火力判決（最判昭六〇・一二・一七判時一一七九号五六頁）では、物権とみなされる漁業権の主体というだけでは、原告適格を認めるに足りないとされている。

(53) 最判平元・二・一七民集四三巻二号五六頁。

(54) 参照、岩渕正紀〔判解民平元〕三五頁。当時の規定は次のとおりである（傍点引用者）。「特定飛行場の設置者は、政令で定めるところにより航空機の騒音により生ずる障害が著しいと認めて運輸大臣が指定する特定飛行場の周辺の区域（以下「第一種区域」という。）に当該指定の際現に所在する住宅（……）について、その所有者又は当該住宅に関する所有権以外の権利を有する者が航空機の騒音により生ずる障害を防止し、又は軽減するため必要な工事を行なうときは、その工事に関し助成の措置をとるものとする」（同法八条の二）。「……第一種区域、第二種区域又は第三種区域の指定は、時間帯補正等価騒音レベル（当該飛行場において離陸し、又は着陸する航空機による騒音の影響度をその騒音の強度、発生の回数及び時間帯その他の事項を考慮して運輸省令で定める算定方法で算定した値をいう。）が、その区域の種類ごとに運輸省令で定める値以上である区域を基準として行うものとする」（同法施行令六条）。

(55) 参照、岩渕・前註(54)三五～三六頁。この原告適格の一般論が同判決の事案に当てはめられていれば、本文に述べた趣旨が明らかにされたはずであるが、同判決では、たとい原告適格が認められたとしても行訴法一〇条一項により棄却されることから、そこまでには至らなかった。

(56)（許認可等の名宛人以外の者の事例でないが）新潟空港判決に先立つ里道廃止判決（最判昭六二・一一・二四判時一二八四号五六頁）でも、里道そのものが「一定範囲」を定めていると解することができる。

(57) それぞれ最判平四・九・二二民集四六巻六号五七一頁及び最判平九・一・二八民集五一巻一号二五〇頁。両判決で問題となった絶対権は、それぞれ「生命、身体の安全」及び「『生命、身体の安全』という言葉では必ずしもいい尽くせない人的利益」（大橋寛明〔判解民平九〕一五六頁）であるという。

(58) それぞれ最判平一〇・一二・一七民集五二巻九号一八二一頁及び最判平一〇・一二・一七民集五二巻九号一八二一頁。

(59) 参照、高橋利文〔判解民平四〕三五三頁。

(60)「原子爆弾の投下の結果として生じた放射能に起因する健康被害が他の戦争被害とは異なる特殊の被害であることにかんがみ、……」（原子爆弾被爆者に対する援護に関する法律前文）。もんじゅ判決の時点では、原子爆弾被爆者の医療等に関する法律一条。

(61) 阿部泰隆「司法改革の本当の課題（一二）」自治研究八六巻五号（平二二）二三頁は、サテライト大阪判決を公益・私益二元論と批判している。

(62)「およそ取消訴訟に藉口した物権的妨害予防請求訴訟でない限り、取消訴訟として認められなくなってしまうであろう」（拙著『公権力の行使概念の研究』（平一九）二八二頁（傍点略））。長沼ナイキ判決との整合性を問うものでないが、阿部泰隆「鉄道運賃値下げ命令義務付け訴訟における鉄道利用者の原告適格（一）」自治研究八七巻六号（平二三）二七頁も、「行政法は、民事法では、一人一人の被害が大きくないために機能しない場合でも、多数の人が被害を受けることを防止するための制度であり、行政訴訟は、その実効性の担保なのであるから、この判例〔＝サテライト大阪判決〕のような考え方は、行政法は要らないといっているのと同じである」という。

(63) ここに分類しうる見解として参照、亘理格「共同利益論と『権利』認定の方法」民商法雑誌一四八巻六号（平二五）五一七～五一八頁・五二〇～五二一頁。

(64) 最大判平一七・一二・七民集五九巻一〇号二六四五頁。

(65) この点を示唆するものとして参照、森英明〔判解民平一七〕九一八頁。

(66) ジャスラック判決（最判平二七・四・二八民集六九巻三号五一八頁）の原審（東京高判平二五・一一・一判時二二〇六号三七

頁）は、「著しい業務上の被害を直接的に受けるおそれがあると認められる競業者」に排除型私的独占の排除措置命令の取消審決の取消訴訟の原告適格を認めたが、ここでの競業者の利益は物権又は人格権に還元されるため、もんじゅ判決の射程内である。なお、上告審が原告適格について判断しなかったのは、審判制度が廃止されて今後同様の事件が起きなくなったためと解説されており（参照、清水知恵子〔判解〕法曹時報六九巻八号（平二九）二〇六頁註16）、原審に判例違反がないとは明言されていない。従って、上告審が本案審理をしたのは、原告適格があることを前提としているからでなく、審判制度の廃止後も同命令の名宛人がその取消訴訟を提起することができるため、本案について最高裁判例を示すだけの「重要」性（民訴法三一八条三項）があったからであろう。

(67)　参照、阿部泰隆『行政訴訟要件論』（平一五）八九頁・一〇三〜一〇四頁註14。

(68)　本章の初出論文のもとになった学会報告では、「対外的に全国民・全住民から截然と区別される者が、対内的にも均質・一様に享受している」という二要件を挙げたが、後段は前段に吸収されるのでないかという横田明美准教授の質問を踏まえ、本文のように改めた。

(69)　参照、拙著・前註(62)二九八頁。但し、公有水面埋立法に瀬戸内法が加わるため、「一定範囲」を本文に示した範囲まで拡張解釈することが可能である。

(70)　それぞれ広島地決平二〇・二・二九判時二〇四五号九八頁及び広島地判平二一・一〇・一判時二〇六〇号三頁。

(71)　大阪地判平一八・一〇・二六判タ一二二六号八二頁。なお、大阪地判平二〇・二・一四判タ一二六五号六七頁もミスターパチンコの事件であるが、騒音等による健康被害等が問題となっているため、もんじゅ判決の射程内である。

(72)　東京地判平二五・三・二六判時二二〇九号七九頁。

(73)　法律構成としては、実際の施設周辺地域型における制限距離を用いるほか、風営法施行令六条二号（「おおむね百メートル」）をそのまま用いるという選択肢もあろう（同判決では、両者は一致していた）。

(74)　大貫・前註（2）四〇四頁。

(75)　参照、小早川光郎「抗告訴訟と法律上の利益・覚書」成田古稀『政策実現と行政法』（有斐閣・平一〇）四七頁。「不利益要件」については、〝利益なくして訴権なし〟である以上、当然の前提であるため、ここでは取り上げない。中川丈久「取消訴訟の原告適格について（一）」法教三七九号（平二四）七三頁は、「保護範囲要件」及び「個別保護要件」を一般論、「不利益要件」をその事案への当てはめと理解しているようにみえるが、当てはめを「要件」と位置付けることには、違和感を禁じえない。

(76) 参照、高橋滋＝村上裕章「討議のまとめ」論究ジュリスト八号（平二六）八一頁〔中川丈久〕及び中川・前註(47)一〇五～一〇七頁。

(77)「事実関係、証拠を丹念に見て、すべてわかった上でないと判断できないというのは、訴訟要件としての位置付けに馴染まない判断構造だろうと思います。」「ですから、……法令の仕組み自体がどうなっているか……がいちばんの手がかりにならざるを得ないのだろうと思います」（磯部力ほか「行訴法改正、その後」法教三二一号（平一九）八〇頁〔村田斉志〕）。

(78) 参照、拙著・前註(62)二九〇～三〇三頁。

(79) 最判平元・六・二〇判時一三三四号二〇一頁〔伊場遺跡〕の匿名解説は、「指定史跡等の指定解除処分に当たって当該史跡等を研究の対象としてきた学術研究者の個別的意見を法律上聴くことを義務付けること」を挙げている（同二〇二頁）。併せて参照、拙著・前註(62)三〇八頁。

四　おわりに

以上のとおり、垂直的統制・水平的統制いずれにおいても、判例を先取りする形で行政実体法の研究を深めてゆくことが、学説に課された使命である。

【追記】

(1) 非申請型義務付け訴訟の重損要件

島村教授は、後発的瑕疵を帯びるに至った不利益処分の撤回の義務付け訴訟では、「先行する不利益処分の効果から、端的に重損要件の充足を認める考え方が妥当であると思われる」という(80)。そのような処分の効果が存続していること自体が撤回をする方向に働く考慮要素となるため、本書の立場からも、同じ結論が導かれる。また、同教授は、職権による授益処分の義務付け訴訟では、例えば当該利益を付与しないことが平等原則違反に当たる場合には、重損要件を満たすという[81]。これに対し、本書の立場からは、仮の義務付けにいう「償うことのできない損害」並みの損害であれば、重損要件を満たすと解される場合があるかもしれない[82]。

本章では、裁量的な不利益処分しか検討しなかったが、非裁量的な不利益処分であって損害の重大性を要件としないものにつき、重損要件をどのように解すべきかという問題が残っている。もっとも、そのような立法例が実際にあるかは疑わしい[83]。

(2) 処分性の繰上げ肯定

病院開設中止勧告・浜松区画整理両判決については、近稿「行政上の計画論」自治研究九四巻（平三〇予定）で別の理解可能性を示しておいた。併せて参照されたい。

(3) 当事者訴訟における確認の利益

野口教授は、「垂直的統制」（抗告訴訟に係る部分に限る。）及び「水平的統制」の考え方を、確認の利益の判断枠組みに〝転用〟することを提唱している[84]。もはや同教授のオリジナルといってよいが、興味深い着想である。

なお、命令・計画自体の違法無効の確認訴訟と命令・計画の違法無効を前提とする地位の確認訴訟とでは、前者よりも後者の方が原則として有効適切であるという同教授の指摘は、筆者も前提としているつもりである[85]。

(4) 取消訴訟等の原告適格

神橋教授は、「公益と法律上保護された利益が、質的・内容的に異なるものとして並立している場合（並立型）」（公衆浴場判決）と「公益の一部または全部を特定の私人に《ママ》《法律上保護された利益》として保護する場合（包摂型）」（長沼ナイキ判決等）という分類軸を提示している[86]。これに対し、筆者は、〝特定者の利益〟はもとより〝一定範囲の不特定多数者の利益〟も、公益とは別次元にあるという意味で「並立型」なのであって[87]、「包摂型」なる範疇は、論理的にありえないと考えている。公益を（国家を構成する団体としての）国民の一般の利益と捉える主婦連ジュース判決の立場は、公衆浴場判決、長沼ナイキ判決等も共有しているはずだからである。重要なのはむしろ、同教授のいう「並立型」の中での〝特定者の利益〟〝一定範囲の不特定多数者の利益〟という分類軸である。これは、風俗営業制限地域（前述）にも表れているとおり、行政法の世界では〝一定のまとまりをもたなくとも保護される利益〟と〝一定のまとまりをもって初めて保護される利益〟が区別されている点を反映するものにほかならない(88)。

中川教授も、神橋教授の「並立型」「包摂型」に倣って、「公益転化型」「公益享受型」という分類軸を提示している。しかしながら、ここでもやはり、「一般的公益」と「不特定多数者の具体的利益」の質的相違が看過されている(89)。判例理論が後者を前者の部分集合と位置付けていないことは、「不特定多数者の具体的利益をもっぱら一般的公益の中に吸収解消させるにとどめず……」（新潟空港判決等）という累次の説示からも明らかなはずである(90)。

より注目されるのは、中川教授が「公益限界型」という分類軸を提示した点である。その典型は、不開示情報である個人に関する情報を含む行政文書の開示決定（いわゆる公益的開示を除く。）に対して当該個人に原告適格が認められる場合であるという(91)。同教授が指摘するとおり、原告適格が認められる者を網羅的に類型化するためには、この範疇にも着目すべきである。もっとも、「公益限界型保護利益テストが用いられる場面はきわめて少ない」とまではいいきれないであろう。国家が公益を保護増進する目的と何ら関係のない私益を害してはならないことは不文の法理であって、特に確認的規定が設けられていない場合にも(92)、普遍的に妥当するからである。例えば、滞納処分手続における滞納者以外の者の財産の差押処分を当然無効とするのは、大審院の確立した判例であった(93)。現在でも、（当然無効といえるかはともかく）これらの者に取消訴訟の原告適格が認められる点に異論はなかろう。

(5) 準名宛人

準名宛人（本書序章追記参照）の多くは、立法論としては、これを名宛人とする処分を本来の名宛人に対する処分と同時にするよう改めることが望ましい。第二次納税義務者(94)及びいわゆるメリット制の下での特定事業主(95)は、その典型である[96]。

これに対し、事業認定における起業地内の土地所有者、競願関係にある者及び借地権者に対する権利変換処分における宅地所有者は、準名宛人に含められるべきでない[97]。事業認定は、すでに特定されている土地所有者に（収用裁決を予定した）見積り補償金前払請求権等を付与する処分であるため、これらの者は（起業者と並ぶ）名宛人であると解されるからである[98]。また、競願関係にある者は、互いに「表裏の関係[99]」にある二以上の処分の名宛人であって、その全部を一個の行為として観念することもできるからである。権利変換処分のように、各権利者に対して一斉にされる処分であって、その全部が一個の行為（権利変換計画）として法令上位置付けられているもの[100]については、なおさらであろう。

もっとも、公有水面の埋立免許における埋立区域内の漁業権者は、準名宛人に当たる。埋立免許それ自体は、埋立工事を施行するため埋立区域を占用する権利を付与する処分に尽きるが、この権利が埋立区域を占用するその他の権利に優越する[101]ため、漁業権者は、埋立工事による妨害の予防・排除を求めることができなくなるからである[102]（埋立区域内の漁業権は、埋立免許により直ちに消滅するのでなく、埋立工事により埋立区域が漁業権の目的となりえなくなった段階で当然に消滅する[103][104]。）。

(80) 参照、島村健「非申請型義務付け訴訟における『重大な損害を生ずるおそれ』の判断方法について」滝井追悼『行政訴訟の活発化と国民の権利重視の行政へ』（日本評論社・平二九）二七五～二七六頁。

(81) 参照、島村・前註(80)二七六頁。このほか、同教授は、反覆してされる不利益処分を適法な限度にとどめるべきことの義務付け訴訟についても検討している（同二六八頁）。これは、もっぱら適法な限度を上回る部分の差止訴訟で争うべき問題のように思われる。

(82) このほか、山本隆司「行政手続および行政訴訟手続における事実の調査・判断・説明」小早川古稀『現代行政法の構造と展開』(平二八)三〇八～三〇九頁註9は、前註(20)の指摘に対し、執行停止、非申請型義務付け訴訟及び差止訴訟の各制度では「重大な損害」の語義が異なると反駁している。しかしながら、このことは、同教授の見解にとって必要条件であっても十分条件とはいえないであろう。なお、農地法三一条一項二号のように、その結果次第では処分に至りうるような調査を求める権利が付与されている場合には、もっぱら職権による処分と申請に対する処分とのいわば中間的存在として、重大性を緩やかに解すべきかもしれないが、重損要件の定義そのものが変わるわけではない。

(83) 福島地判平二四・四・二四判時二一四八号四五頁は、産業廃棄物処理施設の設置者が欠格事由に該当するに至ったことを理由とする設置許可の取消しを非裁量処分と捉えている。しかしながら、生活環境の保全又は公衆衛生の向上と関係がない場合にも取消しが許容されるとは考えがたいため、幅は狭いとはいえ、裁量処分と解すべきである。立案関係者は非裁量処分と説明している(参照、環境省大臣官房廃棄物リサイクル対策部「廃棄物の不適正処理の防止及びリサイクル促進のための法整備」時の法令一七〇七号(平一六)一〇頁)が、そのような場合まで念頭におくものではなかろう。そもそも口語体の法令用語にいう「しなければならない」は、文語体の法令用語にいう「要ス」だけでなく「ベシ」も含んでいる(例えば参照、(旧)国税徴収法一〇条及び国税徴収法七条一項)。

(84) 参照、野口貴公美「行政立法の違法を争う確認訴訟」行政法研究一一号(平二七)六〇～六一頁。

(85) 本書第五章二四五頁参照。なお、確認の利益は、論理的には、確認訴訟の選択、確認対象の選択、確認時機の選択という順序で判断されるものと考えられる(但し、このうち二段階を同時に判断せざるをえない事例もある。)。

(86) 参照、神橋一彦『行政救済法』二版(信山社・平二八)九四頁(原文一部太字)。「に」は「のために」という趣旨であろう。

(87) 「不特定多数者の受ける生活利益のうち一定範囲のものを公益と並んで保護すべき……」(傍点引用者)という長沼ナイキ判決の説示にも、〝一定範囲の不特定多数者の利益〟は公益の部分集合でないという思想が見え隠れしているように思われる。

(88) 人見剛「原告適格に関する判例動向と学説の課題」判例時報二三〇八号(平二八)一九頁以下は、神橋教授の分類軸を参考にしつつ(同二三頁註7)も、「特定第三者」「不特定第三者」(同一九頁)という本書と同様の分類軸を示している。

(89) 参照、中川丈久「続・取消訴訟の原告適格について」滝井追悼・前註(80)二八八～二八九頁。長沼ナイキ判決の原告は「『一般的公益』そのものを享受」しているという(二八八頁(傍点原文))。

(90) 長沼ナイキ判決には、「個別的利益を超えた抽象的・一般的公益」及び「当該公益に包含される不特定多数者の個々人に帰属する具体的利益」と表現した箇所もあるが、主婦連ジュース判決のような場合を想定した説示であり、「包含」とは「吸収解消」（長沼ナイキ判決）又は「完全に包摂」（主婦連ジュース判決）という意味である。

(91)　参照、中川・前註(89)二八八頁・二九〇～二九四頁。

(92)　国税徴収法四九条及び行政機関情報公開法五条一～二号が特にこの法理を確認したのは、動産の差押処分が占有の取得を発効要件とする処分であり、開示決定が開示の実施によって利益を付与する処分であって、いずれも処分と事実上の行為が制度上結び付けられており、後者によって本文に述べたような私益を害する危険を内包しているためであろう。

(93)　大判明三六・一〇・五民録九輯一〇五一頁（この当時、国税徴収法四九条に相当する規定はいまだ設けられていなかった。）。民有林野を国有林野と誤認してされた払下処分につき同旨、大判大五・四・一二民録二二輯六九四頁。

(94)　本来の納税義務者に対する主たる課税処分は、第二次納税義務者に対する「第二次納税義務の基本的内容」を定める処分でもあるが、第二次納税義務者には通知がされないため、当該処分の取消訴訟の出訴期間の起算日は、第二次納税義務者との関係では、第二次納税義務者に対する納付告知がされた日と解さざるをえなくなっている（最判平一八・一・一九民集六〇巻一号六五頁）。川神調査官も、立法措置の必要性を示唆している（参照、川神裕〔判解民平一八〕一〇〇頁）。

(95)　労働者に対する労災保険給付決定は、特定事業主に対する労働保険料を増加させ、又はそのおそれを生じさせる処分でもある（参照、東京地判平二九・一・三一労経速二三〇九号三頁）が、法令上、特定事業主には通知がされないこととなっている。

(96)　もっとも、共有者の一部に対する共有物に関する権利を制限する処分（例えば参照、最判平二五・七・一二判時二二〇三号二二頁）については、速やかに嘱託登記されるため、名宛人以外の共有者を準名宛人から名宛人に位置付けなおさなくとも、それほど支障はないかもしれない。

(97)　反対、司法研修所編『行政事件訴訟の一般的問題に関する実務的研究』改訂版（法曹会・平一二）八四頁・九四～九七頁及び中川・前註(89)二八五頁（権利変換処分につき中川丈久「取消訴訟の原告適格について（一）」法学教室三七九号（平二四）七〇頁）。事業認定につき同旨、野呂充「行政手続における第三者の地位と行政争訟」現代行政法講座編集委員会編『行政手続と行政救済』現代行政法講座二巻（平二七）一〇〇頁。

(98)　参照、拙著『国家作用の本質と体系』（有斐閣・平二六）二四四頁。事業認定の告示は、これらの者との関係では、通知に代わるものと位置付けられよう。

(99)　東京一二チャンネル判決（最判昭四三・一二・二四民集二二巻一三号三二五四頁）。

(100)　都市再開発法八六条一・二項参照。「宅地の所有者は、借地権が存在するものとしてされた借地権者に対する権利変換処分及び自己に対する権利変換処分の双方の処分があいまって、これら処分の法的効果として、自己の権利利益を侵害されている」（福岡右武〔判解民平五〕一〇六二頁）。

(101)　公有水面埋立法は、漁業権を凌駕する「埋立ヲ為ス権利」（一六条一項等参照）を設けるため制定された法律にほかならない（本書終章三九九頁参照）。

(102)　伊達火力判決（前註(52)参照）が「埋立免許は、一定の公有水面の埋立てを排他的に行つて土地を造成すべき権利を付与する処分であ」る（傍点引用者）と説示したのは、この点を述べたものであろう（埋立免許と竣功認可の関係につき、併せて本書第二章（補論）一四七頁参照）。なお、この点は、埋立工事が「公権力の行使に当たる事実上の行為」（(旧) 行政不服審査法二条一項参照）に当たることを意味するものでない。

(103)　参照、拙稿「公物と私所有権（二）」自治研究九二巻六号（平二八）五八頁註139及び山口真弘＝住田正二『公有水面埋立法』（日本港湾協会・昭二九）一四三～一四六頁。司法研修所編・前註(97)八四頁、中川・前註(89)二八五頁及び野呂・前註(97)一〇〇頁が、この点を意識しているかは必ずしも明瞭でない。

(104)　このほか、同一の処分につき、ある者に対する通知が効力発生要件とされる一方、他の者に対する通知が同要件とされていない場合、前者のみが名宛人であって、後者は準名宛人にすぎないと解することもできる。その典型は、滞納処分手続における第三者が占有する動産又は債権の差押処分における、当該第三者又は第三債務者と滞納者にみられる。後者に対する通知義務に違反した場合、事後理由提示義務（行手法一四条一項但書）に違反した場合と同じく、当該処分は手続的瑕疵を帯びよう（反対、東京地判平二八・二・一六判時二三二〇号二七頁）。

第七章　行政法における違法概念の諸相（取消違法の構造）

一　はじめに

私人の地位を不利益に変動させる行政上の行為は、議会（帝国議会及び国会）が制定した法律及び法律に基づく命令を根拠としてのみ行うことができ、当該行為が違法に行われた場合、私人は裁判所に一定の救済（行為の取消し等及び損害賠償）を求めることができる。これが、現在における法治国原理の最大公約数的な理解である。[1]

ここでいう「違法」は、行為の取消し等の要件たる違法（取消違法）と損害賠償の要件たる違法（国賠違法）に大別される。このうち取消違法は、行政庁の判断結果を違法とするもの（判断結果の違法）と行政庁の判断過程を違法とするもの（判断過程の違法）に細分される。

日本型の法治国原理は、これら違法概念が三者三様の展開を遂げることによって形づくられてきた。このうち本章では、取消違法の構造について考察し、[2]本書第八章及び第九章では、国賠違法の構造について考察する。

（1）　このうち前段部分が「法律による行政の原理」、後段部分が「近代行政救済法の原理」とそれぞれ呼ばれている（本書第九章三八一頁参照）。

（2）　但し、裁量処分の国賠違法は、取消違法と結果的に一致する（本書第九章三七九頁註（32）参照）ため、取消違法に含めて検討する。

二　判断結果の違法

（一）　創設

議会が処分の根拠法律を設けるに際し、最も単純な手法は、単線的な要件効果規範を定めることである。「要件効果規範」とは、〝行政庁は要件規定に定める事実あらば効果規定に定める行為をすべし〟という命題を指し、「単線的」とは、〝事実→要件規定→効果規定→行為〟の連鎖が、一通りしかない（特定の事実を入力すれば、特定の行為が出力される）こと[3]（後掲【図1】参照）を指す。

帝国議会が可決した初の本格的な実定行政法である明治二四年の（旧）度量衡法（計量法の前々法）は、度量衡器（はかり）の製作等の免許及びその取消につき、単線的な要件効果規範を定めるものであった。すなわち農商務大臣は、勅令で定める者には免許をし、免許人が関係法令に違反した場合には免許を取り消すこととされており[4]、両処分の要件該当性（それぞれ、剥奪公権者でないこと等及び度量衡器の検定を受けていないこと等）は、誰が判断したとしても明らかであった。

単線的な要件効果規範の下では、世間の全ての事実のうち要件規定に該当する事実とそうしない事実を截然と切り分けることができ、かつ、効果規定に則って選択しうる行為は一つしかない。ここでの違法は、要件効果規範そのものへの違反である。つまり、要件に該当する（しない）にもかかわらず該当しない（する）と判断した結果、選択すべき（でない）行為を選択しなかった（した）ことである。裁判所は、行政庁の判断結果を自らの判断結果と対比し、一致していれば適法、一致していなければ違法とする（判断代置審査）。

（二）　現状

（旧）度量衡法では、要件該当性の判断及び処分の選択が法律上あらかじめ決せられていることは明白であったが、実際には、そのような根拠法律は稀である。[5]要件効果規範が単線的である（複線的（後述）でない）かをめぐって、

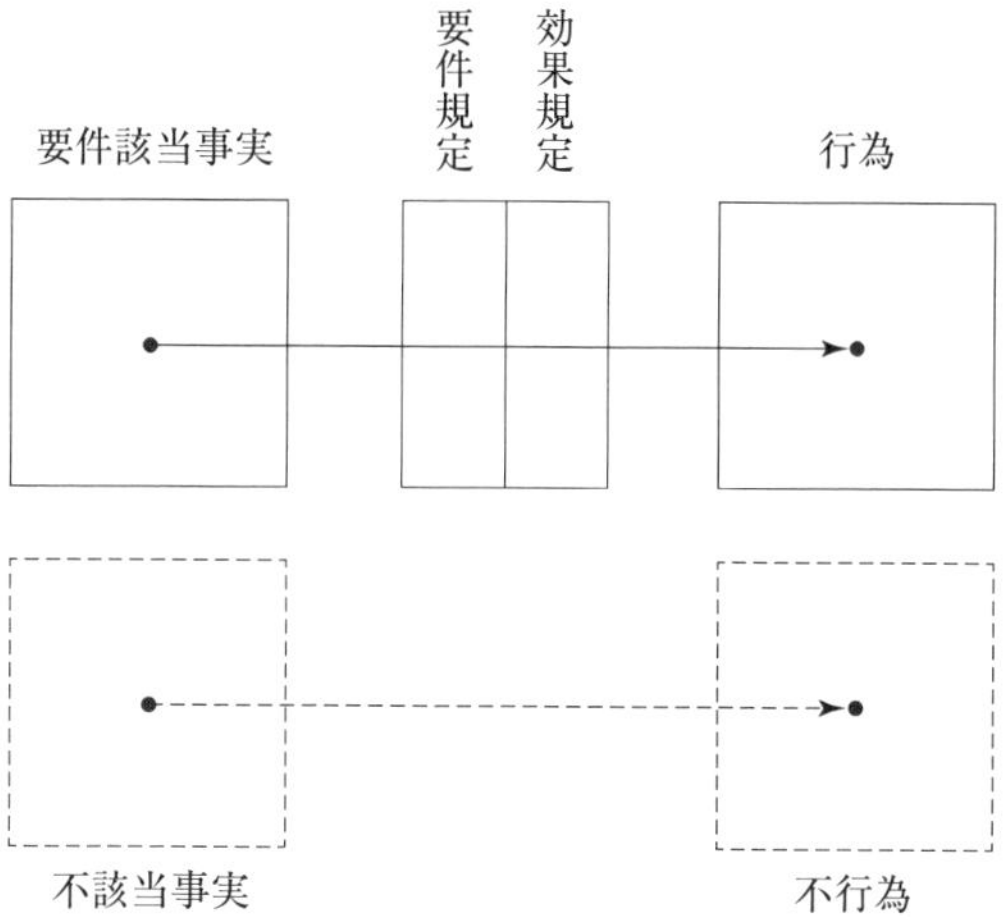
要件該当事実
要件規定
効果規定
行為
不該当事実
不行為

【図１】

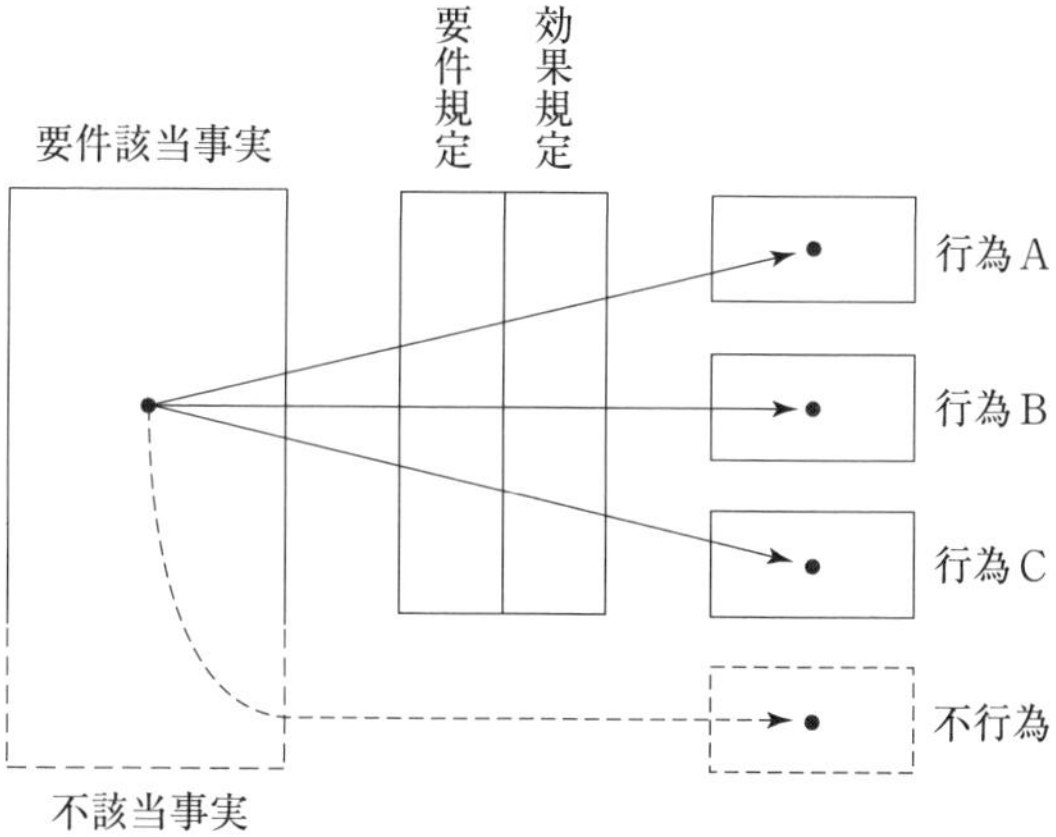
要件該当事実
要件規定
効果規定
行為A
行為B
行為C
不行為
不該当事実

【図２】

議会、行政庁、私人及び裁判所の間で認識が喰い違う場合は珍しくない。その場合、終局的とされるのは裁判所の認識である。

現在のところ、裁判所は、伝統的な民事裁判権と重複する内容の処分については、例外なく要件効果規範を単線的と認識している。(6) 例えば、国有境内地の譲与処分につき浅間神社判決(7)は、「実質的内容的にみて旧所有権の返還の措置たるの性質を備えている」ため「羈束された処分」とした。一方、水俣病の認定につき溝口訴訟判決(8)は、「現在又は過去の確定した客観的事実を確認する行為」であるため「裁量に委ねられるべき性質のものではない」としたが、「水俣病」が客観的事実とされたのは、同認定が「不法行為に基づく損害賠償請求権を背景とする」(9)からだと解される。

一般に、課税処分の要件効果規範は単線的と認識されているが、これは、納税者間の平等を確保するためだと考えられている。しかしながら、この要請は、たとい行政庁に裁量を認めたとしても、裁量基準（後述）を画一的に適用させることとすれば、満たすことができる。より根源的な理由はむしろ、課税処分が金銭債権の存在を確認する作用であり、いやおうなく他の債権者との均衡に配意せざるをえなくなる点にあるのかもしれない。そうだとすれば、例えば行政の実効性を確保するため必要な額の課徴金を課すといった立法は、判断代置審査を不可能とするがゆえに、許されないという見解も、十分成り立つのでないかと思われる。

一方、裁判所は、伝統的な民事裁判権から遠い内容の処分であればあるほど、要件効果規範を単線的と認識しない傾向にある。例えば生活保護基準の設定につき朝日訴訟判決(10)は、「〔いわゆる最低生活は〕多数の不確定要素を綜合考慮してはじめて決定できるもの」であり「その判断は、当不当の問題として政府の政治責任が問われることはあつても、直ちに違法の問題を生ずることはない」とした。学説でも、「将来の事態に対する予測と結果に対する責任」や「専門技術的判断を行うための組織と手続」といった観点が、裁量の正当化根拠として重視されているところである。[11]

ここでは一応、〝裁判所は、司法権の使命・内閣の国会に対する責任[12]（法定外自治事務にあっては、執行機関の住民に対する責任[13]）の双方を没却しないよう、要件効果規範が単線的であるか認識しなければならない〟という、裁判所に課された規範を導き出すことができる。しかしながら、この規範の遵守状況（認識が過大・過小でないか）については、国民審査という究極手段はあるものの、日常的なサンクションは用意されていない。[14]

（3）田中二郎『行政法総論』（昭三二）二八九頁は、「法が、一般法則性すなわち一義的な解決を予定していると解釈される場合に、これに基いて行われる行政行為」を「羈束行為」と呼ぶ。亘理格『公益と行政裁量』（平一四）二八～三二頁も、「一般的正当性を具備」した「媒介的基準」の定立が可能な場合に、判断代置審査（後述）がされるという。

（4）取消については、複線的（後述）と解する余地もあるが、一応単線的と解しておく。

（5）（旧）度量衡法の免許は、そもそも処分として法律構成する必要性自体が乏しかったため、計量法では、単なる届出に移行している。

（6）アメリカ法における類似の発想につき参照、杉村敏正『法の支配と行政法』（昭四五）一三一～一三二頁及び中川丈久「司法裁判所の『思惟律』と行政裁量（一）」法学協会雑誌一〇七巻四号（平二）一一二～一一三頁（「司法的性格の事項」）。

（7）最判昭四九・四・九判時七四〇号四二頁。これに先立つ最大判昭四六・一・二〇民集二五巻一号一頁は、旧所有者に売り払う農地の認定は行政処分ですらないとした（参照、最高裁判所事務総局行政局監修『主要行政事件裁判例概観7―総論（手続法編I）』（平七）八五頁）。

（8）最判平二五・四・一六民集六七巻四号一一一五頁。（放射線起因性を要件とする）被爆者医療給付の認定につき松谷訴訟判決（最判平一二・七・一八判時一七二四号二九頁）は、当然に判断代置審査をしている。

（9）匿名〔判解〕判例時報二一八八号三七頁。「本制度により補償給付がなされた場合には、……損害賠償請求権は、その価額の限度で、当然に消滅ないし縮減」する（城戸謙次『逐条解説公害健康被害補償法』（昭五〇）八八頁）。

（10）最大判昭四二・五・二四民集二一巻五号一〇四三頁。

（11）高橋滋「行政裁量論に関する若干の検討」南古稀『行政法と法の支配』（平一一）三四一頁。これら二つの観点につきそれぞれ参照、白石健三（判解民昭三〇）八七頁及び高木光『技術基準と行政手続』（平七）一一～一四頁。

（12）例えば、表現の自由については、その規制を政治責任に委ねること自体が許されないと考えられているようである。輸入禁制品該当の通知につき最大判昭五九・一二・一二民集三八巻一二号一三〇八頁は、（「公安又は風俗を害すべき書籍、図画」を「猥褻な書籍、図画」と限定解釈した。

（13）参照、位野木益雄ほか「行政事件訴訟の審理をめぐる実務上の諸問題（六）」判例タイムズ一六巻八号（昭四〇）二〇頁〔白石健三〕。但し、政治責任が尊重される処分をより精細に類型化する必要があろう。

（14）参照、小早川光郎「裁量問題と法律問題」『法学協会百周年記念論文集』二巻（昭五八）三四三～三四四頁。

三　判断過程の違法

（一）　生成

議会が処分の根拠法律を設けるに際し、より複雑な手法は、複線的な要件効果規範を定めることである。「複線的」とは、いかなる事実が要件規定に該当するか又は効果規定に則っていかなる行為を選択すべきかが法律上あらかじめ決せられておらず、[15]〃事実→要件規定→効果規定→行為〃の連鎖が幾通りにも分岐しうること（図2参照）を指す。要件効果規範が複線的である（単線的でない）かをめぐって、議会、行政庁、私人及び裁判所の間で認識が喰い違った場合には、裁判所の認識が終局的とされる（前述）。

一般に、要件該当性が決せられていないことを要件裁量といい、効果の選択が決せられていないことを効果裁量というが、[16]両者を別個に論ずるのは、迂遠といわざるをえない。[17]両者とも認められる場合、例えば取引所の監督処分（後述）では、〃公益を害するか〃〃停止、一部停止等でなく解散を選択すべきか〃という二個の問題は〃解散相当の公益侵害と評価しうるか〃という一個の問題に収斂するからである。要件裁量のみが認められるかにみえる場合でも、許認可等では拒否処分、不利益処分では不処分まで含めると、必ず効果裁量も認められるため、問題状況は変わらない。例えばマクリーン判決（後述）では、〝不許可相当の政治活動等をしたと評価しうるか〟という一個の問題に収斂する。なお、効果裁量のみが認められる場合、例えば神戸税関判決（後述）では、およそ争議行為等をしたかについては判断代置審査がされても、〝停職等でなく免職相当の争議行為等をしたと評価しうるか〟という全く同様の問題が残ることになる。(18)(19)

帝国議会は、（旧）度量衡法に続いて可決した本格的な実定行政法である明治二六年の取引所法（商品先物取引法の前法）において、早くも複線的な要件効果規範を定めている。すなわち、農商務大臣は売買取引の繁盛な地区では取引所の開設免許をすることができる（年限経過後は土地商業の情況により継続免許をすることができる）とされていたが、具体的にいかなる事実があればよいかは、明瞭でなかった。そして、同大臣は法令違反のみならず公益を害すると認めるとき等にも監督処分をすることができ、その内容には取引所の解散、停止、一部停止等かなりの幅があった。とはいえ、行政裁判所は、同法が要件該当性の判断及び行為の選択を同大臣の恣意擅断に一任したものとは受け止めなかった。さもなければ、処分に根拠法律を要求したことの意味自体が失われるからである。(20)(21)

継続免許の拒否処分につき直江津取引所判決は、同取引所の相場が大手相場の引写しである点、立会取引・現物受渡しが皆無に近い点及び地域における人口・流通量が減少している点にかんがみ、多数多量の需要供給を調節し独立な公定相場を成立させる必要がないと認めてした処分に違法はないとした。裁判長の回顧によると、行政庁に処分理由を説明させた上、それが相当であるかを審査したものという。(22)(23)

行政庁が同法のような法律を執行するには、複線的な要件効果規範の中から単線的な要件効果規範を採択すべきこととなるが、かかる単線化（転轍機の切替え）は、事例に即して法律の趣旨に適合するよう行われねばならない。(24)同判決の前提には、このような発想があったとみられる。そこで違法とされたのは、単線化された要件効果規範に則った結果でなく、単線化に至った過程そのものである。[25]これこそが判断過程の違法であり、判断結果の違法が要件効果規範への違反であったのに対し、〝要件効果規範の採択規範〟というメタレベルの規範[26]への違反（事例に即した単線化を授権した法律の趣旨に反し違法）として捉えられる（以下〝要件効果規範〟を単に「規範」といい、〝要件効果規範の採択規範〟を「メタ規範」という。）。

同判決に影響を受けたかは定かでない[27]が、「行政機関が自由裁量の職権を有する場合には誠実に公益を考量して其の活動の直接の標準を選択するを要する」という佐々木博士の学説[28]は、同判決と揆を一にするものといえよう。もっとも、佐々木説が当時の学界において遺憾なく理解されたといえるかは疑わしい[29]。むしろ大きな抵抗もなく広まったのは、「自由裁量の行為と言つても、其の裁量権の範囲には固より一定の限界が有り、其の限界を超えたならば、違法の行為となることを免れない」という美濃部博士の学説[30]であった。これは、〝裁量は恣意擅断にあらず〟という程度の素朴な主張であり[31]、そこでいう違法が通常の違法（判断結果の違法）とどのように異なるのかは、いまだ明確化されていない。

（二）　継承

最高裁が行政事件を管轄するようになると、「自作農として農業に精進する見込のあるもの」への農地売渡処分が違法となるのは「裁量が社会観念上著しく妥当を欠きその限界を越えるものと認められる場合に限る」として、美濃部説は判例にも採用された[32]。「社会観念上著しく妥当を欠き」という表現は、〝判断代置審査により違法と判断されるわけでないが、なお違法と判断される〟という趣旨の修辞にすぎず[33]、決して原理的な司法消極主義を宣明したものでない（判例の用語方には継続性が要求されるため、この曖昧な表現が今日まで踏襲されているが、裁量の所在を示す明文の規定がある場合[34]には、より洗練された表現（「〔行政庁〕の判断が合理性を持つものとして許容される限度を超え……」[35]）が用いられている[36]。）。

裁量権の逸脱・濫用が判断過程の違法にほかならない点は、まもなく最高裁自身によって明らかにされた。すなわち皇居外苑判決[37]（メーデーを目的とする公園の使用不許可処分）は、「厚生大臣は、皇居外苑の公共福祉用財産たる性質に鑑み、また、皇居外苑の規模と施設とを勘案し、その公園としての使命を十分達成せしめるよう考慮を払つた上、その許否を決しなければならない」と説示したのである[38]。続いて、清水丸岡判決[39]（国益公安条項に該当することを理由とする旅券発給拒否処分）も、外務大臣は「申請者の地位……等……主観的条件のほか、国際情勢その他客観的事実をも考慮して判断すべき」であると説示した。

長束小判決[40]（校長の職に必要な適格性を欠くとしてされた分限降任処分）は、「考慮すべき事項を考慮せず、考慮すべきでない事項を考慮して判断する……ときは、裁量権の行使を誤った違法のものであることを免れない」と説示し[41]、裁量権の逸脱・濫用が判断過程の違法にほかならない点を、一般論として初めて宣言した[42]。もっとも、この説示は、たまたま原告が当該処分を報復人事と主張していたことから、明示されたものにすぎない[43]。

長束小判決からは、〝行政庁は、当該事例で当該処分の選択を相当と評価するに当たり、考慮しなければならない要素（要考慮要素）を考慮しなければならず、考慮してはならない要素（禁考慮要素）を考慮してはならない[45]〟というメタ規範[44]（以下「基本メタ規範」という。）を導き出すことができる。このうち要考慮要素は、処分等若しくはより重い処分等をする方向に働くもの（積極要素）と処分等をせず、若しくはより軽い処分等をする方向に働くもの[46]（消極要素）に分類される。

長束小判決は、分限降任処分が「諸般の事情を総合的に検討したうえ」される処分であるとも説示しており、同じ趣旨を述べた判決は、枚挙にいとまがない[47]。この点に鑑みると、当事者が主張した考慮要素のうち、適正に考慮されなければ総合的な検討結果に影響するもののみが、裁判所の審理対象になると考えてよかろう[48]。

長束小判決に先立ち、京都府立医大判決[49]は、「社会観念上著しく妥当を欠く」場合と並んで「全く事実の基礎を欠く」場合にも、裁量権の逸脱・濫用に当たるとしていた。これは、事実認定レベルに裁量を認めるアメリカ法の考え方に倣ったものと解説されていたが、[50]そのような理解が一般化するには至っていない。むしろマクリーン判決（後述）は、「全く事実の基礎を欠くかどうか、又は事実に対する評価が明白に合理性を欠くこと等により……社会通念に照らし著しく妥当性を欠く」と再整理し、ここでいう「事実」が（判断代置審査でいう要件規定に該当する事実でなく）考慮要素を基礎付ける事実であることを明らかにした[51]（但し、考慮要素それ自体と考慮要素を基礎付ける事実との関係は時に微妙であるため、[52]一応、両者を併せた意味で考慮要素の語を用いておく。）。

それはともかく、基本メタ規範をそのまま当てはめて裁量権の逸脱・濫用があるかを判断することができるのは、積極要素・消極要素の一方だけが争点となった事例[53]（併せて禁考慮要素が争点となってもよい。）だけである。

積極要素だけが争点となった事例としては、長束小判決[54]のほか、足立江北医師会判決[55]（既存医師会を退会した医師が新医師会を結成するための公益法人設立の不許可処分）、小田急判決[56]（都市高速鉄道を高架式とし、これと道路とを連続立体交差化するための都市計画の変更決定）、林試の森判決[57]（旧林業試験場の南門を公園の南門とし、これと区道との間にある民有地をその入口部分とする都市計画の決定）及び老齢加算判決[58]（老齢加算を三年間の経過措置を経て廃止する生活保護基準の改定）がある。

積極要素は、長束小判決では、学校統合問題に関しその立場を利用して反対派に加担する言動があった点、勤務評定問題に関しことさらに教育長を困惑させる目的に出た言動があった点等（いずれも認定のため差戻し）である。足立江北医師会判決では、「地域医療に混乱と障害を生ずるおそれ」があった点である。小田急判決では、科学的に予測された鉄道騒音を相当程度低減する対策が講じられていた点等及び計画的条件等において代替案より優れていた点である。[59]林試の森判決では、南門の位置を変えると樹木に悪影響が生じ、これを回避するのも困難であった点（認定のため差戻し）、（この点を前提に）南門の位置を変えないのが樹木の保全上望ましかった点及び（この点を前提に）民有地を入口部分とするのが接道・防災上適当であった点である。老齢加算判決では、廃止自体については、統計上特別な需要が認められなかった点、伸び率で生活扶助が物価・賃金を上回っていた点等及びエンゲル係数が全般的に低下していた点であり[60]、経過措置については、老齢加算のほとんどが貯蓄に回されていた点である。

消極要素だけが争点となった事例としては、神戸高専判決[61]（剣道実技の履修を拒否した学生に対する体育科目の修得不認定を前提とする原級留置処分及び二回続けて同処分を受けたことを「学力劣等」としてされた退学処分）、二河中判決[62]（職員団体の集会を目的とする学校施設の使用不許可処分）及び獅子島判決[63]（岩石搬出用桟橋の設置を目的とする一般公共海岸区域の占用不許可処分）がある[64]。消極要素は、神戸高専判決では、原級留置処分に関しては、それが信仰上の教義に反する行動をとることを余儀なくさせる性質のものであった点及び（このことにかんがみ）何らかの代替措置をとることが可能であった点であり[65]、退学処分に関しては、「不認定の主たる理由及び全体成績」である。二河中判決では、集会が労働運動としての側面だけでなく自主的研修としての側面をも有していた点[66]、従来から許可がされていた点[67]、右翼団体等による具体的な妨害の動きはなく使用日も週末であった点、学習指導要領等に反対すること等が中心目的とまでは認められなかった点[68]及び集会の内容上学校施設を利用する必要性が高かった点である[69]。獅子島判決では、事業の採算上本件海岸を使用する必要性が高かった点及び海岸の環境又は公衆による交通等のための利用に支障を及ぼすおそれがなかった点[70]である[71]。同判決では、地元町長の同意がなかった点という禁考慮要素も登場している[72]。

積極要素だけが争点となった事例では、積極要素を考慮してした処分に裁量権の逸脱・濫用はないとされ、消極要素だけが争点となった事例では、消極要素を考慮せずにした処分に裁量権の逸脱・濫用があるとされている。これら二つの局面に限られているのは、積極要素が考慮されず、又は消極要素が考慮された結果、処分がされなかった場合には、救済の必要性自体が生じないためであろう。

もっとも、各判決が行政庁に要求している考慮の精度[73]は、決して一様でない。林試の森判決では、処分の選択を直接左右する積極要素、その前提となる積極要素、そのまた前提となる積極要素と順次さかのぼる形で、また、神戸高専判決では、状況の切迫性に即した具体的な消極要素が争点となった結果として、また、二河中判決では、多岐にわたる消極要素が争点となった結果として、それぞれ高精度の考慮が求められた。これに対し、足立江北医師会判決では、争点となった積極要素が非常に抽象的なものと解された結果、低精度の考慮しか求められず(74)、小田急判決でも、同じ都市計画である林試の森判決ほどの考慮は求められなかった(75)。老齢加算判決でも、同様である(76)。その主たる根拠は、林試の森判決では、たまたま考慮要素が一つしか登場せず、その考慮のあり方も囲繞地通行権の設定（民法二一一条一項参照）に類似していた点に見出される(77)。神戸高専判決では、各必修科目ごとに修得認定がされれば自動的に進級・卒業認定がされる点で、もともと総合的な検討を必要とせず(78)、かつ、私立学校における行為と共通性のある行為が問題となっていた(79)。二河中判決では、各考慮要素はいずれも単純な事実であり、その評価も政策判断が介在するものでなかった。これに対し、足立江北医師会・小田急・老齢加算各判決では、総合的な検討を必要とする政策的な色彩の濃い行為が問題となっていた。このように、求められる考慮の精度にばらつきがある点は、処分等・事例が伝統的な民事裁判権に近いか、政治責任になじみやすいかという、判断代置審査の可否を決するのと同じスペクトル(80)を用いて説明することができそうである(81)。

(三)　展開Ⅰ

続いて最高裁は、次の二種の事例において、基本メタ規範から、派生的なメタ規範を発展させた。一つは、積極要素・消極要素の双方が争点となった事例であり、今一つは、積極要素・消極要素の一方・双方いずれが争点となったかを問わず、行政庁があらかじめ裁量基準を設定していた事例である。

前者の事例としては、神戸税関判決(82)（争議行為等をした公務員の懲戒免職処分）、マクリーン判決(83)（政治活動等をした外国人の在留期間更新不許可処分）、セブンイレブン判決(84)（酒類販売業免許の拒否処分）、木屋平村判決(85)（形式的に村外業者に当たる者に対する公共工事の指名回避措置）、エスプリ判決(86)（依頼者に虚偽報告をした弁護士の懲戒処分）及び辺野古判決(87)（普天間飛行場の代替施設建設のための公有水面の埋立承認。一号要件に係る部分）がある。

このうち神戸税関判決は、原告の「行為の性質、態様、情状」及び処分歴という積極要素「に照らせば、原審が挙げる諸事情」すなわち原告の「組合における地位」及び「当時の社会情勢等」という消極要素「を考慮したとしても」(88)裁量権の逸脱・濫用はないとして、前者が後者よりも優越することを明示した。(89)セブンイレブン判決は、一〇号要件（経営基礎の薄弱）に係る部分では、創業当初を除いて売上高が着実に伸びている点という消極要素が創業当初に赤字を出した点、代表者らが店舗の賃借料等を減額したことにより黒字に転じた点等という積極要素よりも優越することを明示し、一一号要件（酒類の需給の均衡維持の必要）に係る部分では、酒類以外の営業も合わせた総体としての経営状況が良好でない点等という積極要素（認定のため差戻し）が小売基準数量要件等を充足している点という消極要素よりも優越することを明示した。木屋平村判決は、「価格の有利性確保（競争性の低下防止）の観点」という消極要素が「形式的に村外業者に当たる」点という積極要素よりも、他に積極要素がない限り、優越することを明示した。エスプリ判決は、事件処理の報告義務等を果たしていないという積極要素が「〔外国送金に関する規制が厳格に運用されていたという〕経緯」及び同弁護士の「主観的意図」(90)という消極要素よりも優越することを明示した。

これらの判決からは、〝行政庁は、積極・消極要素の双方が要考慮要素である場合には、優越的に考慮しなければならない要素（優越要素）を劣後的に考慮しなければならない要素（劣後要素）よりも優越的に考慮しなければならない〟という派生的なメタ規範を導き出すことができる。(91)積極要素が優越要素となる場合、それをより優越的に考慮してした処分には裁量権の逸脱・濫用がないとされ、消極要素が優越要素となる場合、それをより優越的に考慮しないでした処分には裁量権の逸脱・濫用があるとされている。

これに対しマクリーン判決は、「〔原告の政治活動に〕わが国の基本的な外交政策を非難し日米間の友好関係に影響を及ぼすおそれがないとはいえないものも含まれて」いた点及び「当時の内外の情勢」という積極要素が「〔原告の政治活動が〕平和的かつ合法的行動の域を出ていないもの」であった点及び「参加の態様」が「指導的な又は積極的なものではなかった」点という消極要素よりも優越することを明示しないで、ただ「諸般の事情をしんしゃくし」てした処分に裁量権の逸脱・濫用はないとした。辺野古判決（一号要件に係る部分）も、ただ「諸般の事情を総合的に考慮」してした処分に裁量権の逸脱・濫用はないとした。[92] ここでのメタ規範は、要考慮要素を考慮しなければならないというだけであり、何ら基本メタ規範の域を出るものでない。

以上のとおり、積極要素・消極要素の双方が争われている事例には、裁判所が優越要素を特定しうる場合もあれば、特定しえない場合もある。[93] 裁判所が優越要素を特定しうる理由は、処分・事例ごとに異なっている。[94]

神戸税関・エスプリ両判決では、「諸般の事情を考慮」[95] してされる懲戒処分といえども、過去の非違行為という客観的事実を認定する限度では裁量が認められず、非違行為と制裁が比例していると評価する限度でのみ裁量が認められるという点で、刑事裁判権と類似した内容をもつことが挙げられる。[96] 加えて、エスプリ判決では、事件処理の報告義務等が民法上「委任契約から生ずる基本的義務」である点が、また、木屋平村判決では、一般競争入札中心主義を謳った地方自治法の規定が、それぞれ優越要素を特定する手掛りとなった。同判決では、積極要素と消極要素が一点ずつしか登場しておらず、かつ、後者が薄弱であったこと（村外業者の定義が曖昧であり、「形式的に村外業者に当たる」点だけでは、契約の確実な履行が期待できず、地元経済の活性化にも寄与しない可能性があるというにとどまる。）も、挙げておかねばならない。[97]

セブンイレブン判決では、裁判所が優越要素を特定しうるどころか、「具体的事実により客観的に根拠付けられ」ない限り、積極要素は優越要素となりえないとまで説示された。その理由は、同免許が酒税の確保という財政目的のための処分であり、「事実上既存業者の権益を保護するため新規参入を規制する」ものとなってはならない点に求められている。教職員国旗国歌判決[98]（式典での起立斉唱等を命じる職務命令に違反した教職員の減給処分であって、式典のたびに懲戒処分が累積して加重されるもの）でも、これに類似した判断がされている。すなわち同判決は、「過去の処分歴等」という積極要素と「不起立行為等の動機、原因」が「個人の歴史観ないし世界観等に起因するものである」点等という消極要素のうち、前者が優越要素となるためには、前者が「一回の……不起立行為等による」ものでは足りず、「過去の……非違行為がその内容や頻度等において規律や秩序を害する程度の相応に大きいもの」等でなければならないと説示した。同じ懲戒処分でも、神戸税関・エスプリ両判決と異なり、累積加重性及び内心の自由が害されるおそれがあったため、ここまで踏み込んだ審査がされたのであろう。

一方、マクリーン判決が何を優越要素とするか自体を行政庁に委ねたのは、高度の政策判断を要する外交問題に直結する事例だったからにほかならない。辺野古判決（一号要件に係る部分）についても同様である。このように、裁判所が優越要素を特定しうるかは、刑事裁判権に類似する内容の処分であることや、考慮要素の優越性が法令自体に依拠しており、政策的な順位付けが排除されるかにかかっている。

要するに、裁判所がおよそ判断代置審査をすることができるか、（積極要素・消極要素の一方しか問題となっていない事例において）高精度の考慮を要求しうるか及び（双方が問題となっている事例において）優越的な考慮を要求しうるかという三つの問題は、いずれも伝統的な民刑事裁判権の内容に近い処分・事例か、政治責任になじみやすい処分・事例かという、同じスペクトルに基づいて決せられている[99]。このことは、三つの問題が量的に連続している点を示唆するものといえよう。

(四)　展開Ⅱ

最高裁は、行政庁があらかじめ裁量基準を設定していた事例でも、派生的なメタ規範を発展させた[100]（裁量基準とは、一定類型の行為の選択を相当と評価するための一定類型の考慮要素を示すという形で、個々の行為に先立って、複線的な要件効果規範の単純化作業の一部を繰上げ実施するものをいう[101]。）。そのような事例としては、伊方原発判決[102]（原子炉の設置許可）及び三菱タクシー判決[103]（タクシー事業者の運賃変更認可拒否処分）がある。前者は、裁量基準で予測された定型的な事例であり、後者は、裁量基準で予測されていない非定型的な事例である。

伊方原発判決は、安全設計審査指針、立地審査指針等の裁量基準それ自体及びそれらの当てはめに「不合理な点」がないかを、やや立ち入って審理した[104]。これらの裁量基準は、（強いて一般化すれば）〝予想される最も過酷な事態に対し十分に余裕をもった備えができていること〟という積極要素だけを掲げている。これに対し原告は、さらに過酷な事態が予想されること、余裕が十分でないこと又はおよそ備えができていないことを主張したが、それぞれ四国太平洋沖の巨大地震を除外した判断は不合理でない（耐震設計）、DNB比は1.3以上あればよい（炉心設計）、解析モデルは不合理でない（非常用炉心冷却系の設計）などといった具合に、詳細な事実認定を経て斥けられている。一方、三菱タクシー判決は、同一地域同一運賃の原則を定めた通達に適合する申請については、原則として認可要件に該当するものと判断してよいが、同通達に適合しない申請については、「個別に審査判断すべきであることはいうまでもない」とした（特殊事情斟酌義務[105]）。

両判決からは、〝行政庁は、定型的な事例における要考慮要素を掲げた裁量基準を設定した場合には、定型的な事例では、当該裁量基準に則って要考慮要素を考慮しなければならない一方、当該裁量基準で予測しなかった非定型的な事例では、当該事例に即した要考慮要素を考慮しなければならない〟という派生的なメタ規範を導き出すことができる。

伊方原発判決では、行政庁が裁量基準を設定すべきことは当然視されているが、三菱タクシー判決では、この点は定かでない。その後、平成五年の行政手続法により、行政庁が当然に審査基準を設定する義務を負うことが確認されるとともに、処分基準を設定する努力義務が課されるに至った。さらに、平成一六年の改正行政事件訴訟法により、被告が（事実上の事案解明責任として）処分理由を説明すべきことが明確化された[106]（釈明処分の特則）。後者は、行政手続法が適用されない処分についても、場当たり的な権限行使にならない限度で可能な限り裁量基準を設定する義務[107]があることを前提とするものといえよう。つまり現在では、裁量基準の設定による要件効果規範の単線化作業は、できる限り繰上げ実施すべきものとされているのである。

（五）　現状

神戸税関判決等及び伊方原発判決等から導き出された二つの派生的なメタ規範は、このように広く裁量基準の設定義務が明確化されたことに伴い、同一平面上に位置付けられるようになった[108]。単線化作業が基準設定段階へと可及的に前倒しされていることを前提[109]に、裁判所が優越要素を特定しうる場合と特定しえない場合に分けて、二つのメタ規範を統合すればよくなったからである。

かくして得られる総合的なメタ規範の第一命題は、〝行政庁は、個々の処分に先立ち、定型的な事例における要考慮要素を予測し、それらを考慮しなければならないこと（禁考慮要素を考慮してはならないこと）を、可能な限り裁量基準に定めなければならない〟というものである（行政手続法が適用されない処分については、訴訟段階で明文化される不文の基準でもよい。）。裁量基準が要考慮要素を考慮してはならず、若しくは考慮しなくてよいものとし、又は禁考慮要素を考慮しなければならず、又は考慮してよいと定めていれば、それに則った処分には、当然に裁量権の逸脱・濫用があるとされる[110]。

裁量基準であらかじめ具体化すべき要考慮要素（基準内要素）が積極要素・消極要素の一方だけである場合には、その重要度が少なくとも定性的に示されることが望ましい（但し、処分をするか否かの選択しかない場合には、この限りでない。）。これに対し、基準内要素が積極要素・消極要素の双方にわたる場合には、優越要素が少なくとも傾向的に示されなければならない。この場合、裁判所が優越要素を特定しうるときには、当該裁量基準で優越要素とされた要素に誤りがないか審査することができる。一方、裁判所が優越要素を特定しえないときには、そのような審査をすることはできない。

基準設定の段階に瑕疵がなければ、定型的な事例か非定型的な事例かに応じて、第二・第三命題が登場する。第二命題は、〝定型的な事例では、行政庁は裁量基準に則って要考慮要素を考慮（優越要素を劣後要素よりも優越的に考慮）しなければならない〟というものである。(111) ここで重要なのは、裁判所が、自ら優越要素を特定しえない場合にも、当該裁量基準で優越要素とされた要素を優越要素として扱い、それが劣後要素よりも優越的に考慮されたかを審査することができる点である。(112)

第三命題は、〝非定型的な事例では、行政庁は当該事例に即した要考慮要素を考慮しなければならない（優越要素を劣後要素よりも優越的に考慮しなければならない）〟というものである。基準内要素が積極要素・消極要素の一方だけであって、裁量基準であらかじめ具体化できなかった要考慮要素（基準外要素）もこれと同一方向の要素である場合には、裁判所は全ての要素が考慮されたかだけを審査すればよいが、基準外要素が反対方向の要素（対抗要素）である場合には、裁判所が優越要素を特定しうるかによって、さらに場合分けをしなければならない。裁判所が優越要素を特定しうる場合には、それが劣後要素よりも優越的に考慮されたかが審査されるが、特定しえない場合には、全ての要素を考慮したかだけが審査される。一方、基準内要素が積極要素・消極要素の双方にわたる場合にも、裁判所が優越要素を特定しうるかによって、さらに場合分けをしなければならない。裁判所が優越要素を特定しうる場合には、当該裁量基準で優越要素とされた要素・基準外要素を通じて最も優越的に考慮しなければならない要素（最優越要素）を最も優越的に考慮したかが審査されるが、特定しえない場合には、そのような審査をすることはできない。

(15)　小早川光郎『行政法』下Ⅰ（平一〇）二二頁は、これを要件効果規範の「欠如している部分」と表現している。
(16)　この区別は、刑事裁判権における不確定法概念（「猥褻」等）と量刑裁量（一般予防を考慮してよいか等）の区別から影響を受けている（参照、園部逸夫『裁判行政法講話』（昭六三）八五頁）。
(17)　参照、小早川光郎『行政法』下Ⅱ（平一四）一九一頁及び須藤陽子『比例原則の現代的意義と機能』（平二二）六四頁。もっとも、要件該当性のみについて裁量基準（後述）が設定された場合には、まずもって要件裁量の司法審査がされることとなろう。
(18)　参照、深澤龍一郎「行政判断の構造」芝池古稀『行政法理論の探究』（有斐閣・平二八）二九八頁。
(19)　二河中判決（後述）は、「学校教育上支障がない限り……利用させることができる」という根拠規定につき、支障がある場合には不許可処分をしなければならない（効果裁量が認められない。）が、支障がない場合にも不許可処分をすることができる（効果裁量が認められる。）と説示した。しかしながら、支障の有無については要件裁量が認められる（参照、川神裕〔判解民平一八〕二二〇頁）ため、〝不許可を相当とする支障その他の事情があると評価しうるか〟という一個の問題に収斂しよう。獅子島判決（後述）は、「用途又は目的を妨げない限度において……許可することができる」という根拠規定につき、用途又は目的を妨げるかについては判断代置審査をし、妨げる場合には不許可処分をしなければならない（効果裁量が認められない。）としたが、用途又は目的を妨げない場合にも、不許可処分をすることができる（効果裁量が認められる。）とした。後者の場合には、〝不許可相当の事情があると評価しうるか〟という一個の問題に収斂しよう。
(20)　複線的な要件効果規範は、単線的な要件効果規範と時期を同じくして登場したのであり、裁量を現代行政に特有の病理現象と位置付けるのは妥当でない。
(21)　政府委員は、開設免許の画一的な標準を省令で定めるのは困難と答弁している（参照、四・貴・三四号四四一頁）。継続免許については、行政裁判所は当初、同大臣は土地商業の情況に異動がない限り免許をしなければならないと解した上、異動の有無を自ら認定していた（静岡取引所判決（行判明三六・一一・一八行録一四輯八巻七九六丁））が、その後、直江津取引所判決（後述）によって判例変更した。
(22)　行判大一三・一二・二六行録三五輯一一巻一〇二四丁。
(23)　本書終章四〇五頁参照。
(24)　アメリカ法における類似の発想として参照、中川丈久「司法裁判所の『思惟律』と行政裁量（二・完）」法協一〇七巻五号

（平二）一〇五頁（「個別化」（particularization））。

(25) 若干視角は異なるが、アメリカ法における類似の発想として参照、常岡孝好「司法審査基準の複合系―行政裁量論の転換を目指して」原田古稀『法治国家と行政訴訟』（平一六）三九二頁（「合理性審査」）。

(26) 高木光「社会観念審査の変容」自治研究九〇巻二号（平二六）二八頁は、これを「行政決定がどのような『判断過程』ないし『考慮』を経てなされるべきか、という『行為規範』」と表現している。

(27) 柳瀬良幹「自由裁量に関する疑問」（昭一三）『行政法の基礎理論』一巻一九九～二〇〇頁は、わが国の判例でなく、スイスの公法学者F. Fleinerの学説の影響を指摘している。

(28) 佐々木惣一「行政機関の自由裁量」法と経済一巻一号（昭九）三三頁。同博士のいう「終局の標準」「直接の標準」（同二一頁）は、それぞれ本章でいう複線的・単線的な要件効果規範に対応している。

(29) 佐々木説の延長線上に位置付けられる学説は、近年まで間歇的にしか現れなかった。例えば参照（初出順）、渡辺洋三『現代国家と行政権』（昭四七）一〇七～一一〇頁、綿貫芳源『行政法概論』（昭三五）六〇頁、杉村・前註(6)二七六～二七九頁、亘理・前註(3)三四二～三四六頁、小早川・前註(15)二一頁及び常岡孝好「裁量権行使に係る行政手続の意義」磯部力ほか編『行政法の新構想Ⅱ』（平二〇）二四四頁。

(30) 美濃部達吉『行政裁判法』（昭四）一五八頁。そこでは、裁量権の踰越（複線的な規範の外にある規範を誤って採択した場合）だけでなく、裁量権の濫用（複線的な規範のうちでの採択を誤った場合）の例も挙げられている。例示を欠くものの同旨、美濃部達吉『日本行政法総論』（大八）四八～四九頁。

(31) 裁量の内的限界に関するドイツの学説（参照、田中二郎「行政裁判所の権限より観たる自由裁量問題」（昭六）『行政争訟の法理』二二〇～二二三頁）の総論部分を抜萃したものといえよう。

(32) 最判昭二八・七・三民集七巻七号八一一頁。匿名〔判解〕判例タイムズ三三号（昭二八）四三頁は、「一般学説の認めるところ」と解説している。その先駆として参照、津地判昭二三・一〇・二七行政裁判月報一三号七〇頁（「社会通念に照して著しく不当でない限り」）。

(33) 参照、拙稿〔判批〕判例評論五七八号（平一九）八頁。「裁量判断の枠を超えたと見るかどうかというのは、裁判の現場においては正にその事例ごとの線引きの問題なのです。だから、その基準を一般的に表現しようとすれば、ああいう表現しかないのです」（藤田宙靖ほか「藤田宙靖先生と最高裁判所（三・完）」法学教室四〇二号（平二六）四六頁〔藤田〕）。

(34)「……と行政機関の長が認めることにつき相当の理由がある情報」（行政機関の保有する情報の公開に関する法律五条三号・四号）。立案過程では、長東小判決（後述）が参考にされたという（参照、情報公開法研究会『情報公開制度のポイント』（平九）七一頁）。

(35)出所情報ファイル判決（最判平二一・七・九判時二〇五七号五頁）。

(36)裁量処分の国賠違法については、「〔要件〕の認定に合理的な根拠があり、……〔選択した行為〕が必要であるとした判断に合理性が認められる限り」という表現が用いられたこともあった（よど号記事判決（最大判昭五八・六・二二民集三七巻五号七九三頁））。処分等の不作為の国賠違法については、クロロキン判決（最判平七・六・二三民集四九巻六号一六〇〇頁）が「その許容される限度を逸脱して著しく合理性を欠く」という表現を用いている。「著しく」という「表現は、行政庁の違法を著しい違法とそこまでに至らない違法とに区別して、後者について行政庁の責任を問わないという趣旨ではない。本判決の前記表現は、『その許容される限度を逸脱して』と付加することにより、右の趣旨をより明確にしたもの」と解説されている（山下郁夫〔判解民平七〕六〇五頁）。

(37)最判昭二八・一二・二三民集七巻一三号一五六一頁（傍点引用者。以下同じ。）。

(38)最判昭三六・四・二七民集一五巻四号九二八頁及び最判昭三九・六・四民集一八巻五号七四五頁は、それぞれ、「その当時における客観的情勢その他諸般の事情から、その事件が行政措置上急施を要する等の事情がないかどうかを考慮し」てした教育委員会の緊急招集及び常習性・前歴を「勘案」してした運転免許の取消処分（点数制導入前）に、裁量権の逸脱・濫用はないとした。

(39)最判昭四四・七・一一民集二三巻八号一四七〇頁。

(40)最判昭四八・九・一四民集二七巻八号九二五頁。

(41)オーストリアの公法学者 W. Antoniolli らの学説を分析した田村悦一『自由裁量とその限界』（昭四二）五四頁を参考としたものであろう。行政法における考慮要素の意義を幅広く分析した古典的業績である芝池義一「行政決定における考慮事項」法学論叢一一六巻一～六号（昭六〇）五七一頁以下も、同判決への論及から筆を起こしている。

(42)長東小判決は、本文に掲げた場合のほか、「分限制度の……目的と関係のない目的や動機に基づいて分限処分をする」場合及び「その判断が合理性をもつ判断として許容される限度を超えた不当なものである」場合にも、裁量権の逸脱・濫用に当たると説示している。しかしながら、前者（動機の不法）は、二河中・獅子島両判決（後述）により、本文に掲げた場合に含められ、後者は、出所情報ファイル判決（前述）により、裁量権の逸脱・濫用に当たるという結論を示す表現とされるに至っている。

(43) 参照、富澤達〔判解民昭四八〕二五九～二六〇頁。

(44) 要考慮要素を例示した立法例につき、本書終章四一〇～四一一頁・四一三～四一七頁参照。

(45) 具体的には、許認可等（伊方原発・辺野古各判決）、許認可等を拒否する処分（マクリーン・足立江北医師会・セブンイレブン・三菱タクシー・二河中・獅子島各判決）、不利益処分（長束小・神戸税関・神戸高専・木屋平村・エスプリ各判決）、（不利益処分の前提となる）命令（老齢加算判決）及び（許認可等の前提となる）計画（林試の森・小田急各判決）がある（いずれも後述）。取消訴訟の原告は、許認可等では名宛人以外の者であり（機関訴訟である辺野古判決を除く。）、許認可等を拒否する処分及び不利益処分では名宛人である。なお、公共工事の指名回避措置（木屋平村判決）は一応、不利益処分に分類しておく。

(46) マクリーン判決にいう「消極的な事情」は、本章の用語方では、積極要素に当たる。法務省入国管理局「在留特別許可に係るガイドライン」（平一八・一〇）にいう「積極要素」及び「消極要素」も、それぞれ在留特別許可をする方向に働く考慮要素及びしない方向に働く考慮要素であるため、在留特別許可をしない旨の法務大臣の裁決又はそれを前提とする退去強制令書発付処分の取消訴訟では、本章の用語方と逆になる（同ガイドラインにつき参照、野口貴公美「『在留特別許可に係るガイドライン』の裁判上の位置づけについて」法学新報一一九巻七・八号（平二五）三六五頁以下及び原田大樹「本案審理の充実に向けて」判例時報二三〇八号（平二八）一四～一五頁）。

(47) 例えば参照、マクリーン・二河中・エスプリ・小田急・辺野古各判決（いずれも後述）。

(48) 足立江北医師会判決（後述）は、原判決と異なり、「法人設立の利益と必要性」を消極要素としなかった。

(49) 最判昭二九・七・三〇民集八巻七号一四六三頁。

(50) 「全くの誤認とまではいい得ない程度の事実上の根拠が認められる限り」「行政庁の事実認定にいわば最終性を認めた」ものという（白石健三〔判解民昭二九〕一一九頁・一二〇頁）。

(51) 同判決につき橋本博之『行政判例と仕組み解釈』（平二一）一六一頁は、「判断過程統制手法に係る判例法の生成過程で重要な位置を占める」と再評価している。

(52) この点につき、深澤・前註(18)二九三頁は、「一般に『事実認定』といわれるものはどこまでであり、『事実認定の構成要件への当てはめ』とされるものはどこから始まるのか」と問題提起している。

(53) 但し、ある要素が積極・消極両側面を兼ね備えているにもかかわらず、より優越する側面に着目して、積極要素・消極要素いずれかであると割り切ったものがある（参照、拙稿・前註(33)一八〇頁）。川神・前註(19)二三一～二三二頁は、「あくまでも原審確定事実を前提とした判断である」と力説している。

(54) 同判決に先立つものでは、二日市温泉判決（最判昭三三・七・一民集一二巻一一号一六一二頁。既設温泉井がある温泉源に係る温泉掘さくの許可）があり、既設温泉井の水位等の変化がポンプ座の位置変更により容易に解消されるものであった点という積極要素だけが問題となっていた。

(55) 最判昭六三・七・一四判時一二九七号二九頁。

(56) 最判平一八・一一・二民集六〇巻九号三二四九頁。

(57) 最判平一八・九・四判時一九四八号二六頁。初出論文の叙述を一部修正した。

(58) 最判平二四・二・二八民集六六巻三号一二四〇頁。

(59) 小田急判決では、「著しい被害」を受ける可能性がある者に原告適格が認められているため、現実に「著しい被害」を生じさせる認可は違法である。しかしながら、ここでいう「著しい被害」とは、実体的概念（何ホン以上の騒音による被害）でなく手続的概念（都市計画法等が予定する判断過程を経ない都市計画の変更決定及び都市計画事業の認可に起因する騒音による被害）のようである。特定施設につき定量的基準による事前規制を行う騒音規制法すら、当該基準に適合しない特定施設の設置を禁じていない以上、鉄道騒音につき裁判所が定量的基準を定めることは、およそ考えがたいからである。

(60) それぞれ、同判決にいう①②、③④及び⑤に当たる。このうち③④及び⑤は、最低生活を判断する上での「相対的アプローチ」及び「絶対的アプローチ」（岡田幸人〔判解民平二四〕三〇二頁）に対応している。

(61) 最判平八・三・八民集五〇巻三号四六九頁

(62) 最判平一八・二・七民集六〇巻二号四〇一頁。

(63) 最判平一九・一二・七民集六一巻九号三二九〇頁。初出論文の叙述を一部修正した。

(64) このほか、最判平二五・一二・一〇民集六七巻九号一七六一頁（再審請求に向けた打合せのための秘密面会の申出を許さない措置）等がある。

(65)　代替措置をとった場合には教育秩序・学校運営上の支障を生ずるおそれがあったとすれば、積極要素となるはずであるが、被告は、そのようなおそれを考慮して当該処分をしたとは主張していない。

(66)　前者の側面があるにもかかわらず後者の側面に着目して消極要素とされたのは、後者の側面が教育公務員特例法一九条・二〇条の「趣旨にかなう」（同判決）からであろう。

(67)　この点は、「使用目的の相当性やこれと異なる取扱いの動機の不当性を推認させる」と説示されている。

(68)　この点は、不許可処分の理由としては提示されなかったが、原判決の認定によると、処分庁（教育委員会）の会議では検討されている。

(69)　このうち第二・五点が「当然考慮すべき事項を十分考慮しておらず」（同判決）に当たり、第一・三・四点が「考慮した事項に対する評価が明らかに合理性を欠いており」（同判決）に当たると解説されている（参照、川神・前註(19)二三一頁）。前者はおよそ考慮しなかったこと、後者は考慮の仕方が適正でなかったことをそれぞれ指すようである。

(70)　平成一一年改正後の海岸法では、用途又は目的を妨げる占用（海岸の物的価値を損ない、又は海岸を私物化するに等しい占用）だけでなく、本文のような支障を生ずる占用も不許可とすることができる（参照、拙稿「公物と私所有権（二）」自治研究九二巻六号五二～五三頁）。よって、同判決にいう「交通に与える影響」は、海岸の公衆による利用の一環として理解すべきであろう（なお参照、桑原勇進〔判批〕五九六号（平二〇）一六八頁）。

(71)　行政庁は、不許可処分の理由として、本件海岸の用途又は目的を妨げる点も提示していたが、同判決は、判断代置審査によってこれを否定し、その場合にも認められる不許可処分をする裁量につき、逸脱・濫用がないかを審理している。

(72)　行政庁は、不許可処分の理由として、地元漁協の同意書に不備がある点も提示しているが、実際の判断過程では、この点が禁考慮要素であることを認識していたようである。

(73)　拙稿・前註(33)一七八頁では、考慮の有無（およそ考慮要素を考慮したか）と程度（考慮要素を適正に考慮したか）をやや抽象的なレベルで区別した。もっとも、前者の問題は、裁判所が考慮要素を広範囲又は具体的に観念すればするほど、後者の問題に近似するため、本書では、両者を併せて〝考慮の精度〟と表現しておく。

(74)　積極要素は、「医療行政が若干やりにくくなる」「少なくとも当面は……何らかの混乱が生ずることも考えられなくはない」程度でよいと解説されている（匿名〔判解〕判時一二九七号三〇頁）。それゆえ、「判断過程」に「一応の合理性があることを否定できな」ければ、裁量権の逸脱・濫用はない（同判決）とされたのである。

(75)　「『判断過程の統制』を示すような部分はどちらかといえばレトリックにとどまっている」（高木光「行政処分における考慮事項」法曹時報六二巻八号（平二二）二二頁）。同判決は、騒音レベルが全体として改善されること（大多数の低層住宅では改善され、少数の中高層住宅では悪化する。）をもって配慮がされているとした。しかしながら、騒音レベルが悪化する既存の中高層住宅については、防音工事等の要否、方式等が要考慮要素となり、これを考慮しなかったため、当該決定には裁量権の逸脱・濫用がある（但し、口頭弁論終結時点で防音工事等が講じられる見込みがあれば、事情判決とする。）という判断もありえたのでないかと思われる。

(76)　〝統計上特別な需要が認められなかったこと〟の前提となる〝標本数が相当であったこと〟等は、要考慮要素とされていない（参照、前田雅子「保護基準の設定に関する裁量と判断過程審査」芝池古稀・前註(18)三三四〜三三七頁。但し、前田教授は、後者を考慮要素という枠組みでは捉えていない。）。

(77)　同判決では、樹木への悪影響等が「本件民有地を公園の用地として利用する必要性を基礎付ける唯一の事実として扱われて」おり、「実質的には極めて限定された地域について〔の〕個人の財産権の侵害の当否の問題であり、都市計画の政策的な当否の争いという性格が薄かった」（谷口豊「裁量行為の審査方法」藤山雅行ほか編『新・裁判実務大系25行政争訟』改訂版（平二四）三一八頁・三一九頁）。同旨、前田雅子〔判批〕判例評論五八五号（平一九）一六五頁。

(78)　拙稿・前註(33)五頁にいう「点数・単位制の処分」である。

(79)　同判決は、昭和女子大判決（最判昭四九・七・一九民集二八巻五号七九〇頁）を引用している。

(80)　民事裁判権に近い事項と政治責任になじむ事項とは、一般に親和的な性質をもつものでない点は確かであるが、論理的な対立軸をなすわけでもない。よって、このスペクトルの両極は、一直線上というより、若干ねじれた位置関係にあると考えられる。小田急判決のように、私権を集合的に処理する政策（本書第二章参照）が問題となるのも、このためである。

(81)　本書と異なる視角から、深澤龍一郎「行政訴訟における裁量権の審理」現代行政法講座編集委員会編『行政手続と行政救済』現代行政法講座二巻（日本評論社・平二七）一六五頁は、行政庁が「社会において『普遍的』かつ『長期的ないし永続的』に重要と考えられる価値を有する事項」を考慮する義務を負うことを前提に、当該事項が考慮されたかを審査することは「裁判所に相応しい役割といえるであろう」という。

(82)　最判昭五二・一二・二〇民集三一巻七号一一〇一頁。

(83)　最大判昭五三・一〇・四民集三二巻七号一二二三頁。

(84)　最判平一〇・七・三判時一六五二号四三頁。初出論文では判断代置審査に分類したが、訂正する。

(85)　最判平一八・一〇・二六判時一九五三号一二二頁。初出論文の叙述を一部修正した。

(86)　最判平一八・九・一四判時一九五一号三九頁。

(87)　最判平二八・一二・二〇民集七〇巻九号二二八一頁。

(88)　処分庁が消極要素をも考慮したことは、原判決では明示されていないが、一般に懲戒権者がこの種の事項を調査・検討するのは当然であり（参照、中村博『公務員懲戒法』（昭四五）一六八頁）、前提とされているとみてよかろう。「裁判所……は、懲戒権者と同一の立場に立って」はならないという説示と併せ考えると、消極要素「を考慮したとしても」は、処分庁の考慮に係る消極要素「を〔最高裁として〕考慮したとしても」という趣旨に解される。懲戒処分に限らず、下級審裁判例には、単に事実の存否のみを認定して「社会通念上著しく合理性を欠く」かを判断したかにみえるものも少なくないが、やはり判断過程が問題とされているとみるべきであろう。

(89)　越山安久〔判解民昭五二〕四三〇頁は、「行為の態様、結果が極めて重大な場合には、その原因、動機、処分歴のいかんにかかわらず懲戒処分を免れない場合もあり、また、処分歴が極めて多い場合には、行為の態様、結果がそれほど重大でなくても懲戒処分を免れない場合がある」とした上で、裁判所は「当然考慮されてしかるべき重要な要素が考慮されていたのか」等を審査すると解説している。岩渕正紀〔判解民平二〕七頁註2も、「〔神戸税関〕判決が、……裁量……によほど不当な点がない限り、裁判所はその適否について介入することができない旨を明らかにしたというように受け止めるのは、右判決の趣旨を正しく理解していないものと思われる」と解説している。阿部泰隆『行政裁量と行政救済』（昭六二）五三頁も、「最高裁は、……積極的にどんどん介入し、自己の評価を強く前面に押し出している」という。

(90)　処分庁が消極要素をも考慮したことは、原判決では明示されていないが、懲戒委員会における陳述手続等に瑕疵がなかった点に争いがない以上、明らかであろう。

(91)　基本メタ規範及びこのメタ規範は、要考慮要素等の定義から当然に導き出されるものであり、ドイツのいわゆる衡量原則条項に関する判例（先駆的な紹介として参照、遠藤博也『計画行政法』（昭五一）一五四頁）とも類似している。

(92) 処分庁が考慮した消極要素は、同判決では「等」に含められているが、「海水面が失われる」点等（原判決）である。

(93) 「考慮すべきであったのに考慮しなかった要素の重要性の程度が関連規定等からどのように根拠付けられるかがこの〔「判断の過程において考慮すべき要素を考慮しない」という〕基準により裁量行為の判断過程に合理性を欠くと判断されるかどうかの分水嶺となる」（谷口・前註(77)三二〇頁）。「判例法における解釈問題の中心は、個別の法令の仕組み上、裁量権行使にあたっての考慮要素を可能な限り具体的に摘出し、係争事案の中でその『重み付け』を明らかにすることに移行している」（橋本・前註(51)一七四頁）。「比例原則により保護される権利利益（の範囲）、一般的に優先して考慮しなければならない利益、そこまではいえないとしても比較的重視しなければならない利益（……）、重視してはならない利益（……）、考慮してはならない利益などを、憲法や行政作用の関係法令等を根拠にして、区別することが重要である」（山本隆司『判例から探究する行政法』（平二四）三〇八～三〇九頁）。

(94) 村上裕章「判断過程審査の現状と課題」法律時報八五巻二号（平二五）一五頁・一二頁は、「何らかの理由から審査密度を高めるべき場合」「他事考慮ではないかとの疑いがあるが、必ずしもそれが明確ではない場合」「何らかの理由により、訴訟手続において事実関係を解明して判断するよりも、行政庁への差戻しが適切と考えられる場合」、「それぞれの考慮要素について『重みづけ』を行い、その評価を誤った場合にも裁量権の逸脱濫用を認める審査」が選ばれるという仮説を示している。アメリカ法につき中川丈久「行政訴訟に関する外国法制調査―アメリカ（下）」ジュリスト一二四八号（平一五）八六頁は、「裁量に対する審査のありようは、個別事案における事実状況や関係法令の解釈（法律による縛りをどの程度強く解釈するか）、そして行政機関の性格（専門性への信頼度）など、複雑な要素によって左右されるものというほかないと考えられる」といい、常岡・前註(25)三九六頁も、「争点の種類や性格に依存する」という。

(95) エスプリ判決では、「総合的に」が挿入されている。

(96) 沿革上も、明治九年に職制律が廃止されて官吏懲戒例が制定されるまで、懲戒処分は刑事手続とされていた。

(97) これに対し、実際に契約の確実な履行が期待できず、地元経済の活性化にも寄与しないとすれば、強力な積極要素となるため、裁判所は、いずれが優越要素かを特定することはできないと考えられる（同判決も、このような積極要素を考慮して「地元企業を優先する指名を行うことについては、その合理性を肯定することができる」としている。）。

(98) 最判平二四・一・一六判時二一四七号一二七頁。

(99)「社会観念審査」か「判断過程審査」かという、本書とは別の視角であるが、山本隆司「日本における裁量論の変容」判例時報一九三三号（平一八）一六頁は、「法律の定める条件プログラムの欠缺ないし抽象度が大きく、かつ、侵害される権利利益の要保護性が小さく、なおかつ、政策あるいはマネジメントの方針との連関が強い場合に」は、緩やかな裁量審査にとどめられ、このような裁量の広狭の判定基準は「裁量の存否の判定基準……とパラレル」であるという。

(100) 獅子島・木屋平村両判決で定められていたのは、それぞれ訓示規定及び単なる定義規定であり、セブンイレブン判決（一〇号要件に係る部分）及び辺野古判決（一号要件に係る部分）で設定されていたのは、解釈基準である。セブンイレブン判決（一一号要件に係る部分）では、裁量基準が設定されていたが、裁判所はほとんどこれに依拠していない。

(101)「ある行政処分に関して裁量基準が定立されると、行政処分に認められた処分裁量は裁量基準によって規律され、いわば収縮する。しかし、裁量基準自身にも裁量（基準裁量）が認められるから、いわば処分裁量の一部が基準裁量に変化したとみることができる」（山下竜一「裁量基準の裁量性と裁量規律性」法律時報八五巻二号（平二五）二五頁）。法規命令も含めた一般論として参照、高木光「法規命令による裁量拘束」法学論叢一七二巻四・五・六号（平二五）九九～一〇二頁。計画につき同旨、見上崇洋「土地利用計画の裁量統制について」室井追悼『行政法の原理と展開』（平二四）一五五頁。

(102) 最判平四・一〇・二九民集四六巻七号一一七四頁。類例、家永訴訟一次判決（最判平五・三・一六民集四七巻五号三四八三頁）、辺野古判決（二号要件に係る部分）等。

(103) 最判平一一・七・一九判時一六八八号一二三頁。

(104) このような考え方の先駆として参照、町田顕「通達と行政事件訴訟」司法研修所論集（昭四三）二号五一頁・五〇頁（「通達自体が違法であったり、その適用が誤っていれば、いずれの場合にも、適正な裁量権の行使があったものとはいえず、原則として、その処分は違法と判断されなければならない。」「〔通達の適用の〕審査は、通達が下級行政庁またはその職員に対する具体的な基準を示すものであることからして、……かなりの程度にまで客観的にすることができるはずである」）。

(105) その先駆的研究として参照、阿部泰隆『フランス行政訴訟論』（昭四六）一八四～一八七頁・一九四～一九六頁。

(106) 本書終章四一三頁参照。

(107) 実際に生ずべき事例のどこまでを予測し、基準内要素（後述）として定型化できるかは、処分ごとに異なる。一方の極には、基準外要素（後述）が浮上するのは例外的であるような処分があり、他方の極には、それがむしろ原則的であるような処分がある

（後者につきマクリーン判決は、「処分が右〔裁量権行使の〕準則に違背して行われたとしても、原則として当不当の問題を生ずるにとどまり、当然に違法となるものではない」と説示している。不当表示の排除命令につき東京もち判決（東京高判平八・三・二九判時一五七一号四八頁）は、基準設定義務を否定した。）。基準外要素が浮上する事例にも、裁量基準の一部を組み替えて対処できるものもあれば、全く新たに要考慮要素を定め直さねばならないものもあろう。

(108)　本書と視角は異なるが、裁量基準と考慮要素の関係についての先行学説として参照、深澤龍一郎『裁量統制の法理と展開』（平二五）三六一頁。

(109)　以下、単純化のため、裁量基準が一応設定されている場合のみを検討する。裁量基準が全く設定されていないことをもって処分を取り消した事例として参照、那覇地判平二〇・三・一一判時二〇五六号五六頁。

(110)　参照、大阪地判平二四・二・三判時二一六〇号三頁。

(111)　これは、禁反言というより、法律を誠実に執行すべき内閣の職務（憲法七三条一号）に由来するものと考えられる。いわゆる自己拘束についても同様である。

(112)　在留特別許可に係るガイドラインを手掛りとした裁判例として参照、名古屋地判平二二・一二・九判タ一三六七号一二四頁。これに対し、ガイドラインにふれることなく独自に優越要素を特定した裁判例もあり（例えば参照、東京地判平二六・一・一〇判時二二三七号三一頁及び東京地判平二六・五・三〇判時二二四〇号四四頁）、この分野の判例理論はいまだ流動的である。

四　おわりに

以上のように、わが国の裁判所（行政裁判所を含む。）は、議会が創設した規範に加え、独自にメタ規範を生成させることにより、法治国原理の厚みを増す努力を重ねてきた。このメタ規範は、通則的な立法の整備という追い風も受けて、現在では前述のとおり精緻化されるに至っている。

しかしながら、上記のメタ規範は、〝積極要素しか登場しない事例及び積極要素が優越要素となる事例では、行政庁は処分等又は特定のより重い処分等をしなければならない〟という趣旨でないし、〝消極要素しか登場しない事例及び消極要素が優越要素となる事例では、行政庁は処分等をしてはならず、又は特定のより軽い処分等をしなければならない〟という趣旨でもない。さもなければ、メタ規範でなく規範になってしまうからである。

このことの論理的な帰結として、要考慮要素を考慮せずにした処分が裁量権の逸脱・濫用に当たるとして取り消された場合、行政庁が当該要素を考慮し直した上で同一の処分を繰り返しても、取消判決の拘束力には反しない[113]。そこで、紛争の一回的解決という観点から、行政庁が広く訴訟段階で考慮要素を差し替えることを許すならば[114]、今度はおよそ要考慮要素を考慮せずにした処分が取り消される可能性すらなくなってしまうであろう。だとすれば、裁判所が進化させてきたメタ規範は、結局のところ見かけ上の審査しかしないという点で、陽炎のように儚いものだったのでないかという疑問が生じざるをえない[115]。

そもそも判断過程の違法が判断結果の違法と連続性をもった概念である点は、本章でも再三指摘したとおりである。単線的な規範の下でも、動機の不法（報復目的等）がある場合には、判断結果の違法がなくとも、判断過程の違法があるとされる。逆に、複線的な規範の下でも、事例によっては判断代置審査をなしうる場合もある（教育公務員特例法で禁止された政治的行為を目的とする学校施設の使用不許可処分等[116]）。裁判所が積極要素の範囲を極めて限定的に解釈したり、消極要素の範囲を極めて拡張的に解釈したりすることによって、積極要素・消極要素の一方だけが問題となる事例で高精度の考慮を要求することや、積極要素・消極要素の双方が問題となる事例で高度の優越性を要求することも、常に判断代置審査に陥る危険と隣り合せの、薄氷を踏むような営みなのである。

裁判所が一世紀近くにわたって生成させてきたメタ規範が、見かけだけの審査に終わるのでなければ、結局、判断代置審査に帰一してしまうものだとすれば、判断過程の違法は、零か判断結果の違法いずれかに還元されざるをえない。このような状況は、議会開設当時と変わっていないかにもみえ、もしそうだとすれば、取消違法に関する限り、法治国原理は進化したようで実は進化していなかったことになる。しかしながら、このような断定を下すのは、いまだ時期尚早でないかと思われる。裁判所による上記の営みが（判断代置審査に行き着かないという意味で）自己完結性を主張しうるのは、いかなる処分・事例であり、かつ、いかなる根拠によってか――。かかる問題につき学説は、裁判例の推移も見守りつつ、さらに考察を深化させてゆくべきであろう。

(113) 参照、大阪高判平二二・九・九判時二一〇八号二一頁。
(114) 参照、東京高判昭三四・一・三〇判時八九号四四頁。
(115) 拘束力に着目したものでないが、橋本・前註(51)一七五頁は、「判断過程統制手法が、権利利益侵害の程度の如き審査密度を上乗せする積極的な根拠付けなしに、一般的・拡大的に使用されることは、逆に、判断過程統制手法の意義を低下させるおそれもある」と指摘している。
(116) 住民訴訟の対象となった債権を放棄する地方議会の議決につき、さくら市判決（最判平二四・四・二三民集六六巻六号二七八九頁）千葉補足意見は、「長の損害賠償責任を認める裁判所の判断自体が法的に誤りであることを議会として宣言することを議決の理由としたり、そもそも一部の住民が選挙で選ばれた長の個人責任を追及すること自体が不当であるとして議決をしたような場合」「そのことだけで裁量権の逸脱・濫用とな」るという。これに対しては、「一定の要件を満たせば当然に違法になるというのであれば、それは実体的に違法ととらえるべきであ」るという批判がある（橋本博之〔判批〕判例評論六五四号（平二五）一五八頁）。

【追記】

山本教授はかつて、神戸税関・マクリーン両判決（「社会観念審査」）は神戸高専・二河中両判決（「判断過程審査」）の「特殊な形態、ヴァリエーションと捉えることができ」ると論じていた(117)。「社会観念審査」については、榊原教授も、「複数あり得る結論の内で、他の結論であればともかく、『社会通念上著しく妥当性を欠く』特定の結論のみは違法と考える」ものと理解する代わりに、「要考慮事項の不考慮、他事考慮、さらには要考慮事項の考慮の比重の審査……が十分には行われていないもの」と理解するに至っている。[118]

ところが、山本教授は近時、榊原教授の旧説を支持して、「社会観念審査」とは「行政機関が裁量権を行使して結論を導くために用いる行政機関の判断規準とは異なる『社会通念』という判断規準を裁判所が用いて、行政機関による裁量判断の結論の適法性を審査する方法」であるという。[119] これによると、「社会観念審査」は、要件効果規範違反でも要件効果規範の採択規範違反でもない、第三の規範違反を問うもののようにみえる。もっとも、この第三の規範は、要件効果規範を広義に解すれば、これに吸収されるのでないかとも考えられ、そうだとすれば、「社会観念審査」は判断代置審査の一種[120]となるはずである。しかしながら、神戸税関判決は、判断過程の違法を審査したものと解説されており（前述）、マクリーン判決の判決要旨も、「法務大臣が右活動〔＝原告の政治活動〕を斟酌して在留期間の更新を適当と認めるに足りる相当の理由があるものとはいえないと判断したとしても、裁量権の範囲を超え又はその濫用があつたものということはできない」（傍点引用者）となっている。両判決は、神戸高専・二河中両判決の調査官解説でも、判断過程の違法を審査した先例として位置付けられている。[121] このような確立した説明に反する主張をするのであれば、相応の論拠を挙げるべきであろう。

一方、山本教授は、神戸高専・教職員国旗国歌両判決は、「実質的には比例原則を適用している」ともいう。[122]「憲法又は法律により優越的に保護されている」権利利益の重大な侵害を行う裁量は認められないから、こうした権利利益の侵害があるか否かについては、裁判所が比例原則により自ら判断しなければならない」という叙述[123]によると、裁量審査でなく判断代置審査をしたという趣旨にもみえるが、その真意を正確に把握することは容易でない。

このような不明瞭さは、山本教授が、そもそも裁量とは何か[124]、そして、裁量が〝行政庁の判断であって裁判所が判断代置審査をすることができないもの〟だとすれば、判断代置審査による違法が要件効果規範違反であるのに対し、裁量審査による違法とはどのような規範違反なのかを、いまだ必ずしも明確に提示していない点に起因しているように思われる。

なお、判断代置審査・裁量審査と比例原則との関係につき、筆者は次のように考えている。判断代置審査がされる不利益処分では、比例原則は要件効果規範に実定化され切っているため[125]、根拠法令違反を論じれば足りる。ここでは、そもそも唯一の処分しか選択することができない以上、およそ根拠法令自体が比例原則違反でもない限り、根拠法令違反のない処分が比例原則違反として違法とされることはありえない。これに対し、裁量審査がされる不利益処分では、要件効果規範の採択規範は、比例原則に反する要件効果規範の採択を許すものであってはならないはずである。とはいえ、比例原則には、厳格なものから緩やかなものまで幅がありうるのであって、その幅を決するのは、比例原則それ自体でなく、当該事例における具体的な考慮要素にほかならない[126]。要するに、考慮要素を適正に考慮して選択された要件効果規範こそが比例原則に適合しているという意味で、比例原則違反は理由付けというよりむしろ結論である。この点は、平等原則違反についても同様である[127]。

(117)　参照、山本・前註(99)一六頁。同旨、深澤・前註(107)三六〇頁。

(118)　榊原秀訓「行政裁量の『社会観念審査』の審査密度と透明性の向上」室井追悼・前註(101)一二三頁・一二四頁（傍点引用者）。

(119)　参照、山本隆司「行政裁量の判断過程審査―その意義、可能性と課題」行政法研究一四号（平二八）四頁。同教授は、裁量処分の取消訴訟における証明責任が原告に課されていることをもって、最高裁が「社会観念審査」を採用していることの証左としている（参照、同四～五頁）。このような証明責任の配分は、行政行為の適法性を推定するかつての公定力理論に、民事訴訟における法律要件分類説が結び付いたものとみられるが、必ずしも同教授のいう「社会観念審査」に直結するわけでもないように思われる。（本書が説くように）裁量審査は全て「判断過程審査」であるとしても、かつての公定力理論と結びついた法律要件分類説により、全ての考慮要素の証明責任が原告に課されるという結論を導くことは、何ら不可能でないからである。

(120)　裁量権の逸脱（踰越）と濫用を区別し、前者について判断代置審査をするものである。静岡元県議会判決（最判平一八・一・

一九判時一九二五号七九頁）は、「社会通念」の語を文字どおりの意味で用いて、このような審査をした。

（121）参照、正木宏長「判断過程の統制について」水野古稀『行政と国民の権利』（平二三）一八八頁。なお、山口学テ判決（最判昭五九・一二・一八判自一一号四八頁）は、免職処分が「過酷に失し、……社会通念上著しく妥当を欠」くとした原判決を是認したが、神戸税関判決を引用している以上、「過酷に失し」は、理由付けというよりむしろ結論（当該不利益処分が違法であること）である。

（122）参照、山本・前註（119）一一～一二頁。

（123）山本・前註（119）一〇頁。

（124）山本・前註（119）一八頁は、「行政裁量を、四層の手続から成るシステムとして構想し」ているが、裁量の定義に当たる叙述は見当たらない。

（125）参照、高木光「比例原則の実定化」芦部古稀『現代立憲主義の展開』下巻（平五）二一九頁。

（126）参照、須藤・前註（17）二一四頁。教職員国旗国歌判決にいう「学校の規律や秩序の保持等の必要性と処分による不利益の内容との権衡の観点から当該処分を選択することの相当性」のうち、「学校の規律や秩序の保持等の必要性」が積極要素、「処分による不利益の内容」が消極要素とされたわけでない。前者と比例していることが、後者の処分を選択するための要件とされたのである（比例していると評価するための考慮要素は、前述のとおりである。）。

（127）裁量審査がされる処分では、他の同種の事例と均衡していない点という消極要素が適正に考慮されていなければ、裁量権の逸脱・濫用として違法となりうるというにすぎない。

第七章（補論）事実認定手続と判断代置審査——府中固定資産税判決を素材として

一　はじめに

第七章（本論）では、裁判所が判断代置審査を行うべき場合と裁量審査を行うべき場合とは、ある程度連続的であることがうかがわれた。判断代置審査が行われる処分であっても、行政庁がその要件に該当する事実を認定する手続が法定されている場合には、両審査の関係、ひいては実体法と手続法の関係につき、より興味深い問題が浮上する。そこで本章では、府中固定資産税判決（最判平二五年七月一二日民集六七巻六号一二五五頁）を素材として、この問題に関する筆者の立場を明らかにしておきたい。

二　本判決の概要

府中市長は、Xを登記名義人とする区分建物の敷地権の目的である各土地につき、平成二一年度（地方税法三四一条六号にいう基準年度に当たる。）の価格を決定し、これを土地課税台帳に登録した。Xは、それらの価格が容積率及び建蔽率の制限を適切に考慮していないとして、府中市固定資産評価審査委員会に審査の申出をしたところ、これを棄却する旨の決定を受けたため、Y（府中市）を被告として、同決定の取消訴訟を提起した。

原審（東京高判平成二三年一〇月二〇日）は、この種の訴訟では「原則として固定資産課税台帳に登録された価格が適正な時価を超えた違法があるかどうかが審理判断の対象となるべきものであり、例外的に固定資産評価審査委員会の審査決定の手続に不服審査制度の根幹に関わり結論に影響がなくても違法として取り消されなければ制度の趣旨を没却することとなるような重大な手続違反があった場合に限り、固定資産評価審査委員会の決定を取り消すこととなると解すべきである」ところ、Xは適正な時価を超えた違法があると主張しているにすぎず、両当事者の鑑定意見書に照らすとそのような違法はないとした。

本判決は、次のとおり説示し、①に当たるか並びに②における一般的な合理性及び特別の事情の有無につき審理を尽くさせる必要があるため、破棄差戻しとした（なお、千葉裁判官の補足意見がある。）。

「ア　地方税法は、土地に対して課する基準年度の固定資産税の課税標準を、当該土地の基準年度に係る賦課期日における価格で土地課税台帳又は土地補充課税台帳に登録されたもの（以下、これらの台帳に登録された価格を「登録価格」という。）とし（三四九条一項）、上記の価格とは「適正な時価」をいうと定めている（三四一条五号）ところ、上記の適正な時価とは、正常な条件の下に成立する当該土地の取引価格、すなわち、客観的な交換価値をいうと解される。したがって、土地の基準年度に係る賦課期日における登録価格が同期日における当該土地の客観的な交換価値を上回れば、その登録価格の決定は違法となる（最高裁平成……一五年六月二六日第一小法廷判決・民集五七巻六号七二三頁参照）。」

「イ　また、地方税法は、固定資産税の課税標準に係る固定資産の評価の基準並びに評価の実施の方法及び手続を総務大臣（平成一三年一月五日以前は自治大臣。以下同じ。）の告示に係る評価基準に委ね（三八八条一項）、市町村長は、評価基準によって、固定資産の価格を決定しなければならないと定めている（四〇三条一項）。これは、全国一律の統一的な評価基準による評価によって、各市町村全体の評価の均衡を図り、評価に関与する者の個人差に基づく評価の不均衡を解消するために、固定資産の価格は評価基準によって決定されることを要するものとする趣旨であると解され（前掲最高裁平成一五年六月二六日第一小法廷判決参照）、これを受けて全国一律に適用される評価基準として昭和三八年自治省告示第一五八号が定められ、その後数次の改正が行われている。これらの地方税法の規定及びその趣旨等に鑑みれば、固定資産税の課税においてこのような全国一律の統一的な評価基準に従って公平な評価を受ける利益は、適正な時価との多寡の問題とは別にそれ自体が地方税法上保護されるべきものということができる。したがって、土地の基準年度に係る賦課期日における登録価格が評価基準によって決定される価格を上回る場合には、同期日における当該土地の客観的な交換価値としての適正な時価を上回るか否かにかかわらず、その登録価格の決定は違法となるものというべきである。」

「ウ　そして、地方税法は固定資産税の課税標準に係る適正な時価を算定するための技術的かつ細目的な基準の定めを総務大臣の告示に係る評価基準に委任したものであること等からすると、評価対象の土地に適用される評価基準の定める評価方法が適正な時価を算定する方法として一般的な合理性を有するものであり、かつ、当該土地の基準年度に係る賦課期日における登録価格がその評価方法に従って決定された価格を上回るものでない場合には、その登録価格は、その評価方法によっては適正な時価を適切に算定することのできない特別の事情の存しない限り、同期日における当該土地の客観的な交換価値としての適正な時価を上回るものではないと推認するのが相当である（最高裁平成……一五年七月一八日第二小法廷判決・裁判集民事二一〇号二八三頁、最高裁平成……二一年六月五日第二小法廷判決・裁判集民事二三一号五七頁参照）。」

「エ　以上に鑑みると、土地の基準年度に係る賦課期日における登録価格の決定が違法となるのは、当該登録価格が、①当該土地に適用される評価基準の定める評価方法に従って決定される価格を上回るとき（上記イの場合）であるか、あるいは、②これを上回るものではないが、その評価方法が適正な時価を算定する方法として一般的な合理性を有するものではなく、又はその評価方法によっては適正な時価を適切に算定することのできない特別の事情が存する場合（上記ウの推認が及ばず、又はその推認が覆される場合）であって、同期日における当該土地の客観的な交換価値としての適正な時価を上回るとき（上記アの場合）であるということができる。」

三　本判決の位置付け

地方税法三四九条一項・三八一条一項は、固定資産税の納税義務者に、「適正な時価」（客観的な交換価値）を上回る登録価格を課税標準とされない地位（以下「実体法上の地位」という。）を保障している（参照、千代田固定資産税判決[1]及び判旨ア）。一方、同法三八八条一項・四〇三条一項は、同税の納税義務者に、総務大臣が定めた評価基準によって決定される額を上回る登録価格を課税標準とされない地位（以下「手続法上の地位」という。）をも保障しているようにみえる[2]。

本判決の意義は、手続法上の地位を（実体法上の地位と比較するまでもなく）それ自体として保障する（判旨イ）とともに、両地位が次のような関係に立つことを明らかにした点にある。すなわち、評価基準に一般的な合理性があり、かつ、その適用を不相当とする特別の事情がない場合（以下「原則的な場合」という。）には、手続法上の地位を害されていない者は実体法上の地位も害されていないと「推認」される――手続法上の地位が害されていないのに実体法上の地位が害されたと主張する者は、評価基準に一般的な合理性がなく、又はその適用を不相当とする特別の事情がある場合（以下「例外的な場合」という。）に当たることを立証しなければならない――というのである（判旨ウ）。

まず、判旨イは、評価基準は納税者間の平等の確保を目的とするという千代田固定資産税判決の傍論部分を引用した上、手続法上の地位は「適正な時価との多寡の問題とは別にそれ自体が地方税法上保護される」という。「適正な時価との多寡の問題とは別に」とは、「登録価格が……適正な時価を上回るか否かにかかわらず」と言い換えられているとおり、「適正な時価」を度外視して、登録価格と評価基準によって決定される額の関係だけをみる趣旨である。この説示は、登録価格が「適正な時価」を下回る場合のみを念頭においたものでない。つまり手続法上の地位は、実体法との関連性をもたない、純粋に手続法的なものである。しかもそれは地方税法という実定法に立脚しており、法の一般原理である平等原則に直接依拠するものでない。

かかる二重の意味において、本判決は、平等原則が法律による行政の原理を破ったスコッチライト判決(3)とは、事案を異にしている。判旨イはむしろ、実定法に基づく純粋な手続法上の地位を認めた点で、登録免許税還付拒否通知判決(4)と同列に位置付けられよう。

次に、判旨ウは、伊達固定資産税判決(5)を引用している。同判決によると、原則的な場合には、評価基準によって決定される額が客観的な交換価値と「推認」されるという。一方、判旨ウによると、実際の登録価格が評価基準によって決定される額以下であれば、客観的な交換価値以下であると「推認」されるという。同判決の命題から判旨ウの命題が演繹される点は、少なくとも形式論理上、誤りでない。

判旨ウで注目されるのは、「地方税法は固定資産税の課税標準に係る適正な時価を算定するための技術的かつ細目的な基準の定めを総務大臣の告示に係る評価基準に委任したものであること等からすると」と説示した点である。これは、伊達固定資産税判決が暗黙の前提としていた理由付けを明示したものと位置付けられよう。

「適正な時価」（客観的な交換価値）は、講学上の不確定法概念（unbestimmter Rechtsbegriff）であり、裁判所は本来これを独自に認定することができる。それにもかかわらず地方税法は、「適正な時価」を認定するための手続法的な基準を設定し、適用することを行政庁に義務付けている。判旨ウは、裁判所による判断代置が可能な事実であっても、それを認定するための行政手続が法律自体に規定されている場合（以下このような手続を「法定認定手続」という。）には、法定認定手続に従って設定され、適用された基準に基づく事実認定は、裁判所によっても一定程度尊重されるとするものである。

法定認定手続なしの不確定法概念を処分要件事実とする場合には、被告がその存在を証明し、原告がその不存在を証明することとなる（以下「証明」の語は証明責任に基づく立証に限らない意味で用いる。）のに対し、法定認定手続付きの不確定法概念を処分要件事実とする場合には、同手続に従って設定された基準への適合性（前提事実の存在）から要件該当性（推定事実の存在）が推定される。本件では、登録価格が評価基準によって決定される額以下であることが前提事実であり、登録価格が客観的な交換価値以下であることが推定事実である。判旨ウは、評価基準に「一般的な合理性」がある場合における「推認」として、前者から後者が推定されるという。

この「推認」は、経験則でなく地方税法に基づくため、〝事実上の推定〟でなく、〝法律上の事実推定〟に当たるかにみえる。仮にそうだとすれば、被告は前提事実の存在を証明し、原告は前提事実・推定事実いずれの不存在を証明してもよいはずである。しかしながら、原判決が、前提事実の不存在（「特別の事情」の存在）を証明することなく直ちに推定事実の不存在を証明することを許したのに対し、本判決はそれを禁じている。つまり判旨ウによると、原告は前提事実の不存在を証明し、かつ、推定事実の不存在を証明しなければならない。よって、この「推認」は

〝法律上の事実推定〟には当たらない。

これに対し、（法定認定手続付きの）処分要件事実に要件裁量が認められる場合には、被告が前提事実の存在を証明し、原告は前提事実の不存在（例えば伊方原発判決[8]では「原子炉施設が……具体的審査基準に適合するとした原子力委員会若しくは原子炉安全専門審査会の調査審議及び判断の過程に看過し難い過誤、欠落があ」ること）を証明することとなる[9]。ここでの原告は、前提事実の不存在のみを証明すればよい一方、推定事実の不存在（伊方原発判決では「原子炉施設の位置、構造及び設備が核燃料物質、核燃料物質によって汚染された物又は原子炉による災害の防止上支障のないもの」でないこと）を直ちに証明することは許されない。それは〝法律上の事実推定〟でも判旨ウにいう「推認」でもなく、〝擬制〟にほかならない。

要するに、判旨ウにいう「推認」は、原告にとって〝法律上の事実推定〟より厳格であるばかりか、〝擬制〟より厳格であるようにすらみえる。しかしながら、仮に不確定法概念の方が要件裁量よりも被告に有利となるのだとすれば、いかにも均衡を欠くといわざるをえない。ゆえに、本件のような場合では、前提事実・推定事実双方の不存在を証明する方が、要件裁量が認められる場合に前提事実の不存在だけを証明するよりも、総合的に容易でなければならないが、そのような関係が一般的に成り立つかについては、少なからぬ疑問が残る。

（1）　最判平一五・六・二六民集五七巻六号七二三頁。登録価格は客観的な交換価値を下回ってもならないが、このことは、それによって不利益を受けない納税義務者との関係では「裁判規範」にならないと解説されている（参照、阪本勝〔判解民平一五〕三七九～三八〇頁）。

（2）　阪本・前註（1）三七三頁につき参照、吉村典久〔判批〕ジュリスト一四六一号九頁。

（3）　大阪高判昭四四・九・三〇高民集二二巻五号六八二頁。

（4）最判平一七・四・一四民集五九巻三号四九一頁。
（5）最判平一五・七・一八判時一八三九号九六頁。同旨、最判平二一・六・五判時二〇六九号六頁。
（6）評価基準の適用を不相当とする「特別の事情」がある場合には、評価基準によって決定される額が不存在となるため、前提事実も不存在となる。
（7）処分要件でなく契約上の債権額の認定基準であるが、自賠責保険金の支払基準（自動車損害賠償保障法一六条の三（平一三法八三）第一項）につき参照、最判平一八・三・三〇判時一九二八号三六頁。
（8）最判平四・一〇・二九民集四六巻七号一一七四頁。
（9）伊方原発判決にいう「推認」は、経験則に基づく「事実上」の推定に当たると明言されている。「被告行政庁の判断に不合理な点のないこと」の「立証」は、証明責任に基づく立証という意味でない。「証明責任を負わない当事者が主要事実の反証にあたって、その基礎となる間接事実について裁判所の確信を形成する負担を負うことがあるが、これは、証明責任と矛盾するものではない」（伊藤眞『民事訴訟法』四版（平二三）三六四頁）からである。

四　本判決の評価

本判決は、手続法上の地位を実体法上の地位から切り離して保護するという決断に踏み切った。併しながら、固定資産税の課税標準はあくまでも「適正な時価」そのものであって、「適正な時価」を超えない範囲で評価基準によって決定される額とはされていない。地方税法の建前としては、評価基準によって決定される額が客観的な交換価値と乖離してはならず、両地位は一つに収斂すべきもののはずである(10)。よって、本判決を正当に評価するためには、それが同法の建前と齟齬を来す可能性がないかにつき、検証を尽くしておくことが欠かせない。

実際の登録価格をA、評価基準によって決定される額をB、客観的な交換価値をCとすれば、ありうべきA・B・Cの組合せとしては、①A<B<C、②A<C<B、③B<A<C、④B<C<A、⑤C<A<B及び⑥C<B<Aの六通りが考えられる（等号の有無（<か≦か）については、一応捨象しておく。なお、A≠Bとなる場合の典型は、路線価の付設を

誤った場合であろう。）。判旨イは、B＜Aを違法とするものであり、判旨ウは、（原則的な場合）A≦B⇒A≦C（「推認」）とするものであり、判旨アは、C＜Aを違法とするものである。

①〜⑥のうち、①②では、納税者との関係における違法状態はなく、救済の必要性自体が存しない。残る③〜⑥のうち、③④⑥ではB＜A、④〜⑥ではC＜Aという違法状態が、それぞれ存している。

まず、③④⑥について検討する。

③④⑥では、判旨イにより、原告が処分の違法事由としてB＜Aのみを証明すれば、直ちにBの限度で取消判決を得ることができる。このため、もともとB＜Cとなっている③④では、原告が過剰に救済される結果となる。しかしながら、ここで被告が、適法な税額はCであり、③では原告に訴えの利益がなく、④ではCの限度での取消しにとどめられるべきであると、それぞれ主張することは許されない。地方税法は、市町村長が評価基準を無視して客観的な交換価値を認定する余地を残していないからである(11)。

次に、④〜⑥について検討する。

④では、原告がB＜Aだけを証明すれば、そもそもC＜Aを主張する必要はない。

⑤では、判旨ウ・アにより、原告が例外的な場合に当たることを証明すれば「推認」が働かなくなり、C＜Aを主張することが許される(12)。

⑥では、判旨イによりBの限度で取消判決を得たとしても、終局的救済にはならない。ここでは、判旨ウの命題はそのまま妥当しないが、伊達固定資産税判決の命題に照らすと、原告が例外的な場合に当たることを証明すれば、C＜Aを主張することが許されよう。

以上を要するに、本判決は、③④と⑤⑥とで異なった方法により、地方税法の建前との矛盾が生ずることを回避している。

すなわち③④では、ＢＣの不一致によって不利益を被る被告がその点を主張しえないため、あたかもＢをＣと擬制したのと同様の解決が図られている。ここでは、手続法上の地位をそれ自体として保護する戦略により、行政過程・司法過程を通じた（市町村・市町村民全体にとっての）手続経済に反することなく、原告に簡易迅速な終局的救済を与えることが可能となっている。

これに対し、⑤⑥では、原告が例外的な場合に当たることを証明した場合には、Ｂはもはや後景に退き、Ｃのみが残るかたちで解決が図られている。ここでは、原告に終局的救済を与えるためには実体法上の地位を問題とせざるをえないが、原告がそのような手続経済に逆行する主張をするためには、例外的な場合に当たることを証明しなければならないというかたちで、一定の歯止めが掛けられている。

しかしながら、ここで注意しなければならないのは、法廷意見が、例外的な場合に当たるかを判断した後でなければＡがＣを上回っているかを判断してはならないというかたちで、審理の順序まで定めるには至っていない点である。千葉補足意見も、そこまでは明言していない。仮にそのような定めをした場合には、裁判を受ける権利（憲法三二条）を侵害するおそれが生ずるためであろう。原告が例外的な場合に当たることを証明することができないときにも、ＡがＣを上回っている可能性は残るからである。

ゆえに裁判所は、客観的な交換価値を認定しなければ例外的な場合に当たるかすら判断することができないような状況下では、客観的な交換価値を先に認定しなければならない。原告も、そのような状況下にあることを前提に、客観的な交換価値を証明する鑑定意見書等を提出することは妨げられない。もっとも、裁判所が原告の提出した鑑定意見書等からＡがＣを上回っているとの心証を得た場合にも、実際には、客観的な交換価値を先に認定するのでなく、「特別の事情」があると判断することとなるのであろう。いずれにせよ、推定事実の不存在の心証から前提事実の不存在の心証を得るという、一種の逆流現象が生ずることは防ぎ切れていないように思われる。この意味において、上記の歯止めがどこまで実効的といえるかは疑わしい。

(10) 千葉補足意見は、鑑定評価に「一定の幅」がありうるというにとどまる。なお、評価基準によって決定される額にも、一定の幅がある可能性があるが、比例原則上、そのうちの最低額が選ばれなければならないと解される。

(11) 市町村長はBCの差額につき訴訟外で再処分（賦課決定）をすることもできないが、それが住民訴訟で違法とされ板挟みに遭うこともない。市町村長としては、地方自治法二六三条の二第二項により全国市長会等を通じ、BCが一致するような評価基準の変更を総務大臣に申し出た上、変更を待って再処分（賦課決定）をするほかない。総務大臣が合理的な理由なく申出に応じない場合には、国が市町村に対して損害賠償責任を負うこともありえよう。

(12) ⑤では、納税者に対する国家賠償責任は、もっぱら評価基準を設定した国が負うこととなろう。

五　本判決の射程

本判決の射程は、一応、裁判所による判断代置が可能な事実を認定するための法律に規定された告示等の基準であって行政庁を拘束するもの全てに及ぶと考えられる[13]。

そのような基準を規定した立法例としては、「近傍同種の住宅の家賃」[14]（公営住宅法一六条二項）を定めるための政令（同法施行令三条）がある。これに対し、「相当な価格」（土地収用法七一条）は判断代置可能であるが[15]、損失補償基準は同法に規定されていない。逆に、生活保護基準は生活保護法八条一項に規定されているが、「最低限度の生活」（同法三条）は（原則として）判断代置不可能である[16]。

法律には規定されていないが[17]、設定が解釈上予定されている基準（法定受託事務の処理基準等）にも本判決の射程が及ぶかは、微妙な問題である。本判決からはこれを断定するだけの材料も得られないため、現段階では消極に解しておきたい[18]。

(13)　これらの基準の解釈基準（いわゆる七割評価通達等）については、後者の内容が前者を具体化したものとして合理性を有する場合には、後者に従った評価は、前者によったものといえる（参照、阪本・前註(1)三八〇頁）。
(14)　「近傍同種の住宅の家賃」は、公営住宅の家賃の決定（同法一六条一項）が行政処分であるとすれば処分要件として、行政処分でないとすれば債務不存在確認訴訟等の前提問題として、それぞれ争われる。
(15)　参照、最判平九・一・二八民集五一巻一号一四七頁。
(16)　なお、課徴金納付命令に係る「売上額」の算定方法を定める政令は、私的独占の禁止及び公正取引の確保に関する法律七条の二第一項に規定されているが、ここでいう「売上額」は、当該方法により算定された額を現実の売上額として擬制するものにすぎない（参照、杉原則彦〔判解民平一七〕五九九〜六〇一頁註10)。
(17)　原子炉設置許可の「具体的審査基準」は、法律上その設定が予定されている（伊方原発判決参照）が、そこでは要件裁量が認められるため、本判決の射程は及ばない。基準に一般的な合理性がない場合には、裁量権の逸脱濫用として直ちに違法となるのであり、重ねて判断代置をした上で違法となるのでない。
(18)　品川芳宣〔判批（伊達固定資産税判決)〕判評五四五号（平一六）四頁は、法律自体に規定されているか否かを問わず、解釈基準の「法的拘束力は同じ」としている。しかしながら、制定法に準拠すべき裁判所にとっては、そのような差異はやはり無視しえないように思われる。

第八章　帝国憲法・現憲法下の官吏責任・国家責任

本書第七章（本論）では、取消違法の構造について考察した。本章及び次章では、国賠違法の構造について考察する。本章では、帝国憲法・現憲法下の法令を対象とし、次章では、現憲法下の判例を対象とする。

一　帝国憲法下の官吏責任・国家責任

(一)　総論

違法な国家行為によって生じた損害を賠償する責任には、官公吏が負う官吏責任と国・公共団体が負う国家責任とがある。

欧米（ドイツの小邦等を除く。）では、官吏責任及び国家責任に関する一般法は、それぞれ一七九四年のプロイセン法(1)及び一八九九年のバイエルン法(2)にさかのぼる(3)。これに対し、帝国憲法下のわが国では、いずれの責任に関する一般法も制定されることはなく、官吏責任及び国家責任に関する特別法として、それぞれ（旧）不動産登記法等（一(二)参照）及び（旧）刑事補償法（一(三)参照）が制定されたにすぎない。

官吏責任及び国家責任に関する一般法に代わる判例理論が生成する可能性も、行政裁判所では、「損害要償ノ訴訟」が管轄外とされた（行政裁判法一六条）ため、当初から閉ざされていた。一方、大審院では、民法（明二九法八九）を官吏責任又は国家責任の一般法として位置付ける判例理論が生成する可能性がなかったわけではない。

しかしながら、民法の施行（明三一・七・一六）後、この問題が初めて争点となった国税の滞納処分に関する判決では、「公権執行ノ行為」に関しては、(旧)不動産登記法一三条等に定められた官公吏のほか、国・公共団体を含めて不法行為責任を負う者はないとの一般論が示された。(4) 同判決を皮切りに、国家責任については、国税の滞納処分は「公権執行ノ行為」であるため国が民法四四条一項(現・一般社団法人及び一般財団法人に関する法律七八条等)による責任を負うことはなく、(5) 特許の不付与は「公法上ノ関係タル行政行為」に属するため「特ニ法律ニ規定スル所」がない以上国が民法による責任を負うことはなく、(6) 印鑑証明事務は「公法的活動」の範囲に属するため市が民法四四条一項・七一五条一項による責任を負うことはなく、(7) 地方税の滞納処分は「統治権ニ基ク権力行動」であって民法七一五条一項にいう「事業」に当たらないため市が同項による責任を負うことはないとされた。(8) 官吏責任についても、(旧)不動産登記法一三条等に定められているほか、官公吏が職務執行につき民法七〇九条による責任を負うことはないとされた。(9)

これらの判決に先立ち、田部《たなべ》・井上両起草委員が法典調査会に提出した(旧)不動産登記法案には、官吏責任を肯定する規定と並んで国家責任を否定する規定が盛り込まれていた。(10) これに対し、磯部委員から後者の規定を削除する意見が提出され、賛成多数で可決されている。この意見は、国家責任は一般に否定されるところ、後者のような規定をおくと、同様の規定を欠く法律では国家責任が肯定されるという反対解釈を招くおそれがある点を理由としていた。(11)

同法案が帝国議会に提出されると、貴族院の委員会では、三好議員(元大審院長)から「登記官吏カ……賠償ヲ為スコト能ハサルトキハ政府其ノ責ニ任ス」という規定を加える修正案が提出された。これに対し田部司法省参事官は、国家責任は一般に否定されているという法典調査会の多数意見を前提に、これが(旧)不動産登記法でのみ肯定される理由はないとして不同意を表明したが、同修正案は僅差で可決された。(12) 本会議では、高木民刑局長が田部参事官と同じ理由により不同意を表明し、結局、この委員会修正案は否決された。(13) 同法案は衆議院に回付されたが、

解散により審議未了となったため、翌年に再提出された。そこではもはや、三好議員も修正案を提出することはなかった。(14)

その四年後、国税の滞納処分に関する上記判決では、ほかならぬ田部大審院検事が意見を陳述している。(15)判決録にはその内容までは登載されていないが、おそらく（旧）不動産登記法の成立経緯が説明されたのであろう。

以上を要するに、処分及び「公権力の行使に当たる事実上の行為」(16)を中核とするところの官公吏の公法上の職務行為に民法が適用されることはなく、官公吏が同法七〇九条により責任を負うこともなければ、国・公共団体が同法四四条一項・七一五条一項により責任を負うこともない(17)というのが、同法施行後における大審院の一貫した判例(18)理論(19)であった。(20)（旧）民法（明二三法二八・九八。未施行のまま廃止）と民法を対比すると、前者に頻出していた公法的性格の規定が後者では一掃されたことが分かる。(21)このような民法全体の私法的性格に照らしても、同院の判例理論は決して不自然でなかったといえよう。

(二)　官吏責任に関する特別法

帝国憲法下の官吏責任に関する特別法には、四種のスタイルがあった。すなわち、治罪法（明一三布告一三七）一七条等、(22)公証人規則（明一九法二）七九条(23)（「公証人此規則ヲ犯シタルニ依リ他人ニ損害ヲ生セシメタルトキハ之ヲ賠償ス可シ」）、（旧）民事訴訟法（明二三法二九）五三二条(24)（「執達吏ハ債権者ノ委任ニ因リテ為ス行為及ヒ職務上ノ義務ノ違背ヨリシテ債権者其他ノ関係人ニ対シ損害ヲ生セシメタルトキハ第一ニ其責ニ任ス」）及び（旧々）戸籍法（明三一法一二）六条（「戸籍吏カ其職務ノ執行ニ付届出人其他ノ者ニ損害ヲ加ヘタルトキハ其損害カ戸籍吏ノ故意又ハ重大ナル過失ニ因リテ生シタル場合ニ限リ之ヲ賠償スル責ニ任ス」）等である（いずれも傍点引用者）。

このうち治罪法一七条及びその後法である（旧々）刑事訴訟法（明二三法九六）一四条は、故意の加害及び犯罪の責任を定めていたが、民法施行後には同法が適用されると解されるようになったため、（旧）刑事訴訟法（大一一法七五）には受け継がれなかった。[25] また、公証人規則七九条の後法である公証人法（明四一法五三）六条は（旧々）戸籍法六条に倣うに至り、（旧）民事訴訟法五三二条も（旧々）戸籍法六条に倣って改められる予定であった。[26] よって、（旧々）戸籍法六条及びその後法である（旧）戸籍法（大三法二六）四条、（旧）不動産登記法（明三二法二四）一三条並びに公証人法六条こそが、官吏責任に関する特別法の標準スタイルであったといえよう。

民法制定後の立法例である（旧々）戸籍法六条等については、（民法七〇九条による）官吏責任が一般に肯定されることを前提に、[27] これを特に制限したものか、官吏責任が一般に否定されることを前提に、これを特に肯定したものかが問題となる。[28] とはいえ、前者の見解では、戸籍吏等の職務についてのみ責任を制限する理由が見当たらない。国税滞納処分に関する上記判決が後者の見解をとった（一（二）参照）のは、このためであろう。

官吏責任に関する特別法につき根本民事局第一課長は、「私法上の権利義務に直接の交渉を持つ特殊の国家機関に付き認められた、特別の個人的責任である」と説明している。[29] 執達吏及び登記官吏は官吏であり、[30] 公証人及び戸籍吏（民法（制定時のもの）七五四条二項等）は公吏であるが、[31] いずれも判事等の監督を受ける講学上の一人官庁[32]（Ein-Mann-Behörde）である。[33] 裁判所系統の一人官庁が公益（国民の一般の利益）でなく特定者の私権を保護するため行う公証行政・民事執行作用は、通常の国家組織及び国家作用から截然と区別されるため、特に官吏責任を肯定することができたのであろう。[34]

さて、公証人規則七九条では、公証人の行為の同規則違反が独立した要件とされているのに対し、（旧）民事訴訟法五三二条では、「職務上ノ義務ノ違背」が執達吏の行為の同法違反を指す趣旨か、必ずしも明瞭でない。この点、前者の規定につき大審院は、公証人の行為の同規則違反のみを要件とする特殊な賠償でなく、（明示されていないものの）帰責要件（権利侵害及び故意過失）に基づく不法行為責任であるとした。[35] また、後者の規定につき同院は、「職務上ノ義務ノ違背」は執達吏の行為の（旧）民事訴訟法等違反を指すが、その他の帰責要件も当然に必要であるとした[36]。そこでは、公証人・執達吏の行為の公証人規則・(旧)民事訴訟法等違反以外の帰責要件としては、もっぱら故意過失が争点となっている(権利侵害は、公証行政・民事執行作用では財産的損害から容易に肯定されるため、争点となっていない。)。

下級審裁判例は、執達吏が(旧)民事訴訟法等違反の行為をしないよう注意して事実認定・法令解釈をした事例では、過失を否定する傾向にあった[37]。

このような裁判例は、一見すると国賠法一条一項に関する現在の多数説(次章三(一)参照)を先取りしているかにみえるが、両者はその前提を異にしている点に注意しなければならない。第一に、公証人規則七九条では、国賠法一条一項と異なり、根拠法令違反が独立した要件として明示されている。第二に、公証人規則七九条及び(旧)民事訴訟法五三二条では、根拠法令違反だけでは帰責要件を充足しないとされているのに対し、現在の多数説では、根拠法令違反があれば基本的に帰責要件は充足されると論じられている。第三に、公証人規則七九条及び(旧)民事訴訟法五三二条では、根拠法令違反以外の客観的帰責要件が容易に肯定されるのに対し、多種多様な作用を対象とする国賠法一条一項では、必ずしもそうとは限らない。

公証人規則七九条及び(旧)民事訴訟法五三二条に関する裁判例は以上のとおりであるが、(旧々)戸籍法六条等に関する裁判例は見当たらない。おそらく、軽過失免責が出訴の心理的なハードルになったのであろう。

(三)　国家責任に関する特別法

(旧)刑事補償法(昭六法六〇)一条二項は、身体・生命刑[38]の執行を受けたのち再審等で無罪の言渡を受けた者に対し、国が補償することとした。この再審補償は、根拠法令違反の国家行為(刑法に違反して無罪の者を有罪とした確定判決及びその執行)があった場合にされるため、講学上の損害賠償に分類される[39]が、官吏が国家行為をしたことが不法行為を構成するかは問うていない。泉二刑事局長によると、人を犯罪人として処罰するため行動の自由又は生命を奪う国家作用は、その重大性において他の国家作用（行政・民事司法作用）から截然と区別されるため、未決勾留補償（（旧）刑事補償法一条一項）とともに[40]、そのような作用に限って官吏の不法行為を要件としない「公法上ノ損害賠償」制度を設けたものという[41]。

未決勾留補償は、未決勾留を受けたのち無罪の言渡を受けた者に対し、国が補償するものである。これは、根拠法令違反の国家行為（（旧）刑事訴訟法に違反して勾留の理由がない者にした勾留）があったかを問わずされるものであり、講学上の（損害賠償・損失補償を区別しない）統一的補償に分類される[42]。

以上のとおり、帝国憲法下では、官公吏の不法行為を要件とする（旧々）戸籍法六条等及びこれを要件としない（旧）刑事補償法一条二項という、官吏責任及び国家責任に関する特別法が二元的に並立していた。

（四）私人の不法行為責任に関する特別法（補論）

帝国憲法下では、根拠法令違反の国家行為（実体法上違法な給付判決に執行力を付与した行為）を要件とする私人の不法行為責任も認められていた。すなわち、仮執行宣言付判決が変更された場合における原告の無過失損害賠償責任（（旧）民事訴訟法一九八条（大一五法六一）二項[43]（現・民事訴訟法二六〇条二項））である。原告は未確定の執行名義を利用したことで危険を負担したといえるため、これに責任を負わせたものと説明されている[44]。

このほか、帝国憲法下の無過失損害賠償責任としては、土地の工作物の所有者の責任（民法七一七条一項）及び鉱業権者の責任（（旧）鉱業法七四条ノ二（昭一四法二三）第一項（現・鉱業法一〇九条二項））をみるのみであった。後者は、鉱業が元来地下作業である関係上、何人が鉱害の原因となる作業をしたか明確にすることができない場合が甚だ多いことに加え、賠償義務は鉱業権に附属する責任ともみることが適当であるため、損害発生の時の鉱業権者に無過失責任を負わせたものという[45]。つまり、加害被用者の特定が事業の性質上困難である点及び土地の掘鑿等が土地の工作物の設置又は保存に類似する点を根拠とする、例外的な立法例であった。

（1）プロイセン・一般ラント法（Allgemeines Landrecht für die Preußischen Staaten, vom 5 Februar 1794）二編一〇章八八〜九一条（H. Hattenhauer (Hrg.), "Allgemeines Landrecht für die Preußischen Staaten von 1794" 3. Aufl. (Luchterhand, 1996), S.547）。学説彙纂五〇巻八章（Dig. 50, 8）に基づく受任者の対内責任を対外責任に拡張したものという（Vgl., F. Freund, "Die Verantwortlichkeit der Beamten" in: AöR Bd.I (1886), S.376）。プロイセン・土地台帳法（Grundbuchordnung, vom 5. Mai 1872）二九条一項（"Versehen bei Wahrnehmung ihrer Amtspflichten"）は、その特別法に相当する。

（2）バイエルン・民法施行法（Ausführungsgesetz zum Bürgerlichen Gesetzbuche, vom 9. Juni 1899）六〇条。

（3）参照、稲葉馨「行政法上の国家責任根拠論の考察—ドイツ一九世紀国家責任論をてがかりとして」法学四二巻二号（昭五三）七七頁註1及び宇賀克也『国家責任法の分析』（有斐閣・昭六三）五八〜六二頁。

（4）参照、大判明三六・五・二八民録九輯六四五頁。「竹田税務署」が被告とされたが、国が応訴している。

（5）参照、大判・前註（4）（滞納者の財産でなく（旧）国税徴収法上違法な差押）。上告理由に「本人代理人ノ関係」とあるため、民法四四条一項の適用を否定したものと解される。

（6）参照、大判昭四・一〇・二四法律新聞三〇七三号九頁（（旧）特許法上違法な不作為）。民法四四条一項・七一五条一項いずれかを問うまでもなく、同法の適用を否定したものと解される。

（7）参照、大判昭一三・一二・二三民集一七巻二四号二六八九頁（本人の意思を欠き違法な印鑑証明）。「仮ニ市長若ハ市ノ吏員カ……其ノ過誤ニ基キ私人ノ権利又ハ利益ヲ侵害スルノ所為アリトスルモ」（傍点引用者）とあるため、民法四四条一項・七一五条一項いずれの適用も否定したものと解される。原告の主張が市を不法行為の主体とするもののようにみえるにもかかわらず、このような判断をした本判決には、代理人・被用者の不法行為と無関係に法人それ自体の不法行為を観念することはできないという考え方（二（一）参照）が表れている。

（8）参照、大判昭一六・二・二七民集二〇巻二号一一八頁（滞納者の財産でなく市制上違法な差押・公売処分）。

（9）参照、大判大六・一・一九民録二三輯六二頁等。

（10）参照、法典調査会「不動産登記法案議事筆記」法務大臣官房司法法制調査部監修『日本近代立法資料叢書』二六巻（商事法務研究会・昭六一）四六頁・四九頁。梅謙次郎委員から提出された修正案（同四九頁）も、国家責任を否定する点では同じであった。

（11）参照、法典調査会・前註（10）四九〜五〇頁〔磯部四郎〕。これに対する田部起草委員の立場は、国家責任を一般に肯定・否定する趣旨か判然としないが、他の分野でこれを肯定した判例がある（後註(18)参照）以上、少なくとも登記官吏の職務執行については、その可能性を否定しておく必要があるというものであった（同四九頁〔田部芳〕）。一方、井上起草委員の立場は、国家責任を一般に肯定するもののようである（同四九～五〇頁〔井上正一〕）が、なぜ登記官吏の職務執行がその例外たりうるのかについては説明していない。

(12)　参照、一二・貴・不動産登記法案特別委三回（明三一・五・二五）三四三～三四六頁〔三好退蔵ほか〕。「三好委員ノ法理ヲ貫カムトスレハ啻ニ不動産ノ登記ニ就テノミナラス凡ソ官吏カ過失ヲ為シ人民ニ損害ヲ及ホスコトアレハ悉ク政府其ノ責ニ任セサル可ラサルノ理トナラム〔。〕然ルニ独リ此ノ法案ノミ官吏ノ過失ニ付政府ノ責任アリト云フハ権衡ヲ得サルカ如シ」（同三四四頁〔田部芳政府委員〕）。

(13)　参照、一二・貴・六号（明三一・五・二七）五一～五六頁〔三好ほか〕。「今日マデ官吏ノ職務行為ニ附イテ第三者ニ損害ヲ加ヘマシタ場合ハ政府ガ之ヲ賠償スルト云フコトハ曽テナイノデアリマス、又今日トテモ其主義デ進ンデ居リマス」（同五一頁〔高木豊三政府委員〕）。

(14)　参照、一三・貴・不動産登記法案特別委一回（明三二・二・一三）八二九～八三一頁。その後、（旧）戸籍法（一 (二) 参照）の議会審議でも、斎藤衆議院議員から「市町村長カ其職務ノ執行ニ付キ故意又ハ過失ニ因リテ届出人其他ノ者ニ損害ヲ加ヘタルトキハ国ハ之ヲ賠償スル責ニ任ス」という規定を加える修正案が提出されたものの、当時の法制全体を視野に入れた検討を要するという理由により、否決されている（参照、三一・戸籍法改正法律案外三件委七回（大三・三・九）七四～七六頁〔斎藤隆夫ほか〕）。富井貴族院議員も、斎藤議員と同様の修正が望ましい旨の意見を述べた（参照、三一・貴・戸籍法改正法律案外三件特委一号（大三・三・一七）五～六頁〔富井政章〕）が、やはり同じ理由により、修正案の提出を見送っている。

(15)　裁判所構成法六条一項（「……検事ハ……民事ニ於テモ必要ナリト認ムルトキハ通知ヲ求メ其ノ意見ヲ述フルコトヲ得……」）に基づくものである。

(16)　（旧）行政不服審査法二条一項（現行法もその存在を否定するものではない。）。

(17)　判例理論の集大成として参照、「官吏カ職務ノ執行ヲ機会トシテ職権ヲ濫用シ故意ニ他人ノ私権ヲ侵害シタル場合ノ如キハ是レ固ヨリ官吏トシテノ行為ニ非スシテ個人トシテノ行為ナルコト明ナルカ故ニ因テ損害ヲ生セシメタルトキハ民法第七百九条ニ依リ損害賠償ノ責ニ任スヘキコト当然ナリトス〔。〕然レトモ官吏ノ職務上ノ行為自体カ他人ノ私権ヲ侵害シ因テ損害ヲ生セシメタル場合ニ於テ官吏ハ損害賠償ノ責ニ任スヘキヤ否ヤハ自ラ別個ノ問題タリ〔。〕国家機関タル官吏ノ職務上ノ行為ハ或ハ公法行為タルコトアリ或ハ私法行為タルコトアリ〔。〕若夫レ官吏ノ職務上ノ行為カ私法行為ナルトキハ民法第七百九条ノ適用ヲ妨クヘキ事由ノ存セサル限リ国家ハ賠償責任ヲ負フニ至ルヘキコト論ナシト雖其職務上ノ行為カ公法行為ナルトキハ国家モ官吏モ共ニ賠償ノ責ニ任スヘキニ非ス〔。〕蓋公法行為ニ対シテハ民法不法行為ノ規定ハ之ヲ適用スルヲ得ヘキニ非レハナリ」（大判大一三・五・一四法律新聞二二七五号二〇頁）。

(18)　民法施行前には国家責任を認める判例もあった（参照、岡田正則『国の不法行為責任と公権力の概念史』（弘文堂・平二五）二三九〜二四〇頁）が、同法の施行により実体法が変わったのであるから、判例変更には当たらない。

(19)　岡田・前註(18)二五七頁は、（旧）不動産登記法一三条等に言及する明治三六年判決と同条等に言及しない昭和四年判決との間に断絶があり、「大審院は、国の免責の根拠として実定法規定を援用することを断念し、最終的には、国家の統治権という政治的な根拠を援用した」と断じている。しかしながら、昭和四年判決では、「特ニ法律ニ規定スル所」がない点が理由とされている上、判例法理が安定するに従い理由が簡略化されるのは普遍的な現象であり、特に断絶があるとは思われない（そもそも昭和一六年判決では、民法七一五条一項に基づく主張であることが明示されていたため、「事業」該当性だけを判断すれば十分であった。）。また、「公権執行ノ行為」「公法上ノ関係タル行政行為」「公法的活動」「統治権ニ基ク権力行動」いずれも、処分及び公権力の行使に当たる事実上の行為を中核とする法概念であることは明確であり、「政治的な」という形容は不正確である。

(20)　岡田・前註(18)二六七頁は、「判例法理は……国家賠償法附則六項にいう『従前の例』には該当しない」と説くが、その真意は必ずしも判然としない。「従前の例」とは〝同時代の最上級審が終局的に確定した解釈による従前の法令に基づく取扱いの例〟という意味であるため、帝国憲法下でされた官公吏の公法上の職務行為に関する無答責が遡及的に覆ることはないと解される。

(21)　例えば、同法財産編二一〜二二条（公有物）・三一〜三三条（公用徴収等）・四〇条三項（区分家屋の租税負担）・八九〜九〇条（用益物の租税負担等）・一四〇条（賃借人の租税負担）・一六六条（永借人の租税負担）・二六五条（公有財産の法定地役）、財産取得編三七条二項（公吏に係る制禁）・三九条（判事等に係る制禁）、債権担保編二〇四条一項三号（国等の法律上の抵当）・二八九〜二九一条（登記官吏の責任）及び人事編七〜一八条（国民分限）。

(22)　「被告人無罪ノ言渡ヲ受ケタリト雖モ裁判官検察官書記又ハ司法警察官ニ対シ要償ノ訴ヲ為スコトヲ得ス〔。〕但是等ノ官吏被告人ニ対シ故意ヲ以テ損害ヲ加ヘ又ハ刑法ニ定メタル罪ヲ犯シタルトキハ此限ニ在ラス」。

(23)　フランス・公証人ノ組織ニ関スル法律（Loi contenant organisation du notariat du 25 ventôse an XI）六八条に倣った、明治一四年の公証人規則案五九条に由来する（明治法制経済史研究所編『元老院会議筆記』一〇巻（元老院会議筆記刊行会・昭三九）二九四頁）。同規則は（旧）民法に先立って制定されたため、「凡ソ自己ノ所為又《ママ》ハ過失ニ依リ他人ニ損害ヲ被ラシメタル者ハ之ヲ賠償スル可シト為ス民法上ノ原則ニ従」ったものと解説されている（石川惟安『公証人規則釈義』（博聞社・明一九）八二～八三頁。同旨、大野太衛『公証人規則述議』（有隣堂・明二二）一八三頁）。

(24)　Techow 司法省顧問の原案では、「使吏ハ権利者ノ依頼ニ応シテ之〔＝強迫《ママ》執行〕ヲ処理シ且其職務ヲ瀆スニ因テ生スル損害ニ付テハ権利者及ヒ其他ノ関係人ニ対シテ其責ニ任ス可シ」となっていた（「委員修正民事訴訟規則」法務大臣官房司法法制調査部監修『日本近代立法資料叢書』二四巻（商事法務研究会・昭六一）二四〇頁。傍点引用者（以下同じ））。これが若干の変遷（単なる改訳の可能性もある。参照、同頁及びテッヒヨー『訴訟法草案』（明一九）三〇三頁）を経て、「執達吏ハ債権者ノ委任ニ因リ行為ヲ為シ且債権者及ヒ其他ノ利害関係人ニ対シ職務上ノ義務違背ヨリ生シタル損害ノ責ニ任ス」となった（「民事訴訟法草案」法務大臣官房司法法制調査部監修・同二三巻（昭六一）八五頁及び「民事訴訟法議案」同二四巻九八頁）後、M. Schultzenstein 同省顧問の意見により、執達吏の責任の第一次性が明示された（参照、「民事訴訟法草案議案意見書」法務大臣官房司法法制調査部監修・同二二巻（昭六〇）一〇五頁・一〇七頁、「民事訴訟法草案」同二三巻二四〇頁・二四二頁、法律取調委員会「民事訴訟法草按《ママ》議事筆記」同二二巻四六九～四七〇頁及び「修正民事訴訟草案」同二四巻七二頁）。その後、「執達吏ハ債務者ノ委任ニ因テ為ス行為及ヒ……」と名詞化された（「民事訴訟再調査案」同二三巻七七頁）ため、文法構造が一変した。元老院で内閣委員を務めたと目される本多司法省参事官及び今村控訴院評定官は、「及ヒ」を「又は」の意味で理解し、委任に基づく契約責任と（旧）民事訴訟法上の義務違反に基づく法定責任を区別している（参照、明治法制経済史研究所編『元老院会議筆記』三五巻（元老院会議筆記刊行会・平二）一二頁）、この最終修正に関わったと目される本多司法省参事官及び今村控訴院評定官は、「及ヒ」を「又は」の意味で理解し、委任に基づく契約責任と（旧）民事訴訟法上の義務違反に基づく法定責任を区別している（参照、本多康直＝今村信行『民事訴訟法註解』三巻（博聞社・明二六）一六二四～一六二五頁・一六二二～一六二三頁）。しかしながら、大審院は、「執達吏ハ公法上ノ職務ニ基キ独自ノ権限ヲ以テ強制執行ヲ為スモノニシテ債権者ノ代理人又ハ使用人ニアラス」（大判昭六・一・二九法律新聞三二二七号四頁）として、契約責任説をとらなかった。なお、ドイツでは、一八八六年のライヒ大審院決定（RGZ 16, 396）により、委任（Auftrag）という文言及び立法者意思に照らし、執達吏は私法上の受任者として損害賠償責任を負うという契約責任説がとられていたが、官吏ニ係ル帝国ノ責任ニ関スル法律（Gesetz über die Haftung des Reichs für seine Beamten, vom 22. Mai 1910）の制定後、一九一三年のライヒ大審院決定

（RGZ 82, 85）により、同説は拋棄された。

(25) 参照、四五・衆・刑事訴訟法案委三回（大一一・二・一四）一六頁〔山内確三郎政府委員〕。

(26) 明治三六年の民事訴訟法案六五六条（法典調査会『民事訴訟法案』（自治館・明三六）一二八頁）。これは、強制執行編全体の改正案が確定しなかったため、陽の目をみずに終わった。

(27) 岡田・前註(18)二五八頁は、（旧々）戸籍法六条等が「原則として官吏は民法上の賠償責任を負うという前提をおいていた」と断じているが、そのような趣旨を明らかにした（民法施行後の）大審院判例・議会答弁はどこにも見当たらない。

(28) （旧々）戸籍法六条に関する倉富司法省参事官の答弁は、いずれの見解をとるものか必ずしも明瞭でない（参照、一二・衆・戸籍法案審査特委一号（明三一・五・二五）五頁〔倉富勇三郎政府委員〕）。（旧）戸籍法四条に関する鈴木法務局長の答弁は、後者の見解をとっている（参照、三一・衆・戸籍法改正法律案外三件委七回七六頁〔鈴木喜三郎政府委員〕）。なお、山内司法省参事官は、同条が適用される行為はもはや職務行為とはいえないため、同条は民法の特別法に当たると説明している（参照、同三回（大三・二・二八）一六頁〔山内確三郎司法省参事官〕）が、むろん前者の見解をとるものではない。大正一三年判決（前註(17)参照）の整理によると、「職務ノ執行ヲ機会トシテ職権ヲ濫用シ」た故意行為はもはや職務行為でないが、その他の故意行為及び重過失行為はなお職務行為とされている。そうだとすれば、治罪法一七条及び（旧々）刑事訴訟法一四条は、もともと前者の故意行為のみを規定していたと解すべきこととなろう。

(29) 参照、根本松男『戸籍法』（清水書店・昭一四）八〜九頁。なお、執達吏が軽過失でも免責されない点は、物理的事実行為を行うためと説明されていた（参照、二四・衆・公証人法案委三回（明四一・二・二〇）一五頁〔斎藤十一郎政府委員〕）。

(30) 執達吏は司法大臣等により任命され（裁判所構成法九五条一項・二項）、手数料収入が一定額に満たない場合に補助金を受けること（同法九六条）等を除けば、一般官吏の例による（執達吏規則二二条）。

(31) 「司法大臣ガ任命スルト云フ点、ソレカラ監督ガ司法大臣ニアルト云フ点、此事務ガ即チ国ノ事務デアッテ私ノ事務ト云フモノデナイト云フヤウナ点カラ綜合イタシマシテ官吏カ公吏デアルト云フコトノ説明ハ付カウト思ヒマス、而シテ官吏デナイコトハ明カデゴザイマスカラ、公吏ト云フモノデアルト云フ解釈ハ付クデアラウ」「自治体ノ吏員トモ大ニ違ヒマス点モゴザイマスルガ、先ヅ官吏デナクシテ……国ノ事務ヲ行ッテ居ル、其点ガ或ハ市町村ノ吏員ト同様ニ見テ置ク方ガ穏当デアラウ」（二四・貴・公証人法案特委一号（明四一・三・二〇）四頁〔斎藤十一郎政府委員〕）。

(32)　官庁すなわち国家意思を決定・表示する機関であって、その組織が一の自然人のみから構成されているものをいう。本章の対象外であるが、行政手続法三条一項一三号にいう「職員」もこれに当たる。

(33)　戸籍吏たる市町村長も、その例外でない。「旧法〔＝（旧々）戸籍法〕ニ於テハ……戸籍吏ナルモノハ……唯其人カ市町村長ノ資格ヲ有スル者ト同一ナリシニ過キス〔。〕然ルニ本法〔＝（旧）戸籍法〕ハ……戸籍事務ヲ市町村長ノ地位ニ在ル者ニ委任シ市町村長トシテ之ヲ管掌セシムルコトトシ……タリ」（繁田保吉『改正戸籍法解説』（巌松堂書店・大四）五一頁）。戸籍事務を他の吏員に補助させたとしても、法律上は市町村長が単独で行った行為として評価される（参照、一二・衆・戸籍法案審査特委二号（明三一・五・二六）一九頁〔高木豊三政府委員〕）。戸籍事務を助役に分掌させることも許されなかった（参照、長島毅編『司法省戸籍寄留先例全集』（帝国地方行政学会・大一〇）四頁）。

(34)　（旧）不動産登記法一三条につき田部起草委員は、「重大ナル事務ヲ取扱ハシムル官吏タルヲ以テ此ノ規定ヲ必要ト考ヘタリ」と説明している（法典調査会・前註(10)四七頁〔田部〕）。また、同条等を削除した国賠法の立案に関わった奥野民事局長は、「直接民衆に接触することの点を考え」たものでないかと述べている（一・衆・司法委一一号（昭二二・八・二）一頁〔奥野健一政府委員〕）。特定者の私権を保護するため一人官庁が行うからこそ、「重大」かつ「直接……接触する」作用といえるのである。

(35)　参照、大判明四一・七・三民録一四輯八一四頁。

(36)　参照、大判明三七・一二・一三民録一〇輯一六六八頁（「職務上ノ義務違背又ハ其他ノ過失ノ責」（傍点引用者）を否定）。「職務上ノ義務ノ違背」が執達吏の行為の同法違反を指す点は、大判明三一・三・三一民録五輯三巻七二頁では、より明瞭である。

(37)　事実認定・法令解釈につきそれぞれ参照、東京地判昭五・一二・三法律評論六巻（民訴）六二八頁及び大阪地判大六・六・一二法律新聞一二八七号二八頁。

(38)　財産刑の場合も補償される（（旧）刑事補償法五条四項）が、同法制定前から（民法七〇三条というより法の一般原理としての）不当利得の法理に基づき還付されてきた慣行を明文化したものにすぎない（参照、泉二新熊『刑事補償法論』（立興社・昭六）二七一頁）ため、本章では取り上げない。

(39)　参照、今村成和『国家補償法』（有斐閣・昭三二）二九頁註3。

(40)　小野清一郎「刑事補償の法理（一）」国家学会雑誌四六巻五号二二頁は、ドイツ・オーストリアと異なり、再審補償と未決勾留補償を単一の法律で規定したことは、「自ら両者を其の法律的性質に於て同一なるものとする見解を表現するものとも見られる」という。今村・前註(39)二九頁註3も、両者は「結果責任としての共通性を有していると解するのが、制度の本質に適合しているといえる」と説く。

(41) 参照、五九・衆・刑事補償法案委二回（昭六・二・九）二〜三頁〔泉二新熊政府委員〕・六回（昭六・二・一四）二頁〔泉二政府委員〕。但し、財政上の理由から定額制をとらざるをえなかった（参照、同七回（昭六・二・一六）二頁〔泉二政府委員〕）。

(42) 今村・前註(39)二九頁註3が未決勾留補償を講学上の損失補償に分類しているのには賛同しがたい。「発生した結果は不法」とされる点も、その意味するところが明瞭でない。

(43) ドイツ・民事訴訟法七一七条二項に倣ったものである（参照、鈴木正裕「判決の法律要件的効力」山木戸還暦『実体法と手続法の交錯』下巻（昭五三）一六四〜一六七頁）。

(44)「終局的ニ確定セサル執行名義ヲ利用シタルモノハ之ニ因リテ生シタル損害ヲ若シ斯ル名義ヲ取消サレタルトキハ相手方ニ賠償スル危険ヲ負担スルモノナルヲ以テ……」（松岡義正『新民事訴訟法註釈』（清水書店・昭一〇）一一七三頁）。現憲法下では、原告の責任のほか、国の責任が肯定される場合もありうるが、例外的であろう（本書次章㊳参照）。

(45) 参照、七四・衆・昭和十二年法律第五十七号中改正法律案（鉄ノ輸入税免除ニ関スル件）外一件委六回（昭一四・二・二五）一頁〔今井健彦政府委員〕。

二　現憲法下の国家責任・官吏責任

(一)　現憲法と国家責任

現憲法では、一七条により、「公務員の不法行為」を要件とする国家責任に関する一般法を制定すること、四〇条により、(旧) 刑事補償法を一切の抑留・拘禁を対象とするよう改めることが、それぞれ義務付けられた。いずれも、日本社会党の衆議院修正案(46)（「何人も公務員の公法上の不法行為に対して国に損害賠償を求めることができる。」「冤罪者に対しては国はこれに補償する。」）をもとに、法制局が表現を整えた規定である(47)。このうち一七条の主眼が、官公吏の公法上の職務行為につき国・公共団体の不法行為責任を否定した大審院判例（一(一)参照）の欠を埋める点にあった点は、いうまでもない。

このようにして現憲法は、帝国憲法下の二元的な特別法のうち、(旧) 戸籍法四条等を国家責任に改めて一般法化するとともに、(旧) 刑事補償法を特別法としたままでおく途を選択したのである。純理論的には、公務員の不法行為を要件としない国家責任を一般法化する方向性もありえたところであるが、政府でも与野党でも、それが検討された形跡は見当たらない(48)。

政府は、憲法一七条にいう「公務員の不法行為」を、その文理及び憲法四〇条との対比に照らし、過失責任主義による不法行為という伝統的な私法概念として理解していた(49)。牧野貴族院議員（元東京帝大教授）が民法学界で提唱されている無過失責任主義の拡張を受け容れるよう求めたのに対し、金森国務大臣は、憲法が諸法律に先立って未確立の学説に依拠することはできないとかわしている(50)。この当時、無過失責任主義の立法例はわずかしかなく(51)（一(四) 参照）、憲法一七条並みの一般的射程をもつものは、今日ですら皆無だからであろう。

憲法一七条はまた、「国」の不法行為でなく、「公務員」の不法行為を要件としている。この当時、代理人・被用者の不法行為と無関係に法人それ自体の不法行為を観念する学説はいまだ現れておらず(52)、そのような立法例は今日でも皆無だからであろう(53)(54)。

(二)　国家責任に関する一般法

国賠法一条一項は、憲法一七条が敷いた既定路線どおり、(旧) 戸籍法四条等を「公権力の行使に当たる公務員」及び軽過失に拡張した上、国又は公共団体の代位責任とした(55)。

立案過程では、民法の一部改正でなく単行法とする方針がとられた段階から、「違法に」という文言が加えられている(56)。奥野民事局長によると、これは不法行為の主観的帰責要件（故意過失）と対比される客観的帰責要件であり、民法第三編第五章の章名にいう「不法」行為の趣旨を移してきたものという(57)。「不法に」でなく「違法に」としたのは、国賠法一条一項では、根拠法令違反が多く問題となることが予想されるためという。[58] 同時に、「違法に」はあくまでも客観的帰責要件であり、根拠法令違反に尽きるものでない点も強調されていた。[59][60]

国賠法と民法を併せみると、〈国賠法一条一項↑同法二条一項・民法七一七条一項↓同法七〇九条〉というスペクトルを看取することができる。両端の国賠法一条一項・民法七〇九条では、一般法として過失責任主義がとられており、中央の国賠法二条一項・民法七一七条一項では、特別法として無過失責任主義がとられている。[61] 国賠法二条一項は、（旧）鉱業法七四条ノ二第一項（前述）と同じく、民法七一七条一項との類似性があるからこそ、特別法として許容されたのだといえよう。

国賠法一条一項でも無過失責任主義をとりえないかという質疑に対し、奥野民事局長は、過失責任主義がわが法制上の大原則であり、憲法一七条もそのことを予定しているはずであると答弁した。[62] 国賠法は大審院判例の欠を埋めるため制定された（二(一)参照）ため、制定時の政府見解では、同法一条一項の適用対象を命令・強制作用とする狭義説がとられていたところ、[63] 同項で無過失責任主義をとると、民法七〇九条の適用対象たる（命令・強制以外の）作用と平仄が合わなくなるとも説明されている。[64][65]

国賠法施行後の判例は、同法一条一項の適用対象を命令・強制以外の作用を含む広義説をとるに至ったが、これによって同項が過失責任主義をとっているという奥野局長の説明が揺らぐものではない。狭義説から広義説への変化は、スペクトルの両端にある一般法相互間でその中身が一部入れ替わったものにすぎず、一般法と特別法の均衡上、特別法を設けるには相応の根拠が要求される点では、何ら変化がないからである。

以上に対し、国賠法の下における官吏責任（公務員が被害者に対して直接個人責任を負うか）は、同法施行後の解釈に委ねられた[66]（その後、最高裁により否定されている。）。[67]

(三)　国家責任に関する特別法（刑事補償法等）

刑事補償法（昭二五法一）一条三項は、憲法四〇条の趣旨を踏まえ、再審補償の対象を「刑の執行に附随する身体の拘束にまで拡げ」た[68]。補償額の制限は存置されたが、衆議院修正により、死刑の場合には実際上ほとんど無制限となった[69]。

法廷等の秩序維持に関する法律（昭二七法二八六）八条三項は、監置の裁判の執行等を受けたのち取消の裁判を受けた者についても、刑事補償法を準用することとした。これは、根拠法令違反の国家行為（法廷等の秩序維持に関する法律二条一項違反の裁判）を要件とする点では、再審補償と同じであるが、確定前に執行される点では、仮執行判決が変更された場合の損害賠償（一（四）参照）と同じである（但し、監置の裁判では職権主義がとられているため、国が補償義務者となる。）。

監置は、行動の自由を奪う作用であるが、人を犯罪人として処罰するための作用でない。それにもかかわらず刑事補償法が準用されたのは、もともと刑事補償は後者の作用よりも前者の作用を重視して設けられた（起訴されても勾留されなかった者には補償されない。）からであろう[70]。そうだとすれば、行政手続による身体の拘束一般にまで刑事補償法の準用を拡げてもよさそうにみえるが、補償額の制限という難点があったためか、そのような流れは起きなかった。

（四）国家責任に関する特別法（消防法等）

現憲法下では、刑事補償法に先立ち、公務員の不法行為を要件としない国家責任に関するもう一つの特別法が新設されている。すなわち消防法（昭二三法一八六）六条三項[71]（現二項）であり、防火対象物の火災予防措置命令（同法五条（現一項））を取り消す判決[72]があった場合には、同命令によって生じた「損失」を「補償」することとしている（賠償額の制限はない。）。「損失」「補償」という文言が用いられているが、根拠法令違反の国家行為を要件とする講学上の損害賠償である。

同命令は、「防火対象物……そのものが現に危険に迫られてもいない、又は現に他に危険を及ぼさない平常の状態においても、それに対し必要な制限を加えることができ……、このように異常な程強力な権限は他に類例がない」[73]。制定時には、同命令の取消訴訟では執行停止がされないこととなっており（消防法（制定時のもの）六条二項）、この損害賠償は「執行不停止の原則……との調和」を図ったものと説明されていた[74]。

その後、行政事件訴訟法の施行に伴い、執行停止がされることとなったが[75]、制定時の説明は、現在でもそのまま妥当すると考えられる。執行停止の決定がされる前に又は却下決定がされたため同命令を執行するのもまた、執行不停止原則の表れにほかならないといえるからである。よって、同命令が取り消された場合の損害賠償は、仮執行宣言付判決が変更された場合の損害賠償（一㈣参照）を、原告・被告間から国家・私人間に転用したものと位置付けることができよう。

消防法六条三項（現二項）が設けられた理由としては、次の三つの可能性が考えられる。第一は、（防火対象物の火災予防措置命令が）果敢に発動されるべき類型の処分であること[76]、第二は、（同命令が）「異常な程強力な」権利制限を内容とする類型の処分であること、第三は、（同命令が）行政庁が認定した事実を根拠法令に照らして評価することが容易でなく、国家にとっても私人にとっても予測可能性が低い類型の処分であることである。

このうち第一の理由については、不利益処分はその要件該当性につき確信がない限りしてはならないのが原則であるところ、火災の予防という目的だけでその例外が正当化されるか疑問なしとしないため[77]、ただちには首肯しがたい。また、第二の理由については、違反建築物に対する是正命令（建築基準法九条一項）が、防火対象物の火災予防措置命令と同じような内容でありうるにもかかわらず、（処分要件が可能な限り定量化されており）予測可能性が確保されているため、「異常な程強力」とは考えられていない点に照らすと、結局のところ第三の理由こそが決定的ということになる。そうすると、消防法六条三項（現二項）のような規定が設けられてもおかしくない処分は、ほかにも少なからず存在するはずである。よって同項は、潜在的には非常に汎用可能性の高い立法例であるといえよう。

それにもかかわらず、消防法六条三項（現二項）に続く立法例としては、これまでのところ国税徴収法（昭三四法一四七）一一二条二項が現れたにすぎない。同項は、滞納処分手続における動産の売却決定の取消（裁決による取消し及び職権取消しを含む。）を要件として（当該動産を買受人から追奪して所有者であった者に返還することなく即時取得の効果はそのままとして）、所有者であった者に「通常生ずべき損失の額」を「賠償」するものである。(78) 根拠法令違反の国家行為を要件とする講学上の損害賠償であるが、損害の内容が限定されている（逸失利益等の賠償は、国賠法一条一項によ る。）点に特色がある。ここでの利益状況は、強制執行・担保権実行手続と同様であるが、行政法では類例がなく、特殊な立法例であるといえよう。(79)

このほか、国税徴収法一五九条一二項（現一一項）は、保全差押がされた後、更正処分等により確定された実際の税額が保全差押金額に満たなかった場合には、保全差押により生じた「損害」を「賠償」することとした。同項は、根拠法令違反の国家行為（同条一項に違反する保全差押）があったかを問わずされるものであり、未決勾留補償（一（三）参照）と同じく、講学上の統一的補償に分類される。

以上のとおり、行政法、刑事法及び民事法を通覧すると、公務員の不法行為を要件としない国家責任の先駆的な立法例としては、行政法に防火対象物の火災予防措置命令が取り消された場合の損害賠償があり、刑事法に再審補償があることが分かる。前者の民刑事法における類例としては、監置の裁判の執行の補償があるほか、（国家責任でないが）仮執行宣言付判決が変更された場合の損害賠償がある。一方、再審補償の行政法・民事法における類例は見当たらない。(80) なお、統一的補償の立法例としては、行政法に保全差押に係る損害賠償があり、刑事法に未決勾留補償があるにとどまる。(81)

(46) 佐藤達夫（佐藤功補訂）『日本国憲法成立史』四巻（有斐閣・平六）六六九頁。

(47) 参照、九〇・衆・帝国憲法改正案小委六号（昭二一・七・三一）四〜五頁〔芦田均、鈴木義男、佐藤達夫政府委員〕及び同七号（昭二一・八・一）三一頁〔佐藤政府委員〕。「公法上の」を削ったのは、「実際公私ノ関係ハ錯雑シテ居リマシテ、サウ云フコトヲ論議致シマスルヨリモ、一括シテ其ノ原因ノ何タルカヲ問ハズ、公務員ノ不法行為ニ依リ損害ヲ受ケタモノハ、此ノ憲法上ノ保障ヲ与ヘルト云フコトガ適切デアリ有効デア」るためという（九〇・貴・帝国憲法改正案特委一五号（昭二一・九・一七）一六頁〔金森徳次郎国務大臣〕）。

(48) 修正案を一ヶ条にまとめられないかという委員長提案に対し、同党の鈴木衆議院議員（元東北帝大教授）は、「冤罪者賠《ママ》償ノ方ハ公法上ノ不法行為ト言ハレ得ナイ、正当ナル行為……ニ対シテ賠《ママ》償ヲ払フノデスカラ」と反対し、佐藤法制次長もこれに同調している（九〇・衆・前註(47)六号四〜五頁〔芦田、鈴木、佐藤政府委員〕。ここには、既存の二元的な特別法を所与とする発想がよく表れている。

(49) 参照、九〇・貴・前註(47)一五号一七頁・二〇頁〔木村篤太郎国務大臣〕。

(50) 参照、九〇・貴・前註(47)一五号一三頁〔牧野英一、金森国務大臣〕。

(51) その後、国賠法と同年に、私的独占の禁止及び公正取引の確保に関する法律（昭二二法五四）二五条一項が現れるに至った。

(52) 前田達明「法人の不法行為責任」星野英一ほか編『民法講座』一巻（有斐閣・昭五九）二三三頁は、国賠法制定の前年までに現れたそのような学説として、舟橋諄一「判例に現れたる鉄道及び電鉄交通事故」法政研究（九州帝大）五巻二号（昭一〇）一頁以下を挙げている。しかしながら、同四頁は、民法七一五条一項と同法四四条一項を対置する代わりに、同法七一五条一項と同法七〇九条を対置しているため、機関の行為を法人の行為と評価する学説（参照、前田・同二一四〜二一六頁）に分類されるべきである。この点は、舟橋諄一『民法総則』（弘文堂・昭二八）七三〜七四頁では、より明瞭である。

(53) 佐々木貴族院議員（元京都帝大教授）は、憲法一七条にいう「不法行為」の主体は公務員か国かと質しているが、同条が「公務員の不法行為」を要件としている以上、公務員の不法行為と無関係に国それ自体の不法行為を観念した上での質疑ではなかろう。木村司法大臣も、「学説上ノ問題」とかわしている（参照、九〇・貴・前註(47)一五号一九頁〔佐々木惣一、木村国務大臣〕）。機関の行為が法人にとって他者の行為か自己の行為かという論争が民法四四条一項による責任の有無に影響しない点につき参照、前田・前註(52)二二三頁。

(54)　なお、民法施行後では、大判明三二・一二・七民録五輯一一巻三二頁が法人それ自体を不法行為の主体としたものと理解されることもある（参照、前田・前註(52)二三〇頁）。しかしながら、同判決は「氏名不詳の被用者」の不法行為を要件とする民法七一五条一項による責任であるという理解もある（参照、田上富信『使用関係における責任規範の構造』（有斐閣・平一八）三六七頁・三七一頁註39)。前田・同二三三頁は、舟橋・前註(52)同号八三～八九頁が挙げる四判決についても、法人それ自体を不法行為の主体としたものと理解しているようであるが、このうち第一・第三の判決は「経営者」の過失を問うており、民法四四条によったものと解される。第二・第四の判決についても、同条によったと理解することは決して不可能でない。

(55)　参照、後註(61)。国賠法一条一項が公務員の不法行為と無関係に国・公共団体それ自体の不法行為を観念するものでないことはいうまでもない。

(56)　参照、宇賀克也編『国家賠償法〔昭和二二年〕』日本立法資料全集四二巻（信山社・平二七）三六頁。但し、その後の案でも一度脱落している（参照、同四一頁）。

(57)　「『違法に』というのは、違法性の阻却するような事情のある場合は除外するという当然なことを規定しているのでありまして、やはりその点は民法も同様の趣旨かと考えます。民法のように不法行為というふうな条文の章を設けておりませんので、要するにその民法の趣旨をここに『不法に』とか或いは『違法に』とかということで現したわけでありまして、例えば違法でないいわゆる適法な正当なことで、他人がそのために損害を被つても、これはそういう場合にまで国家が一々賠償の責に任じないのだという趣旨を現しているのでありまして、違法性の問題と故意過失の問題というのは、主観的要件としての故意過失、客観的要件としての違法性ということを現している」（一・参・司法委四号（昭二二・七・二六）六頁〔奥野政府委員〕）。この説明は、法制局審査の要旨をまとめたと目される立案関係資料とも合致している（参照、宇賀編・前註(56)六二頁）。

(58)　「死刑執行をやることによつて生命を奪うということに対する認識がある……がこれは違法でないから問題にならないので、……適法な行為によつて損失があつた場合でも、補償しなければならないのじやないかという疑いを抱く虞れがあつては困るという意味で『違法』、或いは『不法』といつても結構かと思いますが、ただ行政上の行為であります故に、『不法』と云わないで『違法処分』というようなことがよくいわれるので『違法』ということをいつたに過ぎない」（一・参・司法委一三号（昭二二・八・一三）九頁〔奥野政府委員〕）。

(59)　「違法と申しますのは、やはり不法というのと同じつもりで、規定しております。いわゆるいろいろな法規に違反しておるという意味、あるいは成文法に違反しておる場合のみに限定すべきものかどうか。さらにたとえば公序良俗に反するような場合もやはりこれの違法というちに含めてよいかどうかということも、解釈問題と考えますが、大体あるいは職務法規、職務準則に関する法規もありましようし、その他いろいろな関係の法規に違反しておる場合を広く含めて違法ということにいたしたいのでありま す。」「違法性を阻却しておるような場合はこの限りでないというのと同じ意味かというふうに考えております。……私個人の考えとしては、……形式的な違法のみならず、……他のいわゆる公序良俗、あるいは信義誠実等の規範を破つておるような場合も含めて解釈していいのではないかというふうに考えております」（一・衆・司法委四号（昭二二・七・一六）三頁〔奥野政府委員〕）。同旨、田中二郎「国家賠償法について」（昭二二）『行政上の損害賠償及び損失補償』（酒井書店・昭二九）一六九頁。

(60)「違法に」は、権利に限らず「法律上保護セラルル……利益」が侵害された場合にも不法行為の成立を認める判例（大判大一四・一一・二八民録四輯六七〇頁〔大学湯〕）の趣旨を採り入れたものでもある（参照、前註(59)四頁〔奥野政府委員〕）。しかしながら、このことが「違法に」を加える決定的な動機となったわけではない。（旧）戸籍法四条等はもともと権利侵害要件を規定しておらず、同判決以前のような限定解釈がされるおそれはなかったからである（参照、前註(58)九頁〔斎武雄、奥野政府委員〕）。

(61)「賠償は、現在におきましては、原則として過失主義を採つておりますので、……賠償の責に任ずるのは、その行為者の過失のあつた場合に限ることが適当ではないかというふうに考えまして、自然人たる公務員の行為の結果、国家の賠償の責に任ずる場合に限つて、過失主義を採つて、自然人にあらざる物的設備の欠陥のための場合には、大体民法の現在の七百十七条では殆ど無過失責任に近いのでありますから、二条におきましては、……無過失賠償の主義を採つたわけであります」（前註(57)四頁〔奥野政府委員〕）。

(62)「我が国において、大体不法行為といえば、……いわゆる過失主義を取つておる現在の法制の建前によつてここに規定をいたしたのであります」（前註(57)六頁〔奥野政府委員〕）。「憲法の十七条においては、『公務員の不法行為に』云々というようになつておりまして、やはり不法行為というのは、現在の民法の建前からすると、過失主義のいわゆる不法行為というふうに考えるのが常識であろう」（前註(59)二頁〔奥野政府委員〕）。

(63)「公権力の行使と申しますのは、やはり命令服従の関係の強制力を含んだ行政作用を考えているわけでありまして、この点については、従来国家に責任がなかつた点を撤廃といいますか、責任を認めたのがこの第一条であります。そうすると、公法関係の中で、公権力行使以外の公法関係についてはどうなるかという問題になりますが、これは民法の一般原則で、やはり国家が責任を負うということに解釈し得るのではないかと考えております」（前註(34)二頁〔奥野政府委員〕）。

(64)　この作用につき国又は公共団体が責任を負うのは、民法四四条一項・七一五条一項による（参照、一・衆・司法委七号一頁〔奥野政府委員〕）。

(65)　「公権力行使の場合は無過失であるが、それ以外の場合の、国家が賠償の義務を負う場合は、故意過失を要件とするということになりますと、両者の間において平仄が合わない」（一・参・司法委七号二頁〔奥野政府委員〕）。

(66)　「立案の当初において、……国家のみが責任を負つて個人が責任がないといつたような案を一応作つたこともあつたのでありますが、これは審議の際色々問題が起りまして、結局その点はもう解釈の問題に委ねて、この法案は国家の賠償だけを明らかにしようということになつた。……今までのように国家の公権力行使は、本来国家それ自体の責任がないのだというふうな頭で参りますと、国家だけは公権力の行使の場合に責任があるということに本法においてなつても、個人である公務員については、依然公権力行使であるからというので、責任が全然ないというふうな解釈もあり得るかと思います。又一面新憲法によつて、国の公権力の行使の場合も一般の私人と同じく、不法行為の賠償責任を負うことになつたというふうに解釈いたしますと、……民法四十四条の場合と……同様になりまして、この点につきましてはもう機関としての個人責任は全然ないという説と、やはり行為者としてやはり不法行為の個人責任があるのだ、という説が両方あるようでありまして……」（一・参・司法委小委一号（昭二二・八・一五）三頁〔奥野政府委員〕）。なお、司法法制審議会では、否定説が多数であったという（参照、一・衆・司法委六号（昭二二・七・二八）二二頁〔奥野政府委員〕）。

(67)　参照、最判昭三〇・四・一九民集九巻五号五三四頁。詳細な理由は説示されていないが、小澤文雄「国家賠償法案」法律新報七三九号一五頁及び田中・前註(59)一七〇頁を参考としたのであろう。

(68)　参照、横井大三「新刑事補償法逐条解説」警察研究二一巻二号（昭二五）三四頁。

(69)　参照、横井大三「新刑事補償法に対する国会の修正」法律新報七五六号（昭二五）二一頁。

(70)　立案関係者も、「制裁は刑罰ではないが、その執行によつて刑の執行の場合と類似の損害を受けることが予想される」ためと説明している（参照、武安将光「法廷等の秩序維持に関する法律」警察研究二三巻九号（昭二七）六二頁）。

(71)　立案過程につき参照、自治大学校編『戦後自治史Ⅸ（警察および消防制度の改革）』（自治大学校・昭四二）二四〇〜二四一頁。消防法は、最終的に議員提出法案となったが、法制局審査を終えている（参照、大川鶴二ほか「新消防制度のできるまで」日本消防一三巻一〇号（昭三五）一二頁〔長野実〕）ため、立法例としての価値は政府提出法案と同等である。
(72)　同命令が執行されても、後述の損害賠償請求権が発生する可能性があるため、取消訴訟の訴えの利益が消滅することはない。
(73)　国家消防庁管理局総務課編『改正消防法逐条解説』（消防文化協会・昭二五）一〇三頁。この点は、消防法の一部を改正する法律（平一四法三〇）による改正後の現行法でも変わっていない。
(74)　参照、国家消防庁管理局総務課編・前註(73)一一三〜一一四頁。
(75)　消防法（行政事件訴訟法の施行に伴う関係法律の整理等に関する法律（昭三七法一四〇）による改正後のもの）六条一項。
(76)　参照、雄川一郎「行政上の無過失責任」（昭四〇）『行政の法理』（昭六一）四一一頁及び阿部泰隆＝森本宏『消防行政の法律問題』（全国加除法令出版・昭六〇）四五頁〔阿部〕。平成一四年改正後は、消防庁もこの見解を採用するに至った。すなわち総務省消防庁監修＝消防基本法制研究会『逐条解説消防法』（東京法令出版・平一五）九五頁は、「他の命令のように……慎重な判断を行っていては、結果として迅速機宜な命令の発動が困難となり、予防行政の目的を十分に達成することができなくなるおそれがある」とした上、無過失損害賠償は「火災予防上の必要性からかかる一般的な要件のもとに迅速機宜に多様な命令が発動されることを認める代替措置」であるという。
(77)　消防法の立案関係者も、「五条は『抜かざる伝家の宝刀』であることにむしろ重みと意味がある」と説明していた（国家消防庁管理局総務課編・前註(73)四九頁）。平成一四年改正によっても、確信がなくともすることができる処分になったとは、にわかに解しがたい。なお、果敢に発動されるべき類型の処分であるという解釈自体が無過失損害賠償を根拠とするのであれば、論理が逆転していることになる。
(78)　立案過程につき参照、三ヶ月章ほか監修『国税徴収法〔昭和改正編〕(三)』日本立法資料全集一五三巻（信山社・平一四）五八〜五九頁〔吉国二郎〕・一四六〜一四七頁〔田中二郎・吉国〕。
(79)　三ヶ月ほか監修・前註(78)七二頁〔田中〕は、滞納処分手続の円滑化のため取消の効果を制限する代償措置であり、「一種の事情判決」と位置付けている（ほぼ同旨、雄川・前註(76)三九五頁）。これに対し、三ヶ月章「強制執行と滞納処分の統一的理解」（昭三五）『民事訴訟法研究』二巻（有斐閣・昭三七）一六二〜一六三頁は、「債権者としての国」による「不当利得の償還」と理解している。
(80)　その後、少年の保護事件に係る補償に関する法律（平四法八四）二条一項が加わった。

（81）　民事保全法の立案過程では、仮差押の執行による損害を債権者に賠償させることも検討されたが、実現しなかった（参照、山崎潮『民事保全法の解説』（法曹会・平六）三六頁・一〇頁・一四頁）。

第九章　続・行政法における違法概念の諸相（国賠違法の構造）

本書第七章（本論）では、取消違法の構造について考察した。前章及び本章では、国賠違法の構造について考察する。前章では、帝国憲法・現憲法下の法令を対象とし、本章では、現憲法下の判例を対象とする。

一　国賠法一条一項に関する判例

（一）　加害行為の分類

不法行為法にいう「行為」は、加害行為（他人に損害を加える行為）を含め、全て「意思による支配の可能な人のふるまい」であるとされている[1]。加害行為のうち、損害の発生を帰責しうるもののみが、不法行為を構成する[2]。「加害行為」が「不法行為」と同義でないことは、民法七二〇条一項にも示されているところである。

国賠法一条一項に関する判例（後掲判例一覧参照）では、処分その他法的行為がされたものの、その法的行為としての側面は加害行為でない事例（一(二)参照）も散見される。これらの事例では、国賠違法を取消違法と同じ平面で比較することはできない。よって本章では、これらの事例以外の事例であって、処分、非訟・訴訟事件の裁判、法令の制定施行等の法的行為及び事実行為（以下「処分等」という。加害行為は事実であるため、正確には、公務員が当該処分等をしたこと）が加害行為であるもの（一(三)～(六)参照）を、主たる対象としたい。

後者の事例では、第一に、非裁量処分等の事例（一(三)～(五)参照）と裁量処分等の事例（一(六)参照）を区別することができる。第二に、処分等が直接的な加害行為である事例（一(三)参照）と間接的な加害行為（私人が当該処分等を前提とする行為をしてはじめて損害が発生するもの）である事例（一㈣参照）を区別することができる。(3) 第三に、（二以上の処分等から構成される）手続中の最終段階の処分等だけでなく、それに至る手続全体が加害行為とされた事例（一㈤参照）もある。

以上の事例を通じた、各処分等の根拠法令違反（処分でいう取消違法）の有無を併せた加害行為（不法行為を構成しないと判断されたものを含む。）の概要は、次のとおりとなる。丸括弧を付した（○○法上違法な）は、当該判決又は確定した別訴で肯定された原告の主張であり、亀甲括弧を付した〈○○法上違法な〉は、当該判決では判断されず、又は否定された原告の主張である。

㈡　処分その他法的行為がされたものの、その法的行為としての側面は加害行為でない事例

この事例は次の三種に分類される。第一は、法的行為の外観又は附随的にされた事実行為が加害行為である事例である(4)（⑨⑱⑳㉑㉓㉗㊹(74)(99)）。⑨では、強制競売それ自体でなくその外観（目的物が第三者の所有に属し（旧）民事訴訟法上無効な）強制競売をし、買受人が競売調書の謄本により真の所有者であると原告を誤信させ売買代金を詐取するに至らしめたこと）、⑱では、所有権移転登記それ自体でなくその外観（実体上の権利関係に合致せず（旧）不動産登記法・民法上無効な(5)）同登記をし、申請人が登記簿の記載により真の所有者であると原告を誤信させ売買代金を詐取するに至らしめたこと）、⑳では、強制競売それ自体でなく占有の移転（目的物が原告の所有に属し（旧）民事訴訟法上無効な）強制競売をし、買受人に目的物を引き渡して転得者に即時取得させるに至らしめたこと）、㉑では、仮処分登記の抹消それ自体でなくその外観（実体上の権利関係に合致せず（旧）不動産登記法・民法上無効な）抹消をし、原告が登記簿の記載により制限のない土地と誤信して転得するに至らしめたこと）、㉓では、強制競売それ自体でなく収納行為（立木を動産とする（旧）民事訴訟法上無効な）強制競売をし、原告から競落代金を領収したこと）、㉗では、農地の買収・売渡処分それ自体でなく占有の移転（死者を名宛人とする自作農創設特別措置法上無効な）買収処分及び（これを前提とする同法上無効な）売渡処分をし、後者の名宛人に農地を引き渡して時効取得に至らしめたこと）、㊹では、貨物の公売処分それ自体でなく占有の移転（関税法上適法な）同処分をし、買受人に貨物を引き渡して輾転流通に至らしめたこと）、(74)では、売却許可決定それ自体でなく誤った外観を作出した行為（民事執行法上適法な）同決定に先立ち、現況調査報告書に隣地を目的物と記載し、原告（買受人）がそのように誤信して建物を建築し、使用するに至らしめたこと）、(99)では、（私的独占の禁止及び公正取引の確保に関する法律（以下「独禁法」という。）上適法な）排除命令それ自体でなく命令書の記載が、それぞれ加害行為である。⑨⑱⑳㉑㉓㉗では、法的行為は根拠法令上違法無効である。㊹(74)(99)では、法的行為は根拠法令上適法有効だが、その効果（所有権の移転及び排除義務の賦課）により損害が発生したわけではない。

第二は、拒否処分でなく、許認可等をすべき時期にしなかった不作為が加害行為である事例である。㉟は、劇物輸入業等の登録をすべき時期を過ぎて（毒物及び劇物取締法上違法な）拒否処分をした場合には、拒否処分それ自体でなく、登録をすべき時期にしなかった不作為が加害行為であるとした[6]〈不利益処分でも、それをすべき時期までにしなかった不作為が加害行為である事例もあるが、本章では、処分等の不作為は扱わない。〉。

第三は、処分又はそれに至る手続全体それ自体でなく、国・公共団体が自ら事件を作出して処分等又はそれに至る手続全体を本来予定されていない目的[7]で利用した行為が加害行為である事例である。㉙では、〈児童福祉法上違法無効な〉児童遊園の設置認可[8]から〈風俗営業等取締法上違法無効な〉個室付浴場業の停止命令に至る手続全体でなく、訴外余目町に働きかけて同認可を申請させ、当該手続全体を原告の営業を阻止する目的[9]で利用した行為が加害行為である[10]。

(三)　非裁量処分等が直接的な加害行為である事例

法的行為の事例としては、②⑯⑲㉜㊳㊽(61)(64)(66)(68)(72)(83)(91)(94)がある。②では、〈見積価格・公売価格が著しく低く（旧）国税徴収法上違法な[11]〉公売処分、⑯では、〈法廷等の秩序維持に関する法律上違法な〉過料の制裁決定、⑲では、〈剰余主義に反し（旧）民事訴訟法上違法な）[12]強制競売、㉜では、（正当な理由がなく地方自治法上違法な）集会の用に供する公の施設の使用許可の取消処分、㊳では、〈適用法令の選択を誤り（旧）民事訴訟法上違法な〉給付判決、㊽では、〈違憲な〉在宅投票廃止法律の制定施行、(61)では、（幼年者との接見を一律に禁止し監獄法上違法な）接見不許可処分、(64)では、（税額が過大であり所得税法上違法な）更正処分、(66)では、〈無期限原則に反し国家公務員法上違法な〉期限付任用（期限に係る部分に限る。）、(68)(72)では、（正当な理由がなく地方自治法・条例上違法な）集会の用に供する公の施設の使用不許可処分、(83)では、〈債権が第三者に属し国税徴収法上違法な〉差押及び充当、(91)では、（非開示情報でなく条例上違法な）公文書一部非開示決定の変更決定等、(94)では、（輸入禁制品でなく関税定率法上違法な）輸入禁制品該当通知が、それぞれ加害行為である（いずれも、根拠法令上無効とは主張されていない。）。

物理的事実行為の事例（開始自体も加害行為であるもの）としては、⑪⑫⑬⑮㊾(54)(67)(71)(73)(105)がある。⑪では、〈関係人の合意に瑕疵があり（旧）民事訴訟法上違法な[13]〉配当表の作成と配当の実施[14]、⑫では、〈同法上違法に〉建物から退去させたこと、⑬では、〈移植適期でなく同法上違法な〉生立木の収去、⑮では、〈令状で許可された物件でなく刑事訴訟法上違法な〉差押、㊾では、被疑者を追跡し、原告との衝突事故に至らしめたこと、(54)では、〈所得税法上違法な〉立入、(67)では、〈配当異議の起訴証明があり民事執行法上違法な〉配当の実施、(71)では、〈刑事訴訟法上違法な〉現行犯人の留置、(73)では、〈許可状で許可された物件でなく国税犯則取締法上違法な〉差押、(105)では、〈刑事収容施設及び被収容者等の処遇に関する法律上違法な〉信書の返戻が、それぞれ加害行為である。このうち⑫⑬⑮(67)(73)では、当該行為に先立って処分等（執行吏保管の仮処分、土地明渡判決及び配当表の作成）又は内部行為（差押状・捜索差押許可状の請求・発付）がされているが、その根拠法令上の違法も国賠違法も主張されていない。

物理的事実行為の事例（開始自体は加害行為でないもの）としては、⑤⑥⑩㉖がある。⑤では、（滅失防止措置をとらず（旧）民事訴訟法上違法な）仮差押物の保管、⑥⑩では、（毀損防止措置をとらず関税法上違法な）差押物の保管、㉖では、

（供託をせず競売法上違法な）配当額の保管が、それぞれ加害行為である。

　精神的事実行為の事例としては、㉝㊱(53)(63)(80)(95)(98)(102)がある。㉝では、退職を強要する行政指導、㊱では、犯罪人名簿に関する弁護士会照会への回答、(53)では、調査書の作成・提出、(63)では、寄付金の納付を事実上強制しようとする行政指導、(80)では、住民票の続柄の記載、[15] (95)では、接見申入れへの回答、[16] (98)では、公務災害に関する調査報告書の作成・公表、(102)では、政治倫理審査請求、決議及び警告が、[17]それぞれ加害行為である。

（四）非裁量処分等が間接的な加害行為である事例

法的行為の事例としては、(56)（作為に係る部分。以下同じ。）(69)(101)がある。(56)では、（欠格事由があり宅地建物取引業法上違法な）[18]免許の付与・更新をし、名宛人の原告に対する債務不履行に至らしめたこと、(69)では、（有用性が肯定されず薬事法上違法な）医薬品の製造承認及び日本薬局方への収載をし、名宛人等がこれを製造するなどに至らしめたこと、(101)では、（建築計画が建築基準関係規定に適合せず建築基準法上違法な）建築確認をし、原告が建築物を建築するに至らしめたことが、それぞれ加害行為である。法的行為を前提とする私人の行為は、(56)では、民法上の不法行為となる可能性もないではなく、(69)では、一部が民法上の不法行為とされたが、(101)では、原告自身の行為であり、国賠違法の主張が信義則に反する場合もありうるとされた。

　精神的事実行為の事例としては、⑭(70)(79)がある。⑭では、（本人の意思を欠き条例上違法な）印鑑証明をし、請求人が真正な代理人であると原告を誤信させ貸付金を詐取するに至らしめたこと、(70)では、獣医師会所属獣医師から飼犬等の不妊手術を受けた市民に手術料を補助するとした要綱を定めて公にし、市民が原告でなく同会所属医師を選択するに至らしめたこと、(79)では、再販売価格である税込み価格を税込みであると明示して表示する方法が一般「消費者の利益」（現・独禁法二三条一項）を不当に害することなく「適当と考えられる」旨の見解を公表し、原告が（本体価格のみを表示した販売行為は一般消費者の利益を不当に害すると反対解釈して）不公正な取引方法の排除命令を回避するためカバーを刷り直すなどに至らしめたことが、それぞれ加害行為である。事実行為を前提とする私人の行為は、⑭では、民法上の不法行為であるが、⑳では、そうでなく、⑲では、原告自身の行為である。

（五）　手続中の最終段階の非裁量処分等だけでなく、それに至る手続全体が加害行為である事例

最終段階が法的行為の事例としては、③⑦⑰⑭があある。③では、（価額が社会通念上明らかに不相当であり（旧）民事訴訟法上違法な）差押物の評価から（同じ理由により同法上違法な）[19]競落告知に至る手続全体、⑦では、（小作地でなく自作農創設特別措置法上違法な）農地の買収計画、異議申立却下決定及び訴願棄却裁決をし、買収処分に至らしめたこと、[20]⑰では、（株主優待金を利益配当とする所得税法上違法な取扱いを命じた）通達の発出から（当該通達に従った）賦課処分を経て公売処分に至る手続全体、⑭では、（一切の不法滞在者を適用対象外とする国民健康保険法上違法な取扱いを求めた）通知の発出から（当該通知に従った）被保険者証不交付処分に至る手続全体が、それぞれ加害行為とされた。

最終段階が物理的事実行為の事例としては、①㉛㊶㊻㊿がある。①では、〈被疑事実と公訴事実が異なり刑事訴訟法上違法な〉勾留期間更新請求・決定から勾留（継続）に至る手続全体、㉛では、〈同法上違法な〉逮捕状・勾留状の請求・発付から逮捕・勾留に至る手続全体、㊶では、〈同法上違法な〉逮捕状の請求・発付から逮捕に至る手続全体、㊻では、（実体法上無効〈であり公証人法上違法〉な）公正証書の作成をし、（民事執行法上無効な）[21]債権差押命令がされ債権者が支払を事実上差し止めるに至らしめたこと、[22]㊿では、（在外居住者は適用対象外であり、在外居住者となった者に係る健康管理手当の支給認定は当然に失効するため、支給を打ち切るという原子爆弾被爆者の医療等に関する法律等上違法な取扱いを命じた）通達を作成・発出し、（当該通達に従った）支給打切りに至らしめたことが、[23]それぞれ加害行為とされた。

手続全体・その一部の行為いずれが加害行為であるかは、原告の主張の範囲内で、[24]裁判所が認定する。[25]手続中の行為が国家公務員と地方公務員とで分担してされる場合、手続全体を加害行為とするためには、国・地方公共団体いずれも被告としなければならない[26]（⑭）。但し、当該地方公務員が国の機関である場合（機関委任事務）には、手続

全体が国の「公権力の行使」（国賠法一条一項）に当たるため、国だけを被告としても、手続全体を加害行為とすることができる（⑦(93)）。

(六)　裁量処分等が加害行為である事例

この事例には、㉒㊸(52)(55)(60)(65)(75)(78)(81)(89)(90)(104)がある。[27] 国賠違法は、取消違法と同じく、[28] 要考慮要素を考慮しなかったこと等をもって肯定されている（(60)(75)(89)(90)）。もっとも、両違法を基礎付ける事実が論理的に一致すると考えられているかは、いまだ同一の裁量処分につき両違法が判断された事例がないため、明らかでない。[29] なお、裁量処分等では、国賠違法と過失を基礎付ける事実もまた同一とされている。[30]

(1)　四宮和夫『事務管理・不当利得・不法行為』中巻（昭五八）二九三頁。

(2)　このような思考順序による国賠法研究の重要性を説くものとして、中川丈久「国家賠償法一条における違法と過失について」法学教室三八五号（平二四）七二頁以下がある。同九二～九三頁は、(64)(94)では、不利益処分による直接的な不利益でなく慰謝料等のみが損害として主張されていたため、国賠違法が取消違法と一致しなかったという「試論」を提示している。これによると、直接的な不利益・慰謝料等いずれも損害として主張された場合には、不利益処分の国賠違法は、直接的な不利益との関係では取消違法と一致し、慰謝料等との関係では取消違法と一致しないものとして判断されるはずであるが、必ずしもそのような判断がされるとは思われない。

(3)　本章では、単純化のため、全ての不利益処分を一応、直接的な加害行為に分類しておく（本章の結論には影響しない。）。実際には、納税義務を確定する課税処分がされたことによりただちに損害が発生する場合もあれば、納税者が税額を納付するまで損害が発生しない場合もあろう。

(4)　判例につき参照、小室直人「競売の公信的効果」『執行・保全・特許訴訟』（平一一）一五八頁・一六四～一六五頁注1。

(5)　権利に関する登記は、直接的効果はないが、民法一七七条により間接的効果を付与された行為である（通常の処分と異なり、実体上の権利関係に合致しないものは、事例を問わず無効とされる。）。

(6) これに対し、当該時期までに拒否処分をした場合には、それ自体が加害行為となる（損害は当該時期まで発生しない。参照、宇賀克也『国家責任法の分析』（昭六三）二〇二頁注3）。(61)(84)(91)（後出）では、そのように判断されたようである。これに対し、(30)(40)(47)(59)は、当該時期を過ぎて許認可等等がされた事例である。

(7) ⑨⑭⑱⑳でも、処分等が（私人により）利用されているが、いずれも本来予定されている目的である。

(8) ㉙は、第一次的に設置認可、第二次的に停止命令を加害行為とする原告の主張のうち、第二次的な主張について判断するまでもなく請求を認容した原審を維持している。とはいえ、同認可は同命令の「不可欠の前提」（原審）と位置付けられており、㉙は、同認可のみを加害行為としたものでない。

(9) 石井忠雄「行政権限の濫用と国家賠償の成否」藤山雅行＝村田斉志編『新・裁判実務大系』二五巻改訂版（平二四）六六〇頁は、当該手続全体を利用した行為が加害行為であると説くが、最高裁は、社会で自然に生じた事件につき禁考慮要素を考慮して処分がされた場合には、処分と処分の利用行為とを区別していない（参照、本書第七章三〇七頁〔長東小判決〕）ため、㉙は、山形県が自ら事件を作出した点を特に重視したものとみられる。仮に、設置認可を申請した余目町のみが営業阻止の目的を有し、山形県知事・公安委員会がこのことを知りえないまま両処分をし、かつ、余目町も被告とされていたとすれば、余目町の申請行為（私経済作用でなく社会福祉行政作用に当たる。）だけが国賠違法を肯定されたと思われる。なお、最判平一九・三・二〇判時一九六八号一二四頁〔稚内木馬館〕は、パチンコ業者らが競業者の営業を阻止する目的で社会福祉法人に土地等を寄附し、児童遊園の設置認可及び営業不許可処分に至らしめたことを民法上の不法行為とした。

(10) ㉙では、設置認可に根拠法令違反はないとも解しうる（参照、石井（忠）・前註(9)六六三～六六四頁及び武田真一郎「国家賠償における違法性と過失について」成蹊法学六四号（平一九）一五～一六頁）が、取消違法の有無は「特に論じなければならない問題ではない」と解説されていた（石井健吾〔判解民昭五三〕二一四頁）。

(11) 参照、桃井直造編『条解国税徴収法』（昭三二）六三八～六三九頁。

(12) (56)（後出）と同じく、原告との関係での国賠違法は否定された。処分の場合、このような事例では、取消訴訟の原告適格を欠くか、「自己の法律上の利益に関係のない違法」（行訴法一〇条一項）と判断されよう。

(13) 関係人の合意に基づく配当は、同法上適法である（参照、宮脇幸彦『強制執行法（各論）』（昭五三）四五九頁）。

(14) 配当表の作成については、法的行為（裁判）か事実行為か諸説ある（参照、宮脇・前註(13)四六八～四六九頁）が、本章では立ち入らない。但し、関係人の合意に基づく配当表の作成と配当の実施は、一個の事実行為であるとしておく。

(15) ⑧⓪では、⑨⑨と異なり、記載そのものが個人情報の管理行為に当たる。

(16) ⑨⑤の判決要旨（「接見を申し入れ……これを許さなかった……措置」）は、⑥①の判決要旨（「接見を許さない旨の処分」）と異なっている。⑨⑤は、不許可処分をしたのでなく、許可処分がされる見込みがないことを伝えて事実上接見させなかった事例だからであろう（⑩⑤も、信書発信の不許可処分をしたのでなく、信書を返戻して事実上発信させなかった事例である。）。

(17) 原告は「一連の手続」と表現しているが、各段階の行為は独立して直接的な加害行為たりうるため、ここに分類しておく。

(18) 前註(12)参照。

(19) 参照、鈴木忠一ほか編『注解強制執行法』二巻（昭五一）一六七頁〔井関浩〕。

(20) 買収処分をするには買収計画によらなければならない（同法六条一項）ため、同処分でなく、同計画等（により同処分に至らしめたこと）が加害行為と主張されたのであろう。

(21) 実体法上無効な公正証書に基づく強制競売は民事執行法上無効であり（判例につき参照、小室・前註(4)一六〇～一六二頁）、債権差押命令についても同様に解される。

(22) いわゆる不当執行は国賠法の対象外であるため（参照、最判昭五七・二・二三民集三六巻二号一五四頁）、債権差押命令でなく、同命令に至らしめたことが加害行為と主張されたのであろう。

(23) ⑨③では、このような手続をし、原告が再申請・申請を断念するに至らしめたことも、加害行為とされている。この観点からみた当該手続全体は、⑦⓪⑦⑨と同じく、間接的な加害行為（精神的事実作用）に分類されよう。

(24) ⑥①では、法務大臣の省令改廃の不作為は加害行為と主張されていない（参照、増井和男〔判解民平三〕三六六頁・三七〇頁注12）。

(25) 二以上の処分等から構成される手続だけでなく、一の処分等の準備行為についても同様である。③⓪では、補助職員の行為のみが加害行為と主張されたため、国賠違法が否定された（傍論で決裁権者の行為の国賠違法を肯定）。

(26) ⑧⓪は、国の指導（住民基本台帳法三一条一項）に従ってされた処分の事例であるが、地方公共団体だけが被告とされていた。

(27) ⑥⑧の園部補足意見は「裁量」という表現を用いているが、これは（本書でいう）行政権と司法権との関係における裁量でなく、立法権と行政権との関係における裁量である。⑩⑤も、当該事例に限っては、仮に不許可処分がされたとしても非裁量処分と考えられたはずである。

(28) 参照、稲葉馨「国家賠償法上の違法性について」法学七三巻六号(平二二)六四頁注23。とりわけ、伊方原発判決と㊽との間及び㊾と小田急・林試の森・獅子島各判決との間の類似性は、顕著である(本書第七章三一三頁・三〇七〜三〇八頁参照)。

(29) ㊿は、要考慮要素が考慮されていないため(裁量権の逸脱・濫用として)取消違法を肯定し、「〔要考慮要素に関する〕法令の解釈について、職務上尽くすべき義務を尽くしたとはいえず、また、……相当な資料に基づき合理的な判断過程を経て行われたものともいえない」ため国賠違法を肯定したものと解説されている(参照、匿名〔判解〕判時一九二九号三九頁)が、そのような趣旨を判決文から読み取ることは困難である。

(30) ㊵は、違法性を肯定した後ただちに過失を肯定した原審を審理不尽・理由不備とする上告理由に対し、「同検察官の措置は……著しく合理性を欠く違法なものであり、これが捜査機関として遵守すべき注意義務に違反するものとして、同検察官に過失があることは明らか」とした。㊷につき参照、芝池義一『行政救済法講義』三版(平一八)二五一頁。⑨⓪も、要考慮要素を考慮せずに処分をしたことが過失にも当たるとした。

二　最高裁の判例理論

(一)「国賠違法＝過失＝注意義務違反」テーゼ

以上の整理によると、取消違法と国賠違法の関係を解明する鍵となるのは、結局のところ、㉜㊶㊹㊳であること[31]が分かる。㉜は、(根拠法令違反を否定する上告理由に対し)根拠法令違反を肯定した後、ただちに国賠違法を肯定した。㊶は、(根拠法令違反及び過失を否定する上告理由に対し)根拠法令違反を肯定し過失を否定した。㊹は、(国賠違法を否定する上告理由に対し)国賠違法とは処分の根拠法令違反でなく、公務員が根拠法令違反の処分をしないよう注意して事実認定・法令解釈(事実の調査・評価及び法令の選択・適用を含む。以下同じ。)をする義務(以下後註(39)を除いて単に「注意義務」という。)違反であるとした上[32]、これを否定した。㊳は、(㊹にいう国賠違法及び過失を否定する上告受理申立て理由に対し)㊹にいう国賠違法を肯定した後、ただちに過失も肯定した。

㉜(61)が現れた時点では、処分の根拠法令違反こそが国賠違法であるという解釈もありえたが、これと並んで、公務員の注意義務違反こそが国賠違法であり過失でもあることを前提に、㉜では、（たまたま処分の根拠法令違反と一致した）国賠違法が肯定されたにすぎず、(61)では、国賠違法でなく、処分の根拠法令違反が過失判断の前提として判断されたにすぎない[33]という解釈もありえたところである。その後、(64)(93)が現れたことにより、後者の解釈がとられていることが[34]明らかになったといえよう[35]。

すなわち㉜は、集会の自由が害されるおそれのある事例であって、事実認定・法令解釈につき確信が得られるまでしなくてよいものであったため、高度の注意義務が要求され、根拠法令違反の処分をしたことがほぼ自動的に注意義務違反として評価される結果、国賠違法がたまたま根拠法令違反と一致したと理解することが可能である[36]（根拠法令違反を判断した後ただちに国賠違法を判断した㉜以外の事例（(66)(68)(69)(72)）[37]については六（二）参照）。

一方、(61)では、上告理由には国賠違法と明示されていない[38]。ここでは、仮に国賠違法も判断されていたとすれば、過失と重複した内容になっていたと理解することが可能である[39]。

（二）判例理論の基礎にある思想

非裁量処分の取消違法は、処分の根拠法令違反があれば、公務員の注意義務違反の有無にかかわらず、肯定される。これに対し、非裁量処分の国賠違法は、処分の根拠法令違反があっても、公務員の注意義務違反がなければ、否定される（(64)(91)(94)）。国賠請求訴訟では、あたかも非裁量処分が裁量処分となったかのように、判断結果の違法でなく判断過程の違法[40]しか審査されないのである。

このような判例理論の基礎にあるのは、国賠法が「意思による支配の可能な人のふるまい」（前述）の責任を問う法である以上、国賠違法は〝人（公務員）に課された規範〟への違反なのであって、取消違法のような〝国家行為（処分等）に課された規範〟への違反ではない[41]という思想なのであろう。㊳は、国賠法における「行為規範性は、処分ないし法的行為の効力発生要件に関する違法とは性質を異にすることに注意すべきである。やはり、究極的には他人に損害を加えることが法の許容するところであるかどうかという見地からする行為規範性である[42]」という遠藤教授の学説から〝国家行為に課された規範〟と〝人に課された規範〟の区別を読み取った上、「裁判の客観的法秩序違反」と「担当裁判官の行為規範違背」を区別したものと解説されているところ[43]、同様の区別は、あらゆる国家行為及びその担当者につき観念することができるからである。

(31) 93では、仮に通達が支給認定を取り消すよう命ずるものであり、それに従い取消処分がされていたとしても、同じ判断になったとみられる。よって、最終段階の行為が事実行為の事例であるが、最終段階の行為が処分の事例と同様に扱うことができよう。

(32) 国賠違法が根拠法令違反と注意義務違反に解体されるわけではない。稲葉馨『行政法と市民』（平一八）二三一頁及び北村和生「国家賠償における違法と過失」高木光＝宇賀克也編『行政法の争点』（平二六）一四九頁の説明も、そのような趣旨ではなかろう。なお、64の射程は裁量処分にも及ぶが、公務員が注意して事実認定・法令解釈をしていれば根拠法令違反もないことになるため、取消違法と国賠違法が結果的に一致するわけである。

(33) 過失についてのみ上告された事例（⑦㉖）では、この点は明瞭である。

(34) 61と同様の判断をした84は、「本件処分は違法であると判示した上、本件処分をしたことが国家賠償法上も違法と評価されるかどうかについては触れずに、……過失があるとはいえないとし」たものと解説されている（福井章代〔判解民平一六〕九二頁）。

(35) 橋本博之「判例実務と行政法学説」塩野古稀『行政法の発展と変革』上巻（平一三）三八一頁注41は、このような経緯を遡及的な統合プロセスと表現している。

(36) 「違法性相対論といえども、行政処分取消訴訟と国家賠償請求訴訟とで、公権力の行使の違法性の判断が結果として同一になることまで否定するものではない」（喜多村勝徳「行政処分取消訴訟における違法性と国家賠償請求訴訟の違法性との異同」藤山＝村田編・前註(9)六三六頁）。遠藤博也『国家補償法』上巻（昭五六）一七七頁も、取消判決の既判力が国賠請求訴訟に及ぶとする学説につき、「そのような簡単明瞭な説明が通用しうる単純な事例もないわけではないというだけの話である」と論じていた。

(37) 72は、「損害の有無、その額等」を審理させるための差戻判決である。国賠違法及び過失を「等」に含めることは余りに不自然であるため、国賠違法及び過失を肯定した判決と解される。

(38) (84)についても同じ（㉓は不明。参照、野田宏〔判解民昭四六〕二四九頁）。

(39) 参照、三木素子〔判解民平一九〕七二四頁（⑦(61)(84)のほか、処分以外の行為（㉓㉖）についても同じ。）。(76)では、注意義務違反が国賠違法も過失も基礎付けると解説されていた（参照、野山宏〔判解民平九〕一一四〇頁）。神橋一彦「『職務行為基準説』に関する理論的考察」立教法学八〇号（平二二）二六～二七頁は、国賠違法と過失を基礎付ける事実が重複する事例は必ずしも珍しくないが、民法上の不法行為と同じく、客観的・主観的帰責要件が完全に融合してしまうこともないであろうという。以上に対し、(101)の寺田・大橋補足意見では、国賠違法と過失の関係につき別の試論が示されているが、なお未整理の部分が少なくない。

(40) 神橋・前註(39)二〇頁は、「決定プロセスに関与する公務員の行為に対する評価」と「決定プロセスの所産＝結果に対する評価」の区別と表現している。

(41) 神橋一彦「違法な法令の執行行為に対する国家賠償請求訴訟について」立教法学七五号（平二〇）七二～七四頁は、行政機関を受命者とする「権限規範」と公務員を受命者とする「行為規範」の区別と表現している。小早川光郎「課税処分と国家賠償」藤田退職『行政法の思考様式』（平二〇）四二九～四三二頁も、この区別を意識している。

(42) 村上敬一〔判解民昭五七〕二一九頁注10により引用された遠藤・前註(36)一六六頁。この学説の力点は「行為規範性に重点を置いた相関関係説」（宇賀克也「職務行為基準説の検討」行政法研究一号（平二四）二二頁）にあった（参照、遠藤・同一八七頁）が、村上調査官にとっては、行為不法説と相関関係説の区別以前にある〝国家行為に課された規範〟と〝人に課された規範〟の区別を説くものに映ったようである。

(43) 村上・前註(42)二一一頁（なお参照、同二一二～二一三頁）。

三　判例・学説の相互認識

（一）　多数説からみた判例理論

以上のような判例理論と異なり、多数説は、後述のような理論的根拠に基づき、国賠違法すなわち処分等の根拠法令違反であると解した上、国賠違法から過失を事実上推定する経験則の存在を緩やかに認める[44]。そこでは、根拠法令違反の処分により生じた損害が（過失が広く肯定される分だけ）広く賠償されるという法律上の効果とともに、（根拠法令違反の判断に既判力・拘束力（行訴法三三条一項）のような法律上の効果までは生じないが）当該処分の職権取消しを促し、その繰返しを自制させるという事実上の機能がもたらされる(45)。

問題はその理論的根拠であるが、およそ事実上の機能それ自体はいかなる意味でも理論的根拠たりえないし、文理も立案関係者の説明も十分な手掛りにはならない（前章二（二）参照）。そこで多数説は、「法律による行政の原理」（処分は根拠法令に違反してはならない。）及びこれを担保する「近代行政救済法の原理」（根拠法令違反の処分は取り消されなければならず(46)、また、根拠法令違反の処分によって生じた損害は賠償されなければならない。）自体に、理論的根拠を求めている(47)。

とはいえ、憲法は、決して「近代行政救済法の原理」をそのまま実現する法律の制定を明示的に要請しているわけでない。憲法の明示の要請は、公務員の不法行為を要件とする国家責任の一般法化及び（公務員の不法行為を要件としない）刑事補償の充実だけである。国賠法は、たかだかこの要請に応えて制定された法律にすぎない(48)（前章二（三）参照）。よって多数説は、憲法が「近代行政救済法の原理」の実現を黙示的に要請しており、公務員の不法行為を要件としない国家責任を一般法化していない状態が違憲であることを前提に、国賠法を同原理に適合させて合憲限定（拡張？）解釈しようとするものといえよう。

このような多数説にとって、非裁量処分を裁量処分並みに扱う判例理論は、法治国原理を退化させるものにほかならない(49)。

（二）　判例理論からみた多数説

逆に、判例理論から多数説をみると、仮に憲法が「近代行政救済法の原理」の実現を黙示的に要請しているとすれば、消防法六条三項（現二項。前章二（四）参照）を一般法化して対応するのが筋であり(50)、たといそれまでの応急的な対応として、国賠法等を同原理に適合させて解釈しなければならないにせよ、国賠違法すなわち処分の根拠法令違反とするのでは、もはや解釈論の限界を超えるというのであろう。国賠違法も過失も不法行為の帰責要件たる〝人に課された規範〟違反である以上、〝加害行為という結果を生じさせない義務〟違反は、国賠違法にも過失にもなりえないからであり[51]、「保護法規〔＝私人の権利利益の保護を目的とする法令〕違反をその回避可能性を問うことなく違法とみるのは、『法は不能を強いない〔lex non cogit ad impossibilia〕』の原則に反する[52]」からである。

確かに、処分それ自体が加害行為である事例では、根拠法令違反は帰責要件を満たすための必要条件となるから[53]、立法論として、これを別個の要件とすること（「……故意又は過失によってその根拠となる法令の規定に違反して違法に……」）はもとより可能である[54]。しかしながら、解釈論として、国賠違法すなわち根拠法令違反とすると、それ以外の客観的帰責要件が不文化されてしまうため、余りに不自然なのである[55]。

ちなみに、私人間の民法上の不法行為でも、保護法規違反のみをもって客観的帰責要件としての「違法性」を肯定した判例は見当たらない[56]。根拠法令違反（被保全権利の不存在）の仮処分命令を申請して執行させた私人の行為についても、同様である[57]。最高裁は、当該命令を申請して執行させたことのみをもって、客観的帰責要件としての「違法性」を肯定する立場をとっていない[58]。

(44)　参照、阿部泰隆『行政法解釈学Ⅱ』（平二一）五〇〇頁・四九六頁、宇賀・前註(42)三九頁注70及び山本隆司『判例から探究する行政法』（平二四）五四三〜五四四頁。藤田宙靖『行政法総論』（平二五）五七〇〜五七一頁・五七三〜五七四頁、塩野宏『行政法Ⅱ行政救済法』五版補訂版（平二五）三八〇〜三八一頁及び西埜章『国家賠償法コンメンタール』二版（平二六）四九八頁も、国賠違法が肯定されて過失が否定される現象自体を問題視し（この点につき同旨、芝池・前註(30)二四九頁）、過失の事実上の推定等を解決策として挙げている。

(45)　これに対し、国賠違法すなわち処分等の根拠法令違反であると解するのみで、過失を特に広く肯定しない見解では、仮に国賠違法が肯定されたとしても過失は否定されるという判断（審理の順序が定められていない以上、何ら妨げられない。）がされれば、法律上の効果どころか、事実上の機能すら得られなくなってしまう。このような中途半端な見解を支える一貫した論拠を見出すことは、困難であるといわざるをえない。

(46) この部分は、もっぱら取消違法に対応しているため、本章では扱わない。

(47) 参照、藤田・前註(44)三七〇頁・五三六頁。同旨、阿部・前註(44)五〇〇頁、宇賀・前註(42)三七〜三八頁、塩野・前註(44)三二〇〜三二一頁（主権無答責の法理等の克服）及び西埜・前註(44)一三七頁。このほか、事情判決制度（行訴法三一条）が多数説に沿った国賠請求訴訟による救済を予定していることを論拠とする見解もある（参照、阿部・前註(44)五〇〇頁）が、同法の立案関係者はそのような説明をしていない（参照、杉本良吉「行政事件訴訟法の解説（二）」曹時一五巻四号（昭三八）三八〜三九頁）。また、国等に処分をしない自由が（公益目的上）与えられていないことに伴う危険責任を論拠とする見解もある（参照、山本・前註(44)五四二〜五四四頁・五五一頁）。国賠違法・過失一元的判断をとることを前提に、（具体的な事例で）根拠法令違反のおそれのある処分をせざるをえない危険があることから国賠違法・過失を事実上推定するならともかく、国賠違法・過失二元的判断をとることを前提に、（抽象的に）上記のような危険があることからおよそ一般に国賠違法すなわち根拠法令違反と解することができるかは、いまだ必ずしも十分に論証されていないように思われる。

(48) 塩野・前註(44)三二〇〜三二一頁への疑問として参照、高木光「法律の執行」阿部古稀『行政法学の未来に向けて』（平二四）二七頁。

(49) 裁量が違法の主張制限の一形態である点につき参照、本書第七章（補論）三三八頁及び藤田宙靖「自由裁量論の諸相――裁量処分の司法審査を巡って」日本学士院紀要七〇巻一号（平二七）八〇頁。取消訴訟でも、非裁量処分を裁量処分の如く扱った裁判例がある（東京地判昭三八・一〇・三〇判時三五四号一五頁〔東京電解〕）が、課税処分を所得額の認定方法が合理的でないとして取り消した判決であり、申請型義務付け訴訟の一部判決（行訴法三七条の三第六項）と同じく、拘束力を用いた迅速な救済をめざすものであった。

(50) 藤田・前註(44)五七九頁は、同項を国賠法に代えて一般法化するのでなく、同項のような特別法を整備することにより「損害賠償制度と損失補償制度との谷間」を埋めてゆくべきであると説くにとどまる。

(51) 神橋・前註(39)八頁が「〈およそ公務員は、〔根拠法令上〕違法な行政処分を行ってはならない〉という行為規範がありうるのだろうか」と問題提起したとおりである。文脈は異なるが、高木光「国家賠償法における『行為規範』と『行為不法論』」石田ほか還暦『損害賠償法の課題と展望』（平二）一六一頁も、「最高裁判所は、損害賠償の場合にも、結果論的に原因行為を評価することをしない立場」であると分析していた。

(52) 四宮・前註(1)三〇〇頁（傍点原文。私人間の保護法規についての叙述であるが、公務員・私人間の保護法規についても妥当しよう。）。引用箇所でいう「違法」とは、「行為の面における一般的な非難可能性」（同二七六頁）すなわち客観的帰責要件を意味している。

(53) 根拠法令違反は、必ずしも常に客観的帰責要件に含まれるとは限らない。裁量処分はもとより非裁量処分でも、事実認定・法令解釈に関する公務員の主観的な認識を織り込んだ根拠法令がみられるからである（参照、藤田・前註(44)五七一～五七二頁）。

(54) 園部逸夫「国家補償法の意義」西村宏一ほか編『国家補償法大系』一巻（昭六二）六頁は、「行政法上適法な行為であっても、民法上不法な結果を生［じ］……国家賠償法上の違法な行為となりうる」と説くが、処分等それ自体が加害行為である事例でそのような場合がありうるかは疑問である（㉙㊹㊹⑦④⑨⑨参照）。國井和郎「国家賠償法第一条—違法性と過失」西村宏一ほか編『国家補償法大系』三巻（昭六三）七九頁がそのような場合として挙げるのも、㉙のほか、根拠法令がないか、あっても明瞭でない行為（法律の制定施行、検察官の訴訟行為及び行政指導）にとどまっている。

(55) もっとも、棄却判決では、この新たな要件が判断されるとは限らない。

(56) 国賠違法は「基本はやはり損害賠償法上の違法であって、故意過失論をはじめ、他の責任要件全体の中で体系的に整理され、適当に位置づけられる必要がある」（遠藤博也『行政法スケッチ』（昭六二）一三八頁）。同旨、高木光「公定力と国家賠償請求」水野古稀『行政と国民の権利』（平一三）一八頁。なお、西埜章『国家賠償責任と違法性』（昭六二）二七～二八頁は、国賠違法を（それだけで賠償責任を基礎付ける）根拠法令違反と解した上、故意過失は「立法政策上の制限にすぎない」と断じているが、一般法上の過失責任から特別法上の無過失責任が分化したという立法史の大勢を無視するものであり、賛同しがたい。

(57) 最判平一七・七・一四民集五九巻六号一三二三頁（証券取引法違反の勧誘）のような違法性・過失一元的判断をとった事例（同判決にいう「違法」は、客観的帰責要件としての「違法性」でなく、不法行為性と同義である。）ではもちろん、最判昭四七・六・二七民集二六巻五号一〇六七頁（砧町日照妨害）（建築基準法（容積率制限）違反の施工）のような二元的判断をとった事例（参照、井田友吉〔判解民昭四七〕五二二頁）でも同様である。逆に、不法行為性を否定するためには、保護法規違反を否定すれば足りる（参照、最判平二二・一〇・二二民集六四巻七号一八四三頁〔カネボウ〕）。

（58）最判昭四三・一二・二四民集二二巻一三号三四二八頁は、違法性・過失一元的判断をとった上、「特段の事情」がない限り過失（ここでは不法行為性と同義である。）が事実上推定されるとした。学説は「特段の事情」として事実認定・法令解釈の困難性を挙げており（参照、本間靖規「不当な民事保全と損害賠償」中野貞一郎ほか編『民事保全講座』一巻（平八）五二二頁）、国賠法一条一項の判例理論を先取りした観がある。

四　学説の課題

（一）多数説

以上のような判例・学説の相互認識を踏まえると、多数説には、より判例理論と噛み合ったかたちで、自らの立場を補強することが求められる。例えば、国賠法一条が民法四四条[59]（現・一般社団法人及び一般財団法人に関する法律七八条等）と異なり免責的債務引受構成をとった理論的根拠[60]を解明することは、その一つの手掛りとなりうるかもしれない。

より根柢的には、果して「近代行政救済法の原理」のどこまでが憲法の黙示的な要請といえるのか、洗い直してみる必要があろう。憲法三二条（裁判を受ける権利）は、あらゆる処分を取消訴訟の対象とすることを要請していると解されるところ、取消訴訟の意義は、（法律→行政行為→強制行為という）三段階構造モデルにおいて、強制行為がされる前に行政行為を争う機会を保障する点にある[61]。この観点からみれば、執行停止決定を待たずに処分が執行された場合、（狭義の訴えの利益が事後消滅したとして）取消訴訟を却下しつつ、（判例理論にいう国賠違法を否定して）国賠請求訴訟を棄却することは、行政庁自身に取消訴訟の対象を限定させておきながら、一切の救済を拒絶することに等しい。よって、この場合には、憲法三二条の趣旨に照らし、根拠法令違反から（判例理論にいう）国賠違法及び過失が法律上推定される[62]という解釈をとることができないか、真剣に検討されなければならない[63]。仮にこの解釈が認められれば、取消判決の法律要件的効果（Tatbestandswirkung）として無過失損害賠償請求権を発生させる消防法六条三項（現二項。前章二（四）参照）を部分的ながら一般法化したのと同じ帰結が得られることとなろう。

（二）　判例理論を前提とする立場の学説

一方、判例理論を前提とする立場の学説には、どのような類型の処分等及びどのような事例に、どの程度の注意義務が要求されるかを一般理論化することを通じて、予測可能性を保障することが求められる[64]。この点、⑰が「微妙な事実認定とこれに対する専門的な法律判断を必要とする」ため過失を否定したことは、非常に示唆的である。現在までに明らかとなった判例理論の下では、この説示は国賠違法についても妥当するはずだからである。

根拠法令違反の処分等をしない高度の注意義務が要求される類型の処分等としては、例えば次のようなものが考えられる。第一は、事実認定・法令解釈ともにきわめて容易な類型の処分等である（一八歳に満たない者に対する銃砲の所持許可の拒否処分（銃砲刀剣類所持等取締法五条一項一号））。第二は、根拠法令を所管する主務大臣が訓令通達を発し、法定受託事務の処理基準を定め、及び技術的な助言をする行為である（93）。第三は、人の生命、健康又は精神的自由が害されるおそれのある類型の処分等であって、事実認定・法令解釈につき確信が得られるまでしなくてよいもの[65]（69）である。

また、根拠法令違反の処分等をしない高度の注意義務が要求される事例としては、例えば次のようなものが考えられる。第一は、事実認定・法令解釈ともにきわめて容易だった事例である[66][67][68]（㉟ 66）。第二は、人の生命、健康又は精神的自由が害されるおそれがあった事例であって、事実認定・法令解釈につき確信が得られるまでしなくてよいもの（㉜ 68 72 90）である。第三は、適正な判断の指針となる最高裁判例があった事例（90）である。

これに対し、根拠法令違反の処分等をしない高度の注意義務が要求されない類型の処分等としては、例えば次のようなものが考えられる。第一は、事実認定が容易でないにもかかわらず、確信がなくともせざるをえない処分等である。根拠事実がもっぱら私人の支配領域にあり、その協力を得なければ的確な事実認定が困難であるにもかかわらず、平等原則上、一定の期日までにせざるをえない更正処分(64)、他の債権者との競合を回避するため迅速にせざるをえない差押処分(83)、国家資格を有する私人が根拠事実の存在を保証すべきものとされ、審査の方法及び期間も制限されている（建築士の設計独占に係る）建築確認(101)等がこれに当たる[69]。第二は、訓令通達、法定受託事務の処理基準又は技術的な助言に従ってされる処分等である(80)(84)。第三は、先例に従った画一的処理が不可欠な公証行為等である[70](80)。

また、根拠法令違反の処分等をしない高度の注意義務が要求されない事例としては、例えば次のようなものが考えられる。第一は、国家資格を有する私人が根拠事実の存在を保証すべき立場で関与していた事例である(11)[71]。第二は、適正な判断の妨げとなる最高裁判例があった事例である(91)(94)[72]。

学説には、上記のような処分の類型を行政法総論における行政行為の分類学に加えるとともに、このような一般理論をより精緻なものとしてゆくことが期待されよう。

(59)　判例・学説につき参照、林良平＝前田達明編『新版注釈民法』二巻（平三）三二〇～三二一頁〔前田・窪田充見〕。

(60)　西埜・前註(56)二〇～二一頁は、「国……が公務員の責任を代位するにしても、代位の理由がなければならない。この理由を追究していけば、国にもそれだけの責任があるということになり、結局、自己責任に行き着かざるを得ないであろう」と説く（なお、ここでいう「自己責任」は、もちろん代位責任説と対比される自己責任説を指す趣旨でない。参照、稲葉馨「公権力の行使にかかわる賠償責任」雄川一郎ほか編『現代行政法大系』六巻（昭五八）五一～五二頁）。もっとも、ドイツでは、免責的債務引受構成は「法理論上の要請に基づくものというより、むしろ、政策上の妥協としての性格を……色濃く有していた」とも指摘されている（宇賀・前註(6)二〇九頁）。

(61)　本書第二章九二頁参照。

(62)　多数説も、この場合には過失が事実上推定されると説くにとどまっている（参照、阿部泰隆『行政救済の実効性』（昭六〇）二一〇〜二一一頁）。
(63)　⑭のような原告にも落度のある事例では、過失相殺がされることとなろう。これに対し、出訴期間を徒過した者との関係では、もともと三段階構造モデルを設けた意義もないため、取消訴訟と国賠請求訴訟を関連付ける必要もない。そこでは、処分及びその執行を純然たる不法行為とする現在の判例理論をもって足りよう。このような解釈は、取消訴訟を提起した者には、より高度の国賠法上の救済を与えるものであるが、取消訴訟を提起しなかった者に国賠法上の救済を否定する「防衛せよ、而して清算せよ（wehre dich und liquidiere）」の法理（参照、宇賀・前註(6)四四五頁）とは、もちろん異なる。
(64)　参照、神橋・前註(39)三九頁。
(65)　但し、⑲では、処分は「その時点における医学的、薬学的知見を前提として」すべきものとされており、根拠法令違反自体が容易には肯定されない。
(66)　関係者から「相応の説明と客観的な資料の提出」を受けていた事例（静岡地浜松支判平二六・九・八判時二二四六号八一頁）も、ここに分類することができよう。
(67)　㉟では、認定すべき事実は、ストロングライフが設備でなく護身用具であること（この点に誤認はなかった。）であり、とるべき法令解釈は、設備に関する基準を護身用具に類推適用するのは「法律による行政の原理」に照らし許されないことであった。
(68)　㊻では、認定・評価すべき事実は、常勤職員増員の困難性及び担当業務の代替性であり、とるべき法令解釈は、そのような事実があれば日々雇用職員として任用してよいことであった。
(69)　㊾も、現場で瞬時に判断せざるをえない行為（あくまでも「具体的」な危険性の有無及び内容を予測すれば足りる。）であり、ここに加えることができよう。
(70)　「登記官の職務の特殊性——登記官の形式的審査、先例拘束、大量画一処理など——を無視するわけにはいかない」（古崎慶長『国家賠償法の理論』（昭五五）一二二頁）。同一二四〜一二五頁と併せ、過失についての叙述であるが、現在までに明らかとなった判例理論の下では、国賠違法についても妥当するはずである。
(71)　⑪は、「弁護士の職責を強調し」たものと解説されている（高津環〔判解民昭四一〕二三一頁）。
(72)　㉑では、審査の期間が制限されている点も挙げられている。

五　おわりに

ここまでは、あえて解釈論的な考察にとどめてきたが、国賠法が「近代行政救済法の原理」どころか取消訴訟との関連性すら意識せずに制定された以上、立法論的な考察を避けて通ることは許されない。

この点、同原理をそのまま一般法化すれば、「国又は公共団体は、その根拠となる法令の規定に違反する公権力の行使によって第三者に生じた損害を賠償する責任を負う。」となる。しかしながら、この案に類似する立法例は皆無であり、既存の法体系から断絶しているという難点がある。

一方、消防法六条三項（現二項）は、行政庁が認定した事実を根拠法令に照らして評価することが容易でない点に立脚している（前章二（四）参照）ため、事実認定・法令解釈が容易でない場合一般に汎用可能なものである。そこで同項を（無効等の場合も含めて）一般法化すれば、「国又は公共団体は、その行政庁の処分その他公権力の行使に当たる行為（行政事件訴訟法（昭和三十七年法律第百三十九号）第三条第二項に規定する行政庁の処分その他公権力の行使に当たる行為をいう。）が判決により取り消され、又は無効若しくは不存在とされた場合には、当該行為又はその外観によつて第三者に生じた損害を賠償する責任を負う。」となる。[73]

この案は、取消しの場合には、民事法における仮執行宣言付判決が変更された場合の損害賠償（前章一（四）参照）を、無効の場合には、刑事法における再審補償（前章一（四）参照）を、それぞれ行政法に拡張するものとみることができ、既存の法体系とも連続的である。行政行為は仮執行宣言付判決と本質を同じくするともいえ、[74]無効確認訴訟は再審の訴えに類するともいえるからである。[75]もしこの案が実現すれば、事実認定・法令解釈が容易でない場合に国賠違法が否定されることによる救済の限界を補うことができよう。

(73)　これを国賠法一条の新一項とし、現一項に「前項の場合を除くほか、」を加えて新二項とし、現二項を新三項とするわけである。
(74)　参照、兼子仁『行政行為の公定力の理論』三版（昭四六）三二五頁。阿部・前註(62)二二〇〜二二二頁は、かねてからこの点に着目して、本文のような立法論の必要性を説いていた。
(75)　参照、白石健三「行政処分無効確認訴訟について（一）」曹時一三巻二号（昭三六）一四頁等。

【判例一覧】

接見の日時等の指定等のうち本書の観点から先例的価値の乏しいもの、処分等の不作為、学校事故及び予防接種法に基づかない医療過誤は除いた。

○：国賠違法を明示的に判断した事例又は根拠法令違反を肯定し、若しくは否定する上告・上告受理申立て理由に対して根拠法令違反を肯定し、若しくは否定した事例
◎：○のうち、非裁量処分又はそれに至る手続全体が加害行為である事例
△：国賠違法を明示的には判断しなかった事例（他の要件を肯定してただちに責任を肯定した事例、国賠違法か過失か不明な「注意義務」違反を判断した事例等）
×：国賠違法を全く判断しなかった事例（他の要件を否定して責任を否定した事例等）

①最判昭二八・一一・一〇民集七巻一号一一七七頁（×）
②最判昭三四・一一・二六集民三八号四五一頁（×）
③最判昭三七・三・二二集民五九号四六一頁（△）
④最判昭三七・七・三民集一六巻七号一四〇八頁（×）
⑤最判昭三七・九・一八民集一六巻九号一九四六頁（△）
⑥最判昭三八・一・一七集民六四号一頁（×）
⑦最判昭三八・七・九集民六七号二三頁（×）
⑧最判昭三八・一〇・二四集民六八号五二五頁（△）
⑨最判昭三九・一・一六集民七一号六九頁（○）
⑩最判昭四〇・一二・三判時四三六号三九頁（△）
⑪最判昭四一・四・二二民集二〇巻四号八〇三頁（×）
⑫最判昭四一・七・一五訟月一二巻八号一一八九頁（×）
⑬最判昭四一・九・二二民集二〇巻七号一三六七頁（○）
⑭最判昭四一・一〇・二一集民八四号六三五頁（△）

⑮最判昭四二・六・八集民八七号九八五頁（○）
⑯最判昭四三・三・一五判時五二四号四八頁（○）
⑰最判昭四三・四・一九判時五一八号四五頁（×）
⑱最判昭四三・六・二七民集二二巻六号一三三九頁（△）
⑲最判昭四三・七・九判時五二九号五一頁（○）
⑳最判昭四三・一一・五判時五四二号五五頁（×）
㉑最判昭四四・二・一八判時五五二号四七頁（×）
㉒最判昭四四・七・一一民集二三巻八号一四七〇頁（○）
㉓最判昭四六・六・二四民集二五巻四号五七四頁（○）
㉔最判昭四六・一一・三〇民集二五巻八号一三八九頁（○）
㉕最判昭四七・五・二五民集二六巻四号七八〇頁（×）
㉖最判昭四九・一二・一二民集二八巻一〇号二〇二八頁（○）
㉗最判昭五〇・三・二八民集二九巻三号二五一頁（○）
㉘最判昭五二・一〇・二五判タ三五五号二六〇頁（○）
㉙最判昭五三・五・二六民集三二巻三号六八九頁（○）
㉚最判昭五三・七・一〇民集三二巻五号八二〇頁（○）
㉛最判昭五三・一〇・二〇民集三二巻七号一三六七頁（○）
㉜最判昭五四・七・五判時九四五号四五頁（◎）
㉝最判昭五五・七・一〇判タ四三四号一七二頁（○）
㉞最判昭五六・一・二七民集三五巻一号三五頁（○）
㉟最判昭五六・二・二六判時九九六号四二頁（○）
㊱最判昭五六・四・一四民集三五巻三号六二〇頁（○）
㊲最判昭五七・一・一九民集三六巻一号一九頁（○）

㊳最判昭五七・三・一二民集三六巻三号三二九頁（○）
㊴最判昭五七・四・二訟月二八巻一一号二一五四頁（○）
㊵最判昭五七・四・二三民集三六巻四号七二七頁（○）
㊶最判昭五七・四・二三判時一〇四六号三三頁（×）
㊷最判昭五七・七・一五判時一〇五三号九三頁（○）
㊸最大判昭五八・六・二二民集三七巻五号七九三頁（○）
㊹最判昭五八・一〇・二〇民集三七巻八号一一四八頁（×）
㊺最判昭五九・三・二三民集三八巻五号四七五頁（○）
㊻最判昭六〇・五・一七民集三九巻四号九一九頁（○）
㊼最判昭六〇・七・一六民集三九巻五号九八九頁（○）
㊽最判昭六〇・一一・二一民集三九巻七号一五一二頁（○）
㊾最判昭六一・二・二七民集四〇巻一号一二四頁（○）
㊿最判昭六二・一一・一三判時一二九〇号七五頁（○）
51最大判昭六三・六・一民集四二巻五号二七七頁（○）
52最判昭六三・六・一六判時一三〇〇号四九頁（○）
53最判昭六三・七・一五判時一二八七号六五頁（○）
54最判昭六三・一二・二〇集民一五五号四七七頁（○）
55最大判平元・三・八民集四三巻二号八九頁（○）
56最判平元・一一・二四民集四三巻一〇号一一六九頁（◎）
57最判平二・二・二〇判時一三八〇号九四頁（×）
58最判平三・四・一九民集四五巻四号三六七頁（×）
59最判平三・四・二六民集四五巻四号六五三頁（○）
60最判平三・五・一〇民集四五巻五号九一九頁（○）

㉛最判平三・七・九民集四五巻六号一〇四九頁（◎）
㉜最判平四・七・一四判時一四三七号八九頁（○）
㉝最判平五・二・一八民集四七巻二号五七四頁（○）
㉞最判平五・三・一一民集四七巻四号二八六三頁（◎）
㉟最判平五・三・一六民集四七巻五号三四八三頁（○）
㊱最判平六・七・一四判時一五一九号一一八頁（◎）
㊲最判平六・一二・六判時一五一七号三五頁（○）
㊳最判平七・三・七民集四九巻三号六八七頁（◎）
㊴最判平七・六・二三民集四九巻六号一六〇〇頁（◎（作為に係る部分））
㊵最判平七・一一・七判時一五五三号八八頁（○）
㊶最判平八・三・八民集五〇巻三号四〇八頁（○）
㊷最判平八・三・一五民集五〇巻三号五四九頁（◎）
㊸最判平九・三・二八判時一六〇八号四三頁（○）
㊹最判平九・七・一五民集五一巻六号二六四五頁（△）
㊺最判平九・八・二九民集五一巻七号二九二一頁（○）
㊻最判平九・九・四判時一六一九号六〇頁（×）
㊼最判平九・九・九民集五一巻八号三八五〇頁（○）
㊽最判平一〇・九・一〇判時一六六一号八一頁（○）
㊾最判平一〇・一二・一八（平六（行ツ）一三六）公取ＨＰ（○）
㊿最判平一一・一・二一判時一六七五号四八頁（○）
(81)最判平一一・七・一九判時一六八八号一二三頁（○）
(82)最判平一三・一〇・二五集民二〇三号一八五頁（○）
(83)最判平一五・六・二六金法一六八五号五三頁（◎）
(84)最判平一六・一・一五民集五八巻一号二二六頁（◎）
(85)最判平一七・四・一九民集五九巻三号五六三頁（○）
(86)最判平一七・七・一四民集五九巻六号一五六九頁（○）
(87)最判平一六・七・一五判時一八七五号四八頁（○）
(88)最大判平一七・九・一四民集五九巻七号二〇八七頁（○）
(89)最判平一八・二・七民集六〇巻二号四〇一頁（○）
(90)最判平一八・三・二三判時一九二九号三七頁（○）
(91)最判平一八・四・二〇集民二二〇号一六五頁（◎）
(92)最判平一八・六・二三訟月五三巻五号一六一五頁（×）
(93)最判平一九・一一・一民集六一巻八号二七三三頁（○）
(94)最判平二〇・二・一九民集六二巻二号四四五頁（◎）
(95)最判平二〇・四・一五民集六二巻五号一〇〇五頁（○）
(96)最判平二一・四・一七民集六三巻四号六三八頁（○）
(97)最判平二一・四・二八民集六三巻四号八五三頁（○）
(98)最判平二二・四・二七判自三三三号二二頁（○）
(99)最決平二二・七・二（平二二（オ）八八八）公取ＨＰ（○）
(100)最判平二三・七・一二判時二一三〇号一三九頁（◎）
(101)最判平二五・三・二六集民二四三号一〇一頁（◎）
(102)最判平二六・五・二七判時二二三一号九頁（△）
(103)最判平二六・一〇・九民集六八巻八号七九九頁（○）
(104)最判平二七・三・五判時二二六四号三三頁（○）
(105)最判平二八・四・一二判時二三〇九号六四頁（○）

終章　公権力と公益

本章では、わが国の実定法体系が成立する過程で実際に現れた言説を素材として、公権力と公益の相互関係について考察する。[1]検討対象は、さしあたり行政行為レヴェルに絞り、国家作用レヴェルの言説は取り上げない。

一　「公益→公権力」思考

(一)　元老院における「公益→公権力」思考の生成

(1)　わが国の立法機関(官選を含む。)が初めて近代的な実定行政法の立案に参画したのは、元老院による売薬規則案の審議(明治九年)にさかのぼる。同規則は、売薬免許鑑札、鑑札取上及び発売禁止という行政行為の根拠規範であり、医薬品、医療機器等の品質、有効性及び安全性の確保等に関する法律(昭和三五年。制定時題名・薬事法)のさきがけに当たる。

元老院では、私人の法的地位を一方的に形成・確定する行政行為という行為類型を設けること自体に対して、原理的な異議をさしはさむ議官はいなかった。「一人ノ産ヲ護シテ万人ノ害ヲ問ハザルハ不条理」[2]だからである。細川潤次郎議官らが問題視したのはむしろ、鑑札取上及び発売禁止が「官府ノ詮議ヲ以テ」無限定に発動可能とされていた点にあった。[3]

そこで元老院は、「官府ノ詮議ヲ以テ」を「有毒品ナルヲ更ニ発見セシトキ或ハ……粗悪ニシテ利ヲ射ル〈トキ〉」と修正したのである。[4]ここには、萌芽的ながら、〈行政庁が私人の法的地位を一方的に形成・確定することは、公益すなわち国民の一般の利益の保護増進を目的とする限りで、公権力として正統化されるのであり、公益と公権力それぞれの具体的内容が、相互に釣り合ったかたちで、可能な限り明確に実定化されなければならない〉という思考形式（以下「公益→公権力」思考という。）を看取することができよう。

(2)　その後、行政行為の根拠規範は増加の一途をたどったが(5)、元老院では、折りにふれて「公益→公権力」思考が表明されている。例えば、行政処分願訴《ママ》規則案の審議（明治一一年）では、内閣委員がきわめて抽象的な「公益」を呼号したものの(6)、元老院議官には一顧だにされなかった。これに対し、課税ニ関スル処分ニ就キ不服ノ者処分方ノ儀案の審議（明治一五年）では、箕作麟祥議官が、財政運営に必要な財源の確保という公益の保護増進を目的とする課税処分は、私人の財産権を一方的に制限する効力を付与されるに値するという趣旨の意見を述べている(7)。

(二)　抗告訴訟システムの導入と「公益→公権力」思考

(1)　帝国憲法（明治二二年）及び行政裁判法（明治二三年）の立案過程では、行政訴訟は、現在でいう「公法上の法律関係に関する訴訟」でなく「行政上ノ処分ニ対スル訴訟」すなわち現在でいう「抗告訴訟」として位置付けられることに決定した。それは、簡明さを重んじた選択であったが(8)、行政行為の根拠規範の量的な充実に沿った動きともいえる。

ところが、明治二三年法律一〇六号（行政庁ノ違法処分ニ関スル行政裁判ノ件）は、行政訴訟事項の列記主義を採用した。これにより、帝国憲法六一条（「行政官庁ノ違法処分ニ由リ権利ヲ傷害セラレタリトスル訴訟」）にいう「権利」は、少なくとも明文上は、一定の類型に属する処分の名宛人の「権利」に限られることとなった（「租税及手数料ノ賦課」「租税滞納処分」「営業免許ノ拒否又ハ取消」「土地ノ官民有区分ノ査定」（一〜三・五号））。処分の名宛人以外の者の「権利」が認められる余地は、わずかに「水利及土木」に関する処分（四号）につき、解釈上残されたにすぎない。

この点、伊東巳代治枢密院書記官長は、G. Meyer を引用して、「行政法ノ範囲ニ於テハ『レヒト〈＝ Recht

（法）〕』ノ原則ニシテ唯《た》ダ公益ヲ計ルノミ主観ノ『レヒト』〔＝subjektives Recht（主観的権利）〕ヲ作出セザルモノ亦多ケレバナリ」[9]と述べている。これは、訴願事項を限定する理由として述べられたものであるが、行政訴訟事項を限定する理由としても、そのまま通用する。すなわち、行政行為の根拠規範が〝公益〟をいまだ抽象的にしか実定化していない場合には、〝公権力〟も、ひいては名宛人及び名宛人以外の者の法的地位も、抽象的にしか捉えることができない。よって、名宛人の法的地位が〝公益〟と対峙しうる「権利」（帝国憲法六一条）となることもなければ、名宛人以外の者の法的地位が〝公益〟を背景とする「権利」（同条）となることもない、という趣旨であろう。

(2)　抗告訴訟システムは、行政行為の根拠規範との適合性を直接審査するという点で、「公益→公権力」思考と親和的である。これが導入されたにもかかわらず、きわめて制限的な列記主義が採用されたことは、行政行為の根拠規範がなお質的な充実に至らなかった当時の状況を反映している。つまり明治二三年法律一〇六号は、もともと過渡的なものとして認識されていた。井上毅法制局長官に対するA. Mosseの答議（明治二一年）は、この点を如実に物語っている。

「行政法漠然タルトキハ、行政裁判官ハ何ヲ標準トナシテ判決ヲ下スベキヤ。……行政裁判ナルモノハ、若シ之ヲ無効ノ施設タラザラシメント欲スレバ、行政法ノ完備スルニ従ヒ、漸次歩ヲ進ムベキモノト断言シテ不可ナルコトナカルベシ」[10]

抗告訴訟システムの導入時には、多くの法的地位が〝公益〟に吸収・解消されるものと捉えられた結果、同システムによる保護の埒外におかれることとなった。しかしながら、逆に〝公益〟の具体的内容がより明確に実定化されれば、それらの法的地位を同システムによる保護の圏内に組み込むことができるはずである。「公益→公権力」思考に基づくシステムの自己更新は、設計者にとっても、当初から織込み済みであった。

(三)　帝国議会における「公益→公権力」思考の発展

(1)　帝国憲法の施行に伴い、〝公益〟の具体的内容を明確に実定化してゆく営為は、元老院から帝国議会へと引き継がれた。例えば、貴族院による（旧）鉱業法案の審議（明治三五年）では、「公益ヲ害スルモノト認メタルトキ……ハ鉱業ノ出願ヲ許可セス」という政府案に対し、村田保議員が「公衆ノ衛生一般ノ産業其ノ他」という例示を加える修正案を提出している[11]。平田東助農商務大臣は、村田の修正案は「公益」すなわち「公衆ノ上ニ係ル所ノ利益」を具体化する「標準」を与えるものであるとして、これに同意した[12]。

同法案には、もともと競願者の法的地位を保護するため、出願の拒否でなく許可に対する特別の出訴規定が盛り込まれていた。このため、村田の修正案は、鉱区内で農業を営む者等がこの出訴規定に基づき出願の許可の取消訴訟を提起する手掛りを与えるものとなった。村田の修正案は、鉱区内で農業を営む者等の利益が〝公益〟を背景とする点を示すかたちで〝公益〟の具体的内容を明確に実定化することにより、名宛人以外の者の法的地位を抗告訴訟システムによる保護の圏内に組み込もうと試みたものといえよう。

(2)　もっとも、同法案は会期切れとなり、再び提出された法案（(旧)鉱業法（明治三八年）として成立）からは、上記の修正は脱落していた。田中隆三鉱山局長は、その理由を次のように説明している。

「段々政府ニ於テ評議ヲ尽シテ見マシタガ『公益ヲ害スル』ト云フ言葉ハ種々ノ法律ニ沢山アルガ、何レモ……別段ソレニ附加ヘノ意味ヲシテナイ、然ルニ鉱業条例《ママ》ノミガ特殊ニ……他ノ文字ヲ加ヘルト云フコトハ……何カ他ノ〔法律ニ於ケル〕公益ヲ害スルト云フ場合……ト公益ノ解釈ヲ異ニシナケレバナラヌト云フヤウナ疑ヲ惹起ス虞レモアリ、旁々……最初貴族院デ御修正ニナッタヤウナ風ニナッテモ矢張リ公衆ノ衛生、一般ノ産業其他公益ヲ害スルモノデアルト云フコトハ〔行政庁ノ〕認定ニ依ッテ判断スルヨリ外致シ方ノナイコトデアル[13]」

この説明には、「公益→公権力」思考の前進に歯止めをかける二つの対抗原理の存在が示唆されている。一つは、わが法制全体を通じた立法スタイルであり、これは昭和二〇年代に一応克服されるに至った（後述。村田の提案も鉱業法（昭和二五年）に実を結んだ）。今一つは、行政裁量であって、こちらの方がより本質的である（後述）。このように、

「公益→公権力」思考に基づく行政行為の根拠規範の拡充は、決して順風満帆に進捗したわけでない。

(1) 例えば、貴族院による宗教法案の審議（明治三二〜三三年）では、国家の実現すべき「公益」が宗教団体の実現する「公益」によって侵蝕されるという三好退蔵議員（前大審院長）の危惧に応え、松岡康毅議員（行政裁判所長官）が後者を前者の補完的役割にとどめるような文言修正を摸索している（参照、一四・貴・宗教法案委九号（明三三）九〜一四頁）。
(2) 明治法制経済史研究所編『元老院会議筆記』二巻（昭四一）三一八頁〔陸奥宗光議官〕（濁点引用者）。
(3) 参照、明治法制経済史研究所編・前註(2)三一七〜三一八頁〔細川議官等〕。
(4) 参照、明治法制経済史研究所編・前註(2)三三六〜三三七頁。
(5) その中には、古物商取締条例及び質屋取締条例のように、徳川時代の法制を継承したものもあった（それぞれ参照、明治法制経済史研究所編・前註(2)一七巻（昭四八）五四六頁〔水本成美内閣委員〕及び同二一巻（昭五二）五九一頁〔同〕）。
(6) 「公益ノ為ニハ一人一箇ノ不利ヲ生スルハ亦免レサル所ナリ」（明治法制経済史研究所編・前註(2)五巻（昭四四）一二頁〔山崎直胤内閣委員〕）。なお、本書第二章八七頁参照。
(7) 「乃チ行政官ノ課スル所ノ税額ナレハ人民ハ必ス之ヲ上納セサルヘカラサル道理ナリ……其不服アリト云フヲ以テ課額ヲ上納セサルヲ得ルトキハ終ニ国庫ノ損害ヲ蒙ルヲ如何セン」（明治法制経済史研究所編・前註(2)一一巻（昭四二）二四六頁〔箕作議官〕）。併せて箕作議官は、法律状態を早期に安定させる「出訴期限」の重要性を説いている（参照、同二四九頁〔同〕）。
(8) 参照、「行政裁判所設置ノ問題」伊藤博文編『秘書類纂官制関係資料』（昭一〇）三六七頁・三六九頁。「行政裁判ヲ設クルニ当リ決スヘキ問題」憲政資料室・憲政史編纂会収集文書〔458〕も同文。但し、帝国憲法に先行する市制町村制理由（明治二一年）では、むしろ「公法上の法律関係に関する訴訟」として位置付けられていた。
(9) 「伊東書記官長意見書」『枢密院会議事録』四巻（昭五九）一三一頁（振仮名・濁点引用者）。
(10) 「国家賠償責任ニ関スルモッセ氏答議」国学院大学日本文化研究所編『近代日本法制史料集』一〇巻（昭六三）一四一頁（傍点・濁点引用者）。併せて参照、拙著『国家作用の本質と体系Ⅰ』（平二六）八五頁註62。
(11) 参照、一六・貴・鉱業法案委三号（明三五）三八頁〔村田議員〕。
(12) 参照、前註(11)四〇〜四一頁〔平田国務大臣〕。

(13)　二一・貴・鉱業法案委一号（明三八）四頁〔田中政府委員〕

二　〝権利に至らない利益〟としての〝公益〟

(一)　一木教授の挑戦と蹉跌

(1)　明治二三年法律一〇六号は、行政行為の根拠規範が質的に拡充されるにつれ、急速に古色蒼然たるものとなっていった。そこで政府は、法典調査会の議を経て、行政裁決及行政裁判権限法案を議会に提出した(14)（明治三五年）。その狙いは、「行政制度モ段々整理シテ法律ノ標準ガ出来次第、行政訴訟ヲ許シテ行クガ宜イト云フノガ現行法ノ主義ト思ヒマス」(15)という立案者・一木喜徳郎教授の発言に縮約されている。

法典調査会では、明瞭な「法律ノ標準」を備えた「権利」と〝権利に至らない利益〟を峻別し、前者を行政訴訟、後者を訴願に専管させるという一木の持論(16)が諒承された。

(2)　一木によると、名宛人以外の者であっても、厳格な先願主義がとられること等により、「権利」主体に昇格しうる場合がある。そのような「権利」のため既に設けられていた特別の出訴規定として、鉱業条例（明治二三年）三三条・三四条――「詐欺又ハ錯誤ニ由リ鉱物ノ採掘又ハ試掘ノ特許又ハ認可ヲ得タル者アル場合ニ於テ其特許又ハ認可ニ利害ノ関係ヲ有スル者之ヲ発見シタルトキハ……特許又ハ認可ノ取消ヲ申請スルコトヲ得」「特許又ハ認可ノ取消ヲ申立テタル者取消ヲ拒否スル処分ヲ違法ナリトスルトキ……ハ行政訴訟ヲ提起スルコトヲ得」――があった。一木は、もとよりその堅持を主張している(17)。

その反面、一木は、名宛人以外の者のため既に特別の出訴規定が設けられていても、それが「権利」に基づかない場合には、削除すらためらわない。例えば、保安林編入に対する出訴資格を「森林ニ関シ所有権又ハ其他ノ権利ヲ有スル者」に限る一方、保安林解除に対する流域居住者等の出訴資格は〝権利に至らない利益〟に基づくものとして否定される。これに対しては、法典調査会の村田委員及び貴族院の山脇玄議員（行政裁判所評定官）が異論を唱えたが[18]、一木のドグマーティクを覆すだけの賛同者を得ることはできなかった。

同院では、山脇が一木の答弁に一応理解を示しつつも、なお公共団体の「権利」を観念することができないか質している[19]。このような法的擬制は、行政訴訟法案九条（昭和七年。後述）のさきがけとして、注目に値するものであった。しかしながら、個々の町村民の「権利」と町村の「権利」は同義でないとして、直ちに切り返されている。

(3)　行政裁決及行政裁判権限法案の審議は、一木をして「是マデ政府委員ハ少シ議論ヲシ過ギタト思ヒマス」[20]と〝陳謝〟させるほど、白熱したものとなった。しかしながら、同法案はあえなく審議未了に終わり、再び議会に提出されることはなかった。

(二)　〝権利に至らない利益〟の公認

(1)　名宛人及び名宛人以外の者の法的地位は、〝公益〟の具体的内容が明確に実定化されることにより「権利」と同等の個別性を獲得するまで、抗告訴訟システムによる保護を享受することができない。このような一木の論理は、同システムの設計者意思に忠実な立場といえる。しかしながら、その後の立法者は、〝権利に至らない利益〟をそのままのかたちで保護することができないか、摸索し始めるに至った。

衆議院による公有水面埋立法案の審議（大正一〇年）は、その好例である。同法の主眼は、物権とみなされる漁業権（後述）が存する水面でも埋立を可能とすべく、漁業権者に対する補償等を義務付けた上、埋立免許をする手続を導入する点にあった[21]。このため、漁業権が存する水面との対比上おのずと、漁業権に基づくことなく入会操業が行われている水面をどのように扱うかが、争点化したのである。

この問題は、たとい「権利ノ状態」でなく「利益ノ状態」であっても、「所謂漁業利益ガ、公益ト云フ程度ニ達シテ居ル程ノ重大ナル利益デアルト致シマスレバ、地方長官ガ〔埋立免許ヲ〕許可スル筈ガナイ事ト思ッテ居リマス」[22]という政府見解が示されることによって、ようやく決着した。すなわち、物権とみなされる漁業権と同等の個別性を備えていない利益であっても、それが凝集している状態を保護すべき「法律ノ標準」（前述）のありうることが明言されたのである。入会操業者の「利益」は、単独では漁業権並みの扱いを受けないが、一定のまとまりをもつ場合には、漁業に係る〝公益〟を背景とする利益として、行政法上保護されるというわけである。

(2)　もっとも、上記の審議からは、入会操業者の「利益」が処分の段階だけでなく、抗告訴訟の段階でも保護されるかは、必ずしも定かでない。もともと同法案に盛り込まれていた権利毀損を要件とする出訴規定[23]は、特に修正されなかったからである。

ところが、行政裁判所は、当時すでに「水利及土木」に関する処分（前述）を緩やかに解することにより、この分野に限って〝権利に至らない利益〟を抗告訴訟の段階でも保護するに至っていた。その先駆的事例である那賀川判決[24]は、山脇玄長官の時代に現れており、大正末期には、確立した判例となっている。窪田静太郎長官曰く、

「（旧）河川法ヲ施行サレテ居ラヌ川……ニ付テハ地方デチヨクチヨク規則ハ出テ居マスガ、マダ其ノ不文法ト云フテ宜イノデス、ソコデソレニ付キマシテハ……権利ハ害スベカラズト云フ法規ガ前提トシテアルモノデアルト云フ解釈ヲシテ、サウ云フモノハ違法ニ権利ヲ害スルモノトシテ判断ヲシテ居ル訳デアリマス、必ズシモ成文法ヲ引出シテ地方ノ何ノ規則ニ背クトカドウトカ云フヤウナコトヲ言ハナイコトモアル[25]」

ここでいう「権利」は、一木のいう「法律ノ標準」なくして認められているから、もはや抗告訴訟システムの設計者が考えていた「権利」でない。つまり行政裁判所は、必ずしも帝国憲法六一条の文言（前述）には拘泥しなくなったのである。このような判例実務の変容に対して、いちはやく反応したのが、美濃部達吉教授であった。

「其当時行ハレテ居リマシタ学説ノ影響ニ因ツテ憲法ノ条文ニサウ云フ文字ガ現レテ居ルカラト曰ツテ其以外ノ訴訟ハ行政裁判所ノ管轄スベキモノデナイト断ズルノハ大イナル誤デアラウト思ヒマス……近来デハ……実際裁判例ト致シマシテモ厳格ニハ権利ノ

侵害ト認メラレナイモノヲ矢張リ許シテ居ル例モアルト考ヘマス」[26]

美濃部は、行政裁判法改正のための臨時法制審議会[27]（大正一二〜昭和三年）委員に任命されるや、上記の判例法理を実定化し、さらなる拡張を誘掖しようとした。すなわち「行政庁ノ違法処分ニ依リ権利ヲ傷害セラレタリトスル訴訟」に加えて、「行政庁ノ違法処分ニ依リ直接ニ利益ヲ侵害セラレタリトスル訴訟」を新設すべきことを提案したのである。[28]

(14)　提出までの経緯等につき参照、小野博司「明治三〇年代の行政裁判法改正事業の意義」四天王寺大学紀要五一号（平二三）三七頁以下。

(15)　一六・貴・行政裁決及行政裁判権限法案外二件委一号（明三五）三頁〔一木政府委員〕（傍点引用者）。「実質法〔＝materielles Recht（実体法）〕ガ備ハレバ備ハルダケ違法デアルヤ否ヤト云フ争ガ段々殖エテ参ルデアラウト思ヒマス」（同三号二八頁〔同〕）。

(16)　例えば参照、法典調査会「行政裁判法及行政裁判権限法委員会議事速記録」法務大臣官房司法法制調査部監修『日本近代立法資料叢書』二七巻（昭六一）五七頁・一七九頁〔一木主査委員〕。これに対し穂積八束教授は、訴願・行政訴訟間の選択リスクをもたらすと批判していた（参照、同一七六頁〔穂積主査委員〕及び前註(15)六号七一頁〔穂積〕）。

(17)　参照、前註(15)八二頁・二〇八頁。当時、第三者に対する不利益処分を申請することができるという規定は、同条のほか、砂鉱採取法（明治二六年）一一条、日本勧業銀行法（明治二九年）二八条一項、農工銀行法（同年）二〇条一項、（旧々）森林法（明治三〇年）一〇条及び（旧々）漁業法（明治三四年）一五条をみるのみであった（その後、担保附社債信託法（明治三八年）八九条一項等、信託法（大正一一年）七二条及び自作農創設特別措置法（昭和二一年）一五条一項が加わる。）。

(18)　それぞれ参照、法典調査会・前註(16)一八七頁〔村田委員〕及び前註(15)四号三八頁〔山脇〕。

(19)　「町村ガ此水源ニ依ッテ水ヲ引クト云フコトハ年月ヲ経ルニ従ッテ水ヲ引ク権利ト云フ姿ニナルモノデアル」（前註(15)四号三九頁〔山脇〕）。

(20)　前註(15)七号七六頁〔一木政府委員〕。

(21) 参照、拙稿「公物と私所有権（二）」自治研究九二巻六号（平二八）四六頁。
(22) 参照、四四・衆・公有水面埋立法案委三回（大一〇）五頁〔村上隆吉政府委員〕（傍点引用者）。
(23)「本法又ハ本法ニ基キテ発スル命令ニ規定シタル事項ニ付行政庁ノ為シタル違法処分ニ因リ権利ヲ毀損セラレタリトスル者ハ行政裁判所ニ出訴スルコトヲ得」（四六条（制定時））。
(24) 行判明治四五・七・一三行録二三輯八巻九六六丁。
(25)「臨時法制審議会諮問第六号主査委員会速記録（第二回ノ二）」憲政資料室・清水澄関係文書〔118〕（昭元）四二～四三丁〔窪田委員〕（以下、一部にみられる濁点等の脱落を補い、慣用でない繰返し記号を改めた）。
(26)「臨時法制審議会諮問第六号主査委員会速記録（第二回ノ一）」前註(25)〔117〕（昭元）一〇丁〔美濃部委員〕。那賀川判決につき美濃部は、「それが住民各個人の権利と謂ひ得るや否やは、疑はしい問題である」と評していた（美濃部達吉『評釈公法判例大系』上巻（昭八）六八四頁）。併せて参照、安念潤司「取消訴訟における原告適格の構造（二）」国家学会雑誌九八巻五＝六号（昭六〇）六九～七二頁及び垣見隆禎「明治憲法下の自治体の行政訴訟」行政社会論集一四巻二号（平一三）三七～四二頁。
(27) 概観として参照、小野博司「一九二〇年代における行政裁判制度改革構想の意義」法制史研究五八号（平二〇）六九～七二頁。
(28) 行政裁判法要綱三条（前註(25)〔118〕二七丁）（傍点引用者）。

三　「公権力→公益」思考

（一）　花井・平沼論争

(1)　「公益→公権力」思考は、〝公益〟それ自体と並んで、〝公益〟と対峙しうる名宛人の利益及び〝公益〟を背景とする名宛人以外の者の利益を明確に実定化しようとするものである。従って、これを全面的に貫徹することは、訴訟手続により保護される利益を訴訟手続に先立って観念するという、民事実体法と同じ意味での行政実体法を実定化することにほかならない。

しかしながら、そのような試みに対しては、早くも（旧）鉱業法案の再審議で、行政裁量という強力な制約原理の存在が示唆されていた（前述）。そもそも「公益→公権力」思考をどこまで貫徹しうるか自体が大きな問題なのであって、これに答えるためには、行政法上の利益の法的性質を解明することが欠かせない。

(2)　この点、参照に値するのが、衆議院による（旧）漁業法案の審議（明治四三年）である。同法案の主眼は、漁業の免許を受けた者すなわち漁業権者の地位を鞏固なものにして金融の円滑を図るべく、漁業権を物権とみなす点にあった。これに対し、花井卓蔵議員が、物権とみなされるにもかかわらず処分により容易に取り消されるのであれば、漁業権は「少シモ私権ノ働キヲ為シテ居ナイ」という原理的な疑問をつきつけたのである。そして花井は、「物権ト看做スト云フコトニナッタナラバ、物権的ニ此権利ガ成ルベク働クヤウニ以下ノ規定ヲ直シテ行キタイ」と宣言し、「行政処分トシテ此権利ガ消エルノデナクシテ、物権トシテ此権利ガ消エルノデアルト云フ趣旨ニ書改メタイ」と主張した[29]。

花井のきわめてドグマーティシュな修正案に対し、法典調査会委員も務めた道家斉水産局長に代わって、「唯今ノ点ハ余程重要ナ点ダト考ヘマス」と断りつつ答弁に当たったのが、平沼騏一郎民刑局長である。

「私権即チ物権ニナルノデアルカラ、其以後ノ分ハ成ルベク私法上ノ規定ニアル文字ヲ用ヰタイト云フ……御論ノヤウニシマスレバ権利ノ抛棄ヲ推定スルトカ云フ文字ヨリ書方ハナカラウト思ヒマス、併シ……殊ニ此場合ノ如キハ……事実ニ違フ場合ガ多カラウト思ヒマス……普通ノ推定ナラバ反証ヲ許スコトニシナケレバ民法ノ原則ニ合ハナイノデスカラ……争ノ種トナリ〔マス〕」。「〔本〕条ノ趣意ハ一体意思ノ推定カラ来テ居ルノカ、或ハ公益上ノ理由カラ来テ居ルノカト云フコトハ問題ノ岐レルトコロト思フ、是ハ意思ノ推定カラ立案シタ法文デナイノデアリマス……縦令私権デアリマシテモ此公益上ノ理由カラシテ、ドウシテモ存続ヲ許サヌノガ至当デアル、斯ウ云フ理由デアルノデアリマス[30]」

(3)　平沼のいう「公益」は、漁業権の取消しを正統化する〝公益〟であり、具体的には、水産資源の開発（漁業権の不行使の場合）及び「水産動植物ノ蕃殖保護、船舶ノ航行碇泊繋留、水底電線ノ敷設若ハ国防其ノ他ノ軍事」（（旧）漁業法二四条一項）等（その他の場合）に係る公益を指している。

これらの〝公益〟は、一見すると実体法的であるかにみえるが、その存否及び範囲が（裁判所との関係で終局的な）行政庁の裁量的判断に委ねられているという意味では、手続法的な利益にほかならない。その結果、〝公益〟と天秤に掛けられている名宛人の利益としての漁業権もまた、実体法的であると同時に手続法的な利益となっているのである。(31)

このようにして、「公益→公権力」思考に真っ向から牴触する、もう一つの思考形式が登場する。それは、〈公権力すなわち行政庁の裁量的判断こそが、事実上の利益を法律上の公益に高め、ひいては公益に対峙しうる名宛人の法的地位及び公益を背景とする名宛人以外の者の法的地位を正統化するのであり、(32)この判断の具体的内容をあらかじめ明確に実定化しておくことはむしろ好ましくない〉というものである（以下「公権力→公益」思考という。）。これによると、裁量の否定は行政の自己否定なのであって、〝公益〟を実体法的に規定し切った途端に行政法はその役割を畢えることとなろう。

（二）　窪田行政裁判所長官の行政法観

(1)　行政裁判所が〝権利に至らない利益〟の保護に踏み切ったこと（前述）は、「公益→公権力」思考にとって大きな福音であった。とはいえ、そのような行政庁の裁量的判断に依存する度合いが強い利益を保護する判例実務は、「公権力→公益」思考との一層深刻な緊張関係を余儀なくされるはずである。

奇しくも臨時法制審議会では、「水利及土木」に関する処分（前述）は、もっぱら裁量統制の文脈で言及されていた。例えば窪田曰く、

「水利土木ノ問題デハ公益ニ害ガアルトカ或ハ灌漑用水ヲ害スルト云フヤウナ問題デ随分裁量ヲ要スル問題ガ多イ、殆ンド水利土木ノ問題ニ付テハ裁量ト云フ問題ニ立入ラナケレバ出訴ヲ許シテモ其目的トスル何等ノ権利ノ保護ニナラヌ、又鉱山ニシテモ漁業ニシテモ略《ほぼ》同様デアリマス、ソレゾレ法規ノ趣旨ニ依ツテ解釈ヲ適用シテ居リマス、将来モサウ云フ風デ変ラヌト思ツテ居リ

マス」[33]

(2) このようにして「公益→公権力」思考に基づく裁量統制が強力に推進される場合、それに対する制度内在的な歯止めは、どこにも存しない。処分庁と裁判所のいずれが終局的な判断権限を有するかを判断する権限が、裁判所に属していた[34]（現在も同様である。）からである。

とはいえ、他方で裁量統制が無際限化すべきでないことは、つとに行政裁判所の自戒するところであった。窪田も、「サレバト云ツテ余リニ立入ツテ参リマスト殆ンド裁判官ノ主観的判断ニ陥ル嫌ガアリマス故ニ、左様ナコトノナイヤウニシテ充分注意ヲシテ居ルツモリデアリマス、ソノ辺ノ適当ナル歩ミヲ取ツテ行クコトガ我々ノ重要ナ任務デアルト思ツテ居リマス」[35]と述べている。このように微妙な均衡に立脚する裁量統制の例として挙げられたのが、直江津取引所判決[36]（窪田裁判長）であった。

「取引所ノ継続許可……ニ付テハ之ヲ不許可ニシタト云フトキニ結局相当ノ理由ガアルカドウカト云フコトニ付テハ総ベテノ点カラ理由トスベキモノヲ処分庁カラ挙ゲサシテ、ソレニ相当ノ理由ガアリヤ否ヤト云フコトヲ判断スル、ソウシテ取引所ノ継続不許可ト云フモノヲ適法ナリト判断シタノガ近イトコロニモ例ガアルノデアリマス[37]」

注目すべきことに、同判決は、佐々木惣一教授の裁量理論[38]――「行政機関が自由裁量の職権を有する場合には誠実に公益を考量して其の活動の直接の標準を選択するを要する」――を先取りしたものとなっている。すなわち、法律が「直接の標準」を与えていない場合、行政庁がそれを選択した判断の過程としての処分理由のみが法律問題たりうる。窪田裁判長は、そこに裁量統制の自己限界を画したのであった。

(3) 窪田は、欧州諸国と比べて、わが国では行政行為の根拠規範が緩やかにすぎると慨歎している[39]。かといって窪田は、法律自らが余さず「直接の標準」を与え切ることまでは要求していない。そうすると、窪田の構想する行政法は、「公益→公権力」思考に則る〝判断結果の規律〟と「公権力→公益」思考に抗う〝判断過程の規律〟を車の両輪とするものということができよう。両者の均衡は裁量統制を通じて動態的に担保されており、〃権利に至らない利益〃はこの均衡に立脚しているのである。

しかしながら、窪田のみるところ、原則として権利に限定された列記主義の桎梏が、判例政策のいびつな展開を余儀なくしていた。例えば、火葬場設置許可に対する行政訴訟を却下せざるをえなかったのは、「如何ニモ気ノ毒デアルト感ジタ」[40]という。だからこそ窪田は、美濃部が提案した、〃権利に至らない利益〃を含む緩和された列記主義――「行政庁ノ違法処分ニ依リ直接ニ利益ヲ侵害セラレタリトスル訴訟」（前述）――に共鳴したのであろう。

(三)　美濃部教授の挑戦と蹉跌

(1)　臨時法制審議会は、行政裁判法改正綱領を答申するに先立ち、各省から意見を徴している。このうち、「行政庁ノ違法処分ニ依リ直接ニ利益ヲ侵害セラレタリトスル訴訟」に対して、特に強硬な反対意見を寄せたのが、水力発電を所管する逓信省であった。「利益モ亦直接ニ侵害セラルル限リ訴訟ヲ提起シ得ルモノトスルハ、侵害セラルル利益ノ範囲不明瞭ニシテ、公益事業者ニ対スル利害関係者ガ不当ノ要求ヲ為シ得ベキ機会ヲ繁クシ、従ツテ生産原資ヲ愈《いや》ガ上ニ昂騰セシメ、料金ノ騰貴ガ反ツテ一般公益ヲ害《そこな》フノ虞アルコト[41]」というのが、その骨子である。

しかしながら、「行政庁ノ違法処分ニ依リ直接ニ利益ヲ侵害セラレタリトスル訴訟」は、原案のまま答申される運びとなった。同綱領では、「水利、土木、建築其ノ他附近公共ノ利益ヲ害スヘキ工事又ハ設備ニ関スル件」及び「営業其ノ他附近公共ノ利益ヲ害スヘキ事業ノ許可ニ関スル件」につき、広くこの訴訟を提起することができるとされた。

こうして政府部内の最終合意は、内閣に設置された行政裁判法及訴願法改正委員会[42]（昭和四～七年）に持ち越されることとなった。

(2)　同委員会では、黒崎定三・金森徳次郎両委員（法制局参事官）、清水澄委員（行政裁判所評定官）及び窪田委員と

ともに、美濃部委員が出訴事項に関する規定の起草に当たった。美濃部は「行政庁ノ違法処分ニ依リ直接ニ利益ヲ侵害セラレタリトスル訴訟」の出訴資格を公共団体又は一〇名以上の私人に限った上、これを再提案した[43]。

このうち、私人の出訴資格に対しては、内務省委員（潮恵之輔内務次官か）が「公共ノ利益〔ヲ〕、権利ニ致度《いたした》〔シ〕」と主張し、修正を要求した。これに対し美濃部は、「公共ノ利益トハ公共団体ノ所属住民ノ大部分ノ利益ナリ」と反駁している。公益を背景とする利益は、一定のまとまりをもって初めて保護されるのであり、一定のまとまりをもたなくとも保護される権利とは異なるからであろう。しかしながら、遂に折合いの付かないまま、私人の出訴資格は削除されてしまった[44]。

一方、公共団体の出訴資格に対しても、「『公共団体等ノ公共ノ権利』トシタシ」（松村真一郎委員（農林次官））、「『利益』ヨリモ『権利』ヲ保護スルモノトシタシ」（内務省委員）といった修正意見が相次いだ[45]。結局、「公共団体ガ其ノ公共ノ利益ニ重大ナル侵害ヲ被リ因リテ其ノ権利ヲ毀損セラレタリトスルトキ」（行政訴訟法案九条）という折衷的な表現に落ち着くこととなった。

(3)　このような各省の反転攻勢の背景には、「行政庁ノ違法処分ニ依リ直接ニ利益ヲ侵害セラレタリトスル訴訟」に対する根強い警戒感があった。このことは、各省から再度提出された意見に、赤裸々に示されている。例えば鉄道省は、「鉄道、軌道及自動車道ノ如キ長距離ニ亘ル固定施設ニ付テハ沿線住民中之ヲ利用シ多大ノ利便ヲ享受スル者アルト共ニ騒音、煤烟等ニ依リ利益ノ侵害ヲ被ル者アルハ事物ノ性質上已ムヲ得ザル所ナリ[46]」という意見を提出した。これは、〝権利に至らない利益〟を抗告訴訟システムによる保護の圏内に組み込むことを、拒み続けようとするものであった。

また、商工省は、「鉱工業ト附近公共ノ利益トノ抵触スル場合ニ於ケル利害ノ調和ニ付テハ其ノ性質ガ一ノ社会問題タルニ鑑ミ之ヲ解決スル為ニハ別ニ法制ヲ設クルノ要アルベシ〔。〕単ニ之ヲ行政訴訟ノ途ニ依ラシムルモ適当ナル解決ヲ得ルノ望ナキノミナラズ却テ事ヲ繁クシ問題ヲ紛糾セシムルノ虞アレバナリ」[47]という意見を提出した。つまり、〝権利に至らない利益〟は、抗告訴訟の段階でなく処分の段階で立法上の手当を施すべき問題というのである。しかしながら、長らくドイツの営業法（Gewerbeordnung）のような事前手続を立案せず、放置し続けてきたのは、ほかならぬ商工省自身であった。[48]

(4) 以上のような紆余曲折を経て立案された行政訴訟法案（昭和七年）は、ついに一度も議会に提出されることのないまま、行政裁判法自体の廃止（昭和二二年）を迎えるに至る。

とはいえ、仮に「行政庁ノ違法処分ニ依リ直接ニ利益ヲ侵害セラレタリトスル訴訟」が導入されていたとしても、果たして十全の成果をもたらすことができたかは、微妙といわざるをえない。処分の段階と抗告訴訟の段階が前輪と後輪の関係にある以上、前者の段階における規律密度（Regelungsdichte）が平均的に低いものであれば、後者の段階における審査密度（Kontrolldichte）を高めることにも、自ずと限界があるからである。逓信・商工両省の意見は、半ば〝自作自演〟とはいえ、見方を変えれば、各々〝判断結果・判断過程の規律〟の跛行的な整備を戒めるものにほかならなかった。

(29) 参照、二六・衆・漁業法改正法律案委三回（明四三）一二頁〔花井卓蔵〕・同六回三八頁〔同〕・同七回四八頁〔同〕。
(30) 前註(29)七回四八頁・四九頁〔平沼政府委員〕。
(31) 非訟事件の裁判に関する類似の指摘として参照、「民事執行というような法分野は、手続の進行が同時に実体関係の変動を生じさせるという特殊な手続で、問題によってはこの手続に特有の実体法という観念もあり得るのではないかと思うのです」（宇佐見隆男ほか『民事執行セミナー』（昭五六）三五四頁〔新堂幸司〕）。なお、「実体法と手続法が一緒になっているような法律」としては、仮登記担保契約に関する法律（昭和五三年）も挙げられている（同九七頁〔宇佐見隆男〕）。
(32) もちろん、これらの利益を決定する〝公権力〟にも、一定の限界があると考えられていた。例えば、株式会社の合併を命ずる処分は許されない（参照、七三・貴・陸上交通事業調整法案委二号（昭一三）五～六頁〔鈴木清秀政府委員〕）。このほか、私権形成的行政行為の立法上の限界につき参照、拙著・前註(10)及び拙稿「法律上の争訟と既得権の観念（七～九・未完）」法学（東北大学）七二巻二号（平二〇）一頁以下・三号（同）七七頁以下・四号（同）三三頁以下。

(33) 前註(25)〔118〕四一～四二丁〔窪田委員〕（振仮名引用者）。花井も、「行政庁ガ見テ以テ公益ニ害アリト為ス……然ルニ行政裁判所ハ之ヲ以テ公益上害ナシト裁断スル……寧ロソレデ結構デアラウ」と同調している（同四二丁〔花井委員〕）。

(34) なお、行政裁決及行政裁判権限法案（前述）は、「公共ノ利害ニ関スル認定其他法令ノ範囲内ニ於ケル行政庁ノ認定ノ当否ハ行政裁判所之ヲ裁判セス」として、裁量不審理原則を謳っていたが、「認定ノ権ヲ行政庁ニ与ヘテ居ルヤ否ヤト云フ点ニ就イテハ裁判所ハ裁判スル余地ガアル」と説明されていた（一六・貴・一三号一七九頁〔一木政府委員〕）。行政裁判法の立案に関わった馬屋原彰議員に対する答弁）。

(35) 「臨時法制審議会諮問第六号主査委員会議事速記録（第三回）」憲政資料室・花井卓蔵関係文書〔H1〕（昭元）一一～一二丁〔窪田委員〕。

(36) 行判大正一三・一二・二六行録三五輯一一巻一〇二四丁。なお、本書第七章三〇五頁参照。

(37) 前註(35)一二～一三丁〔窪田委員〕。

(38) 佐々木惣一「行政機関の自由裁量」法と経済一巻一号（昭九）三二頁。

(39) 「欧羅巴ナドニ比較シテ見ルト行政法規ガ非常ニ大マカナモノデアル、ダカラ之ヲ訴訟トシテ持ツテ来テモ、之ヲ論理的ニ推シ詰メテ動キノ取レヌヤウニ攻撃スルト云フコトハ余程困難ナ事情ガアルト思フ」（「臨時法制審議会諮問第六号主査委員会議事速記録（第一回）」前註(25)〔116〕（昭元）三三丁〔窪田委員〕）。窪田は、川崎卓吉委員（内務次官）を前にして、「願ハクバ或事ガ自由裁量ノモノナリヤ否ヲ立法ノ際ニ明示スルコトニセラレタイ」と言い放ちさえしている（「諮問第六号主査委員会議事速記録（第六回）」同〔121〕二二丁〔窪田委員〕）。

(40) 前註(25)〔116〕四三丁〔窪田委員〕。

(41) 前註(25)〔128〕（傍点・濁点・振仮名引用者）。鉄道省も同じく、「之ヲ権利傷害ノ場合ノミニ制限セラレ度シ」という意見を提出している。「利益ノ侵害ナル範囲ハ頗ル広汎ニシテ若シ本条項ヲ悪用スルモノアラハ徒ラニ問題ヲ惹起スル虞ア〔リ〕」というのが、その「理由」であった（同）。

(42)　概観として参照、小野博司「昭和戦前期における行政裁判法改正作業」甲子園大学紀要三六号（平二〇）八二～九一頁。
(43)　「第二回主査委員会」国立公文書館・行政裁判法及訴願法改正委員会関係綴〔19〕（昭五）。公共団体に限らなかった理由は、「利害関係人ヨリモ提起ヲ認メタルハ〔名宛人タル〕会社ガ市町村〔吏員〕ヲ買収シテシマフ事アレバナリ」と説明されている。
(44)　「第一〇回主査委員会」国立公文書館・前註(43)〔19〕（振仮名引用者）。
(45)　「第一一回主査委員会」国立公文書館・前註(43)〔19〕。
(46)　国立公文書館・前註(43)〔33〕（濁点引用者）。
(47)　国立公文書館・前註(43)〔14〕（傍点引用者）。
(48)　織田萬「行政法統一ノ必要」京都法学会雑誌一巻三号（明三九）一五頁は、つとに一般営業法の欠缺を批判していた。なお、逓信省内部の発電用水力法案（昭和四年）も、公有水面埋立法（前述）と同じく、「権利」のみに事前・事後手続を用意するものであった（参照、建設省河川局編『河川法資料集』第三集（昭四三）四九四～五〇三頁）。

四　両思考の現在と未来

（一）〝判断過程の規律〟の実定化

(1)　処分の段階における規律密度の全体的な底上げは、帝国憲法の全部改正（昭和二一年）に伴い、ようやく現実の課題となった。法制局でも、「法律の定は、努めて具体的にし、行政機関の裁量の余地を最小限度にすること」が、立法上の統一方針とされた[49]。もっとも、その力点は、許認可等の欠格事由を法定すること、要件を充足する場合には許認可等をしなければならないものとすること等を柱とする〝判断結果の規律〟の拡充におかれていた。とはいえ、〝判断過程の規律〟を実定化した立法例も、少数ながら登場している。

(2)　その筆頭に挙げられるのが、②私的独占の禁止及び公正取引の確保に関する法律（以下「独禁法」という。）八条二項（昭和二三～二八年改正）である。②は、不当な事業能力の較差の排除措置につき、処分要件である「不当な事業能力の較差」を定性的にしか定義しない一方、同「措置を命ずるに当つては、当該事業者につき、左の各号に掲げる事項を考慮しなければならない」として、必要的考慮事項を法定した。これは、「不当な事業能力の較差」を〝市場占拠率五〇パーセント以上〟として定量的に定義しようとする商工省案に代えて、総司令部が提示したものである。[50]これは、日本側の関係者には、「法規裁量」を「慎重に運用」するための規定として受け止められた。[51]

一方、③漁業法一六条五項等（昭和二四年）は、漁業の免許につき、処分要件である優先順位を法定し尽くすことができなかったため、それでも「同順位の者がある場合〔＝それ以上優先順位を付けられない場合〕においては……その申請に係る漁業について左に掲げる事項を勘案しなければならない」として、必要的考慮事項を法定した。これは、裁量を否定すべしという総司令部の指示に対する復活折衝を通じて、案出されたものである。[52]

〝判断結果の規律〟を徹底しようとしたのは、②では日本側であったが、③では総司令部であった。それはともかく、〝判断結果の規律〟を欠く代償として〝判断過程の規律〟を導入した点で、②③は共通している。もっとも、必要的考慮事項は、②では処分要件に加えて法定されているが、③では処分要件に代えて（処分要件を白地要件としたまま）法定されている。すなわち、②では、例えば排除措置として営業施設の譲渡命令を選択することを相当とするほど不当な事業能力の較差に当たると評価するための考慮事項であるのに対し、③では、端的に漁業の免許をすること自体を相当と評価するための考慮事項なのである。

ちなみに、③の先駆としては、つとに①耕地整理法三〇条一項（明治四二年。現・土地改良法五三条一項二号及び土地区画整理法八九条一項）があった。[53]①は、換地処分につき、いわゆる換地照応原則を定めたものである。[54]①③は、多数の者に対して一斉にする処分という点で共通している。

②③に続く立法例は、その後も間歇的に登場することとなった。これらについては、節を改めて詳細に検討したい。

(3)　処分の段階における〝判断過程の規律〟を実定化した立法例には、②③のように必要的考慮事項を法定する

ものの ほか、基準設定義務を課すものもある。すなわち（旧）道路運送法一二条（昭和二三年）は、自動車運送事業の免許につき、裁量を残す代わりに、「免許に関し妥当な基準を定め、これを公示しなければならない」とした。この規定は、裁量を否定すべしという総司令部の指示に対し、③と異なるかたちで決着をみたものである。[55]もっとも、このように一般的・抽象的なかたちで基準設定義務を課す立法例は、結局、同条だけにとどまった。同条に基づいて設定されたのは、やはり一般的・抽象的な基準であったため、道路運送法六条一項・二項（昭和二六年）は、これを処分要件に格上げしたのである。その後、両項の硬直的な運用が問題化したため、同条三項（昭和二八年改正）が追加され、特殊事情斟酌義務が確認された（「前二項に掲げる基準を適用するに当つては、形式的画一的に流れることなく、当該自動車運送事業の種類及び路線又は事業区域に応じ、実情に沿うように努めなければならない」）。この「六条……の規定……を併せ考えれば」、「多数の者のうちから少数特定の者を、具体的個別的事実関係に基づき選択」する道路運送事業の免許では、法定された処分要件を具体化する基準の設定が求められると説示したのが、著名な個人タクシー判決[56]である。この種の処分では、平等原則に基づき、当然に基準設定義務が課されるというのであれば、（旧）道路運送法一二条に続く立法例が現れなかったことも、何ら不思議でない。

これに対し、水産資源枯渇防止法三条一項（昭和二五年。現・水産資源保護法一〇条一項）は、一群の具体的な案件ごとに、基準設定義務を課すこととした。すなわち同項は、いわゆる減船整理（定数超過による漁業許可の取消・変更）につき、「左に掲げる事項を勘案して省令で定める基準に従い……しなければならない」としたのである。もっとも、同項に続く立法例は、今のところ水産庁所管の法律にとどまっている（漁業法五八条の二第四項（昭和三七年改正）及び海洋生物資源の保存及び管理に関する法律（平成八年）一一条二項）。

多数の者に対して一斉にする処分につき、処分要件に代えて必要的考慮事項を法定する立法例（①③）には、一群の具体的な案件ごとに基準設定義務を課す立法例と趣旨を同じくするものもある。例えば①では、規約等で基準を定めることが予定されている。[57] このように、必要的考慮事項を法定する立法例と基準設定義務を課す立法例との差異は、必ずしも絶対的なものでない。

(4)　〝判断過程の規律〟の実定化は、処分の段階と相呼応した動きではなかったものの、抗告訴訟の段階でも、摸索されている。すなわち法制審議会行政訴訟部会（昭和三〇〜三六年）では、杉本良吉幹事が、行政庁の事案解明責任を法定するよう提案した。

「現在の抗告訴訟の構造とりわけ税金訴訟などについてみますと、あたかも租税債権の不存在確認の訴訟のような形で争い……争点がいつまでたっても発見されない……。」「訴訟前の準備的な手続として、原告は被告行政庁に対して処分の理由をはっきりさせることを求めうるようにして……訴訟としてはその具体的な処分の理由の正否が審理の真の対象となるようにもってゆくというルールを作った方がいい」[58]

杉本の提案は、直江津取引所判決（前述）を彷彿させる点で注目に値するが、制定時の行政事件訴訟法（昭和三七年）には採用されなかった。[59] この提案が釈明処分の特則として結実するには、同法二三条の二（平成一六年改正）を待たねばならなかった。

(二)　〝判断過程の規律〟の実定化（続き）

(1)　ここでは、②③に続く立法例につき、詳細に検討する。必要的考慮事項には、処分要件に加えて法定されたもの（②等）と処分要件に代えて法定されたもの（①③等）がある[60]（前述）。また、あらゆる事例で考慮すべきもの（普遍的考慮事項）[61]と一定の事例に限って考慮すべきもの（特殊的考慮事項）がある。

もっとも、それぞれの差異は、決して絶対的なものでない。処分要件が当該処分の趣旨・目的を同語反覆的に定めたにすぎない場合（例えば⑮）には、白地要件に近づくため、処分要件に加えて考慮事項を法定する立法例は、処分要件に代えて考慮事項を法定する立法例と本質的に変わらないからである。また、もともと限られた事例を想定した処分につき普遍的考慮事項を法定する立法例（例えば⑤）は、もともと一般的な事例を想定した処分につき特殊的考慮事項を法定する立法例と本質的に変わらないからである。

(2)　処分要件に加えて普遍的考慮事項を定めた立法例としては、⑩草地利用権の設定等の裁定（処分要件は「その申請をした者がその土地をその者の利用計画に従って共同利用に供することが国土資源の利用に関する総合的な見地から必要かつ適当であると認めるとき」）につき、「申請に係る土地（……）の利用の状況並びにその申請に係る土地所有者等のその土地（……）の利用計画及びその達成の見通し等」を考慮すべきものとした農地法七五条の五第一項（昭和四五年改正～平成二一年改正）、⑮商品取引所の存続期間等に係る定款の変更の認可（処分要件は「存続期間……の変更を行うことが当該上場商品構成品等の生産及び流通に著しい支障を及ぼし、又は及ぼすおそれがあることに該当しないこと」等）につき、「当該処分までの間の当該商品取引所……における取引の状況」を勘案すべきものとした商品取引所法二一〇条五項（平成一〇年改正。現・商品先物取引法一五五条七項）、⑱特定歴史公文書等の利用（処分要件は「行政機関情報公開法第五条第二号……に掲げる情報」が記録されていないこと等）につき、「行政文書……として作成又は取得されてからの時の経過」を考慮すべきものとした公文書等の管理に関する法律（平成二一年）一六条二項等[62]がある。

このうち⑩は、処分要件が充足されているという評価を妨げる考慮事項であり、慎重を期するため定められたものであろう。同裁定は、土地が未利用又は低位利用の状態にあるというだけでこれを第三者に利用させることとする異例の処分だからである。⑮は、直江津取引所判決（前述）が抗告訴訟の段階で試みた〃判断過程の規律〃を処分の段階に繰り上げたものとして注目に値するが、法的安定性という法の一般原理に基づくものともいえる[63]。⑱は、処分要件にいう「おそれ」（「法人等……の……正当な利益を害するおそれ」等）が時の経過に伴い漸減するからこそ、することができる処分であるため、特に定められたものである。

一方、処分要件に加えて特殊的考慮事項を定めた立法例としては、⑦金融機関の合併等の認可（処分要件は「合併……により当該地域の中小企業金融等に支障を生じないこと」「合併……が金融機関相互間の適正な競争関係を阻害する等金融秩序を乱すおそれがないこと」等）につき、「同種の金融機関相互間の合併を妨げることとならないよう」配慮すべきものとした金融機関の合併及び転換に関する法律五条三項（昭和四三年）、⑧小規模の事業者に対する改善命令（処分要件は「発生する騒音が規制基準に適合しないことによりその特定工場等の周辺の生活環境が損なわれると認めるとき」）の内容につき、「その者の事業活動の遂行に著しい支障を生ずることのないよう」配慮すべきものとした騒音規制法一三条[64]（昭和四三年）、⑨公共性のある施設等に係る建設工事の施工者に対する改善命令（処分要件は「発生する騒音が……環境大臣の定める基準に適合しないことによりその特定建設作業の場所の周辺の生活環境が著しく損なわれると認めるとき」）につき、「当該建設工事の円滑な実施について」配慮すべきものとした同法一五条三項[65]（同年）、⑫公有水面の埋立免許（処分要件は「国土利用上適正且合理的ナルコト」「其ノ埋立ガ環境保全及災害防止ニ付十分配慮セラレタルモノナルコト」等）等につき、「瀬戸内海の特殊性」に配慮すべきものとした瀬戸内海環境保全臨時措置法一三条一項[66]（昭和四八年。現・瀬戸内海環境保全特別措置法）、⑯混雑空港の使用許可（処分要件は「運航計画が航空機の運航の安全上適切なものであること」「競争の促進、多様な輸送網の形成等を通じて利用者の利便に適合する輸送サービスを提供するものであること等当該混雑空港を適切かつ合理的に使用するものであること」）につき、「従前の使用状況」に配慮すべきものとした航空法一〇七条の三第四項（平成一一年改正）等がある。

これらの事項は、⑦では、同種合併の動きがある場合、⑧⑨では、名宛人が小規模事業者・公共性のある施設等に係る建設工事の施工者である場合、⑫では、埋立区域が瀬戸内海である場合、⑯では、名宛人が当該空港を従前から使用している場合に限って、考慮すべきものとなる。

このうち⑦は、処分要件が充足されているという評価を左右するほとんど決定的な考慮要素とされている。[67]⑧は、中小企業政策に基づくものであり、⑫も、議員立法である。⑨は、異種の公益が対立する状況であるため、特に定められたものであろう。⑯は、⑮と同じく、法的安定性という法の一般原理に基づくものともいえる。

(3)　処分要件に代えて普遍的考慮事項を定めた立法例としては、⑤伝搬障害防止区域内において所定の届出をすることなく高層部分に係る工事を行っている建築主等に対する工事停止命令の期間につき、「当該高層部分が……重要無線通信障害原因となる程度、……電波伝搬路を変更するとすればその変更に通常要すべき期間」等を勘案すべきものとした電波法一〇二条の八第二項(68)（昭和三九年改正）、⑥事前に公表しないでする緊急駆除命令の始期につき、「その命令に係る措置の実施に必要な準備期間」を考慮すべきものとした森林病害虫等防除法三条八項（昭和四二年改正）、⑬猟区設定の認可につき、「狩猟鳥獣ノ捕獲ノ調整ノ必要ノ有無其ノ他ノ事情」を勘案すべきものとした鳥獣保護及狩猟ニ関スル法律一四条二項（昭和五三年改正。「其ノ他ノ事情」は、現・鳥獣の保護及び管理並びに狩猟の適正化に関する法律六八条四項では、「安全な狩猟の実施の確保」等と明文化されている。）、⑭特定物質の製造数量の許可等につき、「当該種類の特定物質の製造及び輸出入の状況及び動向」等を勘案すべきものとした特定物質の規制等によるオゾン層の保護に関する法律七条(69)（昭和六三年）、⑰居宅支給決定（現・支給要否決定）につき、「当該申請に係る障害児の障害の種類及び程度、当該障害児の保護者の状況、当該障害児の居宅生活支援費の受給の状況」等を勘案すべきものとした児童福祉法二一条の一一第二項（平成一二年改正～一七年改正。現・障害者の日常生活及び社会生活を総合的に支援するための法律二二条一項）等がある。(70)

このうち⑤は、損失補償を要しない範囲で工事停止期間を定めることを担保するものと考えられる。所定の届出があった場合には、損失補償を要しない範囲で工事停止期間が法定されているのに対し、(71)⑤は、無届の場合に、事例に即した判断をさせるための規定だからである。⑥は、同命令に違反した者が処罰されるため、刑事法の基本原理である責任主義の要請から規定されたものという。(72)一方、⑬は、国又は地方公共団体以外の者による猟区の設置を認めるのに伴い、改正前の処分要件を考慮事項の一つに格下げしたものである。国又は地方公共団体であれば当然に充足されていた不文の処分要件（安全な狩猟の実施の確保等）を審査する必要が生じたため、改正前の処分要件と併せて、総合的に考慮することとしたものであろう。⑭⑰に至っては、きわめて包括的であり、〝判断過程の規律〟を緩やかなものとするため規定されたようにみえなくもない(73)。

一方、処分要件に代えて特殊的考慮事項を定めた立法例としては、④土石等の採取の許可等につき、「砂利採取業の運営」を考慮すべきものとした（旧）砂利採取法一一条（昭和三一年。現・砂利採取法四一条二項）、⑪公害防止事業の事業者負担総額につき、「その公害防止の機能以外の機能、当該公害防止事業に係る公害の程度、当該公害防止事業に係る公害の原因となる物質が蓄積された期間」を勘案すべきものとした公害防止事業費事業者負担法四条二項(74)（昭和四五年）等がある。

これらの事項は、④では、名宛人が砂利採取業者である場合、⑪では、公害防止事業が都市施設等の機能を併せもつ場合、公害の程度がそれほど著しくはない場合又は農用地の客土事業等の場合に限って、考慮すべきものとなる。

このうち④は、議員立法である。一方、⑪は、衡平の原理又は（刑事法にとどまらない）広義の責任主義に基づくものといえる。

(三)　〝判断過程の規律〟に関する一般理論へ向けて

(1)　行政庁が処分をするに当たり、どのような事項をどのように考慮すべきかは、すぐれて事例依存的な問題であるため、一の事項が法定されたからといって、常に他の事項よりも優先的に考慮すべきことにはならない。しかしながら、法律があえて特定の事項を明示した以上、行政庁がこれを他の事項よりも劣後的に考慮する場合には、その理由を説明する責務（法律上の事案解明責任）が生じ、また、裁量統制に当たる裁判所も、この理由の合理性を審査すべきものと解するのが自然であろう。必要的考慮事項が法定されると、処分の段階における行政庁の裁量だけでなく、抗告訴訟の段階における裁判所の〝裁量統制裁量〟もまた統制されるわけである。

　加えて、必要的考慮事項を法定する立法例は、それらと同種の処分であるにもかかわらず考慮事項を法定していない立法例でも、行政庁が当該事項を劣後的に考慮する場合には説明責務が生ずるという類推解釈を行うための手掛りとなりうる。必要的考慮事項を法定する立法例は、処分全体では少数にとどまるが、そこから一般的な射程を有する基礎理論を演繹する余地は、十分にあるといえよう。

　そのような作業に取り組む際には、考慮事項を法定していないが、行政実例上、優先的に考慮すべき事項が確立している処分との比較分析も進められなければならない。[75]例えば、合併制限違反の排除措置（独禁法一七条の二第一項（昭和二四年改正））では、市場占拠率が優先的に考慮されている。[76]これは、不当な事業能力の較差の排除措置の商工省案（前述）に通ずるものであり、示唆的である。

　さらに、処分だけでなく、命令にも視野を広げることが欠かせない。[77]必要的考慮事項を法定する立法例は、処分よりも命令に多くみられ、行政実例も蓄積されているからである。例えば、恩給年額の改定につき、「国民ノ生活水準、国家公務員ノ給与、物価」等を総合勘案すべきものとした恩給法二条の二（昭和四一年改正）では、物価を優先的に考慮し、国家公務員の給与を補完的に考慮すべきものとされ、それらの組合せ方も定式化されている。[78]

　⑵　以上のとおり、明治初期から今日まで一世紀半に及ぶ歩みを通覧すると、わが国の近代行政法体系が〝公権力〟と〝公益〟との一進一退のせめぎ合いの中から織り成されてきたことが分かる。

「公益→公権力」思考に則る〝判断結果の規律〟の拡充は、草創期から一貫して推し進められてきた。しかしながら、同思考は、間断なく「公権力→公益」思考による掣肘を甘受し続けてきた。試行錯誤の末、立法者がたどり着いた一つの答えは、「公権力→公益」思考を駆逐するのでなく、それをいくらかでも馴致する〝判断過程の規律〟であった。

〝判断過程の規律〟は、もとより現行法体系では標準装備となるに至っておらず、また、そうなることも期待しがたい。とはいえ、必要的考慮事項を法定する立法例及び一群の具体的な案件ごとに基準設定義務を課す立法例は、もう少し活用されてもよいと思われる。これらの立法例は、それらと同種の処分についての裁量を統制する上でも、重要な参考資料を提供してくれる。学説には、これらの立法例を橋頭堡として〝判断過程の規律〟に関する一般理論を構想してゆくことが求められる。

〝公権力〟と〝公益〟をめぐる言説は、これからも決して静態的に収束することなく、動態的に深化を重ねてゆくことであろう。本章は、今後の展開を占うための一つの準備作業として、現在の我々が拠って立つ基盤を再確認したものにとどまる。

(49)　参照、「第五国会提出法案審査の経験にかえりみて」憲政資料室・佐藤達夫関係文書〔1403〕（昭二四）。

(50)　参照、大蔵省財政史室編『昭和財政史――終戦から講和まで』二巻（昭五六）三九二頁・三九八～三九九頁・四〇三～四〇四頁（泉水文雄＝西村暢史「一九四七年独占禁止法の形成と成立―原始独禁法における主要規定の制定過程」神戸法学雑誌五六巻二号（平一八）一二三～一三九頁は、この時期にふれていない。）。同じく、必要的考慮事項を法定した過度経済力集中排除法（昭和二二～三〇年）六条の立案過程でも、処分要件を明示したいという日本側の意嚮が、総司令部により峻拒されている（参照、大蔵省財政史室編・同四六九頁・四七六頁・四七八頁）。

(51)　参照、石井良三『独占禁止法』（昭二二）一九一～一九二頁。

(52)　参照、漁業基本対策史料刊行委員会編『漁業基本対策史料』一巻（昭三八）五四～五五頁・八五～九六頁。

(53)　命令まで含めると、農地の賃貸借の解除等の承認につき、必要的考慮事項を定めた農地調整法施行令一一条（昭和二一年）もあった。

(54)　土地区画整理法八九条一項では、六種の事項が列挙されているが、「位置の照応と地積の照応を考慮することでほとんどの場合は用が足りる」という（参照、下村郁夫『土地区画整理事業の換地制度』（平一三）七四頁）。

(55) 参照、志鎌一之『自動車交通政策の変遷』(昭三三)二四四〜二四八頁。
(56) 最判昭和四六・一〇・二八民集二五巻七号一〇三七頁。併せて本書序章八頁註(20)参照。
(57) 参照、農地局監修『土地改良法解説』(昭四〇)六五頁及び土地区画整理法施行令一条一項二号。
(58) 塩野宏編『日本立法資料全集五行政事件訴訟法(一)』(平四)一三八頁〔杉本幹事〕。
(59) 国税通則法一一六条(昭和五九年改正)は、課税処分の取消訴訟に限って、杉本の提案を換骨奪胎したかたちで実定化した。なお、同年改正前の同条は、所得税法五二条(昭和二五年改正〜昭和三七年改正)を一般法化したものであった。その立案過程につき参照、杉本良吉「税金訴訟における証拠申出の順序—所得税法第五二条について」財政一七巻一一号(昭二七)一〇二頁以下。
(60) 外見上は考慮事項を定めたかにみえるが、利益状況が単純である点、当該事項が命題化されている点(「甲が乙であること」)等に照らし、処分要件を定めたものと解すべき立法例もある(関税法二三条二項(昭和二九年。現三項)、新住宅市街地開発法三二条二項等(昭和三八年)、特定都市鉄道整備促進特別措置法五条一項・二項(昭和六一年)及び損害保険料率算出団体に関する法律九条の二第四項(平成一〇年改正))。以上とは逆に、処分要件を「甲に照らし乙であるとき」、「甲に鑑み乙であるとき」等と規定している立法例では、甲はむしろ考慮事項なのであって、乙のみが処分要件であると解すべきものもある。例えば、証券取引所の登録の拒否処分につき、「当該証券取引所の設立される地方における証券業者の数、有価証券の取引の状況、その地方に本店、支店その他の事務所又は事業所を有する会社でその発行する有価証券が当該証券取引所における上場を予定される会社の数その他その地方における経済の状況に照らし当該証券取引所の設立が必要でないとき」(証券取引法八五条一項四号(昭和二五年改正〜二八年改正))がこれに当たる(「当該証券取引所の設立が必要でないとき」は、白地要件である。このほか、処分でないが水道法四一条(昭和三二年)等)。しかしながら、その判別は必ずしも容易でない。例えば、「信託会社ノ業務又ハ会社財産ノ状況カ信託事業ノ執行ニ適セスト認ムルトキ」(担保附社債信託法一一条(明治三八年))は、「信託会社の業務又は財産の状況に照らして、当該信託会社の信託事業の健全かつ適切な運営を確保するため必要があると認めるとき」(同条(平成一六年改正))と口語化されたが、その趣旨に変わりはなさそうである。よって本章では一応、これらの立法例を対象外としておきたい。
(61) 芝池義一「行政決定における考慮事項」法学論叢一一六巻一〜六号(昭六〇)五九八〜六〇四頁にいう「普遍的考慮事項」は、どのような行政決定でも必要的考慮事項となりうるもの(生命に対する危険の防止等)を指しており、本章の用語方とは異なる。
(62) 入念的な確認にとどまるものとして、森林法一〇条の二第三項(昭和四九年改正。議院修正)及び宗教法人法七八条の二第四項（平成七年改正）がある。
(63) 参照、神崎克郎編『平成一〇年改正商品取引所法逐条解説』（平一二）一七〜一八頁〔森本滋〕。
(64) 類例、石油需給適正化法（昭和四八年）九条一項、中国残留邦人等の円滑な帰国の促進及び永住帰国後の自立の支援に関する法律六条二項等（平成六年。議員立法）、母子及び寡婦福祉法二八条（平成一四年改正）及びカネミ油症事件関係仮払金返還債権の免除についての特例に関する法律三条（平成一九年。議員立法）。
(65) 振動規制法一五条三項（昭和五一年）も、政府提出案ではこれと同様であったが、議院修正によりやや複雑な文言となった。
(66) 立案過程につき参照、松本恒雄「瀬戸内海における埋立と法」広島法学八巻四号（昭六〇）八五〜八六頁。行政実例につき参照、二瓶博『瀬戸内海後継法成立までの顛末記』（昭五九）二一二〜二一三頁及び瀬戸内海環境保全協会編『生きてきた瀬戸内海—瀬戸内法三〇年』（平一二）六〇〜六一頁〔小川洋二〕。なお、同法六条二項でも、考慮事項が定められている。
(67) 「地域性の強い中小企業金融については、……中小企業金融の疏通のうえで、……同種合併のほうがより自然である」（朝比奈秀夫「金融機関の異種合併・転換制度の創設」時の法令六四九号（昭四三）一四〜一五頁）。
(68) ⑤では、「必要があると認められるとき」という処分要件が定められているが、これは白地要件にすぎない。
(69) 同条はモントリオール議定書に依拠して許可の上限を定めているが、これは処分要件そのものとはいえないため、処分要件に代えて考慮事項を定めた立法例に分類しておく。
(70) 入念的な確認にとどまるものとして、道路法三一条七項（平成一一年改正）がある。
(71) 参照、高田希一「マイクロ波通信の障害防止のため高層建築物等の工事制限」時の法令五一一号（昭三九）六〜七頁。
(72) 参照、林野庁監修『森林病害虫等防除法：逐条解説と制度の歩み』（昭四四）九八頁。
(73) ⑰では、国が都道府県等からの質問に対し、「支給すべきサービス量等を一義的に導き出せるような基準を提示する予定はない」と回答している（厚生労働省社会・援護局障害保健福祉部企画課支援費制度施行準備室「支援費制度の事務大要Q＆A集」障害者問題情報二二三＝二二四号（平一三）四二頁）。ここには、〝判断結果の規律〟の明確化を求める現場と（おそらく財政当局との関係上）〝判断過程の規律〟にとどめざるをえなかった法令所管部局との温度差が、よく表れている。
(74) 「価値判断を求める表現」を避けて「評価の項目」として規定することにより、処分要件でなく考慮事項である趣旨を明確にしたものという（参照、公害対策本部編『公害防止事業費事業者負担法の解説』（昭四六）五七頁）。

(75)「審査基準論の各論」の必要性を説くものとして参照、塩野宏「審査基準について」『法治主義の諸相』(平一三)二七四頁。
(76) 参照、五九・参・商工委二号(昭四三)七頁〔山田精一説明員〕及び公正取引委員会事務局「会社の合併等の審査に関する事務処理基準」(昭五五)。このほか、外形標準課税に係る「負担の均衡」要件(地方税法七二条の二二第七項(昭和二九年改正。現・七二条の二四の七第八項))では、負担の額及び増加割合が主たる考慮事項とされている(参照、一四七・衆・地方行政委三号(平一二)二九頁〔阪田雅裕政府参考人〕)。
(77) もっとも、命令の制定は一般的規範の定立であるため、法定された考慮事項よりも優先的に考慮すべき事項が登場することは、あまり想定されない。例えば、手数料に関する立法例の大半は、実費主義を表すため「実費を勘案して」と規定しているが、これを政策的配慮により修正する立法例は、端的に「実費の範囲内で」と規定している(参照、一〇一・参・大蔵委一四号(昭五九)二三頁・三三頁〔的場順三政府委員〕)。
(78) 参照、五八・衆・内閣委一六号(昭四三)一三～一四頁〔矢倉一郎政府委員〕及び総理府恩給局編『恩給百年』(昭五〇)四二六～四二八頁・四八二頁。また、地方公務員の給与につき「生計費並びに国及び他の地方公共団体の職員並びに民間事業の従事者の給与」等を考慮すべきものとした地方公務員法二四条三項の適用に当たっては、国家公務員の給与を優先考慮事項とするのが政府見解である(参照、八〇・衆・地方行政委一一号(昭五二)三頁〔石見隆三政府委員〕)。

事 項 索 引

あ行

異議権（責問権）の喪失……94
一部判決……383
一定範囲要件……263, 287
違法性の承継……132, 138, 146
違法の抗弁……235
衛戍勤務……184～185, 188, 197, 210
営造物警察（Anstaltspolizei）の作用…187, 194
御沙汰書……25

か行

外国の領域内における部隊の展開……180, 202, 224
確認の利益……250～251, 253, 256～258, 263, 265, 271, 296
過失の事実上の推定……382, 388
過失(の)法律上(の)推定……385
過剰な救済……262
仮執行宣言付判決……349, 360～361, 389
管轄権の免除……228
　裁判管轄権の免除……212
　執行管轄権の免除……213
換地照応原則……411
管理通貨制度……61
議院決議……47
危害射撃…193～196, 207～209, 211, 213, 231～233, 236
機関委任事務……373
議決取消裁定……99
議決の取消処分……107
危険物警察の作用……215
議事手続……99
帰責要件……347～348, 357, 382, 384
旧三要件……200～202, 205
行政裁決及行政裁判権限法案……398, 409
行政上の倒産法制……116, 118
行政訴訟法案……399, 407
強制通用力……61
共通の危険……223
近代行政救済法の原理……299, 381, 389
軍事目標主義……202
軍隊……180
　——の自己防衛権…184～185, 188～189, 191, 194, 197, 209, 225
軍備及び軍需関連産業……200
警察違反状態……196, 233
警察機関による治安維持の原則…192, 210, 226, 229
警察許可の予備決定……144
警察権の行使……203, 210, 212, 223, 229, 233
刑事裁判権……2, 312, 317
結果的法律事項……13, 19～21, 23, 25, 29, 68, 70, 83, 85
減歩……88, 109, 111
権利保護請求権……152, 159
元老院……87, 393
公益法人……5
公益保護要件……287
公開買付けによらない買付けの禁止……108
効果裁量……304, 317
公共組合……100, 107, 114, 126～128
合憲限定解釈……208, 222, 381
拘束力…148, 238～239, 244～245, 251, 254, 256, 258～259, 261, 328, 381, 383
公聴会の開催（等）……7～8, 286
降伏文書……197～198
合法戦闘員……214
衡量原則条項……324
考慮要素を基礎付ける事実……308
国家に準ずる組織……180, 182
個別的自衛権……202, 235

さ行

最終包括条項……54, 76
再審補償……348, 359, 361, 389
財政統制権……28, 56, 59～60, 79
裁定……7, 248

サイバー攻撃……177
裁判を受ける権利……269, 271, 341, 385
在留特別許可に係るガイドライン……327
裁量基準……302, 313, 315
裁量統制裁量……418
参加（訴訟への）……9, 263
三段階構造モデル……91, 93, 96, 100, 107, 112, 126, 128, 171, 385, 388
事案解明責任……413, 417
自国攻撃時の三要件……201～202, 206
自己拘束……327
私訴権……158
指定弁護士……165
司法過程モデル……96, 100～101, 107, 111, 119, 127～128
釈明処分の特則……413
集団的自衛権……206, 222, 235
重要事項留保説……14, 26, 59
出訴期間制限……2, 241, 243, 245, 263
受忍せよ、而して補償請求せよ……244, 276
準名宛人……11, 294
順不同的関係……143, 145
消極要素……307, 309, 311～313, 315, 327
昭和29年見解……198, 200, 202, 218, 231
処分の理由・処分理由……305, 405, 413
侵害留保説……14, 23, 41, 83, 84
新三要件……203, 231
審理の順序……264, 271, 341, 382
侵略戦争……190, 192, 220
制裁……7
政治過程モデル……100～101, 107, 127～128
征服（debellatio）……185, 190, 198, 236
責任主義……416～417
積極要素……307～309, 311～312, 315, 327
絶対権……279～281, 283, 287
戦意（animus belligerandi）……177
選挙の管理執行手続……95, 97
先制攻撃……185
前提関係……139, 145
　循環的な——……12, 260
総額按分方式……112～113, 123, 129
訴訟告知……251, 253～254, 256～257, 261
訴訟引受け……257, 260

た行

大帰化……216
第三者効……9～10, 238
第三の議決事項……57～58, 79～81
第二次納税義務者……134, 294
滞納処分・滞納処分手続……7, 96, 134, 147, 294, 298, 344, 361, 366
他国攻撃時の三要件……203～204, 206, 221, 231
団体訴訟……158
町名変更手続……106
勅令主義（教育制度等の）……24～25, 49
通貨秩序……61
適格消費者団体……5, 162, 164
撤回の義務付け訴訟……292
特定保護要件……287

な行

長沼ナイキ回帰型思考……283～284, 288
ニカラグア事件判決……202, 224, 235
日本国との平和条約……197, 218

は行

破産管財人……160, 162, 164
判断過程
　——の違法……299, 306～307, 328, 330
　——の規律……405
判断結果
　——の違法……299, 306, 328
　——の規律……405
判断代置審査……300, 302～303, 305～306, 310, 313, 317, 322, 328, 330～331, 333
非訟手続……262
必要的考慮事項（の法定）……411～412, 417
一人官庁……187, 347
平等原則……292, 331, 336
比例原則……187, 330～331
封鎖（blockade）……204, 224
風俗営業制限地域……169, 281, 285, 294
不確定法概念……266, 317, 337
武器使用……177
　安全確保業務遂行・駆け付け警護
　　のための——……225

警護出動時の――……216
警察官の――……193, 195～196, 211
海上警備行動時の――……210, 212
海上保安官の――……211, 229
在外邦人等の保護措置としての――……225
自己等防護のための――……195, 207, 209, 232
施設警護のための――……194
対領空侵犯措置としての――……210～211, 213, 233
治安出動下令前における情報収集に際しての――……215
治安出動時の――……195, 210, 213, 216
鉄道公安職員の――……194
武器等防護のための――……193, 207～209, 211～212, 226, 232～233
米軍部隊の武器等防護のための――……225
防衛出動下令前における展開予定地域内における防御施設構築の措置に際しての――……215
不許可補償……276
不法行為法上保護される利益……159, 163
武力攻撃……178～179, 201, 203～206, 211, 213, 223, 231
武力行使
→旧三要件、自国攻撃時の三要件、新三要件、他国攻撃時の三要件
――の地理的限界……202, 206
武力行使（自衛隊法）……179, 183, 208, 212
武力の行使（憲法）……178, 207～208, 211, 233
――についての狭義説……177～178, 182, 207～208, 211, 232～233
――についての広義説……177～179, 208, 212, 232
分離可能性（détachabilité）……99
兵器保有の限界……202～203
平成26年（の閣議）決定…200～201, 203～204, 206
防衛せよ、而して清算せよ……388
法益均衡……199, 201, 211, 213
方向付け判決……273
法人それ自体の不法行為……350, 357
法定行政指導……103
法律上の争訟……3
法律の法規創造力……14
法律の留保……14
法律要件分類説……331
法令競管事項……13, 17～21, 23～24
保険者拠出金……114～115, 127
保護法規……382
保護法規違反の不法行為に基づく差止請求権……165
補充性……199, 201, 208～209, 221, 226, 232
本来的法律事項……13, 19, 21, 23, 27～29, 57, 84, 86

ま行

幹となる事務……76
未決勾留補償……349, 361
民衆訴訟……283
無害通航でない航行……212
無効確認訴訟（の原告適格）……241
無差別攻撃……205
命令専管事項……13
免責的債務引受……385
もんじゅ拡張型思考……283, 287～288

や行

優越要素……311～313, 315
要件裁量……304, 338
予算総則……59, 80

ら行

利益の二分論……278, 282, 288
領域警備任務・領土警備任務……188, 192, 196, 210
類似必要的共同訴訟……4, 152, 157, 170, 252, 260
烈度（intensity）……182, 202, 230

A～Z

unit self-defence……225
Webster's Formula……201～202

人 名 索 引

あ行

浅田正彦 181, 183
阿部泰隆 144, 242, 275, 290〜291, 324, 326, 382〜383, 388, 390
一木喜徳郎 191, 398, 400
伊藤博文 18
伊東巳代治 19, 22, 34, 79, 86, 394
稲葉馨 72, 377, 379, 387
井上毅 17〜18, 27, 123, 395
入江俊郎 40〜41, 51, 67, 78, 241
宇賀克也 375, 380, 382〜383
碓井光明 71, 80
梅謙次郎 39, 350
遠藤博也 2, 87, 89, 132, 136, 142, 242〜243, 273, 324, 379〜380, 384
太田匡彦 32, 129, 137〜138, 169, 276
大貫裕之 266, 277, 291
大森政輔 48, 60, 68, 82, 226
岡野敬次郎 118
雄川一郎 102, 244, 366
興津征雄 10, 149, 174
奥野健一 2, 355, 357〜358

か行

金森徳次郎 21〜22, 25, 34, 37, 39, 43, 51〜52, 54, 64, 74, 217〜218, 357, 362, 406
神橋一彦 274, 293, 380, 383, 388
窪田静太郎 124, 400, 404〜406
倉富勇三郎 354
木庭顕 170, 223
小早川光郎 16, 68, 136, 142, 152, 242, 287, 304, 317, 380, 318

さ行

櫻井敬子 71, 78
佐々木惣一 78, 306, 362, 405
佐藤達夫 40, 43〜44, 77, 180, 217〜218, 222, 362, 419
塩野宏 5, 16, 83, 157, 168, 170, 242〜243, 246〜247, 382〜383, 422
四宮和夫 374
芝池義一 16, 240, 243, 246, 274, 319, 377, 382, 420
島村健 158, 292
杉本良吉 92, 239〜240, 247, 383, 413

た行

高木光 11, 171〜172, 243, 304, 318, 323, 326, 332, 383〜384
田中二郎 69, 135〜136, 141〜142, 216, 247, 303, 318, 365〜366
田部芳 345〜346, 355
常岡孝好 158, 318, 325

な行

中川丈久 11, 151, 158, 162, 167, 240〜242, 277, 287〜289, 291, 294, 303, 317, 325, 374
中里実 82
野田崇 11
野呂充 10, 146, 297, 298

は行

橋本博之 267, 275, 320, 325, 329, 379
花井卓蔵 403, 409
林頼三郎 41, 63, 78, 219
原田大樹 164, 275, 320
平沼騏一郎 403
深澤龍一郎 317, 320, 323, 327
藤田宙靖 16, 87, 90〜91, 93, 95, 97, 101, 111, 122, 132, 171, 224, 246, 273, 319, 382〜383
細川潤次郎 393
穂積八束 21〜22, 91

ま行

前田雅子 323
松戸浩 16, 73, 75
三ヶ月章 2, 241, 366

箕作麟祥……………………………………………394
美濃部達吉……… 20, 22, 33, 63, 74, 105, 122, 135, 190, 306, 400, 407
三好退蔵…………………………………345, 397
村上敬一…………………………………240, 380
村上裕章…………………………274, 277, 325
村田保……………………………………396, 399

や行

山本隆司……… 141, 158, 167, 169, 275〜276, 295, 325〜326, 329, 382〜383
山脇玄……………………………………399〜400
横畠裕介……………… 181, 221〜222, 225, 226, 235

わ行

亘理格……………………………146, 151, 276, 290, 303

A〜Z

G. Boissonade（ボアソナード）………………123
M. Hauriou（オーリウ）……………………………84
A. Mosse（モッセ）……17, 20, 37, 113, 191, 395
H. Roesler（レースラーまたはロエスレル）……………………………………………17, 37, 191
S. Romano（ロマーノ）……………………39, 84
R. Smend（スメント）……………………88, 100

判 例 索 引

明治32年～大正14年
大判 明32・3・31 民録5-3-72……355
大判 明32・12・7 民録5-11-32……363
大判 明36・5・28 民録9-645……350
大判 明36・10・5 民録9-1051……297
行判 明36・11・18 行録14-8-796丁……317
大判 明37・12・23 民録10-1668……355
大判 明41・7・3 民録14-814……355
大判 大5・4・12 民録22-694……297
大判 大6・1・19 民録23-62……350
大阪地判 大6・6・12 法律新聞1287-28……355
行判 大13・12・26 行録35-11-1024丁……317
大判 大14・11・28 民録4-670……364

昭和元年～39年
行判 昭3・2・9 行録39-147……135
大判 昭4・10・24 法律新聞3073-9……350
東京地判 昭5・12・3 法律評論6-(民訴)628……355
大判 昭6・1・29 法律新聞3227-4……353
大判 昭13・12・23 民集17-24-2689……350
大判 昭16・2・27 民集20-2-118……350
最判 昭24・5・18 民集3-6-199……247
最判 昭24・8・18 刑集3-9-1465……214～215
最判 昭25・9・15 民集4-9-404……135
最判 昭26・2・20 民集5-3-94……106
最判 昭27・5・13 刑集6-5-744……103
最判 昭28・7・3 民集7-7-811……318
最大判 昭28・7・22 刑集7-7-1562……217
最判 昭28・10・30 刑集7-10-2029……103
最判 昭28・11・10 民集7-1-1177……390
最判 昭28・12・23 民集7-13-1561……319
旭川地判 昭29・2・19 判時21-25……227
最判 昭29・7・30 民集8-7-1463……320
最判 昭30・4・19 民集9-5-534……365
最決 昭30・11・18 刑集9-12-2460……103
最判 昭30・12・26 民集9-14-2070……241
最判 昭32・3・19 民集11-3-527……104
最大判 昭33・2・12 民集12-2-190……122
東京高判 昭34・1・30 判時89-44……329
最大判 昭34・7・8 民集13-7-911……125
最判 昭34・11・26 集民38-451……390
最判 昭36・4・27 民集15-4-928……319
最判 昭37・1・19 民集16-1-57……289
最判 昭37・3・22 集民59-461……390
最判 昭37・7・3 民集16-7-1408……390
最判 昭37・9・18 民集16-9-1946……390
最判 昭38・1・17 集民64-1……390
最判 昭38・7・9 集民67-23……390
最判 昭38・9・26 民集17-8-1060……104
最判 昭38・10・24 集民68-525……390
東京地判 昭38・10・30 判時354-15……383
最判 昭39・1・16 集民71-69……390
最判 昭39・5・27 民集18-4-711……135
最判 昭39・6・4 民集18-5-745……319
最判 昭39・10・29 民集18-8-1809……102, 239

昭和40年～49年
最判 昭40・12・3 判時436-39……390
最判 昭41・4・22 民集20-4-803……390
最判 昭41・7・15 訟月12-8-1189……390
最大判 昭41・7・20 民集20-6-1217……240
最大判 昭41・7・20 民集20-6-1027……276
最判 昭41・9・22 民集20-7-1367……390
最判 昭41・10・21 集民84-635……390
最判 昭42・3・17 民集21-2-388……161
最大判 昭42・5・24 民集21-5-1043……303
最判 昭42・6・8 集民87-985……391
最判 昭43・3・15 判時524-48……391
最判 昭43・4・19 判時518-45……391
最判 昭43・6・27 民集22-6-1339……391
最判 昭43・7・9 判時529-51……391
最判 昭43・11・5 判時542-55……391
最判 昭43・12・24 民集22-13-3254……298
最判 昭43・12・24 民集22-13-3428……385
最判 昭44・2・18 判時552-47……391
最判 昭44・7・11 民集23-8-1470……319, 391
大阪高判 昭44・9・30 高民集22-5-682……338

最判 昭44・12・4 刑集23-12-1537……219
最大判 昭44・12・24 刑集23-12-1625……67
最大判 昭45・7・15 民集24-7-771……66
最大判 昭46・1・20 民集25-1-1……303
広島地判 昭46・5・20 判時631-24……102
名古屋地判 昭46・4・30 行集24-1＝2-30…104
最判 昭46・6・24 民集25-4-574……391
最判 昭46・11・30 民集25-8-1389……391
最判 昭47・5・25 民集26-4-780……391
最判 昭47・6・27 民集26-5-1067……384
最判 昭47・11・30 民集26-9-1746……266
最判 昭48・9・14 民集27-8-925……319
最判 昭49・4・9 判時740-42……303
最判 昭49・4・25 民集28-3-405……102
高知地判 昭49・5・23 判時742-30……101
最判 昭49・7・19 民集28-5-790……323
最判 昭49・12・12 民集28-10-2028……391

昭和50年～63年

最判 昭50・3・28 民集29-3-251……391
最判 昭50・5・29 民集29-6-662……8, 101
最判 昭50・8・27 民集29-7-1226……135
最判 昭52・10・25 判タ355-260……391
最判 昭52・12・20 民集31-7-1101……324
最判 昭53・3・14 民集32-2-211……153, 289
最判 昭53・5・26 民集32-3-689……101, 391
最判 昭53・7・10 民集32-5-820……391
最大判 昭53・10・4 民集32-7-1223……324
最判 昭53・10・20 民集32-7-1367……391
最判 昭54・7・5 判時945-45……391
最判 昭54・12・25 民集33-7-753……275
最判 昭55・7・10 判タ434-172……391
最判 昭56・1・27 民集35-1-35……391
最判 昭56・2・26 判時996-42……391
最判 昭56・4・14 民集35-3-620……391
最大判 昭56・12・16 民集35-10-1369……242
最判 昭57・1・19 民集36-1-19……391
最判 昭57・2・23 民集36-2-154……376
最判 昭57・2・23 民集36-2-215……246
最判 昭57・3・12 民集36-3-329……391
最判 昭57・4・2 訟月28-11-2154……391
最判 昭57・4・8 民集36-4-594……66
最判 昭57・4・22 民集36-4-705……276
最判 昭57・4・23 民集36-4-727……150, 391
最判 昭57・4・23 判時1046-33……391
最判 昭57・7・1 民集36-6-891……161
最判 昭57・7・15 判時1053-93……391
最判 昭57・9・9 民集36-9-1679…7, 153, 266
最判 昭58・4・1 民集37-3-201……156
最大判 昭58・6・22 民集37-5-793……319, 391
最判 昭58・10・20 民集37-8-1148……391
最判 昭59・3・23 民集38-5-475……391
最大判 昭59・12・12 民集38-12-1308……304
最判 昭59・12・18 判自11-48……332
最判 昭60・5・17 民集39-4-919……391
最判 昭60・7・16 民集39-5-989……391
最判 昭60・11・21 民集39-7-1512……391
最判 昭60・12・17 判時1179-56……289, 298
最判 昭61・2・27 民集40-1-124……391
最判 昭62・11・13 判時1290-75……391
最判 昭62・11・24 判時1284-56……290
最大判 昭63・6・1 民集42-5-277……391
最判 昭63・6・16 判時1300-49……391
最判 昭63・7・14 判時1297-29……321
最判 昭63・7・15 判時1287-65……391
最判 昭63・12・20 集民155-477……391

平成元年～9年

最判 平元・2・17 民集43-2-56……289
最大判 平元・3・8 民集43-2-89……391
最判 平元・6・20 判時1334-201……292
最判 平元・11・24 民集43-10-1169……391
最判 平2・2・20 判時1380-94……391
横浜地判 平2・11・26 判時1395-57……123
最判 平3・4・19 民集45-4-367……391
最判 平3・4・26 民集45-4-653……391
最判 平3・5・10 民集45-5-919……391
最判 平3・7・9 民集45-6-1049……392
最判 平4・7・14 判時1437-89……392
最判 平4・9・22 民集46-6-571……290
最判 平4・10・29 民集46-7-1174……326, 339
最判 平5・2・18 民集47-2-574……392
最判 平5・3・11 民集47-4-2863……392
最判 平5・3・16 民集47-5-3483……392
最判 平6・7・14 判時1519-118……392
最判 平6・12・6 判時1517-35……392
最判 平7・3・7 民集49-3-687……392
最判 平7・6・23 民集49-6-1600……319, 392

最判　平７・11・７　判時1553-88……………………392
最判　平８・３・８　民集50-３-408………………392
最判　平８・３・８　民集50-３-469………………321
最判　平８・３・15　民集50-３-549………………392
東京高判　平８・３・29　判時1571-48…………327
最判　平９・１・28　民集51-１-147………………343
最判　平９・１・28　民集51-１-250………………290
最判　平９・３・28　判時1608-43…………………392
最判　平９・４・２　民集51-４-1673……………157
最判　平９・７・15　民集51-６-2645……………392
最判　平９・８・29　民集51-７-2921……………392
最判　平９・９・４　判時1619-60…………………392
最判　平９・９・９　民集51-８-3850……………392

平成10年～19年

最判　平10・７・３　判時1652-43…………………324
最判　平10・９・10　判時1661-81…………………392
最判　平10・12・17　民集52-９-1821……290, 290
最判　平10・12・18　(平６(行ツ)136)公取 HP
……………………………………………………………392
最判　平11・１・21　判時1675-48…………………392
最判　平11・７・19　判時1688-123………326, 392
最判　平12・７・７　民集54-６-1767……………157
最判　平12・７・18　判時1724-29…………………303
最判　平13・10・25　集民203-185…………………392
東京地判　平13・12・４　判時1791-３…………266
最判　平13・12・18　民集55-７-1823……………105
最判　平14・２・22　民集56-２-348………………157
最判　平14・７・９　民集56-６-1134……………162
静岡地判　平15・２・14　判タ1172-150…………120
福岡高判　平15・５・16　判時1839-23…………120
最判　平15・６・26　民集57-６-723………334, 338
最判　平15・６・26　金法 1685-53………………392
最判　平15・７・18　判時1839-96…………………339
最判　平16・１・15　民集58-１-226………………392
最判　平16・４・26　民集58-４-989………………275
最判　平16・７・15　判時1875-48…………………392
最判　平17・４・14　民集59-３-491……275～276, 339
最判　平17・４・19　民集59-３-563………………392
最判　平17・７・14　民集59-６-1323……………384
最判　平17・７・14　民集59-６-1569……………392
最判　平17・７・15　民集59-６-1661……………275
最大判　平17・９・14　民集59-７-2087…………392
最判　平17・10・25　判時1920-32…………103, 278
最大判　平17・12・７　民集59-10-2645……103, 290
最判　平18・１・19　民集60-１-65…………135, 297
最判　平18・１・19　判時1925-79…………331～332
最判　平18・２・７　民集60-２-401………321, 392
最大判　平18・３・１　民集60-２-587……65, 122
最判　平18・３・23　判時1929-37…………………392
最判　平18・３・28　判時1930-83…………………130
最判　平18・３・30　民集60-３-948………………162
最判　平18・４・20　集民220-165…………………392
最判　平18・６・23　訟月53-５-1615……………392
最判　平18・９・４　判時1948-26…………………321
最判　平18・９・14　判時1951-39…………………324
最判　平18・10・５　集民221-403…………………137
大阪地判　平18・10・26　判タ1226-82…………291
最判　平18・10・26　判時1953-122………………324
最判　平18・11・２　民集60-９-3249……………321
最判　平19・３・20　判タ1239-108………………103
最判　平19・３・20　判時1968-124………………375
最判　平19・11・１　民集61-８-2733……………392
最判　平19・12・７　民集61-９-3290……………321

平成20年～29年

大阪地判　平20・２・14　判タ1265-67…………291
最判　平20・２・19　民集62-２-445………………392
広島地決　平20・２・29　判時2045-98…………291
那覇地判　平20・３・11　判時2056-56…………327
最判　平20・４・15　民集62-５-1005……………392
東京地判　平20・４・18　判例集未登載…………132
最大判　平20・９・10　民集62-８-2029…………275
東京高判　平21・１・14　最高裁 HP……………132
最判　平21・４・17　民集63-４-638………………392
最判　平21・４・28　民集63-４-853………………392
最判　平21・６・５　判時2069-６…………………339
最判　平21・７・９　判時2057-５…………………319
広島地判　平21・10・１　判時2060-３…………291
最判　平21・10・15　民集63-８-1711……………289
最判　平21・11・26　民集63-９-2124……………10
最判　平21・12・17　民集63-10-2631……………132
最判　平22・４・27判自333-22……………………392
最決　平22・７・２　(平22(オ)888)公取 HP…392
大阪高判　平22・９・９　判時2108-21…………329
最判　平22・10・15　民集64-７-1764……………246
最判　平22・10・22　民集64-７-1843……………384

名古屋地判　平22・12・9　判タ1367-124……327
福岡高判　平23・2・7　判時2122-45…………273
最判　平23・7・12　判時2130-139……………392
最判　平23・7・14　判時2129-31………………246
最判　平24・1・16　判時2147-127……………325
大阪地判　平24・2・3　判時2160-3…………327
最判　平24・2・9　民集66-2-183……………277
最判　平24・2・28　民集66-3-1240…………321
最判　平24・4・20　民集66-6-2583…………220
最判　平24・4・23　民集66-6-2789…………329
福島地判　平24・4・24　判時2148-45…………296
最判　平24・5・9　民集66-2-183……………241
最決　平24・7・3　判例集未登載………………274
最判　平25・1・11　民集67-1-1…………240, 276
東京地判　平25・3・26　判時2209-79…………291
最判　平25・3・26　集民243-101………………392
最判　平25・4・16　民集67-4-1115…………303
最判　平25・7・12　民集67-6-1255……276, 333
最判　平25・7・12　集民244-43………………297
東京高判　平25・11・1　判時2206-37……290, 291
最判　平25・12・10　民集67-9-1761…………321
東京地判　平26・1・10　判時2237-31…………327
福井地判　平26・5・21　判時2228-72…………172
最判　平26・5・27　判時2231-9………………392
東京地判　平26・5・30　判時2240-44…………327
最判　平26・7・29　民集68-6-620……………274
静岡地浜松支判　平26・9・8　判時2246-81…388
最判　平26・10・9　民集68-8-799……………392
最判　平27・3・5　判時2264-33………………392
最判　平27・4・28　民集69-3-518……………290
東京地判　平27・9・15　判時2295-54…………148
最判　平27・12・14　民集69-8-2404…………145
東京地判　平28・2・16　判時2320-27…………298
最判　平28・4・12　判時2309-64………………392
最判　平28・12・8　民集70-8-1833…67, 235, 275
最判　平28・12・15　判事2328-24……………276
最判　平28・12・20　民集70-9-2281…………324
東京地判　平29・1・31　労経速2309-3…148, 297
最大判　平29・3・15　刑集71-3-13……………66

総ジテ国ノ治ト云ハ、譬ヘバ碁盤ノ目ヲ盛ルガ如シ。目ヲ盛ザル碁盤ニテハ、何程ノ上手ニテモ碁ハ打タレヌ也。

洪水ヲ治ルニハ川筋ヲ付ル也。川筋ヲ付ザレバ、禹王再生シ玉フトモ、水ヲ治ルコトハ不レ叶也。

当時火災ノ事、上ノ御世話ニテ、塗屋・土蔵造ニ成タレバ、火災自然ト少ナシ。是レ明カナル証拠也。

荻生徂徠「政談」巻之一、『御触書寛保集成』一七一六

著者紹介

仲野　武志（なかの　たけし）

昭和50年1月　神戸市生まれ
平成9年3月　東京大学卒業
同　年4月　東京大学助手
平成12年8月　東北大学助教授
この間、外務省・内閣法制局に出向
平成24年4月　京都大学教授（現職）
専攻　行政法

著書及び主要論文
『公権力の行使概念の研究』（平19）
『国家作用の本質と体系Ⅰ—総則・物権編』（平26）
「法律上の争訟と既得権の観念（7～9・未完）」法学（東北大学）72巻2号1頁以下・同巻3号77頁以下・同巻4号33頁以下（平20）
「公物と私所有権（1～5・完）」自治研究92巻5号56頁以下・同巻6号40頁以下・同巻8号65頁以下・同巻9号41頁以下・同巻10号62頁以下（平28）
「行政上の計画論」自治研究94巻（平30）予定

法治国原理と公法学の課題　行政法研究双書36

2018（平成30）年2月28日　初版1刷発行

著　者　仲野　武志
発行者　鯉渕　友南
発行所　株式会社　弘文堂　101-0062 東京都千代田区神田駿河台1の7
TEL 03(3294)4801　振替 00120-6-53909
http://www.koubundou.co.jp

印　刷　港北出版印刷
製　本　牧製本印刷

ISBN978-4-335-31510-7

オンブズマン法〔新版〕《行政法研究双書１》	園部逸夫 枝根　茂
土地政策と法《行政法研究双書２》	成田頼明
現代型訴訟と行政裁量《行政法研究双書３》	高橋　滋
行政判例の役割《行政法研究双書４》	原田尚彦
行政争訟と行政法学〔増補版〕《行政法研究双書５》	宮崎良夫
環境管理の制度と実態《行政法研究双書６》	北村喜宣
現代行政の行為形式論《行政法研究双書７》	大橋洋一
行政組織の法理論《行政法研究双書８》	稲葉　馨
技術基準と行政手続《行政法研究双書９》	高木　光
行政とマルチメディアの法理論《行政法研究双書10》	多賀谷一照
政策法学の基本指針《行政法研究双書11》	阿部泰隆
情報公開法制《行政法研究双書12》	藤原静雄
行政手続・情報公開《行政法研究双書13》	宇賀克也
対話型行政法学の創造《行政法研究双書14》	大橋洋一
日本銀行の法的性格《行政法研究双書15》	塩野 宏監修
行政訴訟改革《行政法研究双書16》	橋本博之
公益と行政裁量《行政法研究双書17》	亘理　格
行政訴訟要件論《行政法研究双書18》	阿部泰隆
分権改革と条例《行政法研究双書19》	北村喜宣
行政紛争解決の現代的構造《行政法研究双書20》	大橋真由美
職権訴訟参加の法理《行政法研究双書21》	新山一雄
パブリック・コメントと参加権《行政法研究双書22》	常岡孝好
行政法学と公権力の観念《行政法研究双書23》	岡田雅夫
アメリカ行政訴訟の対象《行政法研究双書24》	越智敏裕
行政判例と仕組み解釈《行政法研究双書25》	橋本博之
違法是正と判決効《行政法研究双書26》	興津征雄
学問・試験と行政法学《行政法研究双書27》	徳本広孝
国の不法行為責任と 　公権力の概念史《行政法研究双書28》	岡田正則
保障行政の法理論《行政法研究双書29》	板垣勝彦
公共制度設計の基礎理論《行政法研究双書30》	原田大樹
国家賠償責任の再構成《行政法研究双書31》	小幡純子
義務付け訴訟の機能《行政法研究双書32》	横田明美
公務員制度の法理論《行政法研究双書33》	下井康史
行政上の処罰概念と法治国家《行政法研究双書34》	田中良弘
行政上の主体と行政法《行政法研究双書35》	北島周作
法治国原理と公法学の課題《行政法研究双書36》	仲野武志